네 바퀴로 굴러가는 불교의 미래

청정성 회복과 정법 구현을 위한
사부대중연대회의 엮음

도서출판
초록마을

네 바퀴로 굴러가는
불교의 미래

차 례

서 문

2012년 4월 이후 종단 내 일부 스님들의 도박 및 종단 지도부의 범계(犯戒) 행위가 국내외 언론에 보도되면서 수행과 포교(布敎)에 매진해 왔던 스님들과 불법을 수지(守持)하고 외호(外護)해 왔던 일반 불자들의 자긍심은 한순간에 무너지고, 한국 불교를 대표하는 조계종의 청정한 수행 가풍 이미지와 종교적 권위는 일반 국민들의 조소와 지탄의 대상거리가 되었습니다.

이러한 현실을 직시하여 한국 불교의 근본적인 개혁을 도모하고 청정불교공동체를 이루어 내기 위해 파사현정을 위한 사부대중의 절박하고 간절한 원력을 모아 출·재가 사부대중이 모여 『청정성 회복과 정법 구현을 위한 사부대중연대회의』를 구성하였습니다.

계율이 무너지고 청정한 수행가풍이 쇠퇴하고 있는 작금의 종단 현실을 타개하고 근본적인 개혁과 자성과 쇄신을 통해 본질적 변화를 지속적으로 모색해야 할 종단 지도부와 승가구성원들이 범계 행위를 참회하고 근절 방안을 마련하기는커녕 이를 은폐하고 방조·묵인하는 문화와 행태가 만연해 가고 있는 종단 현실에 참담함을 금할 수 없습니다.

이에 연대회의는 그 동안 한국 불교의 문제점을 진단하고 근본적인 개혁 방안을 마련하기 위해 원로, 선방수좌, 중진스님들을 만나고 공개적인 토론회와 성명서 발표, 범계 행위 질의서 총무원 전달, 개혁안 마련 등 다양한 활동을 전개해 왔습니다.

이번 기회에 승단이 청정 승풍(僧風)을 회복하고 정법 구현을 위한 근본적인 혁신 방안을 마련하고 의식 전환과 제도 개혁을 하지 않으면, 한국 불교는 머지않은 시기에 사회와 국민을 선도하고 계도하는 종교적 위의(威儀)와 정신적 영향력은 급속히 감소하고 문화재 유물만 관리하고 보존하는 박제화 한 불교로 전락할지 모른다는 절박한 위기감에 대해 깨어 있는 많은 불자들은 공감하고 있습니다.

그러한 점에서 승단의 청규를 바로 세우고 불자들의 신행 활동을 재정립하는 신(新) 대승불교의 실천 지침은 한국 불교를 근본적으로 개혁하고 종교 본연의 위의와 역할을 다해 나가기 위한 지남(指南)이 되어야 합니다.

나아가 수행과 보살행을 통해 진정한 불법을 현시(現示)하고 구현함은 물론 우리 시대를 선도하고 국민과 사회를 향도(嚮導)하기 위해서는 출·재가가 평등하게 참여하고 운영하는 사부대중 공동체 승단 구성이 그 대안이 되어야 합니다.

이제 우리 사부대중은 불자들과 국민, 시대의 여망에 부응하기 위해 그 뜻을 모으고 함께 나아가기 위한 새로운 대승불교운동의 지평을 열고자 합니다.

모든 범계 행위를 근절하는 제도적 개혁과 의식개혁은 물론 청정불교공동체를 이루려는 사부대중의 간절한 원력을 모아 새로운 승단이 이루어지길 발원하며, 모든 불자들이 함께 실천하여 한국 불교가 다시 1,700년의 역사와 전통을 바탕으로 불일증휘하기를 서원합니다.

불기 2557년(2013) 4월
청정성 회복과 정법 구현을 위한 사부대중연대회의

- 청정승가를 위한 대중결사
- 참여불교재가연대
- 정의평화불교연대
- 민중불교동지모임

1부
한국 불교의 개혁을 위한
대화 마당

대화마당 1
한국 불교의 문제점과 개혁안

사 회
이남재(사부대중연대회의 대외협력위원장 겸 대변인)

한국불교의 문제점과 개혁안

■ 발 제

한국 불교의 문제점과 개혁안

이 도 흠 _ 한양대 교수, 정의평화불교연대 사무총장,
사부대중연대회의 기획위원장

1. 문제의 제기

지금 한국 불교는 위기에 있다. 이번에 문제가 된 도박사건 때문만이 아니다. 근대화와 결합하지 못한 채 기복 불교를 고수하거나 2,500여 년 전의 교리와 의례를 답습하여 중세시대의 낡은 종교에서 벗어나지 못하였다 이런 상황에서 근대화 및 외세와 함께 밀어닥친 기독교의 위세와 공격적 선교에 눌려 정치·사회적 영향력이 저하된 소수종교로 전락하였고, 자본의 위력 앞에 불자 또한 부처님 법대로 살지 못하고 화폐 증식 욕망에 휘둘리고 있으며, (기독교) 정권의 부당한 종교편향 정책에 탄압마저 받고 있다.

종단과 수행자들이 기독교와 자본, 국가의 협공에 제대로 대응하기는커녕 정권과 유착관계를 맺거나 범계 행위를 다반사로 행하여 스스로 정당성과 위의(威儀), 존재 근거를 상실하고 있다.

인도에서 불교가 사라지게 된 원인은 무슬림의 침략과 탄압만이 아니다. 가장 큰 원인은 평등가치 구현 등 안티힌두교로서 사회적 기능을 이슬람교에게 넘겨주고, 스님들이 부를 쌓고 성행위 등 범계 행위를 자주 행하고 사회적 실천을 등한히 하자 대중과 사원의 후원자들이

다른 종교로 눈을 돌렸기 때문이다.

1,700여 년 동안 한국의 사상, 문화, 일상생활에 아름다운 기억의 주름을 아로새긴 한국 불교 또한 유사한 상황에 있다. 지금 처절하게 성찰하고 혁신적으로 개혁하지 않으면, 한국 불교의 승단은 별로 멀지 않은 시간에 대중들의 귀의와 관심으로부터 사라질 수도 있다.

위기는 늘 기회이기도 하다. 하지만, 처절한 성찰과 단호한 파사(破邪) 없이 현정(顯正)은 없다. 성찰과 쇄신이 없이 위기는 기회로 바뀌지 않는다. 대다수 불자들이 요새 사용되는 말로 '멘붕'에 빠진 지금, 문제점과 원인을 잘 진단하고 과감하게 쇄신하여 21세기에 부합하는 새로운 불교로 거듭나기를 바라면서 몇 가지 문제점과 대안을 문화론의 큰 틀에서 제시하고자 한다.[1]

문화론의 틀에서 분석해야 피상적인 것을 넘어서서 구조적이고 심층적인 원인을 규명할 수 있으며, 쇄신책은 사람, 의식, 제도, 구조와 문화의 개혁이 함께 이루어져야 하기 때문이다. 다만, 지면 관계상 몇 가지 중요한 것에 초점을 맞춘다.

기복 불교, 재정의 사유화, 국가 및 권력과 유착관계, 범계 행위를 중심으로 하되, 이를 중세성, 자본주의, 근대국가 체제, 21세기 디지털 문화라는 틀 속에서 문제점을 살피고 대안을 모색한다.

---

1) 필자는 한국 불교개혁에 관한 글을 〈법보신문〉에 2011년 8월 9일부터 '이도흠 교수의 신불교유신론' 이란 제목으로 2년째 연재하고 있다. 이에 실린 글을 인용하는 것은 따로 각주를 달지 않는다.

14

2. 중세성 및 기복 불교의 문제점과 대안

2.1. 중세성과 기복 불교의 문제

서양에서 중세를 암흑의 세기와 '주술의 정원'으로 만든 가장 큰 요인은 기독교의 전근대성이다. 교황은 신으로 군림하였고, 성직자들은 기독교 교리를 이데올로기화 하여 백성을 착취하고 통제하는 수단으로 삼아 권력과 재산을 독점하였고, 면죄부를 판매하고 마녀사냥을 하고 신의 이름으로 대학살과 전쟁을 감행하였다. 하지만, 근대가 열리자 기독교는 기복성 및 주술성과 결별하고 발 빠르게 근대성을 수용하여 현대 종교로 거듭났다. 하지만, 불교는 21세기 오늘에서도 중세의 교리와 의례, 문화를 답습하고 있다.

기독교가 주술의 정원에서 벗어나 자본주의와 결합하고 과학의 진리와 합리성을 추구하여 현대 종교로 탈바꿈하는 동안 불교는 2천여 년 전의 교리를 그대로 우려먹는 데 급급하였다. 기독교가 현대 학교를 싯고 이곳에 투사하여 인새를 선섬할 때, 불교는 사찰 내에 안주하며 팔짱만 끼고 있었고 간화선 수행의 절대주의에 빠져 열심히 공부를 하여 강원을 수료한 스님들조차 대우하지 않았다.

기독교가 군사독재 정권에 맞서서 민주화 투쟁에 나서며 대중들의 박수를 받을 때, 불교는 군사독재정권을 국가와 동일시하여 호국불교를 외치며 정권에 아부하다가 그 정권과 함께 지탄을 받았다. 기독교가 활발한 실천 활동을 통해 인권, 평등, 복지 등 사회적 담론을 생산할 때, 불교는 사회적 약자들의 고통을 외면하고 절집 안에서만 할과 방을 일삼았다. 기독교가 빈민과 소수자를 구제하며 그들과 이에 감동한 대중들을 하나님 품으로 입도선매할 때, 불교는 말로만 대승이지 암자나 선방에서 나 홀로 수행하며 고립을 자초하였다. 기독교가 도시 가운데 교회당을 짓고 전국 방방곡곡은 물론 아프리카 오지에까지 선

교사를 파견할 때, 불교는 산중에서 고고하게 가부좌를 틀거나 염불만
하였다. 신부와 목사들이 열심히 현대 인문학과 사회과학을 공부할 때,
스님들은 화두에만 몰두하거나 한문 공부에만 시간을 허비하였다. 기
독교가 대통령, 장·차관, 판·검사, 언론사 국장 등 최상층 엘리트들
을 독점하며 권력을 이용해 기독교 국가로 매진할 때, 불교는 절집 안
의 권력다툼에만 연연하였다.

한국 불교의 중세성에서 빚어지는 모순은 기복 불교, 봉건적 위계
질서, 가부장주의 및 가부장적 제도, 중세적 교리 및 가치의 답습 등이
며 이 중에서도 가장 극심한 것이 기복 불교다. 한국 불교는 무속, 풍
류도, 산신신앙 등 전통의 사상과 문화, 의례와 융합하는 양상을 띤다.
21세기 오늘에도 대웅전 옆에 산신각이 자리하고, 관음청과 함께 산신
청을 올린다. 그러기에 역사와 전통으로서 기복 불교를 부정하는 것은
자칫 나의 정체성, 한국문화와 역사를 부정하는 것이 될 수 있다. 한국
인의 집단무의식에 문화유전자(meme)처럼 존재하는 기복성의 성향을
없앤다고 해서 없어지는 것 또한 아니다. 문화와 역사로서 기복 불교
는 잔존시키되, 현대 대중의 신앙과 생활로서 기복 불교는 일소해야
한다. 기복에 바탕을 둔 의례와 행위는 불교가 중세의 낡은 껍질에서
벗어나 현대화하는 것을 막는 가장 큰 장애이자 불교 교리를 부정하는
반불교적 행위이기 때문이다.

불교의 본의를 상실한 기복적인 불교 의례와 행위는 연기와 업을
부정한다. 모든 것은 연기와 행위에 의한 업에 따라 일어나는 것이지
기도가 그에 영향을 주지 못한다.

중아함 권17의 『가미니경(伽彌尼經)』을 보면, 살인 등 악행을 행
한 자가 죽은 후 주변 사람이 극락왕생을 기원한다고 해서 왕생을 할
수 없다며, 이는 큰 바위를 깊은 물에 던져 놓고 많은 사람들이 모여
바위가 떠오르도록 합장하며 주문과 기도로써 찬송하는 것과 같다고
했다. 반면에 선행을 한 자는 버터나 기름이 담긴 병을 깊은 물에 던

져 깨뜨렸을 때 병 조각은 가라앉고 버터와 기름은 자연히 물 위로 떠오르는데 사람들이 합장하며 주문과 기도로써 가라앉도록 하는 것과 같다고 비유하였다. 모든 것이 연기와 그 행위의 업에 의해서 이루어지니 기도와 찬양이 그를 바꿀 수 없다고 부처님은 단언하신 것이다. 그러니 왕생을 바라고 행복을 원한다면 기도를 할 것이 아니라 내 스스로 복을 짓는 일을 해야 한다. 부처님 말씀대로 팔정도를 수행하는 것이야말로 가장 큰 복전(福田)을 짓는 일이다.

반연기적이고 맹목적인 기복은 깨달아 부처가 되려는 불교의 본의를 부정한다. 불교의 믿음은 신을 믿고 신에게 구원을 바라는 종교가 아니다. 깨달음을 지향하는 믿음이다. 대승불교의 궁극 목표는 자각각타, 각타원만, 즉, 자타불이이므로 나의 깨달음이 중생의 깨달음으로 이어져야 한다는 것이다. 믿음과 발심과 행이 하나가 되어야만 불교 신앙이라 할 수 있다. 그러니, 복을 바라는 발심을 하면, 선업을 짓는 일을 하여 그 과보로 현세든 내세든 즐거움을 누리면 된다. 기도를 한다면 다른 대상에게 할 것이 아니라 자신이 본래 지니고 있는 그 근본 자리, 자성불(自性佛)에게 해야 한다. 내가 맑은 마음을 가지고 바르게 세상을 바라보고 올바르게 실천행을 행하며 선업을 쌓는 즐거움을 늘 누릴 수 있도록 간절한 원력을 세워야 한다는 말이다.

기복성과 주술성 논쟁에서 빼놓을 수 없는 것이 여성의 기복 불교다. 지금 이 순간에도 수많은 어머니들이 영험하다는 곳에 새벽에 달려가서 아들의 합격발원기도를 하고 있다. 백일, 천일을 하루도 쉬지 않고 높은 산의 영험하다는 암자에 올라 기도하는 일은 과거의 전설이 아니라 오늘의 현실이다. 그 지극정성에 가슴이 저밀지언정, 그 누가 함부로 비판할 수 있겠는가.

『여시어경(如是語經), Itivuttaka』 「제사부」의 말씀대로, 어머니는 가없는 사랑을 베푸시니, 진정 최고의 존재이자 참스승이고 가장 아름다운 선물이다. 어머니가 자식을 위해 행하듯 기도하면 깨달음에 이르지 못할 이가 없으며 자식을 위한 어머니의 희생은 보살행의 전형이다. 그러기에 세상의 모든 어머니는 부처다.

이른바 '치마불교'에 대한 비판이 가부장적이고 오리엔탈리즘적이란 명법 스님의 비판은 어느 정도 타당하다. 기복 행위가 현재의 복을 받는 데 그치지 않고 그것을 되갚는 회향으로 나아간다는 주장, 어머니의 책임과 희생이 자신을 향한 것이 아니라 이타주의의 대안적이고 미래지향적인 요소가 있으며 이는 남성들도 지향해야 할 진정 소중한 가치라는 점에도 동의한다.[2]

하지만, 중력의 원리가 우주 삼라만상의 모든 존재에 작용하듯, 연기와 업 또한 모든 존재와 사건과 관계에 작용한다. 나의 행복과 너의 행복이 긴밀하게 연결되어 있다는 생각으로 타자의 행복을 위해 원력을 세우고 행하며 그 인과 작용으로 나의 복이 올 것이라고 생각하고 믿어야지 그 반대라면 불교가 아니다. 타자를 향해 열린 책임과 희생은 부처님의 마음이자 근대성을 극복하는 탈현대적 주체성과 연결되지만, 가족의 울타리를 넘지 못하는 책임과 희생은 (중세적) 맹목이다.

2.2. 기복 불교의 극복과 대안

한국의 근대화 과정에서 기독교는 '계몽, 신식, 선진'이었고, 불교는 '봉건, 구식, 후진'이었다. 이 때문에 계몽기의 엘리트들은 거의 교회로 달려갔다. 지금도 젊은이들은 불교를 그리 생각하고 기피한다. 우리는 불교를 공부할수록 불교야말로 과학이라고 주장하지만, 불교철학이 외려 현대과학도 채 인식하지 못한 우주의 숨은 진리를 밝히는 등불이라고 말하지만, 불교 철학의 과학적인 맛을 음미하기 전에 젊은이들은

---

2) 명법 스님, 「여성 불교의 관점에서 본 기복 불교」, 『불교평론』 49호, 2011년 겨울호, 276~295쪽.

절집을 멀리 한다. 그 정점에 합격발원기도와 같은 자기중심적인 기복 신앙의 의례가 자리하고 있다.

소망의 발현을 부정하고서 종교가 성립할 수도 없다. 소망을 빌지 말라는 것이 아니다. 소망을 빌지 않고 어찌 종교가 성립될 수 있으랴. 타인의 소망과 어긋나는 일을 하지 말라는 것이다. 어느 경전에 있는 어느 부처님이 다른 자식을 떨어뜨리고 내 자식만 합격시켜 달라는 기도를 들어주실까. 이것은 부처님의 뜻과 어긋난다. 합격발원기도를 부처님께서 들어주실 것이라 생각하면 무지한 것이고, 들어주시지 않을 것이라 알면서 돈을 받는다면 삿된 것이며, 중생을 혹세무민하는 것이다. 영험이 있다는 기도처는 한 해에만 수십 억 원을 번다. 이 돈의 유혹에 취하여 기복 불교에 머무는 한 한국 불교의 미래는 없다. 절이 정녕 부처님의 말씀을 따르고 그 마음에 이르려 수행 정진하는 도량이라면, 조계사를 비롯하여 모든 절에서 합격발원기도 현수막을 내려야 한다.

그럼 어떻게 기도할 것인가.

첫째, 주술이 효험을 바라지 말고 연기야 행위에 이한 업이 원리를 굳게 믿으며 기도하자. 지극한 마음으로 기도하면 내가 변하고, 변한 나를 보고 내 가족과 이웃, 사회가 변하고 그것이 다시 나와 내 자식, 사회를 변하게 하고, 결국 나와 내 가족의 복이 된다.

둘째, 내가 행복하기 바라거든 먼저 남을 먼저 행복하게 하자. 남을 위해 복을 지으면 내 마음이 흐뭇해지고, 그 복이 마침내 나에게로 온다. 타자의 고통에 공감하고 연대하는 그곳에 부처님께서 자리하신다는 생각으로 타자를 향하여 열린 마음과 베푸는 마음으로 보살행을 행하면 언제인가 그 행은 나의 복이란 과보를 낳는다.

셋째, 믿음과 발심과 행이 하나가 되는 기도를 하자. 주문과 진언을 외우며 복 짓기를 서원하는 발심을 하고 부처님의 크신 힘과 가피를 굳게 믿고 팔정도를 지키며 올바르게 자리이타의 보살행을 행하면 현세와 내세가 모두 즐겁다.

넷째, 늘 나의 깨달음을 위하여 기도하는 것을 빼놓지 말자. 내가 깨달으면 타인도 깨닫는다. 내가 변하면 세상도 변한다. 늘 맑은 마음을 가지고 바르게 세상을 바라보고 올바르게 실천 행을 해달라고 간절히 빌면, 내 안의 변화가 오고 부처님의 가피마저 받아 깨달음이 오고, 그리 깨달은 나는 타인을 깨닫게 하고 결국 세상도 변화시킨다.

매일 이렇게 발원해 보자.

"참된 성품 등지고서 탐진치로 지은 업장/이제 한마음으로 참회하옵니다./부처님이 이끄시고 보살님네 살피시어/지혜의 눈 빨리 열려 모든 진리 알아내고/좋은 방편 빨리 얻어 온갖 법문 다 배우며/모든 것이 무아이고 연기임을 깨우쳐서/모든 허상 깨버리고 일체 공함 깨달으며/모든 욕망 모든 의심, 모든 집착 버리고서/가는 곳곳 불법 깃발, 육바라밀 행을 닦아/모든 사람 모든 생명 내 몸처럼 보살피고/망심 닦고 무명 없애 부처님이 되었어도/진흙 속에 연꽃 피듯 일체 중생 구제한 뒤/고통바다 헤어나서 열반언덕 올라지이다/나무 석가모니불/나무 석가모니불/나무 석가모니불."

3. 자본주의 체제의 모순과 수행과 재정의 분리

3.1. 자본주의 체제의 모순과 화폐증식의 욕망

간단히 말하여, 자본주의란 생산수단을 소유한 자본가가 노동자를 고용하여 임금을 주고 상품을 생산하여 시장에 팔아 이윤을 얻어 이를 자본으로 축적하는 체제다. 지금 우리는 모두 이 체제 속에 살고 있다. 노동자는 임금을 받고 자신의 노동을 판매하고 시장에 가서 상품을 사서 소비한다. 자본가는 노동자가 실제로 생산한 것보다 임금을 덜 주고 잉여가치를 착취하여 자본을 축적한다. 즉, 생산력과 생산관계의 모순이 발생하는 것이다. 이윤 추구와 자본의 축적을 동력으로 움직이는 자본주의 체제의 가치는 우리의 삶을 규정할 뿐 아니라 우리의 사고와 무의식까지 지배하고 있다.

자본주의는 이윤추구를 위한 자유경쟁을 바탕으로 한다. 누구나 자유로이 자신의 노동력을 발휘하여 생산을 해내고 그에 대한 대가를 받을 수 있다. 누구든 합리적으로 경영하여 기업을 운영하고 시장에 상품을 내다팔아 자본을 축적할 수 있다. 어떤 상품이든 시장에서 자유경쟁을 하여 수요와 공급의 원리에 따라 합리적으로 가격을 형성한다. 누구든 시장에서 잘 팔릴 수 있는 상품을 생산할 수만 있다면, 부자가 되는 길이 활짝 열린 것이다. 대중들은 일을 하여 돈을 벌고 그 돈으로 원하는 상품을 사서 마음껏 소비하는 향락을 누리고자 기꺼이 임금노동자가 되었다. 자신의 모든 능력과 가능성을 구현하고자 노동에 자신의 몸과 마음과 머리를 투여하였다. 이로 엄청난 생산이 이루어졌다. 수십 억 명이 먹고 살 수 있는 길이 열린 것이다.

하지만, 자본주의는 사람 사이의 경쟁을 정당화하고, 계층 간의 격차와 계급갈등, 물화와 소외를 심화하고 모든 사람들이 화폐증식의 욕망에 휩싸이게 한다. 노동은 세계를 자신의 목적에 따라 구성하여 생산을 이루어내고 진정한 자기실현을 달성하는 방편이 아니라 단지 돈 버는 수단, 생계의 도구로 전락한다. 모든 것이 시장에서 상품으로 교환되면서 교환가치와 사물의 본래 가치가 전도된다.

이에 따라 나타나는 보편적 현상이 물화(物化, reification)다. 자본주의 사회에서 모든 이들이 시장에서 상품으로 교환되는 가치를 우선시하면서 모든 것을 물질로, 돈으로 대체하여 바라보기에 사람들의 관계가 사물의 성격을 지닌다. 물화한 개인은 자기 주변의 모든 것을 물질의 눈으로, 상품관계로 바라본다. 이에 자본주의 체제에서 모든 사람들은 본질적 노동 가치로부터 소외, 공동체로부터 소외, 인간존엄의 소외를 겪는다.

자본주의 체제를 수용하고 발전하면서 한국 사회 또한 급격히 변화하였다. 자본주의의 가치는 더욱 깊게 한국 사회에 스며들었다. 대의와 명분을 중시하고 정에 이끌리던 이들이 점점 물질적 가치에 매달렸다. 사람의 인격을 중시하던 이들이 돈으로 환산하여 사람을 바라보고 대하기 시작하였다. 공동체는 해체되고 이기적 욕망으로 가득한 개인들이 서로 대립하였다. 아름다운 자연과 환경은 파괴되고 개발지상주의가 만연하여 그 자리를 공장과 산업 및 위락시설이 대체하였다. 가진 자와 못 가진 자 사이의 격차와 갈등은 점점 심화하였다. 물질적인 풍요를 이룩하였지만 모두가 소외와 불안과 고독을 겪고 있다.

야만적인 신자유주의는 이를 더욱 극대화하였다. 신자유주의란 ① 전통적인 경제영역에서 시장을 즉각적, 무조건적, 무제한적으로 확대, 강화하고 ② 비경제적인 영역까지 포함하여 인간 생활 전반을 시장원리로 작동시키고자 하는 정책이념이며, 따라서 ③시장에 전인격을 포획시키고자 하는 기획이다.3)

이 체제는 자유로운 착취와 경쟁을 방해하는 모든 규제의 완화, 노동시장 유연화, 정부역할 및 개입의 최소화, 자유화와 개방화, 공기업과 교육 등의 민영화, 감세, 복지축소를 특징으로 한다. 이는 1퍼센트가 99퍼센트를 마음껏 착취하고 부를 독점하도록 하여 양극화를 심화하고 '빈곤의 세계화'를 촉진하였고, 무엇보다도 모든 대중들을 탐욕의 노예로 전락시켰다.

절집도 예외는 아니다. 자본주의적 가치와 화폐증식의 욕망은 이와 절연하고 무소유의 삶을 살아야 할 절집과 수행자의 마음 깊숙이 들어와 있다. 믿음의 깊이는 교환가치, 곧 돈의 크기로 대체된다. 수행보다 불사에 더 관심을 두는 절이 점점 많아지고, 불사를 통해 재산을 증식

---

3) 조원희, 「신자유주의 이후의 경제」, 『진보평론』, 제42호, 2009년 겨울호, 257쪽.

하며 주지 재임의 수단으로 활용된다. 신도들은 과연 어느 만큼의 돈으로 스님들께 고마움을 표현할지 고민한다. 스님 또한 무소유를 외치며 돈을 멀리하고 수행에만 정진하려 하지만 돈 때문에 수행에 지장을 받는다. 아예 물신(物神)에 지배당하는 일도 벌어진다.

스님들이 돈과 이를 부릴 수 있는 자리를 놓고 다투는 일이 비일비재하다. 교리에 어긋나는 줄 알면서도 돈을 벌려고 행하는 행사가 허다하다. 주지나 총무원장 등의 선거 때만 되면 엄청난 액수의 돈이 뿌려진다. 돈을 더 끌어 모으기 위해 소임을 맡으려 하고, 소임을 맡기 위하여 돈을 뿌려대는 악순환이 다반사다. 심지어, 그리 축적한 돈을 도박과 성매매에 사용하거나 은처와 자식들에게 빼돌리는 스님도 적지 않다. 종단 주요사찰의 주지들 가운데 4분의 3이 은처를 두고 있다는 풍문이 돌 정도다.

3.2. 자본주의의 모순에 대한 대안

우리 모두 자본주의 체제에서 삶을 영위하고 있다. 모든 이들이 소외를 경험하고 화폐증식의 욕망, 무한한 소비와 향락의 욕망을 추구하고 있다. 중생들이 소외의 고통과 헛된 욕망 속에서 헤매고 있는데, 이들을 구제할 의무를 가진 스님들은 수천 년 전의 교리만 답습하였다. 이제 스님들이 자본주의에 대해, 자본주의 체제의 모순에 대해, 자본주의 체제 속의 대중의 삶에 대해 공부하고 이의 극복을 위한 실천행을 적극 모색하여야 한다.

왜 불가에서 돈과 관련된 비리와 부정이 끊이지 않는가. 이는 자본주의 체제에서 화폐 증식의 욕망, 소유와 소외로 인한 고통에서 헤어나지 못하는 중생을 구제해야 할 스님들이 물질적 탐욕에 물들어 본분을 망각하고 물신의 노예로 전락한 데서 비롯된 것이다.

자본주의 체제에서 고도의 정신력과 도덕성을 갖추기 전에는 누구나 화폐 증식의 욕망에서 벗어나기 어려우며, 돈에 접촉하거나 그 흐름을 관장하면 화폐 증식의 욕망은 증폭된다. 그러기에, 무엇보다도 수행자부터 소외와 화폐 증식의 욕망, 소비와 향락의 욕망에서 벗어나야 한다. 자신이 화폐 증식의 욕망을 불태우고 있으면서 어찌 중생들의 탐욕의 불을 꺼줄 수 있겠는가.

불교는 욕망의 확장과 물질적 소비를 통해서는 행복해질 수 없다고 설한다. 불교는 개인의 깨달음과 공동체적 삶을 통하여 소외를 극복하라고, 무소유의 삶을 통해 화폐증식의 욕망을 없애라고, 무한한 소비와 향락의 욕망을 절제하는 삶을 살라 가르친다.

부처님께서는 출가수행자들이 '삼의일발(三衣一鉢)'이나 '육물(六物)'만 소유하는 무소유의 삶을 살라 일렀으며, 이 계율을 어기면 모든 소유물을 4인 이상의 도반들 앞에 내놓고 참회해야 했다.

달마대사는 '구함이 있으면 모든 것이 고통이지만 구함이 없으면 이 자리가 곧 극락'이라고 말하며 무소구행(無所求行)의 실천을 제시했다. 나아가 육조 혜능 역시 욕망을 줄이고 소박한 삶에 만족할 줄 알아야 한다는 소욕지족(少欲知足)을 설파했다.

그렇게 하더라도 딜레마는 남는다. 홀로 암자에서 수행하는 자는 자본주의의 욕망을 지멸하면 되지만, 그 밖의 영역에서는 이는 불가능하다. 설혹 자본주의 체제를 반대하는 운동을 하더라도 자본이 필요하다. 이 문제를 어떻게 풀 것인가. 『앙굿따라 니까야 Aṅguttara Nikāya』에 "비구들이여, 눈먼 사람이 어떤 종류의 사람인가? 여기에 어떤 사람은 재산을 얻거나 늘리는 눈을 갖고 있지 않다. …… 비구들이여, 두 눈 가진 이는 어떤 종류의 사람들인가? 그는 재산을 얻거나 늘리는 눈을 갖고 있다. 그는 또한 선한 방법과 악한 방법, 비난받고 칭찬받는 방법, 천하고 고상한 방법, 떳떳하고 어두운 방법을 잘 분별하는 눈도 갖고 있다. 비구들이여, 이러한 사람을 두 눈 가진 이라고 부른다."라고 기술하고 있다.4)

24

이 니까야에서는 재산의 획득과 증식을 하지 못하는 이를 눈 먼 사람으로, 재산의 획득과 증식은 행할 수 있지만 그 과정에서 윤리적 정당성을 상실한 이를 한 눈만 있는 이로, 재산의 획득과 증식을 할 줄 알면서 이를 윤리적으로 정당하게 행하는 이를 두 눈이 있는 자로 분류하고 있다. 일정한 윤리규범에 따라 재산을 획득하고 증식하는 자야말로 세 부류의 인간 가운데 가장 바람직한 자다. 『증지부(增支部)』엔 다섯 가지로 재의 효용을 펼치고 있다. 부모, 아내, 자식, 하인, 일꾼을 즐겁고 행복하게 하기 위해, 우인(友人)과 동료를 즐겁고 행복하게 하기 위해, 가뭄과 홍수, 도적 등 재난에 대비하고 상속하기 위하여, 친족, 손님, 아귀, 왕, 신에 대한 다섯 의무를 수행하기 위해, 인내와 겸손으로 자아를 성취한 성자들을 공양하기 위해 재화는 필요한 것이다.5)

이처럼 경전을 잘 살펴보면, 일정한 윤리규범에 부합하는 한, 재산의 획득과 증식은 정당한 것이며, 나와 주변 사람들을 행복하게 하고 성자에게 공양할 수 있는 길이다. 한 마디로 재정에 대한 부처님의 입장은 중도인 것이다.

중도의 입장에서 자본주의의 모순을 극복하고 사찰을 운영하는 길은 명확하다. 출가 수행자는 계율에 따라 수행과 중생구제에만 전념하고, 재정의 운영은 재가불자에게 맡기며, 재산의 획득과 증식, 재정의 지출은 불교 교리와 계율, 윤리적인 목적에 부합하는 일에 한해서만 허용하는 것이다.

이의 구체적인 방법은 절마다 사찰운영위원회를 두고 여기에 사부대중이 공동으로 참여하고, 모든 재정관련 사항에 대한 심의만이 아니라 의결을 행할 권리를 부여하는 것이다. 이번 임시 종회에서 재정과

---

4) A.N. I, pp. 111~112. 박경준, 『불교사회경제사상』 (서울: 동국대출판부, 2010), 168~169쪽 재인용.
5) 위의 책, 169~170쪽 참조함.

권력을 분리하고 사찰운영위원회가 심의 및 의결기능을 갖도록 개정하고, 전문 인력을 통한 재정운영과 회계 관리 시스템을 통해 운영·관리되도록 사찰예산회계법을 제정한 것은 긍정적이다.

하지만, 여론에 밀려 형식만 갖춘 느낌이 강하다. 민주성과 지속성, 감시체계의 확립이 수반되어야 사찰운영위원회는 실질적으로 제 기능을 수행할 수 있다. 주지와 다른 운영위원, 스님과 재가불자 사이에 권력이 비대칭일 경우 사찰운영위원회는 큰스님이나 주지의 의사를 추인하는 형식 기구로 전락한다. 물론, 근본적으로는 주지와 스님에게 모든 권위와 권력이 집중된 지금의 문화가 바뀌어 사부대중의 공의를 민주적으로 모으고 실천하는 공동체 문화가 확립되어야 한다. 이렇게 되기까지 사찰운영위원회의 구성을 출가자와 재가자가 1:1이 되도록 구성하여야 한다. 주지에게 운영위원의 위촉과 해촉을 할 권한을 부여하고서 운영위원의 감시와 견제를 바라는 것은 어불성설이다. 선거를 통하여 운영위원을 선출하되, 이 선거에는 각 사찰에 소속된 모든 신도가 참여해야 한다. 해촉의 권한 또한 운영위원의 합의를 통해서 행해야 한다. 당분간 사찰운영위원회에 주지의 추천권을 부여하는 것도 한 방편이다. 아울러 사찰운영위원회의 회의도 월별 및 회기별로 정기적으로 행할 것을 명시해야 한다. 이렇게 형식과 내용 모든 면에서 민주주의의 원칙을 준수하고 사부대중의 공의를 수렴하지 않는다면, 사찰운영위원회는 주지의 독점과 전횡을 견제하고 감시하는 기구가 아니라 외려 이를 정당화하는 기구로 전락한다.

재정과 회계에서는 전문화와 투명화, 상호견제의 원칙이 지켜져야 한다. 종단에서 포교, 교육, 사회적 실천에 대한 예산 배정의 최소 비율을 정하되, 각 사찰의 특성을 살려 그 안에서 융통성을 부여한다. 종단은 회계 관리를 할 전문 인력을 양성하고 이를 일정 규모 이상의 사찰에 파견한다. 종단에서 회계 관리 운영시스템에 관한 소프트웨어를 개발하여 각 사찰에 보급하고 이를 통합하여 중앙에서 관리한다. 각 사찰 운영위원회는 회기별, 월별로 재정의 수입과 지출 현황을 사찰과 교구 홈페이지에 공개한다. 장부를 작성하여 종무실에 배치하고 감사 담당자 및 운영위원은 언제든 열람하게 한다. 모든 결제는 신용카드를 사용한다. 주지와 재정책임자를 분리하며, 재정책임자의 결제 없이 어떠한 지출도 허용하지 않는다.

견물생심(見物生心)이란 말대로 돈을 다루면서 물욕이 생기지 않을 수 없다. 이는 수행과 별도의 문제다. 지극히 높은 단계의 수행에 이르거나 무소유의 정신이 몸이 된 극히 일부의 사람을 제하면, 자본주의 체제에서 견물생심의 원리는 보편적이다. 흔들림이 없으리라고 본인과 타인 모두 인정하던 사람도 돈 앞에서 타락하는 예를 흔히 볼 수 있다. 그러기에 필요한 것이 공정한 감시체계의 확립과 시선의 공유다.

정부에 감사원이 있고, 각 공·사기업마다 감사실이 있는 것처럼, 일정 금액 이상의 예산을 집행하는 사찰의 경우 감시 및 감찰기구를 종단에서 사찰에 이르기까지 독립적으로 운영하여야 하며, 회계감사도 받아야 한다. 아울러 절에 소속된 신도는 소속 사찰에 대해, 재정 사고 및 관련 소송 당사자는 관련 사찰에 대해 재정 관련 자료를 요구하고 회람할 수 있도록 종법을 개정한다. 이들 사찰은 종회에 회계를 공개하고 관련 자료를 제출하며, 이를 거부할 경우, 혹은 재정에 관련된 문제가 발생하였을 경우 자동적으로 전문회계사를 통한 감사를 실시하는 것을 종법으로 규정한다. 이 기구는 재정의 비리를 경계하는 소극적인 감시만이 아니라 낭비성의 불사를 견제하여 사찰 재정을 튼실하게 하는 적극적인 감시 기능을 수행한다. 스님들은 재가불자로부터 감시를 받는 것을 꺼릴 필요가 없다. 그를 공심에 따른 시선으로, 더 나아가 내 안의 타락을 경계하는 부처님의 눈으로 보는 의식의 전환이 필요하다.

스님들의 사유재산도 공공화 하여야 한다. 2007년 9월, 제174회 조계종 중앙종회는 승려법 제30조 2항에 '사유재산의 종단귀속'을 성문화

했으며, 귀속된 사유재산을 스님들의 노후복지와 교육기금으로 사용하자는 합의도 하였다. 하지만, 막대한 재산과 권력을 가진 '큰스님'이 실행에 옮기지 않는 바람에 유명무실한 종법이 되었다. 이 기회에 총무원장을 비롯한 종단의 소임자, 큰스님과 본사 주지, 종회 의원들은 모든 사유재산을 공개하고, 최소한의 품위유지 비용을 제하고는 이를 종단에 헌납하여야 한다. 이렇게 해서 생긴 재산은 기금으로 조성하여 스님들의 노후복지, 승려의 교육비 및 종립대학의 장학금, 사회적 약자들의 지원 비용만으로 사용한다. 몇몇 소문난 기도처의 경우 한 곳에서만 매년 수십억 원이 들어온다는데, 평생을 수행과 포교로 보낸 노스님들의 병원비조차 보태주지 못한다면 그 종단은 해체하는 것이 더 낫다.

재정의 분배에 따라 절을 특성화, 다양화하는 것도 필요하다. 절의 수입은 기도비, 불전함, 인등비, 재, 특별 불공, (문화재가 있는 사찰의 경우) 문화재 유지 및 보수 지원금, 입장료 등이다. 재정 수입을 거의 포기하고 수행에만 전념하는 '가난한 절' 운동을 할 스님은 없을까. 대만 불교처럼, 수입의 절반 이상을 사회적 실천이나 전법에만 할당하는 '자비실천의 절', '전법의 절'이 곳곳에 세워진다면 불일은 다시 환하게 빛나리라.

이제 절은 신자유주의체제 및 자본주의로부터 벗어나 확대재생산의 원리가 작동하지 않고 교환가치가 사용가치를 대체하지 않는 도량, 화폐 증식의 욕망으로부터 해탈된 성역, 시장의 원리와 물화와 소외로부터 지치고 병든 중생들을 치유하는 부처님의 품으로 거듭나야 한다.

4. 근대국가 체제에서 권력의 유착과 독립

4.1. 근대국가 체제와 불교의 유착 문제

봉건체제가 해체되고 국민이 주체가 된 근대국가가 수립되었다. 근대국가는 종교를 세속화 하고 정치로부터 분리시켰다. 근대국가는 헌법을 통하여 제정의 분리와 종교적 자유를 명시하였다. 한국 불교 또한 형식상으로는 정치로부터 분리되고 종교적 자유를 누리고 있다. 하지만, 한국 불교는 일제 강점기에는 천황을 떠받드는 황도불교(皇道佛敎)를 표방하였고, 유신시대엔 '호국승군단'을 창설하였으며, 전두환 정권 때는 산문에까지 군인들이 난입하여 스님들에게 갖은 고문과 폭력을 가하였다.

21세기인 현 정권에서도 훼불 행위는 이루 말로 표현할 수 없을 정도다. 목사 앞에 무릎을 꿇은 대통령 자신, 혹은 그 힘을 믿는 권력층과 기독교도들이 노골적으로 훼불 행위를 하였다. 종단의 결단과 불자들의 지지를 받고서 출발한 산문 폐쇄조차 아무 것도 얻지 못한 채 삼일천하에 그치고 말았다.

어찌하여 한국 불교는 정권의 시녀를 자처하면서도 정권으로부터 온갖 능멸을 당하는가. 정권만 탓할 일이 아니다.

이는 첫째, 종단과 불자들이 호국불교 이데올로기를 극복하지 못하였기 때문이다. 둘째, 정권과 유착관계가 멀리로는 일제 강점기, 가까이로는 군사독재 정권기부터 관례적 문화와 제도로 정착되었기 때문이다. 셋째, '떡고물'을 바라는 일부 권승들의 정권과 유착 카르텔이 공고하기 때문이다. 넷째, 종단과 불교시민단체의 조직, 연대, 저항이 미약하기 때문이다. 다섯째, 불자들의 씽크탱크가 없고 불자 여론 주도층이 허약하기 때문이다. 여섯째, 종단 및 사찰의 재정이 정부 및 지자체의 지원으로부터 독립적이지 못하기 때문이다. 일곱째, 출가자와 재가자를 막론하고 불자들의 정치의식이 높지 않고 종교적 순수주의의 이데올로기에서 벗어나지 못하기 때문이다. 여덟째, 불자들의 감시 체계와 견제가 미약하기 때문이다. 아홉째, 사찰 및 첩보 활동을 통하여 몇몇 스님들의 범계 행위 정보를 갖고 있는 권력층이 이를 순화의 도구로 적절하게 활용하고 있기 때문이다. 열째, 현대 국가 구조 속에서 종단이 국가 이데올로기 기구로 기능을 하기 때문이다.

대안은 당연히 열 가지 요인의 원인을 분석하고 대처하는 것이다. 먼저 호국불교 문제부터 보자. 호국불교를 주장하는 이들은 원광법사, 화랑, 서산대사 등의 예를 들며 호국불교가 한국 불교의 찬란한 전통이라 주장한다. 하지만, 이는 사실과 다를 뿐더러 부처님의 뜻에 반하는 것이다.

붓다는 정치적인 이익, 혹은 권력 간의 알력에 직접 개입하거나 관여하지 않았다. 왕권 또한 교단 내부의 일에 간섭하거나 영향력을 행사하는 것을 허용하지 않았다.

『증일아함경』 제42권 「결금품」에서는 국왕을 가까이 하는 출가자는 열 가지 비법(非法)이 생긴다고 가르친다.[6] 불교 교단은 출가자가 왕권과 관련하여 정교분리적인 입장을 견지할 것을 계율로서 규정한다. 조준호 교수의 주장대로, 호국의 본질은 호법에 있는 것으로서 진정한 의미의 호국은 반야를 실천하는 것이다.

호국삼부경(護國三部經)인 『금광명경』, 『인왕경』, 『법화경』을 보더라도, "호국경전들은 다른 나라에 대한 배타적이고 국수주의적인 차원에서 자신이 속한 나라나 왕권이 수호되어야 한다는 사상은 찾아볼 수 없다. 호국 경전들이 저변에 깊이 깔고 있는 것은 어떻게 왕권이 정치적·도덕적 타락으로 인해 민생고를 초래하는 것을 막아야하는가 하는 방향에 초점이 놓여 있다. …… 이는 불교가 반야지혜와 그 지혜

---

6) 차차석, 「불교의 이상정치론과 역사적 실체」, 『불교평론』, 2011년 6월. 재인용.

를 통한 방편으로써 목적을 성취하는 가르침에 따른 것이라 할 수 있다."7)

　호국삼부경의 내용이 담고 있는 진리와 이데올로기는 별개의 문제다. 이데올로기란 특정 집단이 권력 획득과 유지를 위하여 진리를 은폐하고 이를 다른 무엇으로 대체한 허위의식으로 대중들이 자신의 사회·경제적 맥락에서 삶을 이해하고 상상하는 방식이다. 헤겔철학이 본인의 의도와 관계없이 파시즘의 이데올로기로 이용되었던 것처럼, 불교 또한 중세 봉건체제에서 당시 지배층에 의하여 이데올로기로 전환하여 활용되었다.

　호국삼부경을 산스크리트어 원문과 한역된 불경을 대조할 때, 원전에서 국토와 인민의 수호에 역점을 주던 내용이 한역 불경에서는 국왕의 수호로 바뀌고 있다.8) 이는 중국의 왕권계층이 전제왕권을 강화하는 이데올로기로 불교 교리를 조작하는 작업을 하였음을 의미한다. 신라 왕권 층도 중국으로부터 이런 불교를 적극적으로 받아들이고 호국삼부경을 소의경전으로 삼았다. 모든 살아 있는 생명을 죽이지 말라는 왕명을 내린 성덕왕과 같은 이상주의자가 없었던 것이 아니지만, 왕궈 집단은 불교를 전제 왕권을 강화하고 백성을 억압하는 것을 정당화하는 이데올로기로 이용하였다.

　이에 대한 승려의 입장은 크게 두 가지였다. 권승들은 이데올로기의 전파자를 자처하며 권력의 시혜를 받았다. 하지만, 대다수의 승려들은 왕권의 외호를 받아 불교를 널리 펼치려는 데 더 궁극적인 목적을 두었다. 한 마디로 말하여, 호국이란 호법을 위한 방편이었을 뿐이다.

　근대국가 수립 이후 권력층과 권승들은 이런 교리와 전통을 왜곡하여 호국불교 논리를 펼쳤다. 이들은 국가를 정권으로 대체하고 동일화

---

7) 조준호, 「경전 상에 나타난 호국불교의 검토」

8) 金岡秀友, 『佛敎의 國家觀』(서울; 總和閣, 1978), 124쪽.

하였다. 국가가 아니라 군사독재정권을 미화하고, 그들의 이해관계에 따라 국민을 동원하는 이데올로기로 이용하였다. 권력의 외호를 받아 부처님의 가르침을 널리 펼치자는 뜻은 애초부터 없었다.

권승들은 불교계 안에서 권력을 갖고 이해관계를 관철하고자 정권을 지지하고 충성을 바쳤으며 권력을 유지하기 위한 여러 행사에 스님과 불자를 동원하였다. 이의 대표적인 예가 1975년에 창설한 '호국승군단'이다.

그러니, 호국불교는 정권에 아부 내지 충성하여 그 대가로 불교계 내에서 권력을 보장받고 자신의 이해관계를 관철하기 위하여 진실을 은폐하고 자신의 이런 행위를 정당화한 허위의식의 관념 체계이다. 이제 종단 차원에서 호국불교 논리가 권승과 정권이 합작하여 만든 허위의식의 관념 체계임을 공식적으로 선포해야 한다.

문제는 호국불교를 표방하는 정권과 종단 및 스님들의 유착 관계가 군사독재정권으로 그치지 않고 지금도 계속 행해지고 있다는 점이다. 특히, 목사에게 무릎을 꿇은 현 정권은 출범 당시부터 지금까지 갖은 훼불 행위를 노골적으로 행하고 있다. 그럼에도 종단의 상층부의 결단과 불자들의 지지를 받고서 출발한 산문 폐쇄조차 아무 것도 얻지 못한 채 삼일천하에 그치고 말았다.

이는 한국 불교와 종단이 호국불교 이데올로기를 극복하지 못한 점, 정권과 유착 관계가 멀리로는 일제 강점기, 가까이로는 군사독재 정권기부터 관례 문화와 제도로 정착된 점, 몇몇 권승들의 유착 카르텔이 공고한 점, 상당수 소임 승려들의 이해관계가 일치하는 점, 불자들의 감시 체계와 견제가 미약한 점, 정부 및 지자체의 지원으로부터 독립적이지 못한 종단 및 사찰의 재정 문제, 불자들의 사찰 및 첩보 활동을 통하여 몇몇 스님들의 범계 행위 정보를 갖고 있는 권력층이 이들을 권력의 하수인으로 다루는 방편으로 활용하고 있는 점 등의 요인 때문이다.

4.2. 정권으로부터 독립과 대안

근대국가가 헌법으로 종교와 정치의 분리를 명시하고 있지만, 이는 불법과도 일치한다. 『장아함경』에 의하면, 공공의 질서를 유지하고 도둑을 방지하며, 공정한 재판을 진행시켜줄 적임자를 선발하고, 선발된 적임자는 농업이나 다른 생계 수단에 전념할 수 없었으므로 그의 봉사에 보답하기 위하여 구성원들은 자신들이 생산한 생산물의 6분의 일을 주기로 합의하였다. 불교도들이 국왕을 넓은 의미의 고용인으로 생각하고 있었다. 이러한 사고의 원형은 고대 바라문 교도에 의해서도 보존되고 있었다.

『보다야나(baudhayana)』란 책에 의하면, 국왕은 개인 수확물의 6분의 일의 세금과 벌금 등으로 백성에게 고용되어 있다고 말하며, 따라서 백성 중에 누군가가 도둑을 맞았는데 그 도둑을 잡지 못하면 국왕이 자신의 소유물로 변상해야 한다고 말하고 있다.9)

불교가 정권의 시녀 역할을 한다는 것은 아직 한국 불교가 근대성을 획득하지 못한 대표적 징표이자 초기경전의 가르침과 어긋나는 것이다. 이런 것이 아니더라도, 소임자들은 권력층에 충성할수록 불교와 종단의 권력이 약해지는 역설을 직시해야 한다.

권력층의 입장에서는 종교집단이 가장 무서운 상대인데 스스로 투항해오니 그리 고마울 데가 없는 형국이다. 국가 체제 안에서 권력과 종교가 적당한 거리를 두고 '창조적 긴장관계'를 형성하는 것이 서로의 발전에 도움이 된다.

중국 선종은 권력과 유착하면서 몰락하였고, 반면에 일본 불교는 메이지 유신 이후 권력의 탄압을 받자 인재 양성, 사회사업, 문화사업 등에 힘써 세계 불교를 주도하고 있다.10) 이런 권력의 공학적인 관계

---

9) 차차석, 같은 글, 재인용.

를 모르고 권력과 야합하였다면 무지한 것이고, 그를 알면서도 행하였다면 사악한 것이다. 권승들은 자신의 이해관계를 관철하거나 권력을 유지하기 위하여 더 큰 권력을 끌어들여 훼불 행위를 한 것이다.

앞으로 종단 차원에서 군사독재 정권에 충성하여 국민들에게 고통을 안겨준 것을 공식적으로 사과함은 물론, 호국불교 논리가 권승과 정권이 합작하여 만든 허위의식의 관념 체계임을 공식적으로 선포해야 한다.

범계 행위를 한 자와 권승으로 확인된 자들의 죄질에 따라, 영원히, 혹은 일정 기간 동안 더 이상 소임을 맡지 못하도록 종법으로 규정하여야 한다. 정부나 지자체의 지원금은 종교에 대한 지원금이 아니라 한국 전통문화와 문화유물에 대한 지원임을 명확히 하여 끊임없이 벌어지는 기독교계의 시비를 차단하고, 이것이 권력층의 이해관계에 따라 좌지우지되지 않도록 국회 차원의 운동을 통하여 관련법을 개정해야 한다.

수행에 정진하는 스님들의 경우, 참다운 수행을 위해서도 그렇게 해야 하지만, 정치와 긴장관계를 형성하면 할수록 정치적 힘은 증대하는 역설이 작용한다. 그것이 종교와 권력, 성스런 세계와 일상 세계와의 역학관계다.

그렇다고 무조건적으로 종교의 순수성과 탈정치를 주장할 필요는 없다. 4대강 사업 반대 집회 때마다 연단에 올라온 스님이나 성직자의 일성은, 정치성을 배제하고 각 종교가 가지고 있는 생명관에서 운동을 한다는 것이다. 물론, 총칼과 정보력이 없는 시민계층이 자본 및 국가에 맞서서 싸울 수 있는 무기는 도덕적 헤게모니와 정의와 평화를 향한 열정이다. 간디의 사례처럼, 도덕성과 생명에 대한 외경심을 근본으로 해야 싸움도 정당성을 갖고 끝없이 이어갈 수 있다.

---

10) 차차석, 같은 글.

하지만, 새만금도, 4대강도, 지리산 댐도 모두 정치적 관점과 장기 집권의 야욕에서 시작되었다. 생명을 죽이고 갈등과 전쟁을 통해 이득을 얻으려는 세력이 정치적인 전략과 전술을 구사하는 현장에서, 정치적 관점을 포기하는 그 순간 싸움은 이미 패배를 상정한 것이다. 더구나 이는 자신들만의 고귀한 싸움, 혹은 자기만족으로 귀결될 가능성이 크다. 모든 정책에 정치성이 스며들고 권력의 이해관계가 얽힌 현대 사회에서 정치성을 배제하는 그 자체가 정치적이다.

정치·경제적 관점과 저항을 수반하지 않는 운동은 '운동의 (종교적, 혹은 사상적) 순수성'이라는 이름 아래 다른 모든 저항을 무력화하는 메커니즘으로 작용하기 십상이다.

한국 불교는 이제 충분히 정치적이어야 한다. 총선과 대선, 지자체 선거 때마다, 몇몇 큰스님이나 주지, 소임자의 지지 성명에 따라 기울어질 것이 아니라, 야단법석처럼 사부대중이 모두 참석하는 각 후보자에 대한 토론회를 공개적으로 열고 이를 관례화하고 여기서 누가 가장 불법에 합치하는가 공의를 모아야 한다. 그래야 불자들은 정치적 각성을 할 수 있고, 정권은 야합할 수 없게 되며, 권승들을 중심으로 한 야합과 이해관계의 카르텔도 무너지며, 결국 불자들의 뜻과 의지가 정책에 반영될 수 있다.

불자들에게 가장 관심이 많은 환경 및 생명운동으로 예를 들면, 정치적 전략으로서 단기적으로는 환경과 생명을 보호하는 정책을 내놓는 이들을 지방의회 의원 및 군수, 국회의원으로 선출하는 운동을 하고, 장기적으로 모든 정책과 개발이 사찰을 포함한 지역주민의 협치(協治)에 의해서만 가능하도록 거버넌스 시스템(governance system)을 구축해야 한다.

경제적 전략으로서 개발이익에 현혹되어 이를 지지하는 주민들을 깨어 있는 주체로 의식화하고, 토건카르텔을 해체하는 방향으로 운동을 전개해야 하며, 장기적으로는 생태적 순환이 가능한 도농공동체(都

農共同體)를 곳곳에 세워야 한다.

사회·문화적 전략으로 과도한 욕망이 외려 불행을 야기하고, 나누고 배려하고 섬기는 소욕지족의 삶이 더 행복할 수 있다는 의식의 전환을 유도하고, 모든 생활의 장에서 생태론적이고 생명론적인 가치를 지향하는 운동을 전개해야 한다.[11]

5. 승단의 문화와 계율 사이의 괴리와 범계 행위에 대한 진상 규명

5.1. 승단의 문화와 계율 사이의 괴리 문제

홍주종의 흥선유관(興善惟寬)의 말처럼, 무상보리란 것은 몸에 걸치면 계율이요, 입으로 말하면 법이요, 마음으로 행하면 선이 된다. 즉 계율이 바로 법이요, 법은 선정을 떠나지 않으니 계, 정, 혜를 따로 분리하여 깨달음의 세계로 나아갈 수는 없다.[12] 그럼에도 분명한 것은 계율은 그 자체로 목적이 아니라 깨달음에 이르는 길이라는 점이다. 윤리는 교리와 달리 보편성을 갖는 것이 아니라 사회문화적 맥락 위에서 형성된다. 윤리는 사회·문화적 맥락이 변하면 같이 변해야 한다. 변하지 못하면 윤리를 통한 자유는 사라지고 속박이 된다.

그러기에 윤리와 계율을 논하려면 먼저 사회문화적 맥락을 살펴야 한다. 필자는 문화를 연기론적으로 정의한다. E.B. Tylor에서 C. Geertz에 이르기까지 서구 학자들의 문화 정의는 실체론에서 벗어나지 못하

---

11) 졸고, 「한국 불교의 생명·생태 사상과 그 실천 운동」, 2011년 5월, 세계불교학대회 발표문.

12) 전국선원수좌회, 『대한불교 조계종 선원청규』 (서울: 조계종출판사, 2010), 57쪽.

였다. 동쪽이 있어 서쪽이 있고, 나무가 풀과 관계 속에서 목질의 줄기를 가진 다년생의 식물이란 의미를 갖듯, 문화 또한 타자를 자연이나 야만으로 설정하고 이것과 상호관계를 맺고 있는 세계에서 빚어지고 해석되는 상대적 개념이다. 이에 "문화란 자연이나 야만과 구분되는 세계에서 구성원들이 세계를 나름의 체계와 코드로 해석하고 대응하면서 세계관과 상징을 형성하고 그 세계관 - 주동적, 잔존적, 부상적 세계관 - 의 구조와 상징체계 속에서 자신과 자연과 세계와 타인, 사회에 대해 이해하고 설명하고 해석하고 소통하며 끊임없이 의미의 상호작용을 하고 이 의미의 망 안에서 서로가 자신과 집단의 삶의 지향성에 부합하는 의미를 중심으로 실천하고 기억하고 전승하면서 생성하는 역동적인 총체"로 정의한다.

이 정의처럼, 문화는 상대적이자 연기적이다. 승단의 문화는 비승가 문화를 전제로 하며, 이것은 상호 조건의 관계에 놓인다. 디지털 사회로 이행하면서 승단과 비승단의 경계가 모호해졌다. 예를 들어, 출가라 함은 세간을 떠난 것을 이르는 것인데, 상당수의 스님들이 오프라인상으로는 출가하였으나 온라인상으로는 세간에 머물고 있다. 핸드폰이나 스마트폰, 인터넷을 통해 속인들과 수시로 소통하면서 세간사를 접하며, 그 중 일부는 야동을 내려받거나 세간에서도 금지한 범계 행위를 행하기도 한다.

도박사태의 근본 원인 또한 개인의 문제라기보다 문화와 계율 사이의 괴리에서 빚어진 것이다. 특정 집단에서 어떤 것이 문화로 자리를 잡으면, 규범은 그 문화를 규제하는 장애로 인식되며, 결국 문화에 맞추어 규범이 변할 때까지 문화와 규범 사이에 괴리가 생긴다.

5.2. 계율의 개정과 진상조사위원회

아무도 보지 않는 망망대해에서 어부가 기준치 이하의 생선을 놓아

주면서 주체의 자유로움에서 오는 황홀감에 취하듯, 수행을 통하여 자유로운 주체는 계율을 지키는 행위를 통하여 환희심에 젖는다. 하지만, 그 단계에까지 이르지 못한 수행자들은 자아 깊은 곳에서 들려오는 자성불의 목소리, 감시의 시선과 범계에 따른 벌이 두려워서 계율을 지키게 된다.

가장 아래 단계의 수행자들은 벌 때문에 계율을 지키려 하는데, 그 벌이 공정하고 엄정하게 집행되지 않으면 두려움을 상실하고 범계 행위를 하게 된다. 그 동안 호법부는 공정하지도 엄정하지도 않았다. 권력을 가진 이, 문중의 도반처럼 인적인 관계에 있는 자들에게 너그럽기는 사회와 마찬가지였다. 호법부를 별도의 독립기관으로 정하고, 양형기준을 적시하여 사적인 감정이 자리할 여지를 없애야 한다.

대다수의 수행자에게 벌보다도 계율을 지키도록 만드는 가장 큰 요인은 자성불의 목소리와 감시의 시선이다. 하지만, 계율에서 어긋난 것이 문화가 될 때 부처님의 목소리는 사라지고, 감시의 시선은 전도된다. 예를 들어, 거마비가 이미 승가의 문화로 관례화한 곳에서 이를 받지 않으려 하는 자가 외려 그 집단의 눈총을 받고 왕따를 당한다. 문화와 관례에 의하여 감시의 시선이 전도되면, 그를 어기는 자 사이에 '공범의 연대'가 성립하여 죄책감을 갖지 않게 되고 지키는 자를 타자로 설정하여 그를 감시하고 배제하면서 연대를 강화하려는 속성을 갖는다. 이 경우 그 시선에 맞서서 계율을 지키는 것에 용기가 필요하며, 때로는 그 집단으로부터 추방도 각오해야 한다.

종단은 차제에 승단의 문화와 계율 및 청규, 사회법 사이에 괴리를 빚고 있는 것에 대해 면밀히 조사하고 이 괴리를 메워야 한다. 문화에 따라 다르지만, 어떤 경우에는 문화를 계율에 맞추어 바꾸어야 할 것이고, 다른 경우에는 계율을 바꾸는 경우도 있어야 할 것이며, 양자 모두 조정해야 할 경우도 있을 것이다.

문화적 맥락을 고려하여 다소 수정해야 할 계율도 있다. 현재 문화와 계율 사이의 괴리가 가장 큰 것이 음주 문제일 것이다. 필자를 포함하여 재가불자들 가운데 대다수가 이를 지키지 않고 있으며, 출가자 또한 상당수가 음주를 한다.

불교에서 음주를 경계하는 것은 그 인연담에서도 이야기되듯이, 음주를 함으로써 제정신을 차리지 못하고 사람들의 조소 대상이 되기 때문이다. 불음주의 계율은 제 정신줄을 놓아 버리지 말라는 경계다.[13] 또 당시 사회에서 술은 카니발에서 인간을 엑스타시에 이르게 하는 매체로 활용되었기에 지금의 마약과 유사한 기능을 하였다.

인간 사이의 정을 중시하고 술을 매개로 한 소통이 활발한 한국 사회에서 술 없이 사람과 관계를 돈독히 하고 포교를 하는 일은 쉽지 않다. 이런 문화적 맥락을 고려하여 무조건 음주를 금지한다기보다 술을 먹되 상대방에게 피해를 끼치거나 정신을 잃지 않는 선에서 절제하라는 것으로 개정할 수 있다. 아울러 인터넷을 홀로 사용하는 것을 금한다든지, 디지털 문화에 맞는 새로운 청규도 필요할 것이다.

스님들이 계율을 지키고 수행과 포교에만 전념해야 하는 것은 당연하지만, 스님들도 재미있게 생활하고, 행복하게 살 권리가 있다. 계율과 청규를 현대화하여 지키지 못할 계율과 청규는 개정하는 한편, 스님들도 재미있고 행복하게 살 수 있는 문화 창조 운동을 전개해야 한다. 도박이나 음주를 대체할 스님들의 놀이문화 개발, 족구, 축구 등 스님들의 체육 활동을 보장하고, 신도나 마을주민과 함께 하는 체육·문화 활동도 필요하다.

스님들의 취향과 능력에 따라 시, 노래, 악기 연주, 그림, 등산 등의 취미활동도 보장하고, 그런 활동을 할 수 있도록 사찰이나 교구 안에 동아리를 만들고 지원하는 것도 고려해 볼 사안이다.

아울러 스님들도 이원화 하여, 이판승의 경우 더욱 수행에 전념할

---

13) 류제동, 「불교에서 욕망과 계율, 깨달음의 상관관계」, 『불교평론』 45호, 2010년 12월.

수 있는 수행 비구승 –사자상승 -   지원 체제를 확립하고 사판승의 경우 교화승(포교승)으로 구분하여 결혼과 공인된 재산의 사유를 인정하되 상좌를 두지 않고 일정 정도 이하의 소임만 갖도록 제한하는 것도 이 시대에 필요한 연구 과제다.

　이처럼 문화와 계율 사이의 괴리를 메우는 작업을 해야 하지만, 이런 사유로 지금까지 저지른 범계 행위에 대해 면죄부를 줄 수는 없다. 스님들의 범계 행위가 불교를 쇠망하게 할 만큼 극단의 지경에 이르렀기 때문이다.

　종단도 이를 의식하여 성찰과 쇄신을 하겠다고 나섰는데, 진실 없는 참회와 성찰은 쇼에 지나지 않으며, 외려 쇄신의 장애다. 모든 성찰과 쇄신은 진실의 조사와 공표로부터 시작한다. 신뢰받는 출가자와 재가자 공동으로 "청정승가 정립을 위한 범계 행위 진상조사위원회(가칭)"를 구성하여 빠른 시일 내에 모든 진실을 조사하여 보고서 형식으로 발표하여야 한다. 조사한 후 드러난 허물이 개인적인 것은 참회하고, 드러난 문제가 구조적, 제도적인 것은 제도를 개혁하여야 한다.

　일부 불자들은 진상이 드러날 경우 종단의 혼란과 불교의 위상 전락을 우려한다. 하지만, 이번 기회에 진상을 철저히 조사하고 성찰하지 않으면, 범계 행위는 계속될 것이며 결국 불교는 대중의 지지를 상실하여 사라질 것이다.

　약간의 혼란과 대중의 충격, 위상 전략이 따르겠지만 재빨리 성찰하고 제도개혁을 해나간다면 그를 중심으로 불자들이 하나가 되고, 잃었던 신뢰와 지지를 되찾을 것이며, 위상도 다시 회복될 것이다. 읍참마속(泣斬馬謖)의 심정으로 진실을 낱낱이 조사하고, 공표하고 함께 성찰하고 모든 삿된 것을 몰아낼 수 있는 제도 개혁을 단행해야 할 것이다.

6. 총무원장 직선제 및 교육개혁 등 남은, 중요한 개혁안

위에서 논한 것 말고도 더 중요한 개혁안이 많다. 다만, 네 가지 범주로 묶다 보니 빠졌을 뿐이다. 무엇보다도 모든 일과 행사에 사부대중이 함께 하는 평등하게 참여하는 공의제를 이번 기회를 통하여 정착시키고 구체화, 활성화하여야 한다.

종회 또한 양원제로 나누어, 상원은 계율대로 대덕 이상의 출가자만으로 구성하고, 하원은 출가자와 재가자들을 함께 구성하여 상호견제와 균형이 이루어지도록 한다.

출가자들도 특정 문중이 특정 사찰을 점유하는 문중 중심의 가부장주의를 해체하고 비구와 비구니의 차별을 없애야 한다. 스님과 재가자의 수직적이고 종속적인 관계도 청산되어야 한다. 평등성이 전제되지 않는 인간 관계는 반불교적이기 때문이다.

종단의 총무원장 선거 관행에 대해 명진 스님은 한 언론과 인터뷰에서 "24개 교구 본사에서 240명, 중앙종회 의원 81명을 합해 321명이 투표로 총무원장을 뽑는다. 후보들은 본사 주지에게 2000만·3000만 원, 나머지 선거인단에게 500만 원정도 뿌리는 것이 관행화 돼 있다. 대략 30억 원을 쓰는 것이 공공연한 비밀이다. 종회의원이나 주지 선거 때도 액수의 차이만 있을 뿐 돈이 오간다."라고 말한 바 있다.[14]

지난 총무원장 선거에서는 321명의 선거인단 가운데 317명이 투표하여, 그 가운데 90%가 넘는 290명이 자승 후보를 지지하였다. 종단은 불교계의 위기 속에서 치러진 탓에 금권 선거를 없애고 대다수의 문중과 계파들이 합의 추대한 때문이라고 하였다. 하지만, 그렇게 선출한 총무원장에 대해 여자와 돈 등 범계 행위에 대한 의혹이 상당히 구체적으로 제기되고 있다.

---

14) 〈중앙일보〉, 2012년 6월 2일자.

재가불자들은 선거에 참여하지도 못하였지만, 새롭게 선출된 총무원장이 과연 어떤 종책을 공약으로 내걸어 그렇게 압도적인 지지를 받았는지 잘 알 수 없었다. 이는 검증과 공론화 없이 치러진 간선제의 문제점을 적나라하게 보여준다.

이번 총무원장 선거에서 반드시 수립해야 하는 것은 선거공영제와 중앙관리제, 사부대중 모두가 참여하는 직선제다. 우선 종단 차원에서 종단 중앙선거관리위원회(가칭)를 조직한다.

선관위는 어떤 문중이나 계파에도 소속되지 않은 사부대중을 구성원으로 하는 것을 원칙으로 하되, 이것이 여의치 않을 경우 공정한 자를 각 교구별로 추천을 받아 정한다.

선관위는 선거를 감시하고 관리할 뿐만 아니라 선거에 소요되는 모든 비용을 부담하고 홍보를 맡는다. 선거 공영제는 금권선거를 비롯하여 자유방임으로 인하여 야기되는 폐단을 방지하기 위하여 종단의 중앙 조직에서 선거를 관리하고 그에 소요되는 선거비용을 종단의 부담으로 하거나 후보자의 기탁금 중에서 공제함으로써 선거의 형평과 기회 균등을 보장하고 선거 비용을 경감하며 나아가 공명선거를 실현하려는 선거 제도를 말한다.

종단 중앙 선거 관리위원회는 총무원장 후보로부터 일정 정도의 기탁금을 받고 예산을 편성하여 선거 비용을 확보하고, 선거를 관리하고 홍보한다. 종단은 지금이라도 속히 사부대중이 공히 참여하여 직접·평등·보통 선거를 해야 한다.

종헌 제8조는 "본 종은 승려(비구·비구니)와 신도(우바새, 우바이)로써 구성한다."라고 규정하고 있다. 집단의 구성원이 그 수장의 선거에 참여하는 것은 당연하다.

비구니와 재가불자에게 투표권을 주지 않는 것은 종헌을 위반하는 것이다. 비구와 비구니에 관계없이 일정 정도 법랍이 지난 모든 스님에게 같은 가치, 곧 1인 1표의 선거권을 부여한다. 비구니에게 선거권을 주지 않거나 일정 비율로 제한하는 것은 가부장적 이데올로기에서 벗어나지 못하였거나 기득권을 지키려는 술수에 지나지 않는다.

오계를 수지하고 등록된 지 일정 연도가 지났으며 일정 기간 동안 교무금을 납부한 재가불자에게도 선거권을 준다. 단, 앞에서 말한 대로, 삼보를 공경하고 스님의 위의를 지켜야 하는 것과 평등선거를 조화시키는 방안으로 스님 전체 표와 재가불자 전체의 표를 동일한 가치로 인정한다. 예를 들어, 스님이 1만 명, 자격을 갖춘 재가 불자가 10만 명이라면, 재가불자는 1인 1표를 행사하지만, 10만 표가 1만 표와 1 대 1로 동등한 가치를 갖기에 실제 재가불자의 표의 가치는 스님의 10분의 1에 해당한다.

다시 말해 재가자 10명의 표가 스님 1명의 표와 동등한 가치를 갖는 것이다. 조작과 논란의 가능성이 있는 모바일 투표는 하지 않으며, 각 교구 본사와 소속 사찰에 투표소를 설치해 직접·비밀 투표로 실시한다.

보통, 평등 선거 원칙 및 종헌 8조에 맞게 종법을 개정해야 한다. "본종의 구성원은 선거권 및 피선거권이 있다."를 명시하고, "선거에 관한 경비는 종법이 정하는 경우를 제외하고는 문중이나 계파, 후보자에게 부담시킬 수 없다.", "총무원장은 승려(비구·비구니)와 신도(우바이, 우바새)가 직접 참여하여 선출한다." 등의 조항을 추가한다. 종단 중앙 선거관리위원회에 관한 사항은 종법으로 규정한다.

새로운 종헌과 종법에 따라 선관위는 종법에서 규정한 자격을 갖추어 선거권을 가진 비구와 비구니, 우바새와 우바이의 선거인단 명부를 작성하고, 최소한 보름 이상의 기간 동안 이를 종단, 각 교구 본사의 홈페이지에 올려 공람하여 피드백을 받는다. 선거인단 명부가 완성되면, 선관위는 총무원장 후보자들과 협의하여 휴일 가운데 선거일을 택일하며 이를 최소한 한 달 이전에 공지한다.

총무원장 후보는 약력, 종책 등을 선관위에 제출하고, 선관위는 이를 기본 자료로 만들어 투표 안내문과 함께 등록된 선거인단 모두에게 우편으로 발송한다. 종책 토론회 또한 종법으로 규정하여 각 후보자는 불교방송의 토론을 3회 이상 한다. 선거운동은 24개 교구 본사 별로 순회하면서 종책 설명회 형식으로 공동으로 수행한다. 24개 교구 본사 별 종책 설명회는 후보자들이 협의하여 그 횟수를 제한할 수 있다.

투표일에 선거인단에 등록된 모든 사부대중이 교구본사와 소속사찰 별로 마련한 투표소에 직접 참여하여 1인 1표를 행사한다. 물론 비밀 투표로 한다. 24개 교구본사별로 개표를 하며, 개표작업에는 선관위 위원과 선관위가 임명한 개표위원, 각 후보자가 추천한 참관단이 참여한다.

선거 직후 후보자들은 모든 선거비용에 관한 회계자료를 제출한다. 단돈 만 원이라도 부정하게 쓰인 것이 확인되면 당선자는 자격을 상실하며, 그 열 배로 배상함은 물론 10년 동안 선거 및 피선거권을 박탈한다. 지금 정부에서 도입하여 효과를 보고 있는, 금권선거 신고 시 열 배의 보상을 하도록 하는 시스템을 도입하여 감시의 시선을 다원화 할 필요도 있다.

교육개혁도 더욱 단행해야 한다. 그나마 현 종단 체제에서 행한 것 가운데 가장 잘한 부문이 교육개혁일 것이다. 하지만, 아직 더 혁신할 부분이 많다.

교육은 말 그대로 백년지대계다. 스님의 교육은 한국 불교의 미래를 구성하는 것이다. 그럼에도 중세 시대의 방식이 별다른 성찰과 개선이 없이 답습되고 교과목도 구태를 전통이라 간주하며 집착하였다. 그러는 사이에 스님들의 법문이 들을 것이 없다며 기피하는 불자들이 늘어나고, 스님들이 불자들과 대화하다가 무지를 드러내는 일도 종종 발생하였다. 이에 스님들의 위의는 전락하고, 스님 스스로도 무명에 휘둘려 깨달음의 길로 나아가지 못하였다.

교육원은 이런 폐단을 척결하고자 대대적인 개혁을 단행하였다. 그 동안 한문을 공부하다가 정작 경전의 의미나 진리는 놓치고 마는 경우가 허다하였다. 이에 한문 교재를 한글화하였다. 선의 교육에 너무 치중한 것도 문제다.

기존의 강원에서는 『치문』, 『선요』, 『절요』, 『서장』, 『전등록』, 『염송』 등 주로 선과 관련된 교과목에 집중하였다. 물론 부처님의 가르침과 말씀 너머의 진리를 깨우쳐야 하지만, 교의 사다리 없이 선으로 도약하는 것은 쉽지도 않거니와, 부처님의 가르침에 무지하게 만든다.

『치문경훈』, 『선요』 등의 선 관련 교과목에 『금강경』, 『화엄경』 등의 경전도 한문 불전 강독의 교과목으로 들어갔으며, 어학, 불교사회경제학, 불교생태학, 비교종교학 등의 교과목도 새로 추가되었다.

2012년 9월 27일에 공포된 『종단 법령집』의 <교육법>에 의하면, 제1조는 "종단교육은 부처의 혜명을 잇고 법을 전해 중생을 제도하는 근본이념 아래 모든 종도에게 깨달음을 성취하고 보살도를 실천함에 필요한 교육을 시행하여 불국토 실현에 이바지할 인재 양성을 목적으로 한다."이다.

이는 상구보리 하화중생, 혹은 원효가 말한 "일심의 근원으로 돌아가 중생을 넉넉하고 이롭게 한다(歸一心之源 饒益衆生)"는 것과 크게 다르지 않다. 한마디로 요약하면, 한국의 승가교육의 목표는 불법의 진리를 깨달아 하화중생의 이타적 보살도를 실천하여 현실세계를 불국토로 전환시킬 수 있는 인재를 기르는 데 있다. 더 줄이면, 깨달음과 보살행을 행하는 인재를 양성하는 것이다.

계정혜의 삼학을 바탕으로 지혜를 닦는 해와 계율 선정을 행하는 행을 종합하는 전통적인 방식이 계승되어야 함은 자명하다. 하지만, 21세기 오늘 이것만으로 부족하다. 우선 깨달음의 개념이 올바로 정립되어야 한다. 물론, 깨달음에 대해 함부로 정의할 수는 없다. 하지만, 이에 대한 합의된 개념을 도출해야 교육 과정과 방식을 결정할 수 있다.

여기에 시사를 주는 것이 원효의 진속불이(眞俗不二)론이다. 먼지만 닦으면 본래 맑고 푸른 하늘이 드러나듯, 무명만 없애면 본각(本覺)이 드러난다. 경험을 통해서든, 정신적 자각을 하든, 아니면 양자가 종합적으로 작용하든, 무명을 소멸시키는 계기만 마련되면 깨달음은 저절로, 안으로부터 생긴다. 마치 임계치 이상의 물리적 충격을 받은 물질이 배열구조가 바뀌어 화학 변화를 일으키는 것처럼, 깨달음이란 원래 깨달을 수 있는 바탕을 지니고 있는 인간이 어떤 계기를 통해 연기와 무아에 대하여 새롭게 인식하고, 자신의 정신과 몸 안에 간직된 온갖 경험과 기억과 의식을 찰나적으로 재배열하여 자신의 존재를 전혀 다른 존재로 거듭나게 하며, 이 존재가 새로운 지평에서 진여 실제에 다가가는 것으로 말로는 표현할 수 없는 자유롭고 평안한 상태에 이른 경지다.

하지만 이것으로 깨달음이 완성되는 것이 아니다. 깨달아 내가 부처가 되었더라도 내 앞의 중생이 고통 속에 있는 한 나는 부처가 아니다. 나를 둘러싸고 있는 우주 삼라만상의 모든 존재가 나와 깊은 연관을 맺고 서로 조건이 되고 작용하고 있다는 것을 깨닫는 것이 지혜이고, 그를 위하여 그리로 가 그들과 함께 하며 그들의 고통을 없애 주는 것이 바로 보살행이다.

깨달음이란, 원래 불성을 지니고 있는 인간 존재가 불법의 진리를 전혀 다른 차원으로 새롭게 터득하여 거듭난 존재가 세상과 자연과 뭇 생명을 지금까지와는 전혀 다르게 인식하고 그들의 고통을 덜기 위하여 자신의 욕망을 자발적으로 끊고서 그들을 부처로 만들고 그로 인해 내가 부처가 되는 것이다.

이런 깨달음을 설명을 위하여 굳이 분별하면, 나에 대한 깨달음, 세계에 대한 깨달음, 중생에 대한 깨달음으로 나눌 수 있다. 나에 대한 깨달음은 나의 몸과 마음에 대한 깨달음으로, 세계에 대한 깨달음은 진리에 대한 깨달음으로, 중생에 대한 깨달음은 사회에 대한 깨달음으로 이어진다.

나를 깨닫기 위한 심리학과 정신분석학과 인지공학, 세계와 진리를 깨닫기 위한 서양 인문학, 중생을 깨닫기 위한 사회학과 대중문화 등의 강좌도 수용할 필요가 있다.

서양에서 수십만 명을 대상으로 임상실험을 하였거나 과학적으로 입증한 마음과 심리, 두뇌에 대한 이해 없이 우리의 마음과 생각을 올바로 이해하는 것이 가능한가.

지금 중생들이 자본주의와 신자유주의의 탐욕에 물들어 고통 속에 있는데 이에 대한 이해가 없이 어찌 이들을 구제할 것인가. 이 밖에 불교미학, 인류학, 과학사, 과학철학 등도 교양 선택과목으로 선정할 필요가 있다. 이럴 경우 너무 많은 교과목으로 학인의 부담을 가중시킬 우려가 있는데, 각 단계별로 체계화하고 과목을 통합하여 학인의 부담을 덜어줄 필요가 있다. 이를 위하여 교육원 산하에 '교육개발연구소' 및 '교재 연구 및 교과목개편위원회'를 둔다.

이번 기회에 기본 교육기관도 정리하여 체계화한다. 강원이 난립한 가운데 강원과 강원의 유기적이고 횡적인 연계가 없었다. 강사 스님이나 교수들도 통일된 교수법이나 교재 없이 다른 교수들과 교류도 없이 스승으로부터 도제식으로 교육받은 것을 그대로 답습하는 경향이 강하였다.

'승가대학령'이 2년 동안 계속해 학년별 정원이 5인 미만이거나 총정원이 20인 미만인 경우 인가를 취소할 수 있도록 규정하고 있어 자연히 정리되겠지만, 학생 수, 교수 수, 시설 등 객관적인 기준을 마련한 후 이에 따라 정리할 필요가 있다. 각 승가대학과 동국대, 중앙승가대, 대학원 사이의 연계 체제도 확립하여야 한다.

강의의 질적 수준을 끌어올리기 위하여 교육원에서 동영상 강좌를 마련하고 연수교육을 시행한 것은 잘한 일이다. 교재를 통일하는 것에 그치지 않고 각 교과목별로 표준 교안을 만든다. 교과목에 따라 다양한 교수법을 개발하고 보급한다. 경전에 대한 해석도 통일한다. 교수도 자격고사를 보게 하며, 공통교재에 대한 연수 등을 종단 차원에서 시행한다.

다른 무엇보다도 중요한 것은 사회적 실천을 적극적으로 활성화 하는 것이다. 사회적 실천을 할 재정을 확립하고 이를 제도화하고 활성화 하여야 한다.

유마경의 말씀대로 중생이 아프면 보살도 아프다. 중생의 고통에 진정으로 공감하며 이를 치유하는 실천을 행할 때, 대중들은 마음 저 깊은 곳으로부터 부처님을 받아들인다.

이제 종단을 중심으로 빈민, 비정규직 노동자, 이주노동자와 이주여성 등 소외계층과 우리 사회의 사각지대에서 고통 받고 있는 사람들과 대다수의 국민들과 함께 할 수 있는 다양한 구제책을 개발하고 실천해야 한다. 그리고 그 영역을 전 지구촌에 확대해야 한다.

단순히 구제책만 행하는 것이 아니라 빈민, 비정규직 노동자, 이주노동자와 이주여성 등 소외계층을 포용하는 불교공동체, 자본주의와 산업사회의 역기능과 모순을 극복한 대안의 불교공동체 모델을 개발하고 이를 여러 곳에 만들어 현대사회와 지구촌의 대안이 불교에 있음을 대중들에게 구체적으로 보여 주어야 한다.

7. 맺음말

흔히 개혁이 혁명보다 어렵다고 한다. 개혁은 사람과 의식, 제도, 문화의 개혁이 함께 이루어져야 현실이 되며, 개혁을 추진할 기구와 운동단체, 동력 또한 필요하다. 개혁추진기구를 중심으로 범 출·재가자가 참여하는 결사, 법회, 솔선수범, 승풍 진작의 문화운동도 전개할 필요가 있다. 개혁은 단계적으로 모두가 함께 지혜와 힘을 모아야 당위와 선언에서 벗어나 현실이 된다.

종단은 혁신적인 개혁을 하되, 개혁의 로드맵을 제시하고 사부대중은 이를 실행해야 한다. 아울러, 어떤 좋은 개혁안도 역기능이 있으므로 이를 최소화할 수 있도록 지혜를 모아야 한다.

논란의 여지가 있는 쇄신안에 대해서는 여론조사와 시뮬레이션을 해보고, 모든 국민에게 문호를 개방한다. 94년 개혁의 공과 한계를 성찰하여 문제점이 다시 반복되지 않도록 2012개혁에 반영한다. 개혁을 뒷받침할 수 있도록 종헌과 종법을 개정하는 한편, 내규와 시행령을 만들어 곧바로 실행에 들어간다.

반 토막이 난 우리와 달리 서양에선 왜 불교도가 늘고 있고 상당수 석학들이 다투어 불교를 공부하고 수행하고 있는가. 그들은 현대사회의 위기, 곧 이성의 도구화, 소외와 불안, 공동체의 해체, 환경위기 등의 대안으로 불교를 선택하고 있다. 이에 서양 불교는 마음공부에 충실하고 대안의 성격이 강하다. 다행히 불교는 탈현대의 모색과 통하는 점이 많다.

20세기 한국 사회의 과제는 근대화와 산업화, 민주화, 인권, 통일이었다. 이는 우리가 아지도 달성해야 할 과제이지만, 21세기에는 환경과 생명, 남북의 통일을 포함한 평화, 복지와 상생이 새로운 과제로 부상하고 있다.

20세기의 과제는 기독교가 주도하였지만, 21세기의 과제는 불교가 주도할 수 있다. 새 술은 새 부대에 담자. 이제 종단의 권력층은 개혁을 두려워하지 말고 과감하게, 남김이 없이 개혁하여 한국 불교도 살리고 그들도 21세기의 글로벌 리더로 부상하기를 바란다.

우리 모두 중생의 고통을 외면한 채 욕망 속에 물신과 권력의 노예로 전락한 것을 참회하면서, 이번 사건을 계기로 부처님 당시부터 이어져 온 '불교공동체'의 조직운영 원리를 21세기 사회에 맞게 창조적으로 해석하고 실천하여 진정으로 청정한 승가공동체를 세우는 새로운 지평을 열기를 간곡히 발원한다.

토론에 들어가며

김 형 남 _ 변호사, 법무법인 신아 운영대표,
참여불교재가연대 공동대표

먼저 이도흠 교수님의 깊은 혜안에 따른 성찰에 감사드리며, 문제의 원인에 대한 진단과 그 해결책에 많은 부분 공감하며, 깊은 공부를 하게 된 것 같아 기쁩니다.

발제문 상의 진단과 크게 다를 것 없이 대동소이하나 제 나름대로의 문제의 원인을 살펴보기로 하고, 조계종 쇄신안에 대한 평가와 앞으로의 바람직한 방향에 대한 문제제기, 마지막으로 조계종 쇄신안의 핵심인 사부대중공동체 지향에 대하여 의견을 제시하도록 하겠습니다.

문제의 원인에 관하여

발제자가 제시한 전근대적 기복신앙에 의지하고 있는 현실의 불교가 불자들의 주체성 발현을 억누르고 있고, 자본주의 사회에서의 '물신화(物神化)'와 이에 무비판적으로 노출된 스님과 신도들이 불교의 세속화를 가속화시키고 있으며, 국가권력 내지는 정권과의 결탁이 불자들의 혜안을 해치며 불교 본래의 목적을 상실시키고 있다는 대부분의 문제제기에 동의합니다.

1980년대 민중불교운동과 1986년 해인사 승려대회, 그리고 1994년 개혁불사를 목도한 본 토론자는 발제자의 문제제기에 더하여 집단지성의 실종과 개혁세력의 기득권화에 따른 자정주체의 소멸, 신자유주의 물결 앞에서 공적 대의명분 즉 종단의 목적, 사찰운영의 목적 등을 상실하였다는 점을 짚고 싶습니다.

어느 사회이든 제도화되지 않은 집단지성이 제도화되었으나 의식이 깨어 있는 기득권의 일부를 견인, 집단지성에 포섭시켜 개혁을 이루어 나가게 됩니다.

1980년대 민중불교운동이 시작되고, 기득권화 되지 않은 스님들이 반독재, 불교자주화, 민중생존권 보장을 위하여 뛰어들면서 목적지향적인 모습을 형성하고, 1986년 해인사 승려대회에 이르러 기득권의 일부와 결합하여 집단지성의 목소리를 내게 됩니다.

1986년 해인사승려대회의 결의사항을 한번 살펴보기로 하겠습니다.

△ 현 정권은 불교관계 악법을 즉각 철폐하라.

△ 현 정부는 실질적인 경승 내규를 즉각 제정하라.

△ 사원의 관광 유원지화를 즉각 중지하라.

△ (5·3인천 사태로 구속 중인)성연 스님을 즉각 석방하라.

△ 부천경찰서 성고문의 진상을 규명하라.

△ 총무원 및 각 사찰의 기관원 출입을 즉각 중지하라.

△ 현 정부는 교과서 왜곡과 편파성을 즉각 중지하라.

△ 언론의 편파·왜곡보도를 즉각 시정하라.

△ 민족경제 침탈하는 수입 개방을 즉각 중지하라.

△ 현 정권은 10 · 27 법난을 책임지고 해명하라.

그 당시 얼마나 많은 우리들이 얼마나 이타적이고 국민 전체에 대한 눈물 어린 배려심을 갖고 있었는지, 다시 한 번 그 때의 결의문을 읽어봐 주시기 바랍니다.

이러한 집단지성의 형성은 필연적으로 전근대적인 종단구조의 개혁을 요구하게 되었고, 1994년 개혁불사를 맞이하게 되었으며, 행자교육원 설치, 기본교육의 시행 등 종단 교육 구조를 획기적으로 변화시키게 됩니다.

실천승가회, 선우도량 등을 중심으로 형성되었던 개혁세력들은 대부분 종단정치에 참여하게 되고 국가법을 차용하여 권력분립 원칙에 입각한 종헌과 관련 종법을 제정하게 되었으나, 이러한 개혁적인 노력들과 종단정치에의 참여가 역설적으로 개혁세력의 기득권화를 초래하게 되고 비권력적인 집단지성이 실종되게 되는 현상을 낳게 됩니다.

개혁은 일정정도의 기득권화 되지 않은 세력에 의한 in - put이 전제가 되어 개혁적 이념이 권력의 행정적 뒷받침과 캠페인에 의하여 현실화 되는 out - put 과정과 상호작용을 일으켜 나타나게 됩니다.

이렇듯이 in - put과 out - put의 균형, 직관과 논리의 상호존중, 전통과 미래의 조화 없이 국가법을 차용한 논리의 일방적인 out - put 현상이 일어나고 결과적으로 개혁세력이 기득권화 되며, 개혁에 대한 피로감이 증대되고 집단지성이 실종된 현상은 불교 현실상 개혁세력이 소수에 불과하다는 점도 있지만, 개혁세력들이 자체 일시 종단정치의 참여와 수행과 포교 일선에로의 하방(下方)이라는 규율을 확보하지 못했고, 기득권화 되지 않은 집단지성을 끊임없이 재생산하는 구조를 갖지 못했기 때문입니다.

반면에, 새롭게 개혁의 주체가 형성된다면 그 주체는 반드시 권력적 위치에서 스스로를 주기적으로 배제하는 순환 구조를 만들어야 합니다.

어찌 보면 지난 정권들 동안 국가권력에의 시민단체 활동가들의 참여가 시민단체의 목적전치 현상을 낳아 결국 NGO 운동을 쇠약하게 했다는 점과 비슷합니다.

이러한 상황에서 98년 종단분규가 일어났으나 1994년 개혁불사의 힘이 유지되고 넓어지고 개방된 승가들의 정치적·경제적 진출로, 승가와 재가 사이의 개혁을 유지하기 위한 상호협조에 의하여 내부동력을 얻고, 민주주의가 진보되고 매스 미디어 정치가 활성화 됨에 따라 실제 갖고 있는 힘보다도 훨씬 많은 정치적 영향력을 종단이 행사할 수 있음에서 비롯된 정치집단의 구애에 의하여 외부동력을 얻어 거대 종단을 발전시켜 왔습니다.

2000년대 초반에는 참여불교재가연대라는 재가 불교시민단체가 탄생하고 불교포커스 등 불교 내부를 감시하는 언론들이 생김으로써 집단지성이 형성될 수 있는 외적 여건이 넓어졌으나, 승가 내부에서의 in - put 힘이 점차 소멸됨에 따라 집단지성이 점차 쇠약해지게 됩니다.

그 와중에서 일부 스님들은 기존 기득권 세력이나 개혁세력 할 것 없이 명분도 대의도 없는 계파를 만들어 중앙종회를 중심으로 종단을 이권다툼과 나누어 먹기의 장으로 만들어갔습니다.

이런 파벌 형성이 대중공의에 의한 의사 결정과 화합승단의 정신에 정면으로 위반된다는 사실은 너무나 명백합니다.

결국 총무원까지도 당당히 파벌대표의 이름으로 총무원 부실장 등의 집행부를 구성함으로써, 그나마 총무원과 중앙종회의 견제 기능조차 사라졌습니다.

이러한 파벌의 형성은 결국 소장 스님들과 재가자들에게까지 영향을 미쳐, 누구는 어떤 스님 사람이라는 식의 구별을 짓게 만들고 매도하는 것이 일상화 되어, 어떠한 발언을 하더라도 자기검열을 하게 되고 결국 자신의 발언을 하는 사람들이 사라지게 되어 집단지성이 형성될 여지가 없어지게 됩니다. 이러한 근저에는 불행하게도 신자유주의가 가장 극성을 부리기 시작하는 시점에 개혁불사가 이루어졌다는 사실이 있습니다.

신자유주의는 1980년대 미국의 공급중시 경제학자들을 중심으로 레이거노믹스를 탄생시키면서 등장하기 시작하여, 생산한 만큼 수요가 일어난다는 논리 하에 우루과이라운드 등으로 전 세계적으로 재화를 장벽 없이 유통시킴으로써 한 국가가 자신이 가장 싸게 생산할 수 있는 것만 생산시키며 그 외의 산업을 도태시키고, 자본의 유통을 자유롭게 하기 위하여 고용시장을 유연화 하여 평생직장을 사라지게 하고, 모든 자산을 금융상품화 하여 자유롭게 거래함으로써, 전 세계적으로 공급을 늘려 부의 전체 양을 크게 하여 그 누수효과로 일반 국민들도 잘살 수 있다는 논리입니다.

결국 이러한 논리는 일부 금융자본과 재벌만을 살찌게 하고 중소기업과 열위산업을 도태시켜 고용 없는 생산증대가 일어나, 결국 수요를 상실시키는 결과를 낳아 전 세계적인 경제위기를 초래합니다.

이러한 와중에 우리나라도 부동산가격이 널뛰기하는 등 모든 자산에 거품이 생기고, 외형적인 부가 모든 인간에 대한 가치판단을 뛰어넘는 현상이 생기고, 부를 기반으로 한 스펙이 인간을 규정하게 되는 현상을 낳게 됩니다.

수행을 통해 인정받기는 참으로 어려운 과정이고 스펙을 통해 인정받기는 상대적으로 쉽기 때문에 저마다 주지 쟁탈전에 뛰어들게 되는 과정과 파벌을 통한 지위보전 욕구의 형성, 그 와중에서 서로가 흠집을 얻어 집단지성이 상실하게 되는 이러한 과정들은 신자유주의적 자본주의가 커다란 영향을 아니 미쳤다고 할 수 없습니다.

이러한 와중에서도 우리에게 몇 번의 자성의 기회가 있었습니다.

2007년 우리는 신정아 - 변양균 게이트, 마곡사 주지 구속, 백담사 시주금 횡령, 제주 관음사 잡음, MBC 피디수첩에 의한 승려 행태 고발 등 크고 작은 부정비리와 언론의 고발로 국민적 불신과 지탄을 자초한 결과 불교가 절체절명의 위기를 맞고 있다고 했습니다.

2007년 10월 19일 계절을 넘어가는 추위 속에 희양산 봉암사에서 조계종 참회대법회를 열었습니다.

당시 살을 에는 듯한 차가운 빗방울이 스님들의 얼굴을 흘러내려 가사를 적실 때, 물에 젖은 엷은 가사를 천근만근처럼 무겁게 느끼시던 스님들의 고뇌에 찬 표정과 이를 안타깝게 바라보던 재가자들의 모습이 생생이 기억납니다. 그때 피 끓는 참회를 하였던 우리들은 다시 일상으로 돌아와서는 그 소중한 풍경을 망각하였습니다.

2년 전 문수 스님은 제 몸을 불태워 부처님 전에 바치기 직전 다음과 같은 유지를 남겼습니다.

"이명박 정권은 4대강 사업을 즉각 중지·폐기하라. 이명박 정권은 부정부패를 척결하라. 이명박 정권은 재벌과 부자가 아닌 서민과 가난하고 소외된 사람을 위해 최선을 다하라."

지금 이 땅의 위정자에게 또한 국민들에게 그들이 금과옥조로 삼아야 할 내용이 고스란히 담겨져 있습니다.

그 내용은 단지 이 땅의 뭇 생명을 살리자고만 함이 아니라, 현 정부의 4대강 사업이 정상적인 국법질서와 지켜야할 절차를 지키지 않고 졸속으로 진행됨으로써 적법 절차와 법치주의가 실종되고, 국민의 반대를 무릅쓴 공사 강행으로 국민주권주의와 민주주의가 훼손되어 가고 있으며, 미래 우리 후손들의 권리인 환경권이 선택의 여지없이 침해되고 있을 뿐만 아니라, 빈곤층의 삶이 극도로 어려워지고 있는 상황에서 나라의 재원이 우선적으로 토건산업에 투입됨으로써 복지국가 지향의 헌법 원리가 파괴되고 있는 상황을 바로잡기 위함이었습니다.

4대강 사업과 토건산업이라는 이 정부의 중심정책이 일확천금의 물욕 지향적 사회풍토를 만들어 나가고, 국민의 반대를 무릅쓰고 진행하는 사업이 결국 내 편과 네 편을 나누어, 내 편에는 관대하고 네 편에는 엄격하므로 사회가 견제와 균형을 잃어버리고, 부정부패를 만연시키는 것을 막고자 함이었습니다.

또한 국민의 삶이 어려워져 국민이 소비할 때 사용하는 국내통화에 대한 수요가 사라져서 환율이 오르고, 그 여파로 대외적 경쟁력을 얻은 대기업 위주의 수출경제만 활성화 되며 물가가 올라 국민의 삶이 더더욱 어려워지는 악순환 경기 구조 속에서, 고용 창출과 관련된 연관 효과도 거의 없고 일반 건설경기 활성화에 오히려 역행하는 대규모 토목사업에 대한 국가 재원 투자가 재벌만을 살찌우고 서민의 삶을 짓누르는 것을 막기 위함이었습니다.

문수 스님은 이런 깨달음을 널리 알려 현실에서 불국정토를 이루고자 하였으나, 우리는 새로운 집단지성을 형성할 계기로 삼기는커녕 스님의 소신공양이 정치적으로 해석되는 것을 경계한다는 미명 아래, 그 뜻을 저버렸습니다. 그때까지도 우리의 실체와 현실을 깨닫지 못하였다면, 신자유주의의 끝자락에 와 있는 지금은 우리가 집단지성을 형성할 수 있는 너무나 좋은 기회입니다.

도박 동영상 사건이 있고 나서, 우리들은 무엇을 해도 자신이 없고 끝없는 공포심에서 어찌할 바를 모르는 시간을 겪었습니다.

우리 불교가 세속화되었다는 인식은 하고 있으나, 집단지성을 통하여 끊임없이 토론하고 대응책을 찾는 과정이 없었기 때문에, 우리 모습에 대하여 너무도 자신감 없이 움츠러들 수밖에 없었습니다.

오늘과 같이 집단지성을 형성할 수 있는 소중한 기회를 놓치지 않았으면 합니다.

조계종 쇄신안과 관련하여

조계종 쇄신안을 보면서 느낀 점은 장래를 위해서 일단 출발하였다는 큰 의미가 있으나, 심장발작이 일어난 사람에게 급하게 보약을 먹인 기분도 듭니다.

충분한 대중공의와 토론을 거쳐서 나와야 되는 내용들이 일시에 전격적으로 등장함으로써 앞으로 이러한 쇄신안을 갖고 갑론을박이 지속되면서 개혁적인 분위기가 퇴색될까 염려스럽습니다.

먼저 드러났던 문제점에 관하여는 종단의 호법 기능과 감사 기능을 강화시키면서 해결책을 찾을 수 있을 것입니다.

종단의 호법 기능과 관련하여 많은 사람들이 문제점으로 느끼고 있는 것은 평등한 적용이 되고 있는가와 과연 승가의 이익을 위한 범계 행위에 대하여는 너무 관대하다는 것입니다(현재 종무원법상 결격 사유 중 파렴치범에 사기죄나 횡령이 빠져 있는 것도 같은 맥락입니다).

이러한 문제와 관련하여 호법부의 기소독점권을 적절히 제어하기 위하여 일정 직위 이상 스님들의 일정한 범계 행위에 관련하여서는 기소를 할 수 있는 합의제 대배심(大陪審)제도를 두는 방안, 지방검찰 역할을 하여 호계원에 갈마의 기초자료를 제공해 주는 단사인(斷事人)을 두는 방안, 호법부와 호계원에서 적용되는 양형 규정을 두는 방안, 호계위원의 인원 수를 대폭적으로 늘려 정실에 따른 징계를 배제시키는 방안을 강구할 수 있을 것입니다.

그리고 계파정치의 폐단을 끝내기 위하여 이와 관련한 특별법을 제정하여 새로운 계파가 생기는 것을 엄단하여야 할 것입니다.

또한 종단의 감사 기능을 강화시켜 사찰의 실정을 잘 아는 재가자들을 교육, 훈련하여 감사요원을 대폭 확보하고, 각 사찰로 하여금 감사에 적합한 장부 작성을 법정화 시키며, 시주금의 사용 목적(포교 목적, 사회사업 목적, 사찰운영비 목적, 불사 목적)을 장부에 정확하게 기재하여 수입으로 잡고 전용을 금지시키며, 사찰 주지 개인에 대한 시주를 인정하지 아니하고, 사찰 재정을 공개토록 하여 공개된 재정과 실제 재정이 일치하지 아니한 경우는 적절한 조치를 취하도록 하여야 합니다.

　종단에서 만든 사찰운영위원회법은 현재 신도의 권리와 의무에 대한 교육이 행해지지 아니하고, 사찰의 목적을 이해하고 사찰 운영의 주체로서 참여해야겠다는 신도들이 거의 없는 상태에서는 제대로 작동할 수가 없습니다.

　또한 주지가 위촉과 해촉을 할 수 있는 권한을 갖고 있어 사부대중의 공의를 통한 사찰 운영의 취지와 맞지 않습니다. 그리고 신도운영위원은 일정 금액 이상을 시주해야 한다고 하여, 오히려 불사위원회 성격을 갖게 되고, 사찰의 세속화에 기여할 소지가 있습니다.

　현재 예·결산상 연 3,000만 원 이상의 사찰에 대해서는 사찰운영위원회를 반드시 구성토록 하고 있고, 이를 구성하지 않으면 징계에 처할 수 있도록 입법 예고되어 있는 상태이나, 주지가 임의로 사찰운영위원회를 구성해 작동하지 않는다면 아무런 의미가 없습니다.

　따라서 현재 신도회가 구성되어 있는 사찰을 중심으로 법을 먼저 적용하고, 신도운영위원을 신도들 스스로 임명하도록 하며, 신도운영위원들이 3분의 1 이상 구성되도록 하며, 신도운영위원들에게 회계장부 열람권을 인정하여 실제적인 사찰 참여가 가능하도록 해야 합니다.

　즉 사부대중의 참여가 실제로 보장되는 사찰을 모델링하고 이의 긍정적인 측면을 전파하여 전 사찰로 확산되도록 해야 합니다. 그리고 신도들의 권리와 의무에 대한 교육을 받은 신도 몇 명 이상이 운영위원회 구성을 요구하였을 경우 반드시 운영위원회를 구성토록 하여 신도들의 자발성을 전제로 운영위원회를 구성토록 해야 합니다.

　마지막으로 일정 금액 이상의 시주를 요구한 종법 내용은 일정금액이 불명확하기도 하거니와 사부대중 공의와 사찰의 세속화 배제 정신에 위반되므로 반드시 폐지되어야 합니다.

　사찰예산회계법과 관련하여서는 사찰 운영의 투명화, 주지스님의 횡령과 전횡의 사전 방지, 주지스님의 권한에 대한 재정 책임자의 견제 등에 목적이 있는 것으로 보입니다.

이러한 목적을 달성하기 위해서는 재정 공개만큼 효율적인 방안이 없을 것이고, 주지와 재정 책임자를 분리하여 재정 책임자의 결제 없이 어떠한 지출도 불가능하게 하고 그 재정 책임자가 재정 운영에 관하여 책임을 지게 해야 하는데, 현 공포된 사찰예산회계법은 재정 책임자를 주지로 하고 경리·회계 담당자를 일반 종무원의 지위에서 재정 집행의 책임자로 격상시키지 아니하였습니다.

현실에서는 예산을 예측하여 짤 수 있는 사찰이 그리 많아 보이지 않으므로 앞서 말씀 드린 바와 같이 시주 목적의 전용 금지, 감사를 받을 수 있는 장부의 배치, 재정의 교구 홈페이지를 통한 공개, 일정액 이상은 개인 시주금으로 인정하지 않는 등의 가능한 범위 내에서의 투명성을 견지해야 할 것입니다.

그리고 사찰예산회계법 일부 조항의 적용을 3년 단위로 유예할 수 있도록 하여, 때에 따라서는 기한 없는 연기도 가능하도록 되어 있는 바, 반드시 사찰예산회계법안의 핵심 내용들이 적용되어야 하는 사찰들을 명시했어야 하고, 사찰예산회계법이 그 목적에 따라 단계적으로 적용되어야 실천성이 있는 바, 사찰예산회계법을 따르지 않는 모든 사찰 주지가 징계의 대상에 놓이게 된 것도 바람직하지 않습니다.

이상에서 살펴본 바와 같이 주지 권한을 규제하겠다는 여러 취지의 종법 안들이 중첩되어 있으나, 그 실효성을 이루기 위한 핵심 내용의 구성이 미흡하고, 모델링하여 전파함으로써 그 제도를 연착륙시키겠다는 내용으로 구성되어 있지 않습니다. 따라서 사찰주지를 범계 예상자로 보는 시야가 아니라, 권한의 분산과 균형을 통하여 사찰을 본래 목적에 맞게 바로 세워야 한다는 취지에서 접근할 필요가 있다고 생각됩니다.

모델링 작업을 위해서라도 직영사찰 등에 주지 공채제도를 채용함으로써, 주지 지위가 하나의 스펙이 아니라 정확한 사찰 목적을 체득하고 있는 스님에 의한 사찰 목적을 실현하기 위한 소임이 되어야 할 것입니다.

전문 재가종무원 양성제도에 관하여는 그 제도의 취지에 백번 공감합니다. 현재 중앙과 지방의 재가종무원 역량이 상당히 불균형함을 감안하여, 순환근무제, 지방근무 시 지방근무수당 지급, 재가종무원의 신분 보장, 평가제도(급수 등)의 도입 등을 함께 고민해야 할 것으로 보입니다.

선거법의 경우 선거의 폐해 때문에 그 폐지를 주장하는 사람도 있으나 선거권이 부여되었던 자가 선거권을 상실하는 경우는 역사적으로 찾아보기 힘들고 그 저항도 만만치 않을 것입니다. 따라서 기존의 선거 제도를 유지하고 오히려 선거권을 확대하여 금전적 대가에 의한 투표를 힘들게 하며, 선거운동 방법을 명시하고 그 이외의 선거운동을 금지하는 방안이 타당해 보입니다.

또한 총무원장 선거에 있어서는 종책 토론회의 개최를 필수적으로 하도록 명시하고 이를 방송매체를 통하여 방영하도록 하여 종책 선거가 되도록 해야 할 것입니다. 종회의원 선거에 있어서는 직능직 종회의원의 자격을 그 해당분야에 맞게 정하여 다양한 구성원들의 의사가 전파되어야 할 것으로 보입니다.

사부공동체 실현 방안에 관하여

무엇보다도 중앙종회에 재가신도가 참여해 사찰과 종단 운영에 참여하는 신도들에 대한 교육과 자격을 연구하게 하고 그 정책을 펼칠 수 있도록 해야 하며, 총무원에 재가신도 행정을 담당하는 부서를 두고, 단지 포교의 대상이 아니라 종단 운영의 주체로서 자리매김해야 할 것입니다.

토론에 부쳐

만초 스님 _ 울산 해남사 주지, 청정승가를 위한 대중결사 의장,
사부대중연대회의 상임대표

얼마 전 우리 절에서 불자들을 위한 초청법회를 개최하고 주변 지역의 스님을 법사로 초청한 일이 있었다. 초청된 스님이 한 신도들을 위한 법문의 내용은 그 날의 요청 주제와 상관없이 불자들이 각성해야 한다는 내용으로 채워졌다. 현재의 한국 불교는 위기의 상황을 맞고 있고, 불자들이 각성하지 않으면 십년 내에 한국의 불교는 문화재로서만 의미가 있거나 역사교과서 또는 철학 수업 시간에만 의미 있는 종교로 전락될지 모른다는 것이었다.

강의를 듣는 내내 주지인 나로서는 마음이 조마조마해서 그 시간이 빨리 끝나기만을 기다려야 했다. 신도들은 소비자와 같다. 그들이 선택한 불교라는 종교는 부모가 믿었기 때문이라거나 어릴 적에 절에서 비빔밥을 먹은 인연이 지중해서 불교를 믿고 있는 것이 아니라 지금 당장의 자신의 삶의 문제를 해결하고 행복을 염원해서 방법을 찾다가 여러 종교 가운데 불교라는 종교를 선택한 소비자와 같은 입장에 있다.

그들은 불교에 갚아야 할 빚이 있거나 불교를 위해 짊어져야 할 의무가 있는 이들이 아니다. 그리고 스님들은 그 불교를 선택하도록 불교라는 상품을 소개하고 불교의 우수성을 자랑해서 아직 구매의사가 결정되지 않은 소비자들에게 불교를 선택하도록 선전하고, 아울러 불교를 선택했다 하더라도 그들이 탁월한 선택을 했다는 긍지를 가지도록 불교의 상품을 업그레이드 하여 불교라는 상품으로 그들의 문제를 해결하도록 도와야 하는 입장에 있다. 그런데 그 날 불자들을 위한 법문의 내용은 정말 주지인 나를 긴장시키는 내용으로서 불교라는 상품이 무언가 문제가 있고 이대로라면 십년 이내에 용도 폐기되거나 아무도 사용하지 않는 상품이 될 것이라는 경고를 하는 것이었다.

불교의 미래에 대해서 절망을 이야기하는 이들은 많아도 누구도 희망을 말하는 이들이 없다. 이는 불교의 현실에 불만족스러워하는 일부 불교 신자들만의 목소리가 아니라 실제로 포교 현장에서 열심히 노력하는 도심 사찰 스님들도 마찬가지이고, 심지어는 불교 현실에서 조금 물러나 있는 수좌 스님들도 사정은 다르지 않다.

스님들 가운데 어느 누구와 이야기를 나누어도 불교의 현실이 문제가 있다고 여기고 있고, 그 문제의 크기는 불교의 존재 여부를 이야기할 만큼 심각하게 여기고 있다. 다종교 사회에서 포교는 그 종교의 존립에 가장 최우선의 조건인데 그 포교 전선에서 있는 스님들의 생각에서 불교에 대한 희망보다는 절망을 이야기하는 소리가 더 크게 들린다면 정말 불교의 미래는 암당하다고 말할 수 있다.

사정이 이 지경이 되도록 우리 불교는 이 원인이 무엇이고 이 절망의 원인을 해결해 나갈 방법이 무엇인지를 고민하지 않고 아직도 방황의 터널 속에서 헤매는 듯하니 종도로서 답답하기가 이루 말할 수 없다.

최근 불거진 일련의 문제가 촉매가 되어 급작스럽게 자정 또는 쇄신에 대한 관심과 논의가 진행되고 있으나, 이 역시 희망 속에서 진행되고 있다기보다 회의와 불신의 분위기가 점점 더 커져 가는 상황인 듯하다. 하기야 최근 논의되는 쇄신 논의가 내부의 자발적 동력을 통해 일어난 것이 아니라 외부의 조소와 질타를 피하기 위해 서둘러 진행되는 비자발성에 기인하고 있으니, 그 방법이나 결과에 대해서도 적극적 동의가 일어나지 않는 것은 당연하기도 하다.

우리 종단에서는 얼마 전 급작스런 쇄신 방안을 발표하고 종회에서 법안이 통과까지 진행된 상태라서 일면 이번 쇄신을 통해 우리 종단이 거듭날 것이라는 희망을 가지는 분위기가 없지 않으나, 필자가 만난 다수의 종도들은 회의적 시선으로 관망만 하고 있고, 또한 상당수는 "잘못은 다른 이가 하고 쇄신 요구는 왜 우리에게 하는가?"라는 불만의 목소리도 상당수 들려오는 실정이다.

따라서 쇄신에 대한 책임을 질 주체가 선명하게 드러나지 않고 있으며 쇄신 분위기 역시 불이 지펴지지 않는 상황임을 숨길 수가 없다.

오늘 이 토론회는 이러한 종단의 변화가 절대적으로 요구되어 미룰 수 없는 상황에서 진행되고 있지만, 이 역시 쇄신 주체로부터 얼마만큼의 관심을 받을지 필자로서는 자신할 수 없다

오늘 고심 어린 원고를 통해 발제해 주신 이도흠 교수님께 감사드린다. 그 동안의 메아리 없는 외침을 통해 목이 쉬도록 경고와 염려를 해오셨고, 오늘 다시 이 자리에서 불교와 종단을 위한 소중한 고언을 해주셨다. 이는 분명 그 경고를 통해 누군가를 비난하고 경책하고자 함이 아니라 불교를 사랑하고 부처님의 교법에 대한 신뢰의 한 표현이라 생각한다.

오늘 발표한 원고 역시 한국 불교와 승단에 대한 일방적 지적과 요구가 아니라 현재 한국 불교를 오랫동안 지켜본 후 문제를 들춰 내고, 그 문제에 대해 애정과 이해를 바탕으로 기술되고 있는 점을 발견할 수 있다.

그 동안 종단과 한국 불교에 대해 교수님과 동일한 문제의식을 지

닌 사람으로서 그 발제에 대해 문제를 지적하거나 비판적 견해를 가지는 것은 어렵다. 따라서 오늘의 필자의 토론문은 교수님의 발제를 지지하는 입장에서 다만 쇄신의 대상이기도 하며 그 주체가 되어야 할 종도의 입장에서 현실을 짚는 것으로 역할을 한다고 생각하고 있다.

발제자의 원고를 살펴보면서 원고의 내용은 지금의 문제를 발생시키는 원인들에 대해 자세한 고찰을 통해 우리가 변화시켜야 할 진정한 쇄신이 다만 몇 개의 제도의 보완만으로는 부족함을 지적하고 있고, 그 문제들의 발생은 한두 해 한두 명의 잘못된 관행이 아니라, 우리 불교에 오래된 병폐로 자리 잡아 아예 관습 속에서 그 문제의식마저 느끼지 못하는 것들을 종교 소비자의 입장에서 비판해 주고 있다. 사실 불교 경전의 한 문구로 인해 불자들에게 감동을 전하지 못하는 문제는 매번 법당에서 느끼는 문제이지만 법당을 나서면 관습을 바꾸지 못하는 한계를 지니고 있었다.

또한 기복의 문제와 물질적 재화에 대한 승가의 인식 전환(이 문제는 두 가지 딜레마가 있다. 불교를 전파하고 수행도량을 운영해야 하는 입장과 또한 최근 요구되고 있는 다양한 사찰의 지역 활동에도 많은 재원이 요구되고 있다. 그러나 세상의 인식은 불교는 무소유의 종교로서 재정으로부터 완전히 단절되거나 최소한의 재물만을 지니기를 바라는 입장과 부딪힌다. 물론 너무 과하게 개인이 지니고 있고 그것이 개인의 욕망 추구에 사용되는 것을 지적하는 것이지만)이 필요하다.

기복의 문제도 현실적인 고민이 필요하다. 무조건 입시기도의 문제를 지적하고 그 행위를 멈출 것을 요구하기보다, 보다 건강한 대안으로의 전환이 필요하다. 사찰에서의 입시기도는 현재 많은 초심 불자들이 불교에 인연을 맺게 되는 계기가 되고 있으므로 전환이 필요한 부분이다.

그 동안 수없이 지적 되어온 불교의 정권 유착의 문제도 심각하게 다루고 있다. 역시 그것이 지니는 역기능과 함께 그것이 지니는 순기능에 대한 편리와 영향력 때문에 쉽게 단절하지 못하는 점이 있으므로 이 부분도 균형과 형평성을 전제로 개선이 필요한 문제이다.

우리 불교는 다종교사회인 한국 사회로부터 사회적 역할과 참여가 부족하다는 지적을 받고 있다. 안타까우면서도 쉽지 않은 현실이다. 대다수의 불교 사찰이 인적이 드문 산속을 의지하고 있고, 불자들의 조직화가 미비한 상태에서 다른 종교와 비례하여 그 역할을 요구하기에는 현실적 한계도 있다. 대부분의 스님들이 산속 생활에 익숙한 나머지 세상과 관계를 맺지 않는 것이 올바른 수행이라 여기는 풍토도 있고 산속 생활의 속성상 분주하고 틀에 짜인 생활을 감당하기 어려워한다(울산광역시에 불교 사찰 수는 300개가 넘으나 어린이 법회를 하는 사찰 수는 단 5개).

계율의 문제에서도 발제자는 현재의 한국 불교 상황을 매우 자세히 인식하고 있으며, 스님들의 계율에 대해서도 매우 관용적이며 현실적 인식을 갖고 있다. 발제자가 지적 했듯이 사회가 요구하는 사찰의 역할을 위해서는 불자들과의 직접적 접촉을 위해 때로 노래방 문화나 음식 문화등도 관행적으로 일어나고 있으나 타인의 기준 또는 계율적 기준으로 볼 때는 언제나 비난의 대상이 되곤 한다.

이제 토론자의 입장에서 원론으로 돌아가고자 한다.

현재 종단은 네 가지 쇄신안을 중심으로 여러 가지 제도의 보완을 모색하고 있는 것으로 알고 있다. 또한 이 노력에 대해 여러 단위의 종도들이 지지를 표명하고 있는 것으로 알고 있다. 그러나 이 지지 속에서 그리고 쇄신 내용을 불신하고 방관하고 있는 대중 속에서 쇄신의 요구는 있으나 쇄신에 대한 의지의 목소리는 어디에서도 들려오지 않는다.

쇄신에 있어서 가장 중요한 것은 제도가 아니라 쇄신을 하고자 하는 의지가 선행되어야 한다.

왜 쇄신이 필요한가? 쇄신의 필요가 "지금의 현상이 문제가 있다."

라는 자각 때문에 쇄신이 필요한 것이 아니겠는가? 그 자각이 깊지 않다면 아무리 머리를 짜내고 궁리해도 현실성 있는 제도가 생산되지 않을 뿐 아니라 그것의 실효도 기대할 수가 없다.

따라서 사실은 쇄신이 먼저 논의되는 것이 아니라, 우리의 무엇이 문제인가에 대한 솔직한 고민이 먼저여야 한다. 무엇이 문제인지에 대한 구체적인 고민이 드러나야 그것을 고치고자 하는 적절하고 효율성 있는 처방이 나올 수 있다. 그런데 지금의 쇄신 논의는 지금의 문제를 점검하기보다는 감춰 두고 추상적 접근을 한다면, 이는 절실하고도 자신의 아픔을 감내해야만 행할 수 있는 쇄신을 실현할 수 없는 원인이 된다.

두 번째, 지금 논의되는 여러 가지 방안들은 대부분 제도의 개선에 초점이 맞추어져 있다. 쇄신은 제도가 하는 것이 아니라 사람이 하는 것이라는 말들을 많이 한다. 그런데 쇄신을 행할 사람이 쇄신 의지가 없는데 아무리 제도를 만들어 봐야 실효성을 보장할 수가 없다. 더구나 지금까지처럼 감찰과 호법 기능이 미비하고 보편적으로 적용되지 않는 종단 현실에선 더욱 그렇다(현재 진행되는 여러 비위들에 대한 징계의 내용들은 공찰 주지에 대한 권한 제한 선에서만 이루어지고 있다: 공권 정지 문서 견책 등).

많은 종도들이 사설 사암을 소유하고 있고 그에 대한 견제가 보장되지 않은 상황에서 공권 정지는 무의미하며, 오히려 탈 종단 정서, 탈 불교 정서를 유발하기까지 한다. 이런 현실에서의 쇄신은 제도보다는 먼저 종도들의 쇄신 의지에 의해서만 성공적인 쇄신이 이루어질 수 있다.

그런데 지금처럼 종단의 쇄신 발표에 회의적 정서를 지닌 다수의 종도들의 쇄신 의지를 일깨우고 동참시키기 위해서는 무엇보다 감동이 필요하다.

전체 종도가 쇄신의 필요는 공감하고 있지만 자신의 뼈를 깎는 아픔을 감내하고 지금까지의 생활 방식을 전환하여 쇄신을 이루어 가기 위해서는 제도 보다는 쇄신에 대한 종도의 공감대가 먼저여야 하고, 그러기 위해서는 종도의 동의를 이끌어 낼 수 있는 감동이 필요하다는 말이다.

무엇이 종도들을 감동시켜 쇄신 의지를 이끌어 낼 수 있을까?

나는 먼저 선배 스님들부터 모을 보여야 한다 생각한다. 원로 스님, 본사 주지, 종회의원 등 기타 이미 종단의 기득권을 누렸던 스님들이 모범적인 감동을 제공해 주어야 대중이 따르게 된다.

쇄신안에 대한 불신과 원인에 대해 책임이 없다고 하는 다수의 대중으로부터 쇄신에 대한 동의를 일깨우기 위해서는 선배 스님들부터 먼저 쇄신 선언을 이어가야 한다.

제도를 고치겠다고 선언할 것이 아니라 "지금의 문제를 개선하기 위해 나는 무엇을 하겠다."라는 자발적 선언이 바로 대중의 공감과 동의를 이루어 낼 수 있으며, 그렇게 되면 종단의 제도는 그다지 중요한 요소가 되지 않을 것이다.

타인의 모범이 되어야 할 종교인, 그리고 수행자에게 제도와 법 규정 등은 오히려 수치일 수도 있다. 선배 스님들에게서 비롯된 자발적 쇄신 선언은 전체 종도들의 감동을 일으켜 쇄신이 제도의 보완으로서가 아닌 수행운동으로 확산되어 갈 것이다.

우리가 원로, 본사 주지, 종회의원, 총무원, 선원 등에서 올바른 쇄신을 이루어갈 쇄신 선언을 이어간다면 우린 이제 절망이 아니라 희망을 이야기할 수도 있을 것이다. 그러나 그러한 자발적 의지가 선행되지 않는다면 우리의 절망은 끝나지 않을 것이다.

한국 불교의 문제점과 개혁안

_ 2012.07.12. 대화마당

■이남재 : 교수님의 발표에 조금 더 보완될 부분은 예컨대 재정의 투명성 확보, 재정의 감시 기능을 동의하고 그렇게 해야 한다고 생각한다. 실질적으로 재정이 합목적적으로 집행되고 있는지 내밀히 봐 야 하고, 종교 본연의 가치를 전 사회적으로 전파하고 확산하는 측면에 합목적적인 사업이 예산에 반영되어야 한다고 생각한다. 일정정도 비율을 가져야 한다는 것이다.

예컨대 지역복지 사업을 하는 데 10퍼센트 이상의 비율을 각 사찰에 할당한다든가 교육에 있어서 신도 교양교육이나 마을공동체 형성을 위한 교육, 교리 체계에 대한 전문적인 교육, 이런 교육비도 일정 정도는 이 예산에 반영되어야 한다.

또 하나는 포교에 있어서 계층별 대상별 포교가 이루어지고 있는데, 이 부분도 일정 비율이 반영되어야 하고, 특히 어린이집이나 청소년 부분은 분명하게 증가되어야 한다.

사찰 보수 및 관리비도 일정 정도의 비율을 가져야 한다. 사찰 운

영비는 최소 비율이 20퍼센트 이상을 넘어서는 안 된다. NGO 활동만 하더라도 15퍼센트 이상의 운영비를 넘지 않도록 NGO법에 규정하고 있다. 참고로 할 필요가 있겠다.

사부대중이 실질적으로 종단 운영에 참여하는 부분이 상원, 하원, 이런 재가자들이 충분히 참여할 수 있는 부분이 보장되어야 한다.

두 번째는 의식적인 개혁에 있어서 범계 행위가 일어나지 않기 위해서는 청규가 일상화, 보편화 되어야 한다. 그러지 않고서는 청정승가 구현의 토대가 형성될 수 없다. 특히 범계 행위 자체 사바라이죄 부분이 종단 지도자 중에 일어났을 때는 참회와 출송까지도 이루어져야 한다.

사자상승이라는 절 집안의 풍토 속에서 문중 이기주의, 특정 문중 위주의 사찰 운영이 일상화되고 있다. 이런 부분은 지양되어야 한다. 특히 계파 중심의 종단 운영이 기득권화 되고 기득권 세력이 공고화 되고 있다.

은처승들을 포함한 기득권 세력들이 공고화 되고 있다는 풍문을 무시할 수 없다. 54년 정화유시의 목표나 캐치플레이즈에는 "불법에 대처 없다"라는 것이다. 청담 스님이나 동산 스님, 금오 스님도 말씀했다. 그러나 지금 발표문에도 있지만, 주요 사찰의 4분의 3이 은처승이라는 풍문이 사람들에게 회자되고 있다는 현실, 이것이 과연 풍문인가 생각해 봐야 하고, 그래서 종단의 수행승과 교화승의 구분이 필요하다. 그래서 "나는 비구다"라는 비구선언도 필요하다고 생각한다. 수행승과 교화승에 대한 제도가 필요하고 교화승에는 상좌제도를 두지 않고 수행승에게만 상좌제도를 두자고 과거 정화 당시 만암 스님이 주장하셨다. 참고할 필요가 있다.

불법은 평등성에 기초하고 있다. 그러나 현재 종단 운영에 있어 재가자들은 현재 대상화 되고 종속적 관계에 있다. 이는 근본적으로 부처님 가르침과는 배치되는 것이다. 이런 평등성에 기초하지 않는 행위들은 반불교적이라 생각한다. 그런 측면에서 모든 쇄신은 평등성과 진실성에 기반을 두지 않으면 허위이다.

모든 사부대중이 동등하게 참여하는 불교공동체를 구현해 나가기 위해 우리 모두가 주체로서 제도적이고 의식적인 노력을 부단히 기울여 나가야 한다.

■박용길 : 요구나 구호만 난무하고 요구나 구호를 관철시킬 힘이나 수단에 대해서는 지금까지 별로 나온 적이 없다. 조계사의 야단법석이나 토론회에 몇 군데 참여해 봤지만 수단에 대해서는 혹은 실천 강령에 대해서는 나온 적이 없다.

초반에는 시주거부운동이라든가 단편적으로 언급이 되었지만, 오늘 나온 대안들도 10년 전부터 누누이 강조해 왔던 부분이고, 그 항목을 나열하려고 하면 그 행간 사이에도 십수 가지의 대안을 제시할 수 있을 것이다. 그런 대안의 제시가 중요한 게 아니라고 본다.

현수막에는 사부대중연대회의라고 쓰여 있지만, 사실 이건 재가이부중의 출가이부중에 대한 고언, 요구, 제언, 이런 말로 고쳐야 한다. 회의의 형식이 이래서는 안 되고 대화의 형식이 이래서는 안 된다. 저기에 쓰여 있는 그대로 이야기 하면 발표나 팸플릿 내용 그대로도 충분하겠지만, 늘 싱거운 맛을 금할 수 없는 게 실천 강령이 없다. 출가

중에게만 책임을 물을 수는 없겠지만 기왕의 취지가 힘을 갖기 위해서
는 분명히 강령들이 도출되고, 그런 것을 실천으로 기한을 정해서 요
구가 된다든가 해야 하는데 지금까지는 유야무야한 상황이었다. 발제
내용에 그런 부분이 누락되었는데, 늦게라도 그런 부분을 보충해서 말
씀해 주시기 바란다.

■ 이혜숙 : 마지막에 말씀
해주신 분에게 아주 공감을 했
다. 그 말씀 안 했으면 이도흠
교수님이랑 여러분이 말씀한
것을 구현하려면 100년은 걸리
겠다고 생각하려고 했다. 왜냐
하면 김형남 변호사도 말씀했

지만 80년대에 이미 유사한 문제들 지적했고, 그때도 이런 얘기했다.

지금은 우리가 실제로 무엇을 하겠는가 하는 것이 얘기되는 게 좋
겠다. 그런데 그 다음 순간에 질문한 선생님께 질문을 하고 싶어졌다.
그러면 발제한 분의 책임이 아니라 질문한 선생님은 당장 이 사태를
위해 무엇을 하고 싶으신가? 나는 이거 하고 싶다, 그러면 나는 뒤따
라서 하겠다 이런 약속을 할 수 있겠다 싶다.

그 말은 이것이 어떤 사람들만 앞장서서 해야 할 일은 아니고, 이
게 문제라고 생각하면 누구라도 걷어붙이고 해야 할 일이지, 발표를
했다고 해서, 기구를 만들었다고 해서 기구의 대표에게만 책임이 있는
것은 아니지 않나.

전혀 다른 말을 하고 싶다. 아까 스님께서 희망을 말하지 않더라
하셨는데, 저는 한국 불교의 희망을 말할 수 있다. 왜냐하면 첫째는 불
자 된 30여 년 동안 비슷한 조계종 사태가 일어나서 매번 부끄러워도
저는 여전히 불자이고 싶고, 불자인 것이 그나마 자랑이다. 다른 종교

를 믿는 것보다는 훨씬 자랑이다. 이것이 저의 희망이다.

　두 번째는 적어도 종로구 견지동에 있는 스님들에 의해서 한국 불교가 연명하거나 존폐하지 않을 것이라고 믿는다. 우리에게는 개신교나 기독교의 사제 같은 사람이 필요한 종교가 아니기 때문에 우리가 제대로 잘 믿으면 한국 불교는 절대로 위기, 절망이 아니라고 믿는다. 그래서 스님들 사고 치면 모여서 이러는데 그것이 한두 번이 아니고 그나마 지금도 우리가 이렇게 있는 것은 어디선가 올바르게 불자로서 잘 살려고 노력하는 사람들이 많아 아직 이렇게 있는 것이 아닌가 하는 생각으로 반어가 아니라 아직은 희망을 말할 수 있다고 말하고 싶다. 그렇게 역겹고 추한 것을 여러 번 보여도, 올바른 불자들이 있는 한, 한국 불교는 그런 대로 희망을 보여줄 것이다.

　■김완 : 만초 스님의 내용이 제가 말하고자 하는 내용과 같기 때문에 존경한다. 혹시 천태종에서 오신 분이 있으신지?

　천태종에서는 물질이 들어오면 신도들이 부서에 배치되어 한다. 4년 동안 스님들도 4년간 임기를 마치고 사찰에 대한 가람의 운영도 재가불자가 관리하고, 시주금이나 불전함은 재가불자가 관리하고 다만 집행의 결정만 주지 스님이 한다. 조계종에서 앞으로 하려면 그 시스템을 벤치마킹하면 좋을 것이라고 생각한다.

　■하경천 : 이런 불교의
현실에서 탈피하려고 하면
우선 내가 변해야 한다. 여
기 모인 한 분 한 분이 바
꿔어야 한다. 나는 괜찮은
데 나는 가만있으면서 너만
바꿔어야 한다, 그러면 안

된다.

예를 들면 저는 늘 발원을 한다.

"부처님, 제가 부처님께 누 끼치는 행동을 하지 않겠습니다. 늘 겸손하고 더불어 살며 남과 함께 사는 삶을 살겠습니다. 제가 불법을 홍포하는 홍포자로서 다른 사람들이 제가 하는 행동을 보고 다른 사람들이 다른 종교인들이 우리 부처님 법을 만날 수 있도록 하겠습니다."

아까 이혜숙 대표께서 말씀하셨지만 제가 그렇게 발원한다. 그리고 스님을 뵙거나 불상을 뵐 때는 꼭 내가 우리 주변에 친구들이 잘 되고 불교가 융성하려면 제가 어떻게 하면 되는지 지혜를 달라고 하면 분명히 준다. 이상할 정도로 많이 준다. 내가 어떻게 해야 불교가 살고, 종도들이, 도반들이, 스님들이 건강하게 평화롭고 즐겁고 행복하게 삶을 영위해 나갈 수 있을 건지 내가 어떻게 해야 하나, 교수님이나 스님들이나 사부대중 모두가 어떻게 할 건지, 저는 그렇게 하고 있다.

우리가 이번 기회에 하려면 우선 나부터 여기 계신 모든 분들이 한 분 한 분이 변하면 우리 불교가 융성하게 될 것이다 그러면 우리 불교는 나아질 것이다. 그 시발은 나부터의 변함이다.

두 번째는 사부대중이 속해 있는 그 자리가 청정해야 한다. 청정이라는 것은 부처님 법대로만 살아가면 큰 문제가 없다. 자본주의 사회이기 때문에 자본이 없으면 우리 가람도 운영도 그렇고, 예를 들어 여기 만해NGO센터 건물도 지원이나 연대자들이 없으면 운영을 할 수가 없다. 그렇기 때문에 많은 분들이 함께 할 수 있는 것을 하려면 경제적으로나 정치, 예술 모든 분야에서 우리 불자들이 우월할 수 있는 메카니즘을 만들 수 있도록 스님들께서도 해주셔야 한다.

그런 쪽에서 접근하지 않으면 안 되고, 김형남 변호사님도 사건 많이 수임해서 유명해지면 불교에 그 위상이 높아질 테니까 한 분 한 분이 그런 것들을 많이 했으면 좋겠다는 생각이다.

마지막으로 몇 해 전에 우리 국보 1호 남대문이 불이 탔다. 숭례문에 불이 났을 때 다들 가슴이 탔을 것이다. 이번에 종단 사태를 보고 사흘 동안 잠을 못 잤다. 제가 믿을 것은 부처님 법밖에 없는데, 그 부처님 법을 바로 밑에서 실천해 가고 계신 극소수의 스님들 때문에 우리 불교가 이렇게 됐다 하니 제가 의지할 데가 없는 거다.

많은 나무들 중에 못생긴 한 나무가 있다. 그런데 그 나무 하나만 보고 옛날에 큰 스님도 말씀하셨지만, 모두 어우러져 잘 살더라. 우리 불교가 이제는 상당히 잘 되고 잘 갈 수 있는 동기부여가 되었고, 너무 염려하지 말자는 것이다. 가장 중요한 것은, 역류는 안 된다는 것이다. 가장 위의 어른 스님들이 모범을 보이고 강하게 질책하고 경책을 심하게 하면 될 텐데 너무 온건하게 하시니까 그런 것 같다. 어른스님들이 빨리 옛날 위치로 돌아가 주셨으면 좋겠다.

■정산 스님 : 사실 이 자리에 오면서 좋은 분을 만났다. 옛날 동지인 서동석 씨를 만났는데, 민중불교 운동을 같이 하던 분이다. 그때 우리가 인사동 뒷골목에서 민중불교운동을 하면서 종단이 바뀌어야 한다, 불교가 자주화 되어야 한다, 사회가 민주화 되어야 한다 등 밤을 새워 가며 토론하던 것이 30년 가까이 되어 가는데, 지금도 똑같이 제목만 바꿔 얘기를 하고 있는 것 같다.

제가 여기 앉아 한국 불교의 문제점과 개혁안에 대한 얘기를 들으면서 당혹스러웠던 점이 저 자신이 기득권자였다는 것이다. 그 속에 종회의원 얘기도 나오고, 저도 종회의원 재선의원이기 때문에 이 정도

로 많은 대중들이 자성과 쇄신에 대한 관심과 개혁해야 한다는 모습을 보여주고 있는데, 저는 부산에 있다 보니까 이 정도의 분위기를 체감하고 있지 않다. 부산에서는 신도들이 적극

적으로 토론을 하지 않기 때문에 오늘 와서 체감 온도의 차이가 컸구나 하는 생각도 들고, 종단의 운영권자 속에 저도 포함되어 있기 때문에 여러분들의 뜻이 최대한 반영돼 말로만 하는  자성과 쇄신이 아니라 우리가 스스로 선언하고 실천하는 자성과 쇄신이 되도록 노력하겠다.

이 부분에 대해서는 종단 지도부와 충분히 논의해 실현되고 관철될 수 있도록 노력하겠다. 만초 스님께서 아까 불교가 희망이 없다고 하셨는데, 저는 희망이 있다고 생각한다. 여러분들이 존재하는 한, 여러분들이 불교를 생각하고 믿고 있는 한 불교는 희망이 있다고 생각한다.

■**하진기** : 사찰의 주지 스님은 CEO라고 생각한다. CEO는 여러 가지가 있을 것이다. 모두 마인드도 다 다르겠고, 구멍가게 사장님도 CEO이다. 구멍가게 사장님은 물건 하나를 팔기 위해 새벽 5시에 나아서 밤 10시~12시까지 일한다. 대기업 사장들은 가족들을 위해 물건 하나 팔려고 일하지 않는다.

조그만 사찰이나 큰 사찰이나 주지 스님들은 마인드를 바꿔야 한다고 생각한다. CEO적인 마인드로 내가 부족한 것이 있으면 교회에 가서라도 벤치마킹을 해야 하고, 살기 위해서는 불교를 위해서는 어떠한 일이라도 할 수 있는 게 CEO의 마인드라고 생각한다.

이러한 뜻에서 신도들의 개혁도 필요하다. 개혁을 하려면 교육도 필요하기 때문이다. 사찰에서 처음 온 신도들은 법문도 중요하지만, 일차적으로 불교교리 공부부터 철저하게 시켜야 한다. 경전에 의한 불교교리를 현대사회에 맞게 불교를 이해하는 걸 공부하셔서 신도들한테 강조하고 교육을 시켜야 한다.

또한 우리 신도들은 불교신자라고 해서 불교 공부를 많이 한 사람은 사찰에 잘 가지 않는다. 혼자 사유하면서 스스로 불교생활을 하지 사찰에 가서 종교 활동을 안 한다. 단체에서는 활동을 하지만, 사찰에서는 활동을 하지 않는다.

교회에서는 1년에 54주가 있는데, 기독교신자라고 하면 1년에 50주는 교회에 가서 산다. 성당에서는 45주는 성당에 간다. 그런데 불교 신자들은 물론 일요일도 있고 지장재일, 관음재일도 있지만 많이 안 간다. 그런 분들이 사찰에 가서 스님을 설득하고 지금까지 우리가 터득한 것들을 자기가 다니는 사찰을 먼저 개혁해 운영위원회 하면 좋은 대안이 나오리라 생각한다. 실천적인 행동이 중요하지 이런 토론을 통해서 그런 마음을 싹을 틔우고 다져 나가서 각자 자기 있는 데서 모든 행동을 실천적으로 했으면 좋겠다.

■태경 스님 : 이름부터 바꿔야 하지 않나? 사부대중연대회의라고 되어 있는데, 이 모임을 주최하면서 저 이름을 붙일 수 있겠는가? 삼부대중이 아닌가? 내가 와서 사부대중이 된 것 같은데. 작은 얘기인 것 같지만 이게 한국 불교의 실정이다. 30년 동안 한 얘기가 바뀌지 않았다고 하는데, '한국 불교의 문제점과 개혁안', 이렇게 되어 있는데 일련의 사태든 여태까지 일어난 일이 다른 것 때문이 아니다.

자본주의 당연히 묻혀서 살아가는 것이고, 그것을 그렇게 대처하지 못한 것은 율과 계의 문제이다. 도대체 어느 것이 계이고 어느 것이 율이냐, 어떻게 해야 하고 하는 것이 없기 때문에 일어난 일이다. 저 같으면 불교식으로 문제를 풀 수 있을 것 같은데, 원래 계라는 의미는 지키지 마라, 네가 이

걸 범했다는 의미가 아니다. 계의 의미는 좋은 습관을 내 몸에 익히는 게 계이다. 그게 율과 계의 본질적인 뜻이다.

문제점과 개혁안, 그러면 우리한테 나쁜 것을 계속해서 익혀 주는 연습을 30년 동안 한 것이다. 개혁할 수 없다는 결론에 다다르는 것이다. 그렇다면 제목을 저렇게 할 필요가 없다. 불교식으로 풀면 된다. 문제점이 있다면 반대로 우리가 하는 얘기가 있지 않나. "불교는 다 있어." 근데 실제적으로 뭐 있느냐 내놔 봐라 하면 입 딱 다문다. 물리 쪽에서 뭐라고 하면 우리 그거 다 있어 경제학에서 얘기해도 다 있어 하지만, 막상 내 놔봐 그러면 한 사람도 얘기 못 한다. 어떤 구조로 어 떻게 실천하고 어떻게 해야 한다는 대답을 말하는 사람은 1000명에게 물어보면 한 사람 할까 말까 한다. 말로는 잘한다.

"불교에 다 있어." 실제적으로 스님이든 일반 학자분이든 그 대안이 나오지 않는다. 저라면 한국 불교의 문제점과 개혁안이라고 하지 않고, 문제점이 있다면 문제점이 아닌 것도 많이 있다.

유식에서 보면 이런 말이 있다. 모든 사람이 대상을 인식할 때 두 가지로 인식한다. 명언종자라는 것으로 일체유신조처럼 만들어내고 표 상종자로서 만들어낸다. 이름이 붙어 있는 것과 이름이 붙어있지 않은 것으로 크게 대별해 대상을 본다. 그렇다면 저것도 바꿔서 문제점이 아니라, 한국 불교의 문제점이라기보다는 우리가 해야 할 것이 무엇이 냐 좋은 점, 개혁안은 우리가 행동해야 할 것 긍정적으로 바꿔야 한다 고 생각한다. 그래서 이 자리가 나쁘다는 것을 계속 연습하지 말고 이 걸 바꿔서 긍정적으로 우리가 해야 할 것은 무엇이냐? 그럼. 불교에서 찾아서 우리는 그런 문제점은 있지만 우리 행동은 이렇게 해야겠다는 그런 토론의 자리로 만들면 좀 더 우리가 긍정적이고 즐겁게 할 수 있 지 않을까 생각한다.

여기 와서 스님들 잘못했다. 조금 지나치면 그럼 너희들은 잘했냐 이거 아닌가? 서로. 불교는 그런 게 아니라고 생각한다. 여기서도 사부

대중이라고 하려면 주최 측에서도 그런 배려가 되는 게 불교라고 생각
한다.

■**재가불자** : 한국 불교의 구성 요소에서 저도 자격이 있다고 생각
해 말씀 드린다. 젊어서는 불교학생회 활동을 했고, 지금도 나름대로
열심히 기도하고 있다고 생각한다. 저처럼 열심히 신행 생활을 하는
일반 신도들이 많이 있는데, 그 신도들한테 무슨 문제가 있을까? 일반
재가자들이 문제가 아니라 조상들에게 많은 재산을 물려받은 대한불교
조계종 주식회사의 운영상에 문제가 생긴 것이지, 한국 불교 전체의
문제는 아니다.

저는 많은 것을 보고 있다. 어떤 식으로 보느냐. 그 전에는 스님들
께 인사를 했지만 지금은 인사를 하지 않는다. 똑같은 부처님 제자로
서 같은 격이다 생각하기 때문에 옛날만큼 스님들을 예우하지 않는다.
요즘도 아침마다 조계사에 가서 기도를 하는데, 조계사 대웅전에 와서
기도하는 일반신도의 얼굴은 푸석푸석한데 108참회한다고 와서 절하는
총무원장 이하 스님들의 얼굴은 반질반질 하다. 이게 어떻게 된 일인
가? 이런 것들이 한국 불교의 문제라고 생각한다.

질문에 대한 답변…

■ 이도흠 : 첫 번째 실천 강령이 없다. 구체적 수단이 없다고 지적하셨는데 걱정 안 하셔도 된다. 로드맵이 있고, 내부 문건 상으로는 어떤 개혁안에 대해서 장애가 뭐고 그 장애는 어떻게 돌파할 것인지 미리 기획위원장 자격으로 연대회의에 제출한 것이 있고, 2차 쇄신안에 저희가 바라는 개혁안들이 나올 수 있도록 압박을 하고, 그것이 안 될 경우 하나하나 사안에 대해서 장애가 무엇일 때 그 장애를 어떻게 돌파할 것인지 내부문건을 마련해 두었다. 물론 실천 방안이 100퍼센트 옳다고 할 수 없기 때문에 토론을 거쳐 실천해 나갈 것이다.

잘 말씀해 주신 대로 먼저 내가 변해야 하지만, 과학적이고 연기적인 인식, 시스템 개혁과 문화개혁이 함께 이루어져야 한다. 예를 들어, 어떤 대기업이 낙동강에 페놀수지를 대량으로 버려 나라 전체가 들썩인 적이 있었다. 그럼 페놀수지를 버리지 않게 하는 방법은 세 가지가 있다고 본다. 그 분이 도법 스님이나 수경 스님의 법문을 들었다면 버리지 않았을 것이다. 이처럼 내가 먼저 변해야 하고 의식 개혁이 있어야 한다.

둘째, 과학적이고 연기적인 인식을 하는 것이다. 페놀수지를 먹고서 중금속에 오염된 물고기를 내 손자가 먹고 기형아를 낳는다는 생각에 이르면 못 버릴 것이다.

셋째, 시스템을 개혁하는 것이다. 독일 같으면 이런 일이 벌어지지 않는다. 당시에 걸려 봤자 벌금이 300만원 정도밖에 안 되었다. 독일에서 대기업이 페놀수지를 버렸을 경우 회사가 망할 정도의 벌금을 물게 된다. 그렇기 때문에 제도 개혁도 따라가야 한다. 제도 개혁과 의식의 개혁, 문화적 변화도 같이 이루어져야 개혁이 성공할 수 있다.

천태종을 벤치마킹해야 하지 않느냐 했는데 분명히 벤치마킹해야 한다. 재정뿐만 아니라 계율에서도 혁신적으로 앞서서 한 것을 벤치마킹해야 하고, 더 벤치마킹해야 할 것은 대만 불교와 일본 불교이다. 대만 불교와 일본 불교는 우리와 달리 여러 제도적 개혁을 했고, 특히 대만 불교는 사회적 실천을 해서 상당한 성과를 이뤄 신도들도 늘고 있지만, 세계 불교를 주도하고 있다. 창피한 얘기지만, 얼마 전에 대만에서 세계불교학대회가 열려 우리 불교학자들이 처음으로 세션을 마련해 갔는데, 한국학자를 뺀 학자는 관심을 가져주지 않았다. 우리들이 우물 안 개구리를 벗어나서 우리보다 못 했던 불교를 많이 배워야 한다.

94년 했을 때 말 그대로 개혁적인 스님들이 주도를 했고 성과도 이루었으며, 문제는 그 스님들이 종단으로 들어갔다. 외곽에서 개혁을 요구했던 스님들이 기득권이 됐고, 그러면서 여러 가지 문제가 됐던 것을 반성해야 하고, 94년의 개혁이 성공한 것은 무엇이고 실패한 요인은 무엇인가 성찰도 당시 개혁에 몸담았던 스님들과 같이 해야 한다.

교회 같으면 모든 신도들이 모든 교회 일에 참여하고 있고, 지역, 구역예배 등을 수시로 하는 것도 벤치마킹해야 한다. 불자가 2천만이라고 하는데 조계종단만 치면 400만 정도가 실제 숫자라고 보고, 그 중에서 90퍼센트는 교리나 철학적으로 불자라고 하는 것이지, 실제 절의 신도로서 절의 모든 일에 참여하지 못하는 것이 한국 불교계의 문제라고 생각한다.

모든 종도들이 참회하고 쇄신해야 하는 점이라고 생각한다. 그러나 사찰이나 종단의 입장에서 봤을 때 신도들이 참여할 수 있는 참여마당을 만들지 못했다. 프로그램도 없었고 사회적 실천도 안 했다. 내가 아는 불자도 상당수의 돈을 절에 갖다 주지 않고 사회단체에 갖다 준다. 사회적 실천을 안 하기 때문에, 절에서 안 하기 때문에 할 수 없다는 것이다. 앞으로는 같이 고쳐서 진정한 자비심을 갖고 사회적 약자도 돕고, 부처님의 뜻에 맞게 수행도 하고, 실천도 하는 불교 풍토가 이루어지면 불교 미래는 밝아질 거라고 생각한다.

좋은 점을 말해야 한다고 하셨는데, 인간관계라면 누구나 좋은 점만 말해야 한다. 하지만, 응병여약이 아닌가. 조계종은 암에 걸려 죽어가는 환자다. 그런 환자에게 보약을 먹이면 되겠는가. 우린 지금 좋은 점을 애기할 수 없다. 무슨 병이고 원인을 철저히 분석하고 그에 맞는 치료를 하는 것이 우선이다. 나쁜 애기하고 싶진 않지만, 참담한 심정으로 참회하고 성찰하고 하는 데서 개혁이나 쇄신이 시작될 수 있다고 생각한다.

맺음말에도 썼듯이 혁명보다 어려운 게 개혁이다. 왜 어렵냐 하면, 개혁은 단계적으로 해야 하는 것이고, 적마저도 포용하고 설득하면서 수행해야 하기 때문이다. 의식의 개혁, 제도의 개혁뿐만 아니라 문화가 바뀌어야만 개혁은 성공했다고 할 수 있고, 한국의 불교문화가 바뀌려면 100년 이상을 걸린다고 본다.

바뀌기 전까지는 실패했다고 볼 수도 없고, 그것에 대해서 조급해서는 성공할 수도 없다. 그렇기 때문에 크게 문제점에 대한 인식을 갖고 그 문제점을 어떻게 할 것인가 지혜를 모아 개혁안을 만들고, 개혁안을 만들었으면 어떻게 힘을 보탤 것인가 이것에 대해서도 머리를 맞대야 한다. 조그만 분필이라도 어느 정도 이상 힘을 주지 않으면 분필은 부러지지 않는다. 버티는 힘과 누르는 힘이 서로 맞서면서 연기 관계에 있는 것이다. 개혁하려는 우리들하고 개혁을 막으려는 일종의 기득권이나 수구 세력과 일종의 힘의 연기 관계에 들어갔다. 여기서 이기려면 권력에 관한 관계도 알아야 하고, 그에 따른 전략과 전술도 세워야 하는 것이고, 뜻을 같이하는 재가불자들이 하나가 되어야 하고, 재가 불자들이 출가 불자들과 연대도 해야 한다. 그 상황에서 전략과 전술이 필요한 것이다. 그런 뜻에서 실천 전략을 마련했고, 그것이 무조건 옳다는 것도 아니고 밀실에서 하는 것도 아니다. 다른 의견과 비판을 적극적으로 수용해야 하지만, 들으면서 안타까운 것은 우리를 멸시하거나 하는 말이 아니라 상당히 반불교적으로 이것과 저것을 대립 관계로 놓고 적대적으로 말씀하는 것이다.

제가 불교에 매료되었던 것은, 항상 적이라 할지라도 저 안에 내가 있고 내 안에 상대가 있다는 사고방식을 견지하고 실천하기 때문이다. 그렇기 때문에 개혁을 한다 하더라도 정치인들이 하는 것처럼 상대방을 적으로 결정해 놓고 그 적과 싸워서만이 내가 이길 수 있다 하는 것이 아니라, 그에게도 자비심이 있을 때 그 자비심과 우리의 자비심이 어떻게 만날 수 있는가. 그런 장을 어떻게 만들고, 그런 것을 만들기 위해서 어떻게 대화하고 어떻게 설득하고 어떻게 우리는 서로의 다른 점을 같은 점으로 몰아갈까, 그것에 대한 고민하는 것도 우리의 개혁이 진정으로 성공할 수 있는 방안이라고 생각한다.

총 평

재가불교가 살아야 된다는 데에 제 말의 힘을 싣고 싶다. 어떤 시인이 "쓰러지려고 하는 놈은 한 대 더 차라." 이런 말이 있다. 오늘 얘기나 그 동안 종단 주변에서 나온 얘기가 조계종을 왜 이렇게 못 살려서 안달일까? 역설적으로 얘기를 하고 싶다. 이미 쓰러져 가는 사람은 빨리 쓰러져야 한다. 그리고 그 사람들을 일으키기 위해서는 우리가 힘을 가져야 한다.

부패한 조직에 대해서 일으키는 방법이 두 가지가 있겠다. 직접적으로 환자를 수술해서 일으키는 방법과 내가 힘이 있고 지탱할 힘을 그 사람에게 실어주는 것이다.

　종단의 주변 단체들을 보면 외부에서 과연 저 사람들에게 신뢰를 보낼 만한 활동을 해 왔는가? 과연 힘을 가지고 있는가? 파워 게임은 아니지만 힘이 없으면서 순수한 정의감만 가지고 저는 거기서 음험한 냄새를 맡는 거다. 저 사람들이 종단에 들이밀 수 있는 카드가 뭘까. 뒤를 캐서 뭔가 협박을 하는 걸까? 그 이상의 긍정적인 생각은 가지고 있지 않다. 그래서 제가 그들에게 이해하고 싶은 것은 재가신자들 신도들의 힘을 당신들이 결집해 봐라. 결집하는 방법은 여러 가지가 있겠다.

　새로운 신행 형태라든가 모종의 그런 것들까지 대안에 포함되어 있다면 기대해 보겠다. 사실 지금까지의 행태를 보면 순수한 마음을 가지고 있는 사람들을 결집할 만한 대안은 아니라고 본다. 그래서 그들에 대해서 절망하는 것이다.

　밀실, 밀실 얘기하지만 아무리 좋다 해도 밀실에서 몇몇 사람들이 얘기한다고 막강한 조직에 대해서 말한다고 먹힐 거 같은가? 그런 면에서 법림이라든가 이런 재가의 움직임을 키워 실험적으로나마 법림의 움지임도 실험저으로 생각하는데, 그런 재가단체가 많이 나와서 힘을 키우면 대화의 파트너라든가 재가가 융성하면 출가는 위축되거나 힘에 눌려서 죽거나 자극을 받아서 살아난다. 이런 밝은 대안을 제시해 달라는 거다. 밀실이라고 표현해 불쾌할 수도 있겠지만, 지금까지 형태를 보면 밀실의 암괴에 불과하다. 그런 것들을 터트려 순수하게 재가의 열정을 결집하는 사소한 캠페인이라도 시작하는 것이 필요하다. 로드맵이라는 말 자체도 지양하고, 사소한 캠페인이라도 내놓고 거기에 동참할 사람을 구하자.

대화마당 2
승단의 범계 원인과 근절 방안

사회
이남재(사부대중연대회의 대외협력위원장 겸 대변인)

승단의 법계원인(문제점)과 근절방안
2012. 8. 28(화) 오후 7시 장충동 만해NGO교육센터 대교육장

승단의 범계 원인과 근절 방안에 대하여

김 응 철 _ 중앙승가대학교 포교사회학과 교수

I. 서 언

모든 종교는 대중을 이끌어 가는 지도자와 그들을 따르는 추종자의 결합으로 번영하고 발전한다. 종교의 생성은 정신적 지도력을 발휘하는 수행자, 성직자 등 지도자 그룹에 의하여 이루어지지만, 변화와 발전은 그 종교를 믿고 따르는 대중의 추종력에 의하여 만들어진다. 즉 종교의 출발은 소수의 지도자에 의해 시작되지만, 그들의 지도력에 불특정 다수의 대중이 외호할 때 대중화된 종교조직으로 발전할 수 있다.

종교 조직은 사회적 지지기반 속에서 발전하기 때문에 사회적으로 어떤 이미지를 주느냐는 매우 중요한 요소이다. 특정 종교에 귀의하지 않은 사람들이라도, 정서적으로 그 종교를 지지하거나 응원하는 것은 성장의 발판이 될 수 있기 때문이다. 특히 불교와 같이 오랜 역사와 전통을 지니고 있는 종교일수록 우호적인 정서와 문화에 기대는 바가 크다.

그러나 최근 들어 한국 불교는 큰 위협에 직면하고 있다. 그 위협은 외부적인 요인과 내부적 요인으로 나누어 볼 수 있는데, 먼저 외부적 위협은 다종교사회에서 강력한 종교경쟁자들이 나타나고 있다는 것이다. 사실 한국 불교는 지난 1,700년 동안 종교적으로 강력한 경쟁자가 없었다. 유교는 종교적이기 보다는 정치적 경쟁자였고, 확산 종교적 특성을 지니고 있었을 뿐이다. 그런데 최근 100년 동안의 한반도 종교지형은 크게 변하였고, 서구로부터 강력한 경쟁 종교가 유입되는 등 외부 환경이 변하고 있다.

하지만 불교의 더 중대한 위협요인은 교단 외부에서 보다는 내부에서 나타나고 있다. 그것은 불교지도자들의 수행력, 자질과 역할 등의 문제에서 파생되고 있다. 1962년 통합종단 출범당시 우리나라에는 대한불교조계종단이 유일한 전국적인 조직이었다. 그러나 1964년 한국 불교 태고종 출범 이후부터 종단들이 우후죽순 생겨나기 시작하였다. 2008년 문화관광부 조사결과를 보면 전체 불교계 종단 조직이 약 103개로 조사된 것만 봐도 얼마나 많은 종단들이 난립하고 있는지 알 수 있다.[15]

이러한 조사 결과는 곧 불교 지도력의 분열 현상이 심각하게 나타나고 있음을 의미한다.

이와 같은 분열은 종교 지도자의 분파에서 비롯된 것이다. 그리고 이러한 분열은 승단의 범계(犯戒)와 연계되어 있음을 누구도 부인하기 어렵다. 독신 비구승의 구족계를 지키지 못하는 사람들이 분종을 획책하였고, 여기에 화합을 깨는 종단의 내부적 분위기가 이를 촉진시킨 면도 있었다.

다수의 종교조직에서 찾아볼 수 있듯이 종교의 쇠퇴는 조직 내의

---

15) 문화체육관광부, 『한국의 종교 현황』, 2008, pp.9~15.

분규와 갈등에서 비롯된다. 최근 발생한 조계종단의 범계 사건과 이에 수반하는 일련의 현상들도 종단과 교단의 발전에 큰 장애요인으로 작용하고 있다. 한두 번 발생하는 일회성 사건은 참회하거나 종헌종법에 의하여 처리되면 그 뿐이다. 그러나 범계로 인한 내부적 갈등과 사회적 비난이 누적된다면 불교는 포교기반을 상실하게 된다.

대검찰청에서는 2011년에 성직자가 저지르는 범죄 현황을 발표한 바 있다. <표 1>의 대검찰청 범죄분석 자료에 따르면, 종교인과 성직자의 범죄 발생 빈도가 지난 몇 년간 증가추세로 나타나고 있다. 2007년부터 2009년까지 전체 범죄수가 지속적으로 증가하였는데 특히 폭력, 사기, 강간 등 가중 처벌되는 범법행위도 함께 증가하였다.[16)

2010년 다소 줄어들기는 했으나 다른 직업군에 비하여 결코 적다고 할 수 없는 상황이다. 이러한 성직자 범죄의 증가현상은 전반적으로 성직자에 대한 사회적 인식이 부정적으로 형성되는데 직접적으로 영향을 미친다.

〈표 1〉 연도별 전체 종교 성직자 범죄 현황(2007~2010)

구분	2007년	2008년	2009년	2010년
전체 범죄	4,413	5,123	5,409	4,868
폭력	832	1,039	1,131	886
사기	710	746	816	766
강간	43	59	71	94

또한 2011년 대검찰청 발표에 따르면, 2010년도의 범죄현황 중에서 일반 불자가 저지른 범죄비율이 다른 종교보다 높은 것으로 나타났다. 범죄의 유형에 따라서 차이는 있으나 우리사회에서 불자 인구 비율이

---

16) 대검찰청, 범죄분석 2011, 통권 제144호, 2011년 9월 27일자 발간 자료, pp326~403. 표 자료 참조.

높기 때문에 나타난 현상으로 볼 수도 있다. 그렇다 하더라도 간과할 수 없는 것은, 일반 불자뿐만 아니라 불교계의 성직자도 범죄에 연루되는 경우가 많다는 것이다. 불교계는 다른 종교에 비하여 더욱 엄격한 계율을 지키는 것으로 알려져 있는데, 이에 반하는 사건들에 연루되는 경우가 많이 발생하게 되면 교단에 대한 근본적 불신이 팽배해질 수 있다.

본 고에서는 교단 내의 여러 종단 구성원들 가운데서 발생하는 범계(犯戒)의 유형과 원인을 분석해 보고, 역사적으로 불교계가 어떻게 범계를 정화했는지 살펴보고자 하였다. 그리고 승가의 범계 근절방안이 무엇인가를 모색하는 논의 자료를 제공하고자 하였다.

Ⅱ. 승단의 범계 유형과 원인

1. 범계의 유형

율장의 정신을 바탕으로 범계를 논하는 것은 승가 내부에서 해야 할 일이다. 왜냐하면, 율장의 모든 바라제목차(波羅提木叉)를 기준으로 범계를 말하는 것은 사회 일반의 범죄와는 매우 거리가 멀기 때문이다. 다만 율장 중에서 바라이죄(波羅夷罪)의 경우 사회의 윤리와 도덕, 그리고 형법 등에 저촉되는 항목이 포함되어 있다. 이러한 바라이죄의 계목이 율장으로 정리된 것은 제1차 경전결집 때 일이다.

"이때 마하가섭 존자는 우빨리 존자에게 첫 번째 빠라지까(바라이죄)의 문제에 대해서 질문하고, 기원에 대해서 질문하고, 사람에 대해서 질문하고, 규정에 대해서 질문하고, 부가규정에 대해서 질문하고, 범계에 대해서 질문하고, 범계로부터 벗어남에 대해서 질문하였다."17)

바라이죄는 팔리어 pārājika의 음사로 타불여(墮不如)·타승(他勝)·
무여(無餘)·무잔(無殘) 등으로 번역되는데 "승단에서 추방되어 비구·
비구니의 자격이 상실되는 가장 무거운 죄"로 규정되어 있다. 바라이
죄에 해당하는 계목에는 네 가지가 있는데 음란한 행위, 도둑질, 살인,
거짓말 등이 포함되어 있다.

이들 계목 중에서 음란한 행위는 사회 윤리와 도덕을 어긴 것과 연
관되어 있으며, 법적 처벌보다는 비난의 대상이 되고 있는 것이 현재
사회적 흐름이다. 그렇다고 해서 불사음계의 경우 사회에서 법적 처벌
의 대상이 되는 사례가 없는 것은 아니다. 여기서는 바라이죄를 중심
으로 세속적 법규와 연결된 범계의 유형을 설명하고자 한다.

1) 윤리, 도덕형 범계

사회 윤리와 도덕성과 연관된 범계 중에서 대표적인 것이 불음계를
어긴 것이다. 승가의 불음계는 재가와는 큰 차이가 있으며, 매우 엄격
한 것이 특징이다. 불음계에 대한 범계가 바라이죄에 포함된 배경은
《마하승기율》에 다음과 같이 언급되어 있다.

석존(釋尊)께서 발기국의 비사리성에 있을 때, 불제자 중 야사라는
비구가 있었다. 때마침 흉년이 들어 걸식조차 어려워지자 야사의 어머
니는 환속을 강요하였다. 야사가 거절하자, 어머니는 재산을 물려줄 자
식이라도 하나 남겨줄 것을 부탁하였다. 야사는 그 청에 이기지 못하
고 출가 전 아내와 잠자리를 가져 아들을 얻었으나 이내 소문이 퍼지
고 말았다. 야사가 그 사실을 석존께 고백하였더니, 석존께서는 '처음
으로 죄의 문을 열어놓은 자'라고 크게 꾸짖고는 '차라리 칼로 남근을
베어버리거나 독사의 입에 집어넣는 한이 있더라도 음행을 해서는 안

---

17) 각묵 스님 옮김, 『디가니까야3』, 초기불전연구원, 2006, p.559.

된다'고 설법하였다.

　　율장에서는 "음행을 저지른 수행자는, 마치 머리가 잘린 사람이 나머지 몸만으로 살아가는 것이 불가능하듯이, 사문이 아니며, 석가족 성자의 제자가 아니다."라고 선언하고 있다. 수행자의 불음계는 세속의 인연을 끊고 법연으로 여법하게 중생을 제도하기 위한 가장 첫 번째의 조건에 해당한다. 따라서 수행자의 율장정신이 해이해졌다고 판단할 수 있는 가장 중요한 척도는 바로 불음계를 범한 것으로 볼 수 있다.

　　그리고 이러한 불음계의 준수는 사회적으로도 승가에 대한 신뢰를 보내는 중요한 동기가 되고 있다. 왜냐하면 중생심에서 벗어나지 못한 일반인들이 가기 어려운 길이 바로 불음계의 준수이기 때문이다. 그러나 문제는 우리나라 여러 종단들 중에서 독신 비구승의 구족계를 받는 종단이 대한불교조계종과 천태종 등 일부 종단을 제외하고는 많지 않다는 점이다. 또한 구족계를 받은 비구승이라고 해도 환계(還戒)와 재출가(再出家)를 반복한다면 오히려 사회적 신뢰를 상실하는 요인으로 작용할 수 있다.

2) 재산형 범계

　　재산형 범계는 삼보정재(三寶淨財)를 낭비하거나 사취하는 행위부터 사찰 밖에서 절도 혹은 강도 등의 범죄를 저지르는 악행까지 매우 다양하다. 더 나아가 사적 재산의 축적이 일반 사회적 규범을 어긴 것은 아니지만, 무소유를 실천하는 승가의 구성원으로서 사적인 재산을 축적하는 것도 범계에 해당할 수도 있다. 그렇지만 현재 불교계 종단에서 사적 재산의 취득을 범계로 규정한 사례는 것의 없는 것이 현실이다. 이러한 재산형 범계는 불투도계로 바라이죄의 두 번째와 연관이 있다.

"구족계를 받은 비구는 주지 않는 것을 훔쳐서는 안 된다. 풀잎이라도 훔쳐서는 안 된다. 비구가 5전 또는 5전의 가치가 있는 것, 또는 5전을 넘는 것을 주지 않았는데도 훔친다면, 그는 사문이 아니며, 석가족 성자의 제자가 아니다. <중략> 그것은 생명이 다할 때까지 해서는 안 될 일이다."18)

재산형 범계의 유형은, 삼보정재를 사유화하는 행위와 삼보정재를 형성한다는 미명하에 개인적인 목적 때문에 사회적으로 비난 받을 수 있는 행위를 하는 것 등으로 나누어 볼 수 있다.

최근 들어서는 일부 사찰에서 벌어지는 사건에서도 볼 수 있듯이, 불사(佛事) 과정에서 과도한 부채를 형성하거나 혹은 채무불이행으로 고발을 당하는 경우가 발생하고 있는데, 이러한 경우도 재산형 범계의 유형에 포함된다고 할 수 있다.

"달니가라는 비구가 목재를 담당하는 관리와 친분이 두터웠는데, 그 친분을 이용해 왕궁 목재를 빼돌려 정사(精舍)를 지었다는 일화에서 유래한다. 또 어느 비구가 가사를 만들 천을 구하려고 돌아다니다 냇가에 널어둔 빨래를 훔친 사건도 이 계율을 만들게 된 동기이다."19)

재산형 범계의 원인은 승가에서 실천해야 하는 무소유 정신의 퇴색에서 찾을 수 있다. 부처님 재세 시와는 달리 현대사회는 화폐 유통으로 운영되기 때문에 스님들도 일정 부분에 있어서 통장을 소유할 수밖에 없다. 또한 사찰의 소임을 볼 경우 불가피하게 소임자명의의 통장을 소유하지 않으면 안 된다.

이와 같이 승가의 물적 소유를 부분적으로 수용하지 않을 수 없는

---

18) 최봉수 옮김, 『마하박가1』, 시공사, 1998, pp.248~250.
19) 위의 책, pp.248~250.

현대사회의 경제 구조 속에서, 무소유 정신의 쇠퇴는 결국 범계로 이어질 가능성이 있다. 따라서 불투도계를 지키기 위해서는 승가의 무소유 정신과 삼보정재에 대한 인식이 확고해야만 가능한 일이다.

결국 불투도계의 범계를 막을 수 있는 유일한 방법은 수행자가 "해서는 안 될 일은 하지 않는다"라는 가르침을 행동으로 얼마나 실천하느냐에 달려 있다. 재산형 범계는 승가의 총유를 인정하고, 비록 일시적으로 사적으로 소유하였다고 하더라도 그 재화가 승가로 회향되어 삼보정재가 유실되지 않도록 하려는 실천적 인식이 있을 때 막을 수 있다고 본다.

3) 살상형 범계

살상형 범계에는 인명을 해치거나 상해를 입히는 사건뿐만 아니라 상대방에게 신체적 위해를 가하는 폭력 행위 등이 모두 포함된다.[20] 살상형 범계는 그 동기와 과정이 어떻든 그것과 관계없이 결과적으로 악행일 뿐만 아니라 반사회적 범죄의 유형에 포함된다.

부처님 당시에도 교단에 살상형 범계가 발생하였다는 기록이 있다. 즉, 부처님이 바이샬리에 계실 때, 한 비구가 중병에 걸려 오랫동안 앓고 있었는데, 간병인이 힘들어하자 환자는 차라리 죽여 달라고 애원하였고 간병인은 환자를 죽였다고 한다. 또 간병인이 이교도를 시켜서 환자를 살해한 일도 있고 간병인이 환자를 부추겨서 환자 스스로 목숨을 끊게 하는 일도 있었다고 한다. 이러한 일을 예방하고자 정한 계율이 불살생계이다.

---

20) 뉴시스, 2010년 05월 30일자, "함께 술을 마시던 여성을 사찰로 끌어들여 무참히 살해한 뒤 암매장한 스님이 경찰에 붙잡혀 충격을 주고 있다. 전남 여수경찰서는 30일 주점에서 만난 40대 중반 여성을 사찰로 데리고 가 살해한 여수 모 사찰 스님 A씨(42)를 살인 및 사체유기 혐의로 긴급 체포했다. 이하 생략" 1983년 신흥사 승려살인사건,

"구족계를 받은 비구는 살아 있는 목숨을 의식적으로 빼앗아서는 안 된다. 비록 개미라 하더라도 죽여서는 안 된다. 비록 태아를 낙태시켰다 하더라도 그는 사문이 아니며 석가족 성자의 제자가 아니다. 마치 큰 돌이 잘려져 두 쪽이 되면 다시는 붙을 수 없듯이, 비구가 살아 있는 목숨을 빼앗는다면, 그는 사문이 아니며, 석가족 성자의 제자가 아니다. 그것은 생명이 다할 때까지 해서는 안 될 일이다."21)

한국 불교계는 1964년 이후 종단이 분화되고 여러 종단들이 난립하면서 승가 교육과 수계 절차 등도 제대로 갖추지 못한 단체들이 늘어나고 있다. 이로 인하여 승단의 계율이 무엇인지 조차 알지 못하는 무자격 승려들을 양산하고 있는 실정이다. 그 결과 종단 차원에서 사전에 통제할 수 없는 이러한 형사사건들이 발생하는 경우도 있다. 살상형 범계는 모든 출가자들이 동체대비심으로 수행력을 갖출 때 스스로 제어할 수 있다.

4) 파화합형 범계

교단 초기에 화합을 깨는 번게를 막는 게율은 "법에 대해서 헛되이 말하는 것"을 제어하기 위해서 시작되었다. 밧지족이 거주하고 있던 지역에 기근이 들어 비구들이 걸식하기 어려워지자 "아직 성취하지 못한 경계를 마치 성취한 것처럼 재가자들 앞에서 서로 찬탄하는 일"이 벌어졌다. 이로 인해서 "구족계를 받은 비구는 범인(凡人)의 능력을 넘어서는 법에 대하여 헛되이 말해서는 안 된다."는 계율이 제정되었다.

"구족계를 받은 비구는 범인(凡人)의 능력을 넘어서는 법에 대해서 헛되이 말해서는 안 된다. 빈 집에서 즐거이 지낸다는 말조차도 헛되이 해서는 안 된다. 비구가 나쁜 욕망을 지니고 그 욕망에 이끌려서

---

21) 위의 책, pp.248~250.

자신도 얻지 못한, 실재도 아니고, 사실도 아닌 범인(凡人)의 능력을 넘어서는 법에 대해서 헛되이 말한다면, 곧 선정과 해탈과 삼매(三昧)와 도(道)와 결과에 대해서 헛되이 말한다면, 그는 사문이 아니며 석가족 성자의 제자가 아니다."22)

이와 관련된 계율이 확대되면서 오역죄가 성립되었는데, 남방의 테라밧다 불교의 오역죄는 대승불교의 오역죄와 다소 차이가 있다. 남방 불교의 오역죄는 "어머니를 죽이고, 아버지를 죽이고, 아라한을 죽이고, 부처님의 몸에 피를 흘리게 하고, 화합 승가를 깨뜨리는 것" 등이다. 이것은 전통적으로 내려오는 불살생계가 파화합으로까지 확대되었음을 보여준다.

대승불교의 오역죄는 ① 탑과 절을 파괴하고 경전과 불상을 불태우고 삼보의 물건을 훔치고 혹은 그와 같은 일을 남에게 시키거나 그런 행위를 보고 기뻐하는 것. ② 성문, 연각, 대승의 법을 비방하는 것. ③ 출가자가 불법을 닦는 것을 비방하고 혹은 그를 죽이는 것. ④ 소승의 오역죄 중 하나를 범하는 것. ⑤ 모든 업보는 없다고 생각하여 십악을 행하고 후세를 두려워하지 않으며 다른 사람에게 그런 행위를 가르치는 것 등이 포함되어 있다.

이처럼 파화합형 범계란 교단의 화합을 파괴하고, 사회적 갈등을 불러일으키는 바라이죄를 말한다. 이와 관련된 대표적인 사건이 꼬쌈비에서 일어난 승단의 갈등이라고 할 수 있다.

"세존이시여, 여기 꼬쌈비의 수행승들은 말다툼을 하고 언쟁을 하고 논쟁을 하고 서로 입에 칼을 물고 찌릅니다. 그들은 결코 서로 확신시킬 수 없었고 확신될 수도 없었습니다. 또한 그들은 결코 서로를

설득시킬 수 없었고 설득될 수도 없었습니다."23)

각 종단에서 가장 많이 발생하는 범계의 유형 중 하나가 바로 파화합이다. 원래 어느 조직이든지 화합을 이루기 위해서는, 내부적으로 갈등이 있을 때 이를 합리적으로 해결할 수 있는 방법과 내적 규범이 작동되어야 한다. 그러나 여러 종단에서 발생하는 갈등은 내부의 자정을 거치지 않고 바로 세속의 법정으로 향하거나 분열로 귀결되는 사례들이 많은 것이 현실이다. 이 때문에 불교계의 종단들은 우후죽순 생겨나고 있으며, 화합을 파괴하는 사건들은 그만큼 증가하게 되는 것이다.

2. 범계에 대한 승단의 처벌

계율을 어긴 범계사문에 대하여 교단에서는 여러 가지 처벌 규정을 마련하고 있다. 율장의 처벌 규정은 크게 두 가지로 구분할 수 있다. 하나는 바라이죄, 혹은 불공주(不供住)라고 하여 산문에서 출송시키는 방법이다. 이는 승가의 구성원임을 부정하고 비구 및 비구니의 자격을 박탈하는 처벌이다. 바라이죄는 비구와 비구니의 신분에 따라 다소의 차이가 있다.

비구는 4바라이죄를 기준으로 처벌하지만, 비구니는 여기에 네 가지가 더해져서 8바라이죄가 규정되어 있다. 비구니에게만 추가되는 바라이죄는 '마촉(摩觸)'·'팔사성중(八事成重)'·'복장타중죄(覆障他重罪)'·'수순피거비구(隨順被擧比丘)' 등이 포함된다.

① 마촉(摩觸)은 정욕을 품은 남자에게 자신의 몸을 만지게 해서 쾌락을 얻는 죄, ② 팔사성중(八事成重)은 정욕을 품은 남자 곁에 앉아 이야기를 나누거나 손이나 옷을 만지게 하고, 함께 길을 가는 죄, ③

---

23) 전재성 역주, 『맛지마니까야』 제2권, 꼬삼비설법의 경, 한국빠알리성전협회, 2002, pp.319~327.

복장타중죄(覆障他重罪)는 다른 비구니가 중대한 죄를 저지른 것을 알면서도 알리지 않은 죄, ④ 수순피거비구(隨順被擧比丘)는 죄에 따라 비구니를 정당하게 처벌하였음에도 시비를 세 번 이상 따지는 죄이다.

다른 하나는 승잔죄 이하로 승려의 자격을 상실하지는 않으나 범계의 정도에 따라서 여러 가지 제재 규정이 있다. 승잔죄는 대중에게 참회하고 허락을 얻으면 함께 수행할 수 있는 처벌규정이다. 여기에는 비구에게만 적용되는 부정(不定)[24] 모든 스님들에게 적용되는 사타(捨墮),[25] 단타(單墮),[26] 회과(悔過),[27] 중학(衆學),[28] 멸쟁(滅諍),[29] 등이 있다.

불교계의 각 종단들은 이와 같은 율장 정신을 바탕으로 범계 발생 시 처벌 규정을 종헌종법에서 마련하고 있다. 그러나 종법의 처벌만으로 문제가 해결되지 못하고 세속법에 의존하는 경향들이 늘어나고 있다. 이렇게 세속의 송사로 승가의 일을 해결하려는 사례들이 많아지면서 승가는 각종 소송에 시달리고 있는 형편이다.

3. 범계 발생의 원인

---

24) 참으로 죄를 범하였는지 범하지 않았는지 또 설사 범하였다고 하더라도 무슨 계를 범하였는지 확실하지 않는 것을 말한다. 여기에는 병처부정계(屏處不定戒) ― 어두운 곳이나, 으슥한 곳이나, 다른 이가 보고 들을 수 없는 곳에서 계를 범하지 않는 것과 노처부정계(露處不定戒) ― 어두운 곳이나 으슥한 곳이 아니면서도 남이 보고 듣지 못하는 곳에서 계를 범하지 않는 것 등 두 가지가 있다.

25) 옷이나, 발우 등의 재물로 말미암아 발생하는 범계로 대중 앞에서 참회하면 허물이 남지 않는 범계를 말한다.

26) 물질과 상관없이 생활 속에서 신구의 삼업행에서 집착심이나 번뇌 등의 허물이 발생한 것을 말하며, 세 명의 스님에게 참회하면 된다.

27) 한 스님에게 참회하면 죄업이 소멸되는 범계를 말한다. 주로 걸식 과정에서 발생하는 범계이다.

28) 식사, 설법, 재가자와의 만남 등 일상생활 속에서 발생하는 위의작법에 관한 허물로 스스로 참회하면 된다. 고의였을 때에는 스승에게 참회해야 한다.

29) 승단의 분쟁을 해결하는 방법으로 처벌 규정은 따로 없다.

한국 불교계에서 비록 소수라고는 하지만 승단의 일부가 계율을 지키지 않고 사회적 지탄을 받는 악행에 연루되는 원인은 다음과 같은 몇 가지로 요약해 볼 수 있다.

1) 세속화로 인한 영향

범계 발생의 가장 중요한 첫 번째 원인은 승가의 세속화에서 찾을 수 있다. 세속화(世俗化, secularization)는 일반적으로 "전통 사회의 초월적인 가치나 지배구조가 근대 자본주의의 생성에 따라서 쇠퇴하여 목적 합리적인 가치나 규범으로 바뀌는 것"을 의미한다. 베버(Max Weber)는 세속화를, 합목적성 혹은 합리성의 개념으로 설명하여 탈마술화(脫魔術化)라고도 정의하기도 하였다. 하지만 다른 한 편으로는 세속화를 세상의 일반적 풍속을 따르거나 또는 그것에 물들어 가는 것을 의미하는 측면도 있다. 특히 종교계에서는 세속화를 신성화(神聖化)의 대립개념으로 설명하는 견해도 있다.

불교 교단에서 승가는 전통적으로 출세간의 원리를 지향하고 있는데, 승가의 세속화는 이에 반해서 세간의 원리에 지배되는 현상이라고 말할 수 있다. 승가의 규범과 계율이 전통적인 출세간의 원리에 따르지 않고 세속적 원리로 결정되는 문화는 범계의 주된 원인이 된다. 즉 승가가 화합의 전통으로 스스로 갈등을 해결할 수 있음에도 불구하고, 이를 세속의 법정으로 끌고 가서 지루한 송사를 이어가는 것은 세속화의 가장 중요한 사례이다.

또한 세속화는 종헌종법의 제정과 운용에도 영향을 미치고 있다. 불교계의 각 종단들은 종헌종법을 제정하여 운영하고 있는데 그 운영원리에는 율장정신이 내포되어 있다. 그러나 대부분의 종법들은 세속적 법규로 구성되는 사례들이 많은 것도 현실이다. 따라서 종단의 운영원리 속에도 세속의 영향력이 크게 작용하고 있음을 누구도 부인할 수 없다. 그러나 이와 같은 세속화는 부지불식간에 승가에 영향을 미쳐서 결국 범계의 원인으로 작용할 수 있다. 율장의 규범은 최대한의 자율적 자제를 목적으로 하고 있는데 비하여 세속적 법규는 최소한의 법적 규제가 목적이 되기 때문에 양자 사이에 큰 격차가 나타나게 된다.

2) 출가 동기와 수행 과정의 문제

범계 발생의 두 번째 요인은 출가동기와 수계과정의 문제에서 찾을 수 있다. 출가자는 구족계를 수지하지만 출가 동기가 왜곡되면 결국 범계의 유혹을 뿌리칠 수 없다. 출가 동기는 동진출가(童眞出家), 발심출가(發心出家), 회향출가(回向出家), 멱조출가(覓祖出家) 등으로 유형화할 수 있다.[30] 동진출가는 청소년기에 출가하는 것이고, 발심출가는 스스로 부처님의 제자로서의 삶을 선택한 것을 의미한다. 회향출가는 세속의 일을 다 마치고 자신의 공덕을 회향하기 위해 출가를 선택한 것을 말하며, 멱조출가는 소임이나 생계 등의 목적으로 출가하는 사례를 의미하는 개념이다. 멱조출가(覓祖出家)가 많아질수록 이런저런 형태의 범계(犯戒) 가능성이 높아질 수 있다.

구족계의 수지과정에서 세간의 여러 가지 탐진치 삼독심을 버리도록 이끌어 준다면 어떤 출가동기를 가졌더라도 여법한 수행자의 삶을 영위할 수 있을 것이다. 그러나 구족계 수지를 위한 수행과정에서 삼독심이 버려지지 않고, 계정혜 삼학을 제대로 배우지 못하면 결국에는 출가 생활을 지속하지 못하거나 범계에 빠질 우려가 높다.

그런데 최근 출가희망자가 감소하면서 출가전의 삶을 제대로 검증하지 않고 구족계를 수지하는 일들이 벌어지고 있다. 결국 그 여파는 출가 이후의 삶에 악영향을 미치게 되고 최선을 다해 수행정진에 몰두

---

30) 멱조출가는 필자가 만든 개념으로 육조단경에서 언급한 표현을 응용한 것이다. 즉, "구법즉선求法卽善 멱조불선覓祖不善, 법을 구하는 것은 곧 옳은 것이요, 조사가 되기를 바라는 것은 옳지 않다" 라는 개념을 바탕으로 만든 조어이다. 청화淸華 역주 譯註, 『육조단경六祖壇經』 광륜출판사, 2006, pp.53~54.

하는 대다수의 스님들에게도 누가 되는 일이 벌어지는 것이다.

3) 출가 이후 수행자 정신의 해이

구족계 수지 이후 출가정신의 해이(解弛)도 범계발생의 주요 원인이다. 종단 내에 수행풍토가 정착되지 않으면, 갈등이 노정되고 그것은 결국 파화합 등 여러 범계가 발생하는 요인이 된다. 또한 출가정신의 해이는 사찰 재정 운영과정이나 신도들과의 관계에서도 여러 가지 문제를 발생시킬 수 있다.

조계종단에서는 2008년부터 전체 승가에 대하여 연간 2회 포살법회를 시행함으로써 구족계 수지 이후의 승가에 대하여 스스로 정화할 수 있는 기회를 갖고 있다. 포살법회의 시행은 해이해진 승풍을 진작시키고, 승가에 대한 사회적 지지와 권위를 회복하는 계기를 만들어 주었다. 그렇지만 종단의 질서를 유지하고 승풍을 진작시키는 역할을 담당하는 호법부의 기능이 제대로 작동하지 못하는 아쉬움이 있다.

호법부는 종단의 자정기능을 담당하는 핵심기관이다. 호법부는 정법과 율장정신, 그리고 종헌종법의 합리적 적용을 통해서 범게자에 대한 엄격한 처벌을 해야 한다. 호법부의 활동이 엄격하면서도 체계적으로 이루어질 때 종도들은 스스로의 자정을 통해서 승가의 위의를 회복할 수 있다.

4) 문중주의와 연고주의

종단 내에 만연된 문중중심주의는 가부장적 권위주의, 연고주의, 가족주의적 경향 등과 결합하여 여러 부작용을 낳고 있다. 이와 같은 문화는 범계발생시 온정주의로 해결하려는 경향을 보이고, 종도들에게 나쁜 선례를 남길 수 있다. 문중주의는 대문중이 소문중으로 분화하면서 사찰 내에서는 작은 갈등으로 시작하지만, 그것이 축적되어 종단 차원의 큰 갈등으로 비화되는 경향이 있다.

최근 일부 본사에서 발생한 사건들은 대부분 문중 내의 충돌로 빚어진 범계사건의 한 유형으로 볼 수 있다. 총림의 방장 추대와 주지 선임 과정에서 문중 구성원들의 타협 없는 충돌은 결국 종단 전체에 부담을 주고 악영향을 끼치고 있는 것이다.

과거에도 문중은 있었으나 문중주의로 전락하지는 않았었다. 타문중이나 본사가 달라도 사찰의 여러 가지 소임을 부여하고 원융무애의 삶을 영위하는 것이 승가의 본분사였다. 그러나 최근에는 이와 같은 전통이 잘 지켜지지 않고 폐쇄적으로 본사를 운영하는 사례들이 종종 나타나고 있는 실정이다.

가부장적 권위 구조는 정법으로써가 아니라 가족적이고 온정적으로 사찰 운영을 하게 만들 수 있다. 이런 사찰의 경우 사소한 범계는 눈감아 주게 되고, 그것이 축적되어 여러 가지 큰 문제를 야기하게 된다. 또한 문장 스님의 의견에 대하여 비판할 수 없는 풍토를 형성하게 된다. 이러한 경향은 사찰 운영, 스님들의 수행 등에도 영향을 미침으로써 결과적으로 범계의 원인으로 작용하는 것이다.

소수이기는 하지만 일부에서는 건당이라는 제도를 통해서 특정 문중에 법연을 걸어두려는 경향도 볼 수 있다. 스승과 상좌들로 형성되는 문중은 긍정적 측면이 매우 많다. 그러나 그 문중이 지나치게 폐쇄적으로 운영되거나 사찰 운영에 이기적으로 작용하면 그 폐해 또한 큰 것도 사실이다.

5) 현전승가의 부조화

승가는 사방승가(四方僧伽)와 현전승가(現前僧伽)로 구분한다. 사방승가는 동서고금의 모든 승가 구성원들을 포함하는 광의적 개념이다. 반면에 현전승가는 결계를 위해서 한정된 공간에서 한정된 수행자로 구성되는 승가를 말한다. 현전승가는 승가를 구성하는 기본단위이며 갈마를 실행하는 주체가 된다.

현재 불교계는 많은 단위의 현전승가가 난립하고 있다. 조계종단 내에도 현전승가의 단위는 매우 다양하기 때문에 그것이 승가 내부를 규율하는 주체로서 기능하지 못하고 있다.

먼저 수계를 위한 현전승가는 종단이다. 승가의 구족계 수지를 위해서는 일정한 교육을 받고 통과의례를 거쳐서 수계산림법회를 개최한다. 그 법회의 주관은 종단이기 때문에 수계의 현전승가는 종단이 되는 것이다.

그러나 교육의 현전승가는 강원 혹은 지방승가대학이다. 지방승가대학은 주요 교구본사에서 운영하기 때문에 교육의 현전승가는 본사 중심이 강하다. 또한 교구제를 채택하고 있는 종단은 단위 사찰의 주지 품신을 교구단위로 하고, 종단에서는 형식적인 임명 절차만 밟기 때문에 본사가 중요한 현전승가 단위가 된다. 본사에는 산중총회, 말사 주지회의, 교구종회, 총림의 임회 등 다양한 현전승가의 단위가 형성되어 있다.

이러한 현실에도 불구하고 단위 사찰 운영에 있어서는 철저하게 해당 사찰 주지 스님에게 위임되어 있다. 즉 사찰의 운영과 관련해서는 현전 승가 중심이 아닌 주지 스님 개인의 원력과 수행력으로 운영되는 구조를 띠고 있다. 더군다나 공찰뿐만 아니라 사설 사암의 운영까지 고려해 본다면, 종단이나 교구본사 차원에서의 통제력이 미치지 못하는 사찰이 다수 존재하게 된다.

이와 같은 현전승가의 부조화는 종단 운영 과정에서 나타날 수밖에 없는 불가피한 현상으로 볼 수 있다. 그렇지만 현전승가의 부조화는 승가 전통에 부합하는 합리적 갈마를 어렵게 한다. 또한 자율적 규제는 가능하지만 범계 발생 시 이를 통제하고 자자와 포살을 통해서 정화하는 기능이 작동되지 못하는 문제가 있다.

현전승가의 문제는 앞으로 출가자가 더욱 감소할 경우 지금보다 더 심각한 상황으로 전개될 수 있다. 종단과 사찰 전체를 엄격하게 규율

할 수 있는 시스템 없이 스님 개인의 수행력에만 의지할 경우, 승가의 내적 혹은 외적인 통제가 어렵게 되기 때문이다. 동서고금을 막론하고 많은 종교조직의 붕괴는 성직자 내부의 타락에서 비롯되었다는 것을 우리는 역사적 근거들을 통해서 확인할 수 있다.

결국 출가 대중으로 구성되는 현전승가에 문제가 있을 경우 출재가 칠중으로 구성되는 사방승가로 확대되어 역할 분담을 할 수 밖에 없다. 대승불교 교단에서는 이 경우 지금까지 경험하지 못한 더 큰 문제들이 발생할 수 있다. 따라서 종단 차원에서 현전승가의 단위와 사방승가의 운영원칙 등을 지금부터 미리 정해가는 것이 종단 안정과 범계 발생을 예방할 수 있다.

Ⅲ. 불교계 정화 사례와 승단의 범계 근절 방안

1. 불교계 정화의 방법과 사례 분석

1) 초기 교단의 수범수제(隨犯隨制)

석존 재세 시에 교단은 처음부터 계율을 제정한 것은 아니다. 다만 수행에 도움이 되는 행동규범을 점차적으로 제정해나갔다. 이 과정에서 범계가 나타나면 그에 상응하는 계율을 제정하는 수범수제(隨犯隨制)의 형태가 정착되었다.

석존께서는 "계율을 스승으로 삼아라!"라는 유훈을 통해서 교단의 모든 수행자들이 계행을 통해서 자신을 탁마할 것을 부촉하였다.

교단의 질서가 어지럽혀지고, 심각하게 훼손된 때는 부처님 열반 이후 약 150여 년이 지났을 때의 일이다. 아쇼카 대왕이 인도를 통일하고 즉위하면서 불교에 귀의하였다. 아쇼카 대왕은 자신의 이름을 딴 정사를 하나 지어 승가에 보시하였는데, 파탈리푸트라의 계원사(雞園

寺, Kukkutārāma) 자리에 아쇼카라마(阿育園寺, Asokārāma)를 건립하였다. BC 258년경에 아쇼카라마에는 이미 약 6만여 명의 수행자들이 살고 있었다고 전해진다. 여기에는 불교의 비구 수행자들뿐만 아니라 인도에 유입된 이교도들도 섞여 살았다고 한다.[31]

아쇼카라마의 이교도들은 노란 가사를 입고 있으면서 부처님의 가르침을 헐뜯고, 포살법회에 참석하지도 않았고 계율을 잘 따르지도 않았다. 이교도들은 의도적으로 자자 및 포살법회에까지 들어와서 부처님의 가르침을 훼손하고 계율을 어겼다. 목갈리뿟따 띳사 장로는 포살법회 중단을 선언한 후 제자인 마힌다 장로에게 사찰을 맡기고 갠지즈강 상류에 위치한 아호강가 근처 산에서 7년 동안 은둔하였다.

아쇼카 대왕은 모든 수행자들이 공동으로 포살법회를 진행하도록 명령하였으나 불교 교단의 승가에서는 이를 거부하였고, 그러자 아쇼카 대왕은 동참을 거부한 수행자들을 사형시켰다. 그러나 아쇼카 대왕의 동생인 띳싸꾸마라 장로가 사형을 당하게 되었을 때 이 사실이 대왕에게 보고되었고 그러자 공동포살에 대한 명령도 취소되었다. 아쇼카 대왕은 자신이 잘못을 깨우치고 목갈리뿟따 띳사 장로를 찾아가 일주일 동안 설법을 듣고 난 후 교단의 정화를 부탁하였다.

또한 아쇼카 대왕은 즉시 각지의 승원 내에 있었던 이교도의 상징물과 우상들을 모두 파괴하고 제거하도록 명령하였다. 사원내의 환경을 여법하게 정화한 아쇼카 대왕은 띳싸 장로와 함께 모든 수행자들을 승원으로 불러들었다. 승원 안에 큰 포장을 치고 서로 다른 견해를 가진 수행자들을 집단별로 불러서 그들의 견해를 물었다. "가장 온전하고 최상의 깨달음에 도달한 부처님은 무엇을 가르치셨는가?"를 질문하고 자신의 견해대로 대답하도록 허용하였다. 이교도들은 각자 자신이 믿는 교리대로 대답하였다. 이 답변을 토대로 이교도 수행자로 확인되

---

31) 에띠엔 라모뜨 지음, 호진 옮김, 『인도불교사1』, 시공사, 2006, pp.484~492.

면, 그들의 가사를 벗기고 흰옷을 입혀 추방하였다. 그렇게 추방된 이교도 수행자가 약 6만 여명에 달했다고 한다.

교단을 정화한 목갈리뿟따 띳사 장로는 제3차 경전결집을 주도하여 경율론 삼장을 문서로 기록하였다. 이렇게 아쇼카라마 정화는 교단의 정화뿐만 아니라 교학의 발전에도 기여한 것이다.

2) 대만 불교의 교단 정화 활동

대만 불교는 1945년 이전까지는 오랜 역사에도 불구하고 승가의 사부대중이 충분히 구성되지 못하였다. 그리고 일본의 식민지를 50년 경험하면서 일본 불교의 유습이 많이 유입되었다. 일본 불교가 대만에 끼친 영향은 식육과 대처의 풍습이다. 출가자들이 승복을 입지 않고 사찰에 거주함으로써 승속이 구분되지 않았다. 이것은 계율이 지켜지지 않는 원인이 되었으며, 비구와 비구니의 동주 사찰도 증가하였다. 또한 신도(神道)와 불교가 습합되어 신불(神佛)이 불분명한 형태의 불교가 자리 잡게 되었다.

대만 불교의 또 다른 중요한 특징 중의 하나는 운재교(云齋敎)의 전통이었다. 운재교는 임제종의 한 지류이면서 유불도가 혼합된 형태의 종교조직이었다. 출가주의를 배제하고 재가주의로 불교를 이끌어 가는 전통인 운재교는 명나라 말기에 대만으로 유입되어 대만 불교의 주류로 자리 잡았다. 1919년 일본총독부의 조사에 따르면 당시 전통불교 사찰은 대만 전역에 77개사가 있었는데 비하여 운재교는 172개 재당을 운영하고 있었다. 일본 불교와 운재교는 공통점이 많았기 때문에 일본 식민지 시대 때 쉽게 합쳐질 수 있었다.

1949년 대만정부가 수립된 이후 본토에서 고승대덕 스님들이 건너오면서 대만 불교의 정화는 자연스럽게 이루어졌다. 1953년 바이성(白聖) 스님의 주도로 '칠조규정(七條規定)'을 제정하고 대선사(大仙寺)에서 정기적으로 수계식을 거행하였다.[32)]

칠조규정의 핵심적인 내용은 출가주의 불교 정신 회복, 출가자의 의제 규정, 승보로서 승가의 위의 확립, 거사계를 받은 자들의 활동 금지, 음주·흡연·육식의 절대 금지 등 계율 실천 등을 포함하고 있는데 그 구체적인 내용은 다음과 같다.

첫째, 반드시 집과 속세를 떠나 승려의 위의를 갖추지 않으면 비구계를 수여하지 않는다.

둘째, 출가자는 속인 복장을 해서는 안 된다. 만일 승복이 없으면 3일 안에 승복을 갖추고, 그렇지 않으면 거사계를 반납한다.

셋째, 출가자나 재가자 모두 일률적으로 승보를 스승으로 삼는 자라야만 수계를 받을 수 있다. 만일 재가인을 스승으로 모시는 자는 하루 빨리 고칠 것이며, 그렇지 않을 경우 계를 내리지 않는다.

넷째, 거사계를 받은 모든 자는 신도나 무리를 거느려서는 안 된다.

다섯째, 계를 타인에게 위탁하는 것을 금한다. 위탁한 계는 모두 무효로 한다.

여섯째, 과거 다른 종파의 계를 수지한 자는 반드시 삿됨을 개정하고 바른 도리로 돌아올 것을 선서한다.

일곱째, 수계를 받은 날로부터 음주, 흡연, 육식을 절대 금한다.

대만으로 건너온 고승대덕 스님들은 자발적으로 수계법회에 참여하였으며, 종파를 떠나서 모든 승려는 새롭게 계를 받는 풍속이 정착되었다. 이후 대만 불교는 청정한 계행을 엄격하게 수지하고 실천하였다. 만일 사회적으로 지탄을 받는 행위에 연루된 승려가 나타나면 신도들은 공양을 올리지 않았다. 지금도 그 전통이 이어지고 있어서 대만 불교의 청정성이 유지될 수 있는 것이다. 대만 불교는 승가내부의 자율적인 정화 활동과 청정승가에 대한 불자들의 외호가 조화를 이루면서 오늘날 비약적 발전의 결실을 맺게 되었다.

---

32) 불광연구원 편, 『대만 불교의 다섯 가지 성공코드』, 불광출판사, 2012, pp.441~442.

3) 미얀마의 불교정화법

미얀마는 1962년 쿠데타로 네윈이 주도하는 군부정권이 집권하였다. 네윈은 사회주의적 관점에서 불교의 독점적 지위를 부정하고 정교분리를 시도하였다. 이 과정에서 군부와 불교계는 서로 대립하는 긴장관계가 형성되었으나 세월이 흐르면서 불교계는 군부의 지원을 수용하게 되었다. 불교에 대한 군부의 통제가 강화되면서 한편으로는 지원책을 늘리자 불교계는 내부로부터 범계 현상이 나타나기 시작하였다. 계율정신이 해이해지면서 타락하고 파계하는 승려들의 수가 증가한 것이다.

1980년 미얀마 정부는 불교계 정화를 추진한다는 명목으로 불교계 전체 종파를 아우르는 합동회의를 주최하였다.[33) 그리고 정부 주도로 불교정화법을 제정하였다. 이런 법적 규정에 근거하여 전국 규모의 단일 승려조직 설립, 종교 재판소의 설치, 승려 등록제 등의 실시가 결의되었다.[34)

미얀마 전종파합동회의에는 9개 종파가 모두 참여하여 <The Stata Sangha Mahanayaka Committee>라고 하는 불교대표기구가 설립되었다.[35) 이 기구에서는 불교 전반의 문제와 타종교와 연관된 소송 등의 모든 종교적 문제들을 조정하고 판결하여 해결하는 역할을 담당하였다. 또한 교학의 발전과 승려들의 단계별 시험제도를 관할하고 있으며, 불법에 어긋난 종파를 조사하여 근절시키는 역할도 함께 담당하고 있다.

미얀마의 불교정화는 사실 군부독재와의 타협과정에서 형성된 것으로 불교계 독자적으로 추진된 것으로 보기는 어렵다. 그러나 점차 전

---

33) 미얀마와 같은 시기에 한국에서도 10.27 법난이 발생하고 불교계를 정화하겠다는 군사정권의 시도가 현실로 나타난 것은 매우 의미심장한 관계가 있음을 보여준다. 전두환 정권은 사회정화위원회를 설치하고 종교계 정화는 물론 사회정화라는 미명 아래 군부 집권을 획책하였다.

34) 양승윤 외, 『미얀마』, 한국외국어대 출판부, 2005, pp.236~237.

35) 이 단체의 주소는 Kaba − Aye Hills, Mahanayaka Kyaungtawkyi, Mayangone T/S. YANGON, MYANMAR(95 − 1 − 651014, 651012) 이다.

종파합동회의가 독자적으로 업무처리 능력을 갖추고 각 지역별 승가회가 결성되면서 독립적 역할을 수행할 수 있게 되었다. 그러면서 자율적인 정화 시스템이 점차 구축되기 시작했다.

2011년, 미얀마의 민주화를 위한 로드맵이 적극 추진되면서 미얀마 불교계도 새로운 도전에 직면하게 되었다. 그것은 바로 정치적인 민주화와 함께 세계 각국의 종교들이 자유롭게 유입되는 종교자유의 환경이 조성된 것이다. 미얀마 불교의 정화과정을 살펴보면 타율적 정화에서 자율적 정화의 모습으로 갖추어가고 있음을 볼 수 있다. 미얀마 불교계의 자각과 철저한 지계수행 등은 향후 발전의 중요한 원동력이 될 것이다.

2. 한국 불교의 범계 근절 방안

앞서 역사적으로 전개된 불교정화 사례들을 분석해 보면, 먼저 스스로 정화하지 못할 경우 외부의 힘이 작용한다는 사실을 알 수 있다. 아쇼카 대왕 시기의 인도나 1962년 이후의 미얀마가 공통적으로 경험했던 것이 바로 외부의 힘에 의한 불교정화의 예이다. 반면에 대만의 경우에서는 스스로 계율을 강화시키고 불자들이 그것을 지원하면서 스스로 정화되고 있음을 볼 수 있다. 한국의 불교계도 이와 같은 역사적 사실들을 통해서 분명하게 배워야 한다.

그렇다면 한국 불교계가 범계(犯戒)를 근절시키고 발전할 수 있는 방안은 무엇인가? 범계는 불교계의 여러 종단에 따라서 기준이 다르다. 대한불교조계종은 청정비구로서의 위의를 지킬 것을 선언하고 있으나 이를 따르는 종단은 대한불교천태종을 비롯한 소수 종단에 불과하다. 대만 불교계에서는 지키지 않으면 큰일로 여기고 승가로서 동주하지도 않는 계율이 식육대처이다. 한국 불교계에는 이를 용인하는 종단들도 많이 있다.

이와 같은 현실 속에서 불교계의 범계 근절은 한 종단에서만 잘해서는 안 된다. 이미 27개의 종단들이 각자 다양하게 활동하고 있기 때문에 어떤 종단 구성원이 문제를 일으켜도 불교계 전체가 피해를 보는 상황이 되었다. 따라서 불교계 종단들은 전체 종단이 지켜야 하는 계행과 종단적 특성을 반영한 계행을 분리해야 한다. 그리고 전체 종단에서 반드시 지키겠다고 서원한 계율에 대해서는 사회적으로 공표하고 이를 실천하면서 동시에 스스로 감시를 받을 수 있어야 한다. 이와 같은 범계 근절 방안이 실천되기 위해서는 다음과 같은 몇 가지 사항들이 고려되어야 한다.

첫째, 스스로를 자정할 수 있는 조직과 방법을 갖추어야 한다. 불교계 전체를 아우를 수 있는 종단협의회가 이 문제를 해결하기 위해 보다 적극적으로 활동해야 한다. 종단협의회에서는 소속된 종단이나 불교계 단체들이 범계에 해당하는 행위를 하였을 때 과감하게 응징할 수 있는 능력을 갖추어야 한다. 그렇게 하기 위해서는 전체 불교종단이 참여하면서 강력한 힘을 실어주어야 한다. 적어도 종단의 명칭이나 구조를 띠고 활동하는 불교단체들에 대하여 감독하고 범계에 해당하는 불법행위가 있을 때 스스로 고발하고 언론을 통해서 공개적으로 경책하는 시스템을 갖추어야 한다. 이에 대한 합의와 노력이 없을 경우 불교계는 발전하기 어렵다.

둘째, 불교계는 불자와 국민들에게 공개적으로 선언하고 요구해야 한다. 즉, 반사회적이면서 반불교적인 행위를 하는 조직이나 개인에게는 절대로 공양을 올리지 말아줄 것을 부탁해야 한다. 불자들도 사회적으로 문제를 일으키면서 계율을 어긴 승려나 그들이 운영하는 사찰에 대하여 절대로 찾아가거나 공양과 보시행을 하지 않을 것을 약속하고 실천해야 한다. 공양거부는 부처님 재세 시에 이미 제시된 승가 정화 방안이다. 꼬삼비의 비구들이 사소한 일로 논쟁을 일으키고 반목하는 일이 벌어졌을 때 부처님께서 우바새와 우바이들에게 부촉하신 가르침이 바로 그것이다. 또한 대만 불교에서도 이와 같은 방식으로 불교계를 정화하였다.

셋째, 승가에서는 대참회 법회와 계율정신 회복 운동을 전개해야 한다. 조계종 승가 내부에서 이와 같은 운동을 통해서 스스로를 탁마하게 되면, 더불어 타종단의 승가에 대해서도 영향을 미칠 수 있다. 앞서 예를 든 대만 불교계의 경우에서 볼 수 있듯이, 수계사찰을 정하고 이미 구족계를 수지한 고승대덕 스님들이 스스로 앞장서서 다시 계를 받은 것은 좋은 참고가 될 수 있다. 조계종단에서는 매년 2회씩 전체 승가가 참여하는 포살법회를 개최하고 있다. 이 포살법회가 실질적으로 종단의 범계자를 정화시키고 같은 문제가 재발되지 않도록 촉진시키는 장이 되어야 한다.

넷째, 각 종단에서는 자신들이 대사회적으로 지키고자 하는 계율을 분명하게 선언해야 한다. 여기서 말하는 계율은 비구 250계나 비구니 348계 등과 같은 구족계를 의미하는 것이 아니다. 각 종단의 승가 구성원들이 사회적으로 엄격하게 실천하고자 하는 계목을 제시하고 절대로 이를 어기지 않을 깃을 분명하게 밝혀야 힌다. 그리고 각 종단에서는 이를 수용하여 지키고자 하는 노력을 전개할 필요가 있다. 현재는 불자뿐만 아니라 일반 시민들도 스님들이 반드시 지키는 계행의 내용이 무엇인지 알지 못하고 있다. 구족계 중에서 사회적 의미가 있는 일부의 계목을 선정하고 이를 공지함으로써 사회구성원들의 불필요한 오해와 편견을 불식시켜 주어야 한다.

대한불교조계종단은 한국 불교를 이끌어가는 장자종단이면서 동시에 사회적 영향력도 가장 크다. 또한 구족계를 수지한 청정비구(니) 종단을 유지하고 있을 뿐만 아니라 전국에서 가장 중요한 사찰들을 모두 보유하고 있다. 따라서 다른 종단에 비해서 더욱 엄격한 계행을 실천하고 사회적 모범을 보여주어야 한다. 그렇게 하기 위해서는 일반적인 범계 근절 방안과는 달리 독자적으로 청정한 계행을 실천할 수 있어야 한다.

대한불교 조계종단이 실천해야 할 범계 근절 방안을 요약하면 다음과 같다.

첫째, 교구 중심으로 승려 노후복지 방법을 제시하고 이를 적극 실천해야 한다. 승가 내부에서 여러 가지 문제가 발생하는 가장 근본적인 이유는 노후복지에 대한 불안감에서 비롯된다는 의견이 매우 많다. 따라서 승가에 대하여 노후복지에 대한 불안감을 해소시켜 주고 동시에 그에 걸맞은 활동을 요구할 필요가 있다. 교구 본사에서 운영하는 사회복지 시설과 노후 거주 시설을 만들고 임종 시까지 여법한 생활이 보장된다면 범계 발생의 상당 부분을 줄일 수 있다.[36]

둘째, 교구의 공찰을 중심으로 대중공의에 의한 사찰운영 시스템을 구축해야 한다. 또한 사설사암의 경우도 가능하면 공찰화 하되 창건주 스님과 문도들이 사자상승으로 운영될 수 있도록 법적인 보장을 해주는 것이 필요하다. 다만 특정한 범계에 해당하는 허물이 있을 경우 종단에서 인사권을 행사해 제재(制裁)를 가하거나 산문 출송시킬 수 있는 제도를 마련해야 한다. 현재와 같이 사설 사암에 대한 종단의 통제와 인사권도 없고 분담금 납부도 미흡한 데 반해, 종단에 대한 요구는 분출하는 상황에서는 범계 행위가 발생해도 대처할 방법이 없는 실정이다.

셋째, 향후 조계종단은 다수의 대중이 출가하는 승단을 운영하기 어려워질 수 있다. 매년 출가자가 감소하고 있기 때문에 소수 정예의 수행력을 갖춘 승가가 다수의 재가불자들을 이끌어가는 운영 체계를 갖추어야 한다. 출가자 감소는 미얀마나 태국 불교에서도 이미 나타나고 있는 현상이다. 대승불교권인 한국과 일본의 불교계에서도 출가자 감소는 불가피한 현실로 받아들일 수밖에 없다. 따라서 종단에서는 출

---

36) 천태종과 진각종에서는 기로원 등을 설립하여 완벽한 노후의 생활보장과 의료 보호제도를 도입하여 운영하고 있다.

가자 감소를 보완할 수 있는 사찰운영 체계를 구축하고 사부대중이 함께 노력하는 제도를 적극 도입해야 한다.

넷째, 조계종단에서는 범계자에 대하여 엄격한 처벌과 동시에 범계의 행위가 발생되지 않도록 환경을 조성해야 한다. 승단의 범계는 법이나 제도로는 근본적으로 규제할 수 없다. 그것은 출가자의 의식과 종단의 종지종풍 속에서 자연스럽게 해결해야 할 과제이다. 종단은 자율적으로 정화하고 그 결과를 종도들에게 보여주어야만 신뢰를 회복할 수 있다.

최근 출가를 희망했던 불자들이 국내의 종단에 머물지 않고 해외로 나가는 사례들을 종종 볼 수 있다. 스리랑카나 미얀마, 태국 등 남방불교에서 계를 받는 출가자들도 나타나고 있다. 심지어 우리나라에도 테라밧다 불교 교단이 이미 형성되어 활동하고 있다. 티베트, 미얀마, 태국, 스리랑카 등지에서 스님들이 찾아와 법문을 하고 있다.

이와 같은 현상이 보편화되는 것은 이 지역에서 이주한 다문화 가정이 많아진 것도 하나의 이유가 될 수 있다. 그러나 더 근원적인 문제는 한국의 종단들이 다양한 욕구를 가진 불자들을 수용하지 못하거나 설득하지 못하고 있기 때문이다. 이러한 현상이 심화되면 기존의 제도화된 종단들은 존립의 근거를 상실할 수도 있다. 남방불교나 금강승 불교에 대한 우리나라 불자들의 관심은 주로 계행을 얼마나 지키느냐에 집중되는 경향이 있음을 유념해야 할 것이다.

다섯째, 조계종단은 율장 정신의 보편성에만 의존할 것이 아니라 종도들의 행동 규범을 구체적으로 제정하여 공표하고 종도들이 이를 수용하도록 촉진시킬 필요가 있다. 출·재가자들이 함께 실천해야 할 행동 규범, 출가자에 대하여 더욱 강화된 행동 규범 등을 제정하고 이를 실천하기 위해 노력하는 것이 필요하다. 이것은 대만 불교가 칠조 규정을 제정하여 특별히 강조하고 출가자들이 지키도록 유도한 것에서 방법을 찾을 수 있다.

어렵고 복잡한 계율이 아니라 삶 속에서 반드시 실천하겠다고 서원하는 최소한의 행동 규범이 필요하다. 또한 불자라면 누구나 실천하겠다고 다짐하고 지키기 위해 노력하는 규범도 필요하다. 이러한 규범은 출재가자 모두에게 불자로서 혹은 종도로서의 정체성을 확고하게 심어줄 수 있다. 그리고 이와 같은 행동 규범은 포교 활성화에도 긍정적으로 작용할 수 있다. 지금까지는 육바라밀행이 그 역할을 담당하였는데, 이를 좀 더 현실적으로 구체화한 슬로건이 필요하다. 그것이 계율을 수지하고 실천하는 이념으로 작용할 수 있다.

Ⅳ. 결어

석존께서는 열반에 드시면서 "계율을 스승으로 삼으라."라고 강조하였다. 원효대사도 "계율은 깨달음에 이르는 사다리"로 설명한 바 있다. 이러한 가르침을 보면 계행의 실천은 승가의 가장 기본적인 덕목임을 알 수 있다. 불교 공부가 계정혜 삼학이 중심을 이루고 있는데 그 첫 번째가 계학인 것도 이러한 가르침을 반영한 것으로 볼 수 있다.

그러나 한국 불교계는 언제부터인가 율장 정신이 많이 해이해지고 있으며, 이를 보완할 수 있는 제도도 정착시키지 못하였다. 이로 인하여 승단에 대한 부정적 인식이 사회에 확산되고 있다. 그것은 결국 포교에도 영향을 미쳐서 불교에 귀의하는 사람들의 수적 증가도 기대하지 못하는 실정이다. 승가에 대한 사회적 평판은 곧 포교로 연결된다. 최근 10여 년 사이에 가톨릭 성도가 급증한 것도 이것과 관련이 있다. 즉, 한국 가톨릭과 성직자에 대한 신뢰도가 높아졌고 이것이 가톨릭의 성장에 기여한 측면이 매우 많다.

불교 교단 형성 초기에 석존께서는 허물을 짓는 수행자에 대하여 계율을 제정하는 형태로 그 허물이 반복되지 않도록 지도하였다. 그러나 이후 아쇼카 대왕이 통치하던 인도불교계에서는 교단 내에서 스스로 정화하지 못하고 외부의 힘에 의존해야만 했다. 불교의 정화는 교단 내에서 자율적으로 하지 않으면 결국 외부의 작용에 영향을 받게 된다는 사실을 역사적으로 경험한 바 있다.

대만이나 미얀마 불교의 사례에서 볼 수 있듯이, 승풍이 진작되고 계행이 청정해지면 포교 성과는 기대 이상으로 나타날 수 있다. 한국불교는 다시 한 번 변화할 수밖에 없는 중요한 시점에 직면하고 있다. 그 변화는 비록 외부 환경적 요인에서 비롯되고 있으나 변화의 주체는 승가여야 한다. 스스로 주체가 되지 못하면 결국 외부의 힘에 휘둘릴 수밖에 없다.

위법망구의 자세로 수행 풍토 개선을 위한 종단의 노력과 뼈를 깎는 고통을 감내할 승가의 정진이 요구된다. 범계 예방을 위한 어떤 처방도 단편적인 제안에 불과하다. 가장 중요한 범계 근절 방안은 승가 내부의 인식 전환과 아울러 이를 뒷받침할 수 있는 제도적 장치가 마련되어야 한다.

승단의 범계 원인과 근절 방안

동출 스님 _ 청정승가를 위한 대중결사 집행위원,
사부대중연대회의 집행위원

우선 승단 범계를 논의할 자격을 갖추지 못하고 있는 사람이 이 일에 대해 논평하는 것을 미리 참회합니다.(선거인단 선거, 종회의원 선거, 종회의원 보궐선거)

김응철 교수님의 발표문에 대해 감사드리며, 승단 범계와 관련해서 매우 정확한 지적에 대해 전적으로 동의합니다.

<선우논강의 실천덕목>(2002년)을 보면 이렇게 나와 있습니다.

* 포살과 발로참회의 정신으로 종단의 문제와 치부를 자발적으로 드러냄.

* 자자와 탁마정신으로 냉철하고 치열하게 자체 비판을 함.

* 발원과 회향정신으로 건전하고 바람직한 방향과 대안을 제시함.

또 2002년 11월 1일 재연 스님이 <선우논강 1>에 발표한 '초기불교

승가의 수행과 수행 환경' 내용 중 일부를 인용해 보면 다음과 같습니다.

제대로 된 철학과 종교라면 이럴 때일수록 어디로 어떻게 가는지도 모르고 허둥대는 동료 인간들을 계도해야 할 사회적 의무에 게을리 하지 말아야 할 것이다. 필시 우리 불교 승가의 가장 중요한 임무 가운데 하나는 우리 사회가 처한 환경과 조건을 바르게 조망하는 안목과 마음의 평화를 위해 함께 추구할 목표와 길을 제시하는 것이다. 달리 말하면, 바른 세계관과 제대로 사는 삶이 무엇이며, 거기에 이르는 길은 어떤 것인지 보여 줘야 한다.

그러나 우리는 지금 진지하게 우리 자신을 향해 묻지 않을 수 없다. 우리가 누구를 가르칠 수 있는가? 누군가를 계도하기는커녕 오히려 오도하거나 과학이라는 미신을 추종하며, 최고·최대·제일주의의 최선봉에 서서 경쟁과 불화를 부추기고 있는 것은 아닌가?

정의를 말하면서 불의에 눈감아 버린다. 자비는 경전에나 쓰여 있는 문자일 뿐이며, 보시는 오직 재가불자들이나 할 일이다. 비폭력을 말하면서 거칠기 짝이 없다. 하심을 말하면서 군림하고자 하며, 닭벼슬보다 못하다고 하면서도 하찮은 이름에 연연한다. 두타행을 말하면서 먹거리와 입성을 두고 투정한다. 무소유를 말하면서 더 갖고자 두리번거린다.

화쟁은 자기 산중, 자기문중에나 적용되는 고상한 말이다. 열린 공동체를 말하면서 귀는 굳게 닫혀 있고, 파사현정을 말하면서 시비하지 말라고 훈계한다. 그러면서 우리는 대승불교를 논하고, 어느 강백, 아무개 율사, 선사의 몇대 법손이라며 제발 공경해 달라고 애걸한다.

오늘날 우리 승가의 모습은 고타마 붓다가 신랄하게 비판하고 부정했던 고대인도 사회의 바라문 사제들과 너무나 닮아 있는 것이다. 진리의 강은 언제부터인가 그 도도했던 흐름을 멈추고 역한 냄새를 풍기기 시작했다.

저는 승단 범계 중에 재정 유출과 관련된 것을 주로 거론하고, 세속정치권에 줄서기 하는 것[2007년 이명박 대선캠프(747불교지원단 단장 조문환)에 여러 종단 승려 380여 명이 참여했는데, 특히 조계종 승려 90여 명 참여 - 2011년 3월 21일 불교닷컴]에 대해서도 비판하고자 합니다.

변칙적인 회계 관리, 불사 관리는 사찰 수익금의 누락, 불사금의 전용, 사찰재정의 사유화 등 재정 혼란과 부패를 조장해 건강한 수행 풍토와 종단의 안정을 해칠 수 있다.

1. 재정 확보(삼보정재의 사유화)
  - 돈 되는 절, 누가 관리하고 있는가?
1) 사찰 재산 불법 매각
2) 문화재 보수비 등 국고 횡령
3) 불사를 빙자한 재정 확보
- 조잡한 불사, 불필요한 불사
- 불사 과정에서 과도한 부채 형성, 고의적 채무 불이행
- 49재 7회
4) 기타
- 잘못된 납골당 사업

2. 재정 유출 유형
<2012년 5월 1일 네이버 블로그>에 의하면,
첫째, 주지 등 승려가 거액의 돈을 확보할 수 있는 구조
둘째, 사찰의 재정관리 시스템의 투명성 결여
셋째, 승려의 자질 문제

1) 가족 부양형

2) 친족 부양형

3) 도박, 음주, 사치형

도박은 마카오, 필리핀, 서울 강남 모 호텔, 강남 모 식당, 그 외 여
러 곳에서 이뤄진다.

4) 권력 유지 확보형

선거, 주지 등

5) 사적 토굴 확보형

공찰(公刹)은 공찰(空刹)이 되고 사찰(私刹)은 더욱 부유해진다.

3. 재정 유출 문제의 발견

1) 사회법에 의해 드러난 것

2) 가까운 인연들이 이해관계로 인하여 함께 했던 사람들이 상황을 노출
시킨 것

3) 사찰 관리 후임자에 의해 드러난 것

4. 징계의 문제점

1) 유전무죄, 유권무죄, 무전유죄, 무권유죄

총무원과의 얼마나 결탁했는가의 여부

2) 지나친 온정주의

문중주의와 연고주의

3) 무관심

4) 일관성 없는 징계

친소, 힘, 돈에 따라 징계가 달라짐

5. 해결 방법

수행자는 수행에 전념할 수 있는 조건이 마련되어야 한다. 수행자
가 수행정진에 매진할 수 있도록 지원과 보호와 관리가 꼭 필요하다.

(승려 노후복지, 의료시설 완비, 교육비 지원 등)

1) 사찰의 공개적 운영

최근 들어 주지 혼자 사는 사찰이 증가하면서 당사에 거주하는 주지스님 1인이 모든 의사결정을 하는 경우가 많아졌다. 그러다 보니 사찰운영의 폐쇄성과 비밀스런 재정운영이 사찰의 사회적인 신뢰도를 저하시키고 있다.

2) 사찰재정 투명화

3) 종단과 본사의 관리감독 강화

제대로 된 종단, 제대로 된 본사

4) 스님의 개인 재산 공개

1차 종회의원, 본사주지, 총무원 부실장, 각종 위원회위원 2차 모든 종단 소속 스님

5) 징계의 공정성

존경받는 스님이 있을 때 존경받는 신도가 있듯이 훌륭한 신도가 있을 때 훌륭한 스님이 나올 수 있다. 평소 신행과 신심이 돈독한 신도가 사찰운영에 적극 참여해야 한다.

재물이란 화(禍)가 될 수도 있고 복(福)이 될 수도 있다. 사찰의 경제를 합리적으로 관리, 운영하여 교육, 역경, 포교, 사회복지 등에 유용하게 사용할 수도 있다. 하지만 이를 잘못관리하면 눈먼 돈이 되어 승풍을 타락시키고 교단의 질서를 교란시키는 작용을 할 수도 있다.

우리는 그 동안 불합리하게 관리된 종단의 재정이 어떻게 부정적인 역할을 하고 있었는지를 잘 알고 있다. 그러한 의미에서 부처님께서 무소유를 통해 절제와 화합을 이룩하라고 하신 말씀도 정당하다. 이러한 무소유정신에 입각하여 오늘의 시대를 맞는 사원경제를 이룩하는 것은 우리의 몫이다.

승단 범계 원인과 근절 방안에 대한 부연

이 수 덕 _ 참여불교재가연대 상임대표, 사부대중연대회의 상임대표

승단의 범계 원인과 근절 방안을 발표하신 김응철 교수님의 노고에 감사드립니다. 교수님의 발표 내용에 좀 더 설명이 필요한 부분을 질문 겸 해서 정리해 봅니다.

1. 범계의 유형

1) 윤리·도덕형 범계

"석존께서 '차라리 칼로 남근을 베어 버리거나 독사의 입에 집어넣는 한이 있더라도 음행을 해서는 안 된다.'고 설법하셨다."

수행자에게 왜 사음이든 정음이든 화살을 피하듯 해야 하느냐에 대한 설명이 되지 않으며, 일반인들이 그 당위성을 이해하지 못할 수 있어 첨언하고자 한다.

음욕이 생사의 근본이다. 마음이 이 음욕을 여의어야 비로소 생사가 반복되지 않고 육도 윤회에서 벗어난다. 음심을 없애지 않고서 선정과 반야바라밀

행을 한다 해도 결코 성불할 수 없다. 오히려 마구니가 될 수 있는 개연성이 있다. 생사를 초월하지 못한 상태에서 수행을 열심히 하여도 누진통을 제외한 5신통을 할 수는 있다.

이들은 대부분 자신이 성불한 것으로 착각하여 중생을 현혹시킨다. 말법시대는 이러한 무리들이 많이 나와 음행은 피해야 할 것이 아니라 하며 음행이 수행에 장애가 되지 않는다고 오도하기도 한다.

성불(成佛)의 정의는 한마디로 초생료사(超生了死)에 있다. 그런데 생사의 근본인 음욕을 극복하지 못하고 초생료사할 수 있다는 일은 있을 수 없다. 이것이 스님은 비구·비구니여야 하는 당위(當爲)라 하겠다. 그래서 부처님께서 차라리 남근을 독사의 입에 넣는 한이 있더라도 음행을 금하라고 무상보리를 구하는 비구들에게 경책하셨다.

2) 재산형 범계

마음속의 투도를 없애지 않고 선정을 닦고 지혜가 있으면 반드시 삿된 길로 빠져 보리를 이룰 수 없다. 말법시대에는 요사한 도인들이 불교 수행자의 탈을 쓰고 나와 스스로 성불했다고 대망어죄를 지으면서 어리석은 사람들로 하여금 재산과 생명까지도 바치라고 회유한다.

투도심을 간직한 채 수행한다는 것은 깨진 잔에 감로수를 부으며 그 잔이 차기를 바라는 것이나 다를 바 없으며, 투도는 탐심의 근본이니 본래면목을 볼 수 있는 눈을 더욱 가리게 하기 때문이다.

3) 살상형 범계

중생들의 삶이란 먹이 사슬에 얽히어 잡아먹고 잡아먹히는 살상의 연속이다. 부처님은 살상하려는 마음을 여의지 않은 사람이 수행을 하거나 지혜가 있으면 신귀(神鬼)에 떨어진다고 하셨다. 특히 말세가 되면 이들이 치성하여 스스로 성불했노라고 하며 중생들을 속인다. 육식을 하는 것이 성불하는데 아무런 장애가 되지 않는다는 망언을 하며 다니기도 한다.

닭은 주방장이 잡으러 가면 놀라서 둥지를 뛰어 넘으려 날아오르고 돼지는 백정이 주인한테 값을 치르는 소리만 들어도 양 눈에서 샘물이 흐르듯 눈물을 흘리는데 그 고기를 먹고도 보복이 없으리라 믿을 수 있을까?

조계종의 많은 스님들도 이런 저런 이유를, 특히 건강유지를 위한다는 핑계로 육식을 하시는데 이는 반드시 개선되어야 한다. 그리하여 조계사 주변에 불고기 집보다 채식관이 성업을 이뤄야 한다.

2. 범계 발생의 원인

1) 세속화로 인한 영향

율사 혹은 율원의 몰락을 부드럽게 세속화로 표현하신 게 아닌가 여겨진다. 북방불교에서 선종이 번성하는 곳에서는 율사 스님들이 제 역할을 못하는 경향이 있다. 중국불교에서 보면 하엄종·조동종·임제종·정토종·천태종 등 다양한 선종들이 번성하였던 남송 이후 700여 년 동안 중국에는 율사들이 제 역할을 못 했고, 율서들도 많이 왜곡되었다.

송장(宋藏)이나 원장(元藏)의 율장에는 많은 오류가 있음은 세속화에 맞게 편의적으로 고친 것이 아닌가 여겨진다. 오늘날 한국 불교에서 일고 있는 성불의 지름길인 계율을 세속화와 아비지옥행의 지름길인 쪽으로 손질하자는 일부의 주장은 심히 염려스럽다.

2) 출가 동기와 수행 과정의 문제

교수님이 지적한 대로 출가자들의 동기도 중요하지만, 출가자들을 수용/교육해야 하는 조계종의 교육원이 그 역할을 제대로 못하기 때문

에 많은 수행자들이 출가 생활을 못하거나 범계에 빠지는 더 큰 원인
이지 않나 생각한다.

교육원의 출가자에 대한 더 철저한 교육과정이 요구되며 교육결과
에 따른 품수가 정해져야하고 지금의 법납에 의한 혹은 선방 성만 수
가 수행의 척도가 되는 구조는 개선되어야 한다. 이러기 위해선 교육
원의 독립성이 담보되어야 한다.

3) 수행자 정신의 해이

한국 불교의 구조로는 수행자 정신이 해이해짐을 막기가 쉽지 않다.
장자종단인 조계종의 경우, 호계원의 구성원 중 율사가 몇 명이며, 총
무원의 역대 호법부 구성원 중 율사의 비율이 몇 명이었나 살펴보면
알 수 있으리라 믿는다. 혹시 발표자께서 그 자료를 공개해 주실 수
있는지요?

3. 한국 불교의 범계 근절 방안

첫째 현존하는 종단 협의회와는 별도로 식육대처를 철저하게 금하
는 종단 만으로 구성된 협의체가 필요하다. 위에서 살펴본 대로 식육
대처 종단과 청정비구 종단이 뒤섞여 있는 곳에서 계율을 논한다는 것
자체가 무리가 있고 오히려 수행자와 수행자를 따르는 많은 신도들을
혼란스럽게 한다.

작금의 상황에서는 누가 범계를 하고 누가 지계를 하는지를 구분하
는 것조차 어렵다. 따라서 범계하는 사찰에서는 예배도 하지 않고 시
주도 하지 않도록 해야 한다.

둘째 재가자들의 눈이 밝아져야 한다. 눈 밝은 재가 불자 없이 수
승한 선지식 배출을 기대하는 것은 과욕이다.

셋째 계율을 여법하게 수지하는 것이 최선의 포교 방편임을 실지(悉知), 실견(悉見)해야 한다.

결론적으로 한국 불교의 부흥을 위해선 부처님의 가르침이 무엇인가를 확실하게 공부시키는 견도(見道) 혹은 견성(見性) 과정의 교육시스템이 확립되어야 하고, 부처님의 가르침에 의한 수행을 하게 하는 선원이나 기도 도량이 요구된다.

부처님의 가르침도 알지 못하면서 선원이나 기도 도량에서 정진하면 사도(邪道)에 빠질 개연성이 있다. 한국 불교의 현실을 눈여겨봐야 한다.

부처님의 가르침 중 수행인들에게 가장 중요한 것이 계율이니 범계자를 종단에서 퇴출시켜야 하고 범계 행위를 보고 지적하여 바로 고치지 않고 함께 지내는 수행자는 선지식도 아니며 범계자와 같은 반열에 있는 사람으로 스승으로서의 예우를 해선 안 된다.

승단의 범계 원인과 근절 방안

_2012.08.28 대화마당

■법응 스님 : 이 자리에 잠시 앉아 있다 보니 피고인으로 재판을 받는 느낌이었다. 불교라는 석가모니의 위대한 가르침은 미래세에도 영원해야 할 것이고, 인류 사회를 향도하기 위해서 반드시 오늘날의 승단은 교단은 변화되어야 한다고 본다.

승단은 개인이 아니다. 제가 속해 있는 조계종단이 범죄 집단인 것처럼 보이는데, 사실 그렇지 않다고 부정하고 싶지 않다. 문제점은 저부터 조계종 승려들이 불교를 모른다고 생각한다. 불교를 알면 범계를 안 한다.

일체가 무상한데 뭐에 집착할 것이 없지 않나? 색이든 물질이든 명예든 제행무상이라는 것만 제대로 인식하더라도 범계를 하지 않을 것이다. 교육이 잘못됐으면 고쳐서라도 제대로 된 불교를 가르쳐주면 범계를 안 할 것이고, 범계를 하면 철저하게 징치, 위법에 대한 대가를 치르게 하고 밖으로 나가게 한다든가 이런 강력한 기준과 잣대가 없기 때문에 범계

가 유행하고 있지 않나?

불교에 대해서 교육이 잘못되었기 때문에 범계가 되고 범계에 대한 종단적인 제재, 마지막으로 인격적인 문제다. 승려는 사회의 지도자이고 교관인데, 거기에 걸맞은 구족되는 교육도 안 되고 그러한 인재들이 들어와서 교육도 되어야 하는데 복합적인 시스템의 문제라고 보고, 오늘 같은 이러한 자리가 한국 불교를 좀 더 청정한 승단으로 나아가는 데 발전이 되리라 생각한다.

■**옥복연** : 붓다께서는 음욕에 대해 말씀을 하실 때 출가자와 재가자를 따로 나누어서 말씀을 하시지 않았나 생각한다. 무조건 부부관계나 성적인 행위를 하지 말라고 한 것이 아니라 독신 비구의 경우는 청정을 지키고 그렇지 않은 재가자의 경우는 그런 말씀을 하지 않았나 생각하는데, 거기에 대해 한 말씀해 주셨으면 한다.

두 번째는 최근 우리 종단에서 승려들의 성적인 문제들이 많이 나오고 있는 데 대한 것이다. 오늘날 성적 문제들이나 자극이 심한 사회에 살고 있다. 저는 교수님이 말씀하신 수수 정예의 승가도 좋은 방안이지만, 일제 강점기 있었던 대처승 제도가 마치 왜색 불교의 상징인 것처럼 되어 버려 부정적으로 비판되고 조계종단에서는 파계로 여겨졌다. 한국 불교를 현대화하는 의미에서 이전에 제기됐던 6부승제도 교화와 포교승 제도를 따로 두어 독신 비구(니), 교화 비구(니) 이런 식으로 6부승제도에 대해서는 어떻게 생각하는지 교수님께 말씀을 듣고 싶다.

■**김응철** : 말씀하신 대로 출가·재가자의 계행은 차이가 있다. 재가자는 "사랑을 나누면 잘못된 행위를 하지 말라"는 마하나마라는, 재가불자 카필라성의 왕인 마하나마에게 한 내용이니까 구분을 한 것은 사실이다. 그럼에도 불구하고 출가비구 스님에게는 강하게 얘기를 하셨고, 강하게 얘기를 하지 않아도 수행을 하다 보면 저절로 해결할 수

있는 능력이 생기니까 큰 문제는 아니었다. 두 번째 말씀한 6부승제도
는 어떠냐 하셨는데, 일본 불교가 그렇게 한 것이다. 조동종의 일부에
는 청정 비구가 있다. 전체 일본 불교의 비구승 5퍼센트 정도라고 하
니 전체를 30만 명 정 도로 추정하니까 만5,000명 정도의 비구, 비구니
스님이 있다. 비구니 스님은 극소수고, 나머지가 속복과 유발로 생활하
다가 절에 가서 의식할 때만 승복을 입는 것이 일본 불교였다. 그것은
일본 불교가 1,200년대부터 선택한 문제이기 때문에 일본 불교를 비난
할 수는 없으나, 한국 불교와는 맞지 않는 측면이 있다.

복잡하게 6부승제도로 가서 구족계를 지키지 않으면서 스님으로 불
리는 것은 문제가 있다. 그건 본인의 선택인데, 사부승제도로도 충분하
다. 재가 생활을 하면서 꼭 스님으로 불려야 할 이유가 있겠는가? 그
러다 보니까 조계종, 천태종을 제외한 나머지 종단들이 식육대처를 수
용하는 상황이고, 그것이 불교 본연의 모습과 동떨어진 부분이 있다고
생각한다. 6부승제도로 복잡하게 가지 않아도 사부대중만으로도 충분
하다. 사부대중의 역할 분담만 제대로 해도 한국 불교는 큰 문제가 없
다고 저는 생각한다.

가톨릭에서도 여러 가지 안을 만들어낸 결과, 전 세계적으로 제일
중요한 안이 신부를 결혼시키는 것이라고 하는데, 그렇다고 제도를 이
렇게까지 바꿔 가면서 기존의 시스템을 인정하자는 것에 동의하지는
않는다.

사부대중의 역할이 분명하게만 된다고 해도 부처님 당시의 계율대
로 충분히 살아갈 수 있다. 사찰 운영과 포교 문제를 얘기하는데, 사찰
운영, 재정 확보, 이 문제는 부처님 당시부터 재가자의 몫이었다. 미얀
마에도 바간에 불탑 5,000개가 만들어졌고, 지금도 2,400개가 있다고
하고, 지금도 계속 만들어진다고 한다. 왜 만들어지느냐면, 물론 국가
가 소유하는 사찰도 있지만 전부 개인이 만드는 것이다. 부처님 당시
에 자이나교가 힘을 못 쓸 정도로 침몰해 간 종교였고, 부처님 열반

후 500년 동안 자이나교는 흔적만 남았던 종교였다. 그런데 인도 사회에서 불교는 사라졌는데 자이나교는 살아남았다.

살아남은 원동력이 두 가지인데, 하나는 철저한 무소유였다. 심지어 나영회도가 왜 생겼느냐 하면 나 아무것도 안 가졌다는 것을 보여주기 위해서 벌거벗고 있는 것이다. 나영회도를 자처할 정도로 무소유를 실천했다는 것이고, 두 번째는 철저한 금계였다는 것이다. 물론 데바닷타가 자이나교를 보고 불교도 이렇게 하자 했다가 문제가 됐는데, 사실은 계율의 문제는 자이나교의 힘이고 원천이었다.

자이나교의 사원 운영 원리가 재가자가 운영하는 것이다. 스님들은 와서 수행하다 갈 뿐이고, 지키는 것은 재가자의 몫이었다. 부처님 당시의 인도에서도 그랬다.

스님들이 이동이 아니라 정주 생활을 하면서 생활공간을 확보하다 보니까 스님들이 직접 운영하는 사찰이 늘게 됐다. 그런데 앞으로 스님들이 줄어들다 보면 현재 만여 개 정도의 사찰 운영이 어렵게 된다. 재가자들이 운영하지 않으면 유지도 어렵고, 결국 훼불 폐사 되는 일이 비일비재하게 나타날 수밖에 없는 구조가 된다. 사찰 운영이나 이런 것은 큰절, 공찰로 되어 있는 것을 빼놓고, 나머지는 일반 신도들이 공양 올리면서 지켜만 줘도 고마운 상황이 된다.

지금 논의하지 않아도 정리가 되리라 보는데, 스님들이 올바로 수행하고 정진하려면 공찰의 형태로 운영 원리를 다시 찾는 것이 필요하게 된 것이고, 그것을 시도하고 있는 것이 천태종이다. 그런데 천태종도 완벽히 갖춰져 있는 것은 아니다. 그래서 이 문제는 그 사회의 불교문화와 연관되어 있는 그 사회 구성원들의 선택과 직결되어 있다고 생각한다.

결국 한국 불교가 어떤 선택을 해 가느냐 하는 것인데, 사부대중의 사찰 운영 시스템 속에서 사설 사암을 과감하게 빨리 제거하고, 공찰 중심으로 해서 스님들이 수행할 수 있는 체제를 만들어주는 것이 지금 우리가 선택할 정책적인 방안이라고 생각한다.

　■박용길 : 제가 말씀드리고자 하는 것은 기본적인 기조가 출가승단의 되살림을 떠나서 상대적으로 그와 무관한 것은 아니지만, 재가자들의 움직임에 대해서 세미나라든가 연구 초점을 맞출 필요가 있지 않을까? 하는 것이다.

참여불교재가연대라는 모임도 있지만, 어떻게 보면 재가자들이 출가자들의 종속변수라는 그런 면에서는 여러분들이 다 충분히 공감할 것이다. 저기에 연대라는 말을 붙였다는 것은 불경에 가까운 말일 수도 있다. 출가자들 입장에서는 일개 종속변수가 연대를 해서 뭘 어쩔 것이냐 이런 얘기를 할 수도 있을 텐데, 저도 생각의 끝에서 부딪치는 생각의 단초의 하나가 과연 연대를 해서 재가자가 교단이나 출가자들을 얼마나 살려내겠느냐 하는 것이다. 물론 여기서 살려 냄의 주체가 아니라 그걸 자극하고 격려하고 방조하는 입장이겠지만, 좀 더 적극적으로 재가자들이 사는 방법이 있어야 한다.

왜 이런 얘기를 하느냐면, 인터넷을 검색해 보면 이른바 사설법당이라는 것이 눈에 띄게 늘어나고 있고, 그 쪽에 참여하는 회원 수가 수백을 헤아리는 상황이라는 것을 아는 분을 아실 것이다. 온라인을 통한 불교 유사 집단을 포함해 재가자 혹은 재가법사를 중심으로 한 재가자들의 움직임이 전부터도 발전해 왔고, 최근에 들어서도 그런 움직임이 감지되고 있다. 저는 그런 부분에 희망을 걸고 있는 한 사람이다.

최대한 양보해서 출가자와 재가자는 같이 가야 한다. 법을 이야기하는 데 있어서도 동등함을 얘기하기는 그렇지만, 불법이라는 객관적인 진리 체계에 대해서 공감한다는 면에서 출가와 재가가 따로 있다고 생각하지 않다.

수행 면에서는 출가가 그만큼 많은 시간과 비중을 내놓을 수 있어 성과가 있는 것은 사실이지만, 재가 쪽의 그에 대한 연구나 삶 속에서의 실천이라든가 이런 면에서는 출가가 따라올 수 없는 부분이 있다. 이 부분은 분명히 상보적인 관계에 있다고 생각을 하고, 이 시대에서는 분명히 재가의 역할이 커지고 있다.

그들의 역량이 늘어나면서 자연스럽게 출가에 대한 견제까지는 아니지만 출가가 살아나는데 재가자들의 역할이 세미나만 하고 원인만 짚어내고 하는 것이 아니라고 본다. 세미나의 방향을 재가 쪽의 신행, 법회 형식 이런 구체적인 데까지 초점을 맞춰 적극적으로 일어나야 된다고 생각한다.

물론 재가연대에서 기획하고 있는 순차에 의해서 세미나가 진행되겠지만, 앞으로 재가에 대한 종속변수에 불과한 재가의 움직임을 독립변수로 떼어 내 승가를 견제하거나 혹은 같이 동반 발전하거나 혹은 일부에서는 선도할 수 있는 그런 쪽의 배려를 우리 참여불교재기언데에서 배려를 해야 한다. 연대라는 말을 왜 뗀 것인지? 연대라는 말이 발칙한 의도가 있을 수 있다면, 그런 발칙한 의도를 좀 더 적극적으로 구체화 하고 역동적으로 펼쳐나가는 데, 이 세미나를 주최한 참여불교 재가연대의 배려가 충분히 제공되었으면 하는 게 제 바람이다.

■이재열 : 교수님께서 범계의 원인을 여러 가지 말씀하셨는데, 음주는 거론하지 않았다. 최근 불거진 범계의 유형 가운데 음주는 빼놓을 수 없는 큰 사건이었는데, 왜 그걸 뺐는지 의도가 있었는지 조금 궁금하다.

범계 원인을 일차적인 원인은 출가한 당사자에게 있다. 거기에 못지않게 재가자들도 스님들이 지계를 실천하지 못하게 하는 원인을 간접적으로 제공하지 않았나? 미얀마나 스리랑카 등 남방에서 보면 스님들이 저녁 늦게 돌아다니면 재가자들이 스님의 등을 민다. 술집에 들어갈 수가 없다. 재가신자들 자체가 막아서 스님들이 계를 파할 수 있는 조건을 만들지 않는다.

그 말은 직접적인 음계뿐만 아니라 재가자들이 문제인 경우도 있다. 조계사 주변을 자주 가지만, 스님들 치고 혼자 다니는 스님이 없다. 특히 소임을 맡고 있는 스님들 보면 항상 보살들이 쫓아다닌다. 보살이 운전을 하고, 스님은 옆에 타고 바랑을 대신 들고 스님이 가사를 입으려면 보살이 대신 입혀 드리고, 이런 모습은 자주 보는 모습이다. 이것이 스님들에게만 책임이 있느냐? 스님들이 물론 책임이 있다. 그러나 보살들에게도 책임이 있다.

미얀마에 갔을 때 보니 재가들이 율장을 배운다. 옛날에 율장을 보면 표지에 "보살이나 처사는 보지 마시오."라고 씌어 있다.

율장은 스님들이 봐야 하는 거룩한 생활지침서이다. 재가신도들이 볼 수 없는데, 남방에서는 본다. 왜 보냐고 물었더니, "재가신도들이 알아야 스님을 제대로 모실 수 있다. 스님들을 대하기 위해선 스님들이 어떤 존재인지 알아야 한다."고 했다.

사실 출가한 스님들도 250 계율을 전부 숙지하고 있지 못하다. 그러니 재가자들이 스님이 어떤 분이냐 하는 것은 장가 안 들고 술 안 먹고 살생 안 하면 스님인 줄 아는데 그렇지 않다. 스님은 길을 갈 때 팔을 흔들지 말아야 하고, 두리번거리지 말아야 하고, 밥을 드실 때 쩝쩝거리지 말아야 하고, 극장에 가지 않아야 한다.

아까 교수님께서는 지킬 수 있는 것만 지키라고 하셨

지만 그렇지 않다. 남방 스님한테 250계율 중에 지킬 수 없는 게 있느냐고 하면 없다고 한다. 불경에 250계율을 받은 자를 비구라고 한다. 그런데 지킬 수 있는 부분과 없는 부분을 어떻게 사람마다 주관이 다른데 정하냐 하는 것이다. 이것은 그만큼 출가자들이 계를 지킬 수 있는 절대적인 정신을 뒤로 물러나 조금이라도 세속화 시키자는 말이기 때문에, 교수님의 의견에 대해 이의가 있다.

일단 재가자들이 스님들이 어떤 분인지 알리기 위해서는 재가자들에게 율장을 가르칠 필요가 있다. 설령 스님들이 그것을 다 지키지 못한다 하더라도 신도들이 스님이 어떤 분이라는 걸 알고 스님들 입에서 직접 설법을 하도록 해야 한다.

그런데 신도 교육을 시키는 데도 모든 매체나 사찰, 불교대학에서 부처님 일생이라든가 반야심경, 금강경 등 다르마 중심의 교육만 시키지 계율에 대한 부분을 가르치지 않는다. 이것은 왜 그러느냐면 오히려 재가자들이 스님들이 지켜야 할 율장에 대해 제대로 공부할 때 신도들은 감히 스님에게 접근하지 못한다. 말하자면 스님들을 지켜줄 수 있다는 말이다.

스님들이 범계를 하는 원인은 스님들에게 직접적인 원인이 있고, 신도들이 범계를 할 수 있는 조건을 갖고 있다. 신도가 이래도 될 거라고 하는 스님에 대한 계율 정신을 가지고 있어야 하는데, 그런 풍토가 전혀 한국 불교는 만들어지지 않았다.

그렇다고 한다면 범계를 하는 원인을 스님 쪽에서만 찾지 말고 신도들도 제도적 장치나 교육을 시켜 사부대중이 공히 정법을 호지하고 서로가 지켜줄 수 있는 제도적 장치를 마련해야 된다고 생각한다.

조계종에서 아무리 지계를 청정히 갖춘다 하더라도, 일반인들이 볼 때는 스님이 조계종인지, 천태종인지, 무당인지 제대로 알 수가 없다. 개인이 지계를 지키는 것도 좋지만 불교 위상적 측면을 봐서는 조계종 스님 혼자서만 지켜서도 안 된다. 하지만 도리가 없다.

가장 중요한 게 취처다. 비구, 비구니를 가늠하는 것은 출가다. 처자식과 살지 않는 것이다. 청정 비구승이 있고, 대처승이 있다. 대처라는 말이 얼마나 나쁜 소리냐면 마누라를 허리에 차고 다닌다는 소리다. 그런 스님들이 한국 불교에 존재하는데, 조계종 혼자서 은처가 잘못됐다 자식을 뒀다 아무리 소리쳐 봐야 한국 불교의 전체 승가의 상에 있어서는 별로 효과가 없다.

그렇다고 한다면 제가 몰매를 맞을 소리지만, 조계종이 청정 승단임을 강조한다면 모든 대처 승단과 교류를 끊어야 한다. 그는 그들끼리 모여서 포교를 하던 수행을 하던 불교를 중흥시키던 불교를 이용해 하나의 생활 도구로 쓰든지 하는 것은 그 분들의 일이고, 조계종단에서는 모든 대처종단과의 교류를 끊고 무슨 종단연합회 만들어 세 불리기 해 가지고 불교운동이 되느냐?

저는 그게 마이너스가 된다고 생각하기 때문에 조계종에서 청정승단을 만들려면 스님들에게만 계율 정신을 강조할 것이 아니라 종단 전체적인 측면에서 한국 불교의 스님들의 구조 속에서 어떻게 그들과 관계를 맺을 것인가 하는 관계 설정도 대단히 중요하고, 그것이 선행되지 않으면 조계종과 스님들의 미래는 일반인들에게 불투명하게 보일 것이다.

■**김응철** : 제가 술을 마시지 않기 때문에 술 마시는 문제는 승가에서 별로 문제가 안 될 거라 생각했는데, 사실 이 문제는 전제가 있었다.

이 문제를 다루는 데 있어 승가 내부에서 세부적으로 지키는 문제는 제가 논의할 사항은 아니라고 전제하고 있고, 사회적으로 문제가 되는 부분에 대해 범계 문제를 크게 다루겠다고 했다.

그것을 네 가지 유형으로 나누고, 그것만 해도 종단이나 불교 교단 자정에 도움이 된다, 이런 전제 속에서 글을 썼기 때문에 제 의도는 그랬다. 그것까지 다루기에는 제 능력이 부족하고 제가 또 지계청정자가 아니라서 선택을 했다.

계율 환경을 불자들이 제공한다는 의미에서 책임이 있다는 면에 대해서는 공감하고 동의한다. 앞에 말씀하신 분도 같은 경향의 말씀인데, 저는 그렇게 생각한다.

결국 출가자는 재가자에서 나온다. 부처님 당시에도 물론 초기 교단이었기 때문에 그렇지만, 세속 생활을 하다가 출가를 할 수 있다. 그런데 출가와 재가가 동등하다고 보는 것도 문제가 있다. 신분적으로 다른 것이 아니고 공부를 하는 과정에서 깨달음이 깊어지고 적어도 아라한의 경지에 올라가면 스스로 재가에서 벌어지는 문제를 초연해 갈 수 있는 능력이 생긴다.

주변에서도 보니까 그런 스님들도 있고, 재가에서 출가가 나오지 출가가 태생적으로 신분을 갖고 태어나는 것이 아니라고 생각한다. 그런 환경을 제공하는 것이 중요하다고 생각은 하지만, 재가불자들이 열심히 공부해 일정한 경지에 올라가 수승한 깨달음을 터득해 가는 과정에서 스스로 출가할 수 있는 선택을 하는 불자가 많이 나올 필요가 있다고 생각을 하고, 그렇지 않은 상태에서 출가해 가는 스님들을 매도하는 것은 옳지 않다고 본다.

출가해서 가는 스님들은 그 분들 나름대로 누가 강요하거나 처벌하거나 억지로 하는 것이 아니고 스스로 가는 분들은 대단하다고 생각한다. 그런데 그 중에 일부가 문제를 일으켜 우리가 이런 고민을 하고 있는 것이지만, 저는 기본적으로 재가불자들이 열심히 공부를 하고 그런 토대가 많아지면 대승불교가 발전하면서 저절로 대승불교에서 출가한 비구 스님이 나오는데 어느 정도 시간이 걸렸느냐 300여 년 이상의 긴 시간 동안에 많은 재가불자들의 노력 속에 출가가 형성이 되고, 또 다른 대승불교 교단이 만들어졌다는 역사적 사실을 우리가 지금도 인식은 해야 한다.

우리가 이런 얘기를 하는 것도 또 다른 미래의 새로운 승가가 우리의 이런 고민 속에서 만들어질 거라고 보기 때문에 이런 얘기를 하는 것이라고 생각한다.

■이남재 : 법사께서 말씀하신 군소 종단은 계율의 문제나 의식, 소의경전이나 수행 방식의 차이에 따라 따로 종단을 설립했지만, 근본적으로는 계율을 지키지 못해 생겨난 종단이라고 할 수 있다. 그렇다고 해서 교류를 끊기보다는 한국 불교가 공존하면서 나아가기 위해서는 각 종단의 차이점을 인정하고 승단 고유의 정체성을 갖기 위해 부단히 노력해야 한다. 하지만 분명한 것은 계율이 근본이 되어야 한다. 계율을 지키지 못한다고 하면 6부승제도나 비구중심의 새로운 형태의 종단이 나올 수도 있다고 본다.

■허태곤 : 생계형 출가라고 있는데, 멱조출가가 얼마나 차지하는지 모르겠지만 그게 용인이 된다고 한다면 범계를 논할 수 있을까? 조계종단에서도 나이 제한을 한다고 했다가 출가자가 적어지니까 나이 제한을 풀자, 높이자 이런 논의들이 나오고 있다. 출가의 원인을 보면 회향출가 부분은 멱조출가와 반대되는 부분이 될 수 있다.

좋은 것은 뜻을 품고 출가하는 것이 가장 좋겠지만 그 부분은 현실

적으로 적다고 보면 회향출가를 적극 권장하고 멱조출가는 재가자로 대체해야 한다고 본다. 적어도 멱조 출가자에 대한 거름망이 있어야 범계를 얘기하고, 계를 지키라는 말이 먹히지 우리가 습관적으로 다른 성직자

와 스님과의 차이는 다른 성직자는 복장에서 잘 드러나지 않는다.

우리 스님들은 복장에서 잘 드러나는데도 불구하고 날고기를 구워 먹는다든지 술을 먹는다든지 하는 것을 보면 문제가 된다. 다른 성직자들은 겉으로 잘 표시가 안 되기 때문에 큰 문제가 되지 않는다. 그런데 스님들은 나는 부처님을 따르는 제자라고 외관에 나타나 있는데 술 먹고 취해 있고 룸살롱도 가고 한다. 많은 사람들이 보는데 굉장히 뻔뻔하게 하고 있고, 처음에는 힘들었겠지만 이제 알 사람은 다 알게 됐다.

아까 이수덕 대표님처럼 너무 굉장히 높게 근본적인 계율을 얘기한다고 할 때, 현실적으로 옳은 말이긴 하지만 너무 멀리 느껴지지 않을까? 잘못됐다는 게 아니라 현재 50점 맞는 자에게 열심히 하라고 해서 60점쯤 맞으면 잘했다고 해야지 90점 될 때까지 하라고 하면 현실적으로 되겠는가?

개인적으로 어떻게 해야 될지 모르지만, 아까 나온 대안이 엘리트 출가 이런 부분이 그런 속에 내포돼 있지 않았을까 생각한다. 현실적으로 부처님 법을 따르고 계를 지켜야 부처님 법이 머리에 들어오고 수행이 될 텐데 계를 지키지 않는 청정하지 않은 사람에게 무슨 말을 한들 도움이 되겠는가마는, 그런 부분에 대한 조계종단 내에서라도 그런 논의나 그런 부분이 앞으로 가능성이라도 있는지 스님들께 여쭙고 싶다.

■**동출 스님** : 저도 20대 초반에 출가를 했는데 우려되는 게 20대 초반에 출가했다고 해서 선한 동기나 발심, 청정 출가했다고 단언할 수는 없다. 다만 시스템이 40세 출가에서 50세 출가까지 늘렸는데, 아까 교수님이 소임을 맡기 위해 출가한 사람이 50퍼센트 이상이라고 했다. 제가 목격한 사례 중에 하나이다.

출가 동기가 선해도 과정 중에 여러 가지 현실 안주에 빠지고 나태하게 되고, 수행의 결과가 출가한 지 30년이 되었어도 갓 출가한 사람보다도 수행이 안 된 경우도 많은데, 생계형 출가들은 40대에서 50대까지 늘려서 심한 경우는 위장이혼을 한다.

저도 사제 중에 그런 사람이 있어 혹독하게 초발심을 가르치고 나이는 나보다 많고 세속 경험은 뛰어날지라도 제대로 해야 한다고 하드 트레이닝을 했더니 바뀌었다. 사실 이런 위장이혼해서 출가하는 것을 왜 용인하느냐면 부전을 확보하기 위해서이다.

40세에서 50세로 출가 연령을 늘린 것도 교육원에서는 강력하게 반대했는데, 종회에서 늘렸다. 그 이유가 다른 데 있지 않고 승려 수를 늘리자는 거였다. 목탁 칠 사람이 없고 일할 사람 없어서 늘린 것이다. 그 분들이 종단을 이끌어가는 종회회원들이고 종단의 현실을 잘 알기 때문이다. 지금 만 50세까지 출가를 허용하고 있는데, 물론 그 중에는 좋은 뜻으로 출가하는 분들도 있겠지만, 아까 말씀하셨듯이 회향형 출가라면 잘 검증을 해서 사회에서도 성공했고 불교로 회향하려고 한다면 나이 제한을 두지 않아도 된다고 본다. 그러나 생계형 출가는 최소한 35세나 40세로 제한하고, 그 외에는 특수계단을 해서 그 사람의 능력과 회향할 태도와 자세가 있는 사람은 출가를 해야 한다. 그런데 종단은 지금 50세까지 출가를 허용하고 50세까지 결혼을 못 했다면 무능한 것이고, 결혼해서 다시 출가를 했다면 생계형 출가가 많을 수 있는 개연성이 있기 때문에 우려가 된다. 이것이 현실이다.

■ **김응철** : 멱조형 출가가 문제가 되는데, 서울에 있는 주요 사찰에서 부전을 보는 스님의 다수가 조계종 스님이 아니다. 위장이다. 조계종 사찰에 있는 거지 조계종 스님은 아니다. 이런 상황이 계속되면 우리 종단은 뿌리째 흔들린다. 이걸 바꾸는 방법이 회향형 출가의 개념을 제시한 것이다.

제가 정년퇴직을 하면 사찰에서 월급 받아 사는 게 아니라 연금으로 가족은 생활하고 저는 회향으로 봉사하겠다, 그런 의미에서 회향형 출가를 얘기한 것이다.

재가불자들 중에서 '나는 절에 의지하고 신도들이 가져오는 삼보정재에 의지해서 살지 않겠다. 그러나 나는 절에서 봉사하겠다'라고 생각하고 거기서 헌신하면 회향형 출가라고 제가 이름을 붙인 것이다. 그것도 어려워질 수 있다.

회향형 출가도 안 하는 상황이 될 수 있다. 그때는 어떻게 해야 하느냐. 절에서 기도하고 하는 시스템을 다 재가자가 할 수밖에 없다. 여러분들이 다 목탁 치고 자기기도 하고 누구 기도해 줄 거 해주고 하는 그런 시스템이 되면 지금같이 파행적 구조의 절 운영을 안 해도 된다.

이것은 재가불자들도 기도는 자기가 하는 것이지만 다른 사람 기도도 해주고 하는 신행 행태의 변화가 일어나면 된다. 그런 것을 자각하는 불자들이 점점 생겨나고 있기도 하고, 재가불자들끼리 절을 운영하기도 한다. 그러다 보니 필요에 의해 나는 스님 할게, 너는 신도해라 역할 분담하는 데도 있다. 그것은 본인들이 선택하는 것이기 때문에 제가 왈가왈부할 것은 아니나 어떤 형태든 간에 재가불자들이 할 일은 하고 스님들한테 의지할 부분은 의지하더라도 당당해야겠다. 계를 어기면서까지 출가생활을 하다 보면 기둥까지 다 썩어 버리기 때문에 환경 변화를 면밀히 살펴보면서 큰 절부터 선택을 해나가야 한다.

천태종의 경우도 스님은 400여 명 되는데 신도는 굉장히 많다. 그렇기 때문에 기도를 하러 오면 스님들이 일일이 기도를 해줄 수 없다. 부산 삼광사가 35만 명이다. 신도들이 와서 기도해 달라고 하니까 설법할 사람도 없고 기도할 사람도 없는 것이다. 그래서 편법으로 재가자들을 뽑아 훈련을 시켜서 기도를 하게 한다.

처음에는 신도들이 완강히 거부했지만 어쩔 수 없다는 것을 알고 천태종 신도들은 나무관세음보살만 해도 내 기도 내가 하는 것으로 알고 있기 때문에, 지금은 그것을 용인하고 있다. 설법도 스님들이 법회

때는 하지만 나머지는 구조상 할 수가 없다. 그래서 재가자들 중에 뽑아서 그 역할을 맡겼고, 신도들이 수용을 했다. 그것이 천태종의 문화가 되었다.

조계종에서도 이러한 변화를 잘 수용하여 당당한 새로운 문화를 스스로 만들어 가야 한다. 그것이 범계 문제에서도 자유롭고 정말로 계행을 지키겠다고 서원하고 발심한 분들은 철저하게 지키도록 도와주어야 한다. 이런 사회 환경의 변화를 면밀히 보면서 내가 무슨 역할로 마지막에 종단에 회향할까 고민하고 있다. 그런 고민하는 불자들이 많아지면 한국 불교는 다시 살아난다, 그렇게 생각한다.

■이남재 : 근본적으로는 신출가(身出家)보다는 심출가(心出家)를 해야 하고, 사실 재가로 살지만 심출가 하는 거사, 보살님들이 많은 것으로 알고 있다. 그렇기 때문에 전문화된 출가·재가 교육이 필요하다는 데 공감을 한다.

■정은용 : 재가불자들의 승단 범계 원인과 개선 방안에서 재가불자들이 해야 할 일에 대해서 지적되고 제기되었으면 좋겠다.

교수님이 말씀하신 대로 조계종까지 재가불자들이 운영에 참여하려면 시간이 한참 필요할 것 같은데, 지금 당장 그렇게 되기는 어려울 것 같고, 종단의 문제는 자꾸 들춰지고 문제가 심각해지니까 그 안에 해야 할 일이 교육도 나오고 문중주의, 재정 문제도 나왔다.

교육도 재가불자에 대한 교육은 장기간 필요한 것이고, 승단의 교육도 스님들에게 계율을 교육시키려면 물론 자체에서 잘 알아서 하면 좋겠지만, 재가불자들이 승단에 어떤 건의를 하고 어떤 조치를 하도록 요구할 필요가 있을 것 같다.

아까 선거 제도에서도 스님들 선거하는 데 아무 것도 안 쓰고는 할 수 없다고 했는데, 선거를 한다 하더라도 문중주의와 연고주의로 되는

섯이 문제가 있다. 그런 섯을 개선하려면 재가불자들이 거기에 어떤
요구를 하고 어떤 조치를 취하고 어떤 행동을 해야 할 것이냐 하는 문
제도 있고, 재정 문제도 재정의 투명화를 기하려면 재가불자들이 어떻
게 해야 하느냐와 어떤 제도를 만들고 참여하고 이런 것을 구체적으로
실천 방안을 논의해 건의하고 행동하고 하는 것이 구체화 되었으면 좋
겠다.

교수님이 방안을 가지고 계신다면 말씀해 주시면 좋겠고, 앞으로도
토론 방향이 그런 데에 사안별로 집중되었으면 좋겠다.

■ 김응철 : 조계사를 보면, 스님과 종무원의 비율이 재가자가 40여
명, 스님이 20여 명 된다. 봉은사는 총 100여 명인데 재가자가 80여 명
이고, 스님이 20여 명이다. 엄밀히 보면 조계사나 봉은사는 이미 재가
자가 운영하는 사찰이 되었다. 역할이 다를 뿐이다. 출·재가가 같이
운영하는 형태가 됐는데, 문제는 재가자가 종무원을 하니까 급여를 줘
야 한다. 총무원을 보면 과장·차장급 급여 수준이 물론 사회적으로
보면 낫지만 불교계 입장에서 보면 많은 편이다.

저도 불교단체의 소임을 맡고 있는데, 저희도 운영하면서 큰 문제
가 생긴 게 퇴직금을 주는 문제였다. 퇴직금을 주려고 하다 보니까 1
년 예산이 다 들어가게 됐다. 왜 이런 말을 하느냐면, 조계사나 봉은사,
종단도 마찬가지다.

불교 조직을 운영하는 데 결국 나타나는 문제를 어떻게 해결해야
하느냐? 앞으로는 사찰이 신도들을 돈으로부터 자유롭게 해줘야만 신
도들이 오는 시대가 도래하고 있다. 돈으로부터 구속되면 신도들이 안
온다. 이미 이웃 종교에서 그런 현상들이 일어나 '십일조 못 내서 못
간다.' 하고, 작은 교회는 십일조를 강요하니까 그걸 강요하지 않는 큰
교회로 간다. 이렇게 이동 현상이 온 것이다.

우리 불자들도 신행 활동을 면밀히 보면 굉장히 돈이 많이 들어가

는 구조이다. 불교 발전을 위해서 신도들이 돈으로부터 벗어나게 해주면서 자율적으로 보시하는 문화가 되어야 한다. 그렇게 되려면 사찰과 종단의 운영 원리와 구조가 근본적으로 바뀌어야 한다.

천태종 스님들이 한 달에 종단으로부터 받는 소임비가 주지 스님이 20만 원인데, 세 군데 절을 하면 차비 포함 60만 원을 주고 한 번은 20만 원을 받는다. 대만에 자재공덕회와 불광산사가 있는데, 불광산사는 한 달에 종단으로부터 받는 돈이 5만원에서 7만원 정도인데 그걸 모아 다시 사찰에 희사한다고 한다. 그것을 감내하면서도 헌신하기 때문에 대만 불광산사가 아주 크게 발전하고 있고, 자재공덕회 스님들도 비슷하다.

종단의 범계 문제를 말하고 있는데, 실제로 이런 문제의 발생 배경에는 시스템이라는 구조적 문제가 크게 자리 잡고 있고, 그 속에서 여러 가지 문제가 파생되고 있다는 것을 기억할 필요가 있다. 어느 한 문제 해결한다고 될 수가 없다. 20여 년 승가대 교수로 있으면서 열심히 살펴 본 결론이다. 이런 것은 종단에서부터 큰 틀을 바꾸는 노력은 하되 상당한 시간이 걸릴 수밖에 없다. 그걸 바꾸게 할 수 있는 외적 환경을 우리 재가불자들이 지혜롭게 준비를 해 가자. 그러면 스님들도 바꿀 수 있다.

한국 불교에서도 조계종단이 선도적으로 바꿔갈 수밖에 없는 상황이 온다. 종단에 요구하는 것도 당연히 해야 하고 빨리 바꿀 수 있는 것은 바꾸도록 요구해야 한다. 더불어 재가불자들도 준비를 해야 한다. 나 스스로. 나 스스로 준비하지 않으면서 다른 데서 해주기를 바라는 것은, 이건 바꿀 수 없다.

구조적으로. 내 스스로 준비하는 내 스스로 역할을 정해 가는 운동들이 재가연대부터 싹이 터서 확산이 된다면 길지 않은 시간 내에 큰 변화가 올 것으로 생각한다. 너무 낙관적으로 보일 수 있겠으나 긴 시간을 놓고 봤을 때 어떤 시스템이든 변화하면서 정착하기까지는 요구되는 조건들이 있다. 변화시킬 때까지 기다려줄 줄 알아야 한다. 저도 답답하고 때로는 화가 나고 이웃 종교들 보면 왜 우리는 저렇게 못 할까 생각하는데, 그렇다고 하루아침에 되지 않는 부분을 포기할 수만은 없다. 우리들은 과연 뭘 할까 종단 쇄신과 발전을 위해서 한국 불교의 변화를 위해서 우리 재가불자들은 무슨 역할을 할까 함께 모색해 나갔으면 좋겠다.

■이남재 : 스님들의 승풍이 진작되고 계행이 청정해야만 불교의 포교 성과도 드러날 거라 생각하고, 중요한 것은 개혁의 근거는 밖에 있는 것이 아니라 내부에서 있다는 것이다. 계율을 스승으로 삼아 스스로 자정을 하고 자정을 토대로 해서 역할을 확대해야 하고, 그 중간에 전문 교육 시스템을 확립해야 할 것 같다.

오늘은 승단의 범계 원인과 근절 방안에 대해서 얘기했지만, 승단은 분명하게 스님들만 있는 것이 아니라 사부대중 전체의 불교공동체이다.

스님들은 250계이지만 재가자는 10계를 지켜야 하는 의무가 있다. 하지만 그 근본의 무게는 같다. 가장 중요한 것이 사바라이죄를 지지 않는 것이 핵심인 것 같다.

거기에 토대해 원인을 분석해 보고 방안을 찾아봤지만, 오늘 이 자리를 시작으로 해서 다양한 실천 행위를 하려고 한다.

예컨대 승단의 여러 가지 범계 행위들이 일어나고 보도되고 있다. 지난 5월의 도박 동영상을 비롯해 지도부 스님들의 여러 가지 범계에 대해 보도가 되었고, 최근에는 법주사, 마곡사의 금품 살포 의혹과 관련된 것들이 언론에 회자되고 희화화 되고 있는 상황이다. 이런 문제들에 대해 사부대중연대회의 속에 범계진상규명위원회를 꾸려 지속적으로 원인을 분석하고 대안을 모색하고 나아가 실천해야 되는 시점에 와 있다고 생각하고, 그런 부분을 모색하고 있다.

　서두에 말씀 드린 대로 공개질의서를 읽어 보시고 서명에 동참해 주시기를 부탁드린다. 조계종에 질의하는 질의서 내용은 회람해서 알고 계시겠지만, 언론에 보도된 사바라이죄에 대한 종단 지도부의 사실 여부를 질의하고 공개적으로 대답을 바라는 공개질의서이다. 향후 조계종 총무원 호법부에 제출할 예정이다.

대화마당 3
종단 선거 제도의 개선 방안

사회

서동석(시부대중언대회의 공동대표)

종단 선거제도의 개선방안
2012.9.18(화) 오후 7시 | 장충동 만해NGO교육센터 대교육장

■ 발 제

조계종단 선거 제도의 개선 방향

윤 세 원 _ 인천대 교수

목 차

Ⅰ. 들어가는 말

조계종단의 선거 제도 개선방안을 검토하기 위해서는 선결되어야
할 너무나 근본적이고 철학적인 문제들의 장벽이 가로 놓여 있다. 그
러나 이 장벽들은 지금까지 장벽으로 인식조차 되어본 적이 없는 주제
들인데, 그 이유는 다음의 세 가지 중에 하나이거나, 이 이유들이 복합
적으로 작용한 결과일 것이다.

첫째는 구성원들의 문제 인식 능력 부재, 둘째는 너무나 근본적인 문제라 의도적으로 공론화를 회피했거나 외면해 버렸을 경우이며, 셋째는 자아준거적 입장에 대한 확인도 없이 너무나 당연한 것으로 받아들여 온 타성으로 인한 결과일 것이다.

서두에 이러한 문제를 제기해 두는 이유는 존재 이유와 추구하는 목적 혹은 가치가 다른 집단 사이에는 같은 제도를 차용해도 다른 결과를 산출할 수 있다는 점이 조계종에 선거 제도를 도입하는 문제에서부터 이미 도입되어 있는 제도의 개선 방향 모색에까지 중요한 고려점이라는 사실을 강조해 두고자 해서이다.

정치적인 관점에서 정당성이 획득된 제도나 관행들이 존재이유를 달리하는 특수한 종류의 집단에 무차별 적용되는 것은 매우 위험한 일이고, 경우에 따라서는 특수한 집단의 존재이유를 스스로 포기하는 의미를 가진 일이 되기도 한다. 이와 관련하여 먼저 확인되어야 하는 것은 조계종의 정체성이라고 할 수 있다. 왜냐하면 만약 조계종단의 선거 제도가 승가의 갈마나 건도와 관련되는 것이라면, 선거라는 제도 도입 자체의 타당성부터 검토되었어야 할 일이다. 물론 그 검토는 율장과 율장의 정신에 준거해 이루어졌어야 할 일이다.

선거는 대의정치 제도의 구조적 기능적 전제 조건이다. 직접민주주의가 불가능할 정도로 규모가 커진 주권자로서 국민의 의사는 선거를 통해서 구체화 되고 현실화 된다. 따라서 선거는 참정권의 행사와 불가분의 관계에 있는 것이기 때문에 의사 표현은 원칙적으로 자유롭게 보장되어야 하고, 국민의 의사가 굴절 없이 반영되어야 한다는 명제 위에서 성립된 정치제도이다.

선거는 기관을 구성하는 기술적 의미 외에 국가권력에 대하여 민주적 정당성을 부여하고 국민을 정치적으로 통합하는 중요한 방식이다. 선거가 갖는 이러한 의미는 정치질서의 영향을 받는 국가 내에 존재하는 사적 집단들의 지배구조를 형성시키는 역할모델이 되고, 그렇게 형성된 다양한 레벨의 지배구조에 정당성을 부여하며, 집단의 내부적 유대를 공고히 하는 기재로 기능하는 점이다.

Ⅱ. 선거의 개념과 기능

선거는 다수인이 일정한 직에 취임할 사람을 투표라는 구체적인 행위를 통하여 선출하는 것을 말한다. 국가 원수나 국회의원을 선출하는 이러한 제도와 정치행위는 국가 내에 존재하는 다양한 수준의 하위 집단들의 내부권력 창출과 이익의 권위적 분배기능을 해 줄 장치로서 벤치마킹의 대상이 되는 것이다.

조계종의 선거 제도도 종단 내에서 일어나는 상충 세력들 간의 종단 권력과 이익의 배분을 위한 제도라는 점에서 마찬가지 경우라고 할 수 있다. 따라서 그 선거 제도의 정당성과 선출된 권력의 정당성, 그리고 그 권력에 의해 이루어지는 이익의 배분이 권위적인 것이 되려면 조계종도들 사이에 통용되는 권력과 이익의 배분에 대한 관행과 문화에 선거 제도가 실시될 수 있는 토양과 정합적인 요소가 있어야 제도가 성공적으로 정착될 수 있는 것이다. 이러한 권력과 이익 배분의 세속적인 제도를 승가에 도입하는 것은 반드시 승가의 위상과 이미지 변화를 동반하게 된다는 사실에 대한 명료한 인식도 있어야 할 것이다.

민주적 관행이 체화된 사회에서는 비록 사적 집단이라고 할지라도 비민주적인 운영은 어려움에 봉착할 것이고, 역으로 전근대적인 정치적 관행이 지배하는 사회에서 하부 조직들의 민주적인 운영도 용인되기 어려운 일이다.

또 하나 민주적인 선거에서 중요한 요소는 선거인단이 어떻게 구성되는가 하는 문제이다. 선거는 선거인단이라는 합의체에 의한 지명과 같은 의미이기 때문에 선거인단을 구성하는 방식은 그 선거 제도의 성격을 규정하는 문제가 된다.

투표는 선거인이 선거인단의 한 사람으로서 지명에 참가해 행하는 의사표시의 한 행태이다. 때문에 조계종의 선거 규정에 선거인단의 구성을 얼마나 민주적인 관행에 부합되게 했는지도 하나의 중요한 관점이 될 것이다.

현대 민주주의 국가에서 행해지는 선거는 이러한 민주적인 문화와 관행 위에서 소기의 성과를 낼 수 있도록 작동하는 제도이다.

정치적인 측면에서 선거를 통해 산출할 수 있는 기대 기능으로는 첫째 국정을 담당할 대표 선출, 둘째 정부 구성의 합법성과 그 정부에 의해 행사되는 공권력에 정당성 부여, 셋째 사회적 쟁점과 관련된 국민의 의사를 통합하는 과정, 넷째 책임정치를 구현하기 위한 가장 중요한 권력 통제 장치, 다섯째 국가의 중요한 의사 결정에 참여를 통한 주권 의식의 함양 등을 들 수 있다.

Ⅲ. 민주주의적 선거 제도의 기본 원칙

선거 제도에는 인류가 추구해 온 가치들의 실현을 위한 철학적 배경이 내포되어 있다. 이러한 의미에서 선거 제도는 인간정신의 실현을 위한 한 방법이다. 선거 제도는 자유와 평등을 보편적 이념으로 확산시키려는 지향점을 향한 지속적인 발전과정 속에서 오늘날 대부분의 민주주의 국가에서 실시하는 보통·평등·직접·비밀선거라는 기본 원칙이 확립되었다.

이러한 정치제도로서의 민주적 선거 제도의 확립은 삶의 양식 전체를 자유와 평등 가치의 확산 정도와 같은 수준으로 변화시켜 온 원동력이었다고 할 수 있다. 따라서 정치적 민주주의의가 성숙한 나라일수록 하위 사적 집단들의 운영 방식도 민주적이지 않을 수 없게 된다. 특히 대표자를 선출하는 선거의 경우에는 선거인단을 구성하고 투표행위가 이루어지는 과정에서 보통·평등·직접·비밀선거라는 기본원칙이 적용되지 못한 선거일 경우 선거라는 과정을 통해 이루어져야 할 중요한 기능들은 기대하기가 어렵게 된다. 민주주의적 선거 제도의 기본원칙에 관한 논의는 제도 성립의 배경이 되는 해당 제도의 철학적 기초와 정당화의 논리에 대한 이해 문제로 연결되는 것이다.

1. 보통선거의 원칙

보통선거는 제한선거의 반대개념이다. 보통선거 제도는 구성원의 신분·교육·재산·인종·신앙·성별 등에 의해 선거권을 갖는 자격요건에 가해지는 제한이 없는 선거 제도이다. 따라서 이 제도 하에서는 원칙적으로 일정한 연령에 달한 모든 국민에게 선거권이 부여된다.

이 원칙이 민주적인 선거원리로 보편화된 시기는 제2차 세계대전 후의 일이고, 비교적 최근까지 남아 있던 선거권의 제한 요건은 재산과 성차별에 의한 것이었다.

참고로 재산에 의한 제한선거는 미국의 경우 1820~1850년 사이에 각 주들에서 철폐되었고, 프랑스의 경우는 1848년에, 스웨덴은 1907년에, 이탈리아는 1912년에, 영국은 1918년에 철폐되었다. 또한 성별에 의한 제한선거의 철폐는 미국이 1920년, 영국이 1928년, 일본이 1945년, 프랑스에서는 1946년에 철폐되어 여성들에게도 참정권이 주어지기 시작했고, 한국의 경우는 1948년 제헌헌법에서부터 참정권을 제한하는 조건이 없는 보통선거 제도가 채택되었다.

2. 평등선거

평등선거는 차등선거 혹은 불평등선거의 반대개념이다. 선거권의 발달과정에서 평등선거의 지향점은 '1인 1표, 1표 1가치'였다. 그러나 '1인 1표'의 실현은 보편화된 현상이지만, 모든 유권자의 표가 등가가 되는 '1표 1가치'의 실현을 위해서는, 특히 국회의원의 선출일 경우에는 인구의 증감에 따라 지속적인 선거구의 조정이 필요하게 된다. 이 경우는 투표가치의 평등과 참여자의 기회균등이라는 두 측면이 선거제도에 반영되는 것이고, 더 나아가서는 정당의 득표 수와 당선의원 수의 균형이라는 문제도 고려 대상이 된다.

역사적으로 볼 때, 불평등선거는 시민민주주의 시대의 관행이고, 평등선거는 현대 대중민주주의의 시대의 소산이라고 할 수 있다.

3. 직접선거

19세기까지 유럽에서는 간접선거가 널리 채용된 추세였지만, 국민들의 정치의식이 점점 높아져가면서 자신들의 의사가 실질적으로 정치에 반영될 수 있는 장치의 필요성이 제기되기 시작했다. 그리하여 간접선거는 점차 직접선거로 전환되어 갔고, 오늘날에는 국민의 의사에 좀 더 근접하는 방식인 직접선거가 선거법의 공리(公理)가 되었다.

미국의 대통령선거는 일종의 간접선거이지만, 선출된 선거인단에게 후보의 선택권이 없기 때문에 거의 직접선거에 가까운 간접선거라고 할 수 있다.

4. 비밀선거

선거의 공정성을 담보하고, 선거권자들의 선택이 왜곡되는 것을 방지하기 위하여 선거인의 투표 내용을 다른 사람이나 기관이 알 수 없도록 하는 것이 비밀선거의 기본 취지이다.

비밀선거는 선거권의 발달과정과 민주주의가 성숙하지 못한 사회에서 이루어지는 선거과정에서 있을 수 있는 투표권자의 심리적 부담감을 해소하고, 자유로운 선택을 가능하게 할 수 있는 분위기를 보장하기 위하여 채택된 선거방식이고, 대부분의 현대 민주주의 국가들에서는 무기명 비밀선거를 보장하고 있다.

그러나 자유로운 의사표시를 방해할 수 있는 위험성이 내재함에도 불구하고 특정한 목적을 가진 집단에서 목적 달성을 위하여 투표의 책임이 강조된다는 사실에 대한 구성원의 합의가 있을 경우에는 공개적인 투표방식이 채택되기도 한다. 공개선거는 투표인의 투표내용을 공개하는 것으로 그 방법으로는 호명·거수·기립·기명 등이 있다.

Ⅳ. 율장의 건도와 선거의 정합성 문제

1. 종교집단에 선거가 필요한 이유

조계종단은 종교집단이고, 종교집단의 조직 유지 방식과 운영 방식은 세속 이익집단의 그것과는 분명한 구분이 있어야 한다.

이 문제는 특정 집단의 구성원들이 스스로 규정하는 자신들의 정체성과 존재 이유에 관련되는 문제이다. 모든 집단은 자신의 존재 이유를 가장 잘 실현할 수 있도록 구성원들을 조직하고, 제도와 운영원리를 설계하는 것이 상식이다.

그런데 적어도 명분상으로라도 세속적 가치와 일정한 거리를 두는 수행자들의 집단에 세속적인 권력 창출과 이익 조정의 수단인 선거가 실시된다는 사실은 무언가 부자연스러운, 즉 가치 충돌을 수반하는 조

합으로 생각된다. 더구나 승가의 건도는 율장을 기준으로 이루어져야
하고, 그렇기 때문에 승가이고 공양의 대상이 된다는 원초적인 사실과
조계종에서 이루어지는 선거를 통해 선출되는 대부분의 직책이 승가에
국한된 사실이라는 점에서 더욱 그러하다.

단적으로 말해서 종단에 선거가 필요하다는 사실은 율장의 질서로
종단을 운영하는 일이 불가능하기 때문이라고 할 수 있다. 이와 관련
하여 중대한 두 가지의 쟁점이 제기된다.

첫째는 율장이 적용되지 못하는 집단도 승가인가 하는 근본적인 문
제이고, 다음으로는 그러면 율장의 가르침대로 종단을 운영하는 것이
불가능해진 이유가 무엇일까 하는 점이다.

내부적으로 다양한 이유가 있겠지만, 필자는 다음과 같은 네 가지
이유를 제시해 본다.

① 국가 기능의 변화에 따른 국가와 종단 사이에 일어나는 새로운
행정적 필요에 대응하기 위하여

② 사회와 수행환경의 변화에 적응하기 위하여

③ 수행보다는 종권에 연연하는 구성원들의 필요 때문에

④ 실종된 출가정신의 대체 방법으로

필자의 우견(愚見)으로는 ①, ②의 상황에 대한 효과적인 대응을 위
해서 필요한 경우라면 수긍이 되는 문제이다. 하지만 그 수준을 넘어
서는 과도한 선거 제도 도입이나 개선은 자제하는 것이 좋다고 생각한다.

왜냐하면 과도한 선출직의 양산은 ③, ④와 같은 현상을 부추길 우
려가 있고, 범계와 비율(非律)의 풍조를 조장하는 분위기를 형성할 수
있기 때문이다. 그리고 만약 ③, ④와 같은 이유 때문에 종단 선거 제
도의 개선이 필요하다면, 몇 가지 근본적인 문제에 대한 성찰과 논리
적 합리화 작업이 필요하다고 생각된다.

2. 종단에 선거 제도를 도입하기 위한 검토 사항

만약 '수행보다는 종권에 연연하는 구성원들의 필요 때문'이거나 '율장에 따른 건도가 불가능할 정도로 실종된 출가정신의 대체 방법으로' 종단 선거 제도의 개선이 필요하다면, 세속화 된 욕구는 철저히 세속적인 방법으로 해결해야 한다는 기본적 입장의 정립이 필요하다.

필요에 따라서 거룩한 승보의 면모와 세속적 수단도 동원하는 속물의 모습이 한 인격체 속에 동주해서는 안 되기 때문이다. 만약 그렇게 밖에 할 수 없는 상황이라면, 다음과 같은 작업이 선행되어야 할 것이다.

① 승가의 정체성에 대한 새로운 개념 정의(출가자 혹은 수행자의 의미도 포함하여)

② 전통적인 승가의 위상에 대한 수정(삼보로서 승가의 위상에 대한 새로운 자리매김이 필요하다. 이 경우 수행자 집단으로서의 승가와 지계자로서의 개인에 대한 평가절하를 감수할 수밖에 없는 일이 될 것이다.)

3. 종단 선거의 기능

현대 민주주의 국가에서 선거를 통하여 얻게 되는 정치적 효과는 선거 제도를 도입하는 집단들에서도 동일한 효과를 기대하게 한다. 조계종단의 선거 제도 도입과 개선의 목적도 조계종단 내에서 선거를 통하여 정치영역에서 획득하는 것과 동일한 효과를 얻고자 하는 목적 하에서 이루어지는 일이라고 할 수 있다.

따라서 조계종단이 선거를 통해 얻고자 하는 기대효과와 구체적인 기능은 다음과 같이 정리해 볼 수 있다.

① 종무행정을 담당할 대표 선출 기능

② 종단 집행부 구성의 합법성과 종권 행사에 정당성 부여 기능

③ 내부적 쟁점과 관련된 종도들의 의사 통합 기능

④ 종단의 존립목적 구현을 위한 종권의 통제 기능

⑤ 종단의 중요 의사 결정에 참여를 통한 종도의식의 함양 기능

그러나 구성원들의 의식과 행위 양식 그리고 조직의 운영 방식에 대한 민주적 소양이 부족하거나 훈련이 되어 있지 못할 경우에는 소기의 기대효과는 고사하고 시행 착오를 통한 혼란과 비효율을 경험하게 된다. 아마도 조계종단이 종권을 중심으로 그 동안 겪어 온 파행과 혼란은 이러한 경우에 해당된다고 할 수 있을 것이다.

V. 문제점과 쟁점

1. 각종 선거 제도와 관련된 종법 규정

조계종단에서 선거를 통하여 선출되는 소임은 교구종회의원, 중앙종회의원, 본사주지, 총무원장 등이다. 각 소임의 선출을 위한 종법을 살펴보면 다음과 같다.

Ⓐ 교구종회의원 선거법

제8조(선거권) 구족계를 수지한 자로서 교구본사 재적승(비구), 재직승(본말사 주지, 본사 국장, 본·말사 암자 감원), 당해 교구의 1년 이상 거주승(비구로서 주민등록상 거주자)은 직선직 교구종회의원의 선거권이 있다.

제9조(피선거권)

① 승랍 10년 이상, 연령 30세 이상의 교구 재적승과 1년 이상 거주승(주민등록상 거주자)은 당해 교구종회 의원의 피선거권이 있다.

② 당연직 교구 종회의원인 본사 주지, 본사 부주지, 본사 각 국장,

말사 주지의 승랍 및 연령은 제1항과 같다.

ⓑ 중앙종회의원 선거권

제8조(선거권)

① 다음 각 호의 1에 해당하는 비구는 당해 교구의 중앙종회의원 선거권이 있다.

1. 당해 교구의 재적승

2. 당해 교구 본·말사 주지

3. 임명일로부터 6월이 경과한 당해 교구본사 국장 이상의 종무원

4. 당해 교구에 주민등록상 2년 이상 거주승(불기2551(2007). 개정)

② 삭제(불기 2542(1988) 9.8)

제9조(피선거권)

승랍 15년 이상, 연령 35세 이상의 종단 재적승은 중앙종회 의원의 피선거권이 있다.

ⓒ 본·말사 주지 인사 규정

제6조(임명원칙) 교구본사 주지는 교구 산중총회 또는 총림방장의 추천을 거쳐, 총무원장이 임명한다.

ⓓ 총무원장 선거법

제8조(선거권) 재임 중인 중앙종회의원과 각 교구종회에서 선출하는 10인으로 구성되는 선거인단에서 총무원장을 선출한다.<개정 98년 9월 8일>

제9조(피선거권)

① 종단 재적승으로서 승랍 30년 이상, 연령 50세 이상, 법계 2급 이상의 비구는 총무원장의 피선거권이 있다.

조계종의 각급 선거규정에서 보이는 공통적인 문제점은 선거의 민주적인 원칙들이 반영되어 있지 못하다는 점이다. 교구종회의원선거법은 종도들의 참종권을 제한해 보통·평등 선거의 원칙과 배치됨은 물론 이러한 점들은 종헌에도 위배된다는 점이다. 중앙종회의원선거법 역시 보통·평등선거 원칙과 배치되고 있고, 총무원장 선거법은 직접 선거의 원칙까지 적용되지 못하고 있는 실정이다.

2. 문제점과 쟁점

1) 문제점

① 종헌과 불일치

모든 선출직의 선거법은 종도에게 주어져야 할 참종권을 제한하고 있다.

② 선거제도

지금까지 민주주의 사회에서 확립해 온 선거의 기본 공리와 맞지 않는 선거 제도

2) 쟁점

위와 같은 문제점을 합리화 시킬 수 있는 제한·차등·공개·간접 선거가 가능할 수 있는 조건과 조계종의 경우

① 특수 목적을 가진 배타적인 집단에서 구성원의 층위에 따라 표의 질에 대한 고려가 있어야 할 경우에는 목적 실현에 적절한 독자적인 선거 제도나 방법을 채용할 수 있을 것이다. 단 이 경우에도 그것을 합리화시킬 수 있는 내부적 근거와 구성원의 동의가 전제조건이라고 할 수 있다.

② 표의 등가성을 유보할 수 있을 정도의 내부 규율에 대한 구성원

의 충성도가 높을 경우 내부 규율에 따라 독자적 선출 방식을 채용하는 것은 가능한 것으로 받아들여지고 있다. 이 경우도 표의 등가성보다 내부의 가치 보존이 더 중요하다는 구성원들의 합의가 필요하다.
예) 교황 선출(conclave) 예일대 총장 선출 방식

③ 조계종단의 선거

세속화의 영향으로 종단의 존재 이유에 대한 고려 없이 민주화라는 명분으로 수용된 소임자 선거는 어설픈 정치권 흉내 내기로 범계를 더욱 조장할 가능성이 높고, 종교 조직으로서의 존립 의의를 상실할 가능성이 매우 높다고 할 수 있다.

왜냐하면, 선거는 승가의 세속화를 부추기는 현상이고, 세속화란 승가 고유의 질서와 운영원리가 제대로 작동하지 못하여 세속적인 방식으로 승가의 문제를 해결하는 현상이며, 승가의 규범과 계율이 전통에 따르지 않고 세속적 원리로 결정되는 문화는 범계의 주된 원인이 되기 때문이다.

또한 선거는 소임을 결정하는 일이고, 이러한 소임자 선출방식은 며조 출가를 부추길 가능성이 높으며, 며주 출가자가 많아지면 교단의 건도는 더욱 부실해질 가능성이 높아질 것이다.[37]

선거는 승자와 패자를 가르는 것이고, 패자가 되지 않기 위해서는 패거리 문화를 조장할 수밖에 없게 될 것이다. 이러한 현상은 종단의 문제해결 방식을 공적이고 합리적인 공의에 의하여 해결하려는 기풍보다는 패거리 문화의 속성을 더욱 강화시킬 것이다.

이러한 기풍은 결국 수행자 집단 속에 수행은 없어지고, 권력과 이익을 위한 관리만 남게 될 것이고, 법(dhamma)의 권위는 서서히 사라지고 소임의 권위만 남게 될 것이며, 청정한 지계자는 사라지고 요령과 술수를 통한 탐욕의 화신들만 득세하게 만들 것이다.

---

37) 김응철, 승단의 범계 원인과 근절 방안에 대하여.

Ⅵ. 나가는 말(개선 방향)

개선의 방향은 두 가지 중의 하나일 것이다. 승가의 청정성 회복의 방향으로 갈 것인가, 아니면 더욱 철저하게 세속화의 방향으로 향하게 할 것인가를 선택해야 한다. 이 근본적인 문제에 관한 논의는 다른 기회로 미루어 두고, 본 고에서는 일단 선거의 일반론에 의거해서 다음과 같이 정리해 둔다.

1) 모든 선거에 민주주의적 선거 공리의 적용

2) 전 종도들의 참종권을 보장하는 방향으로

3) 선거가 가진 견제의 기능이 활성화 하도록(종도와 소임자 사이에, 승가와 재가 사이에, 비구와 비구니 사이에)

4) 선거가 범계 발생의 원인이 되지 않도록

조계종단 선거 제도 개선 방안
– 총무원장 선거 제도 개선을 위한 시안

서 동 석 _ 전 민불련 의장, 사부대중연대회의 공동대표

분석 – 1

o 2012년, 한반도를 둘러싼 나라들의 공통점 - 선거

o 한반도에 지대한 영향을 미치는 미국의 대통령선거가 있고 중국은 작년 전국인민대표자회의에서 선출한 차기 지도자 시진핑이 전권을 물려받는 시기다. 일본도 총선 체제로 전환.

o 북한 역시 작년 노동당대표자회에서 전면에 등장시킨 김정은이 새로운 지도자로 점차 안정적 지위를 확보하고 있다.

o 대한민국도 지난 4월의 총선을 거쳐 대통령 선거를 100일도 채 남겨 두고 있다.

o 대중의 여론에 따라 최근 조계종쇄신위원회에서도 선거법 개정을 주요 의제로 삼다.

ㅇ 개신교 감리교단 교단 선거법 개정 움직임 본격화(경향신문9.14 금요일 21면 머리기사)

　- 기독교윤리실천운동(기윤실) 지난 8.31. 한국교회 백주년 기념회관에서 교단 선거법 개정을 위한 토론회

분석 - 2

ㅇ 현행 조계종 주요 선거법은 불기2538(1994)년 10월에 제정
　- 94.3. 구종법회/의현 원장 퇴출/ 개혁회의 출범에 따라
ㅇ 개혁불사 이후 한차례 심한 홍역을 치룬 1998년 12월에 재차 개정되어 현재에 이르고 있다

1980년도 초반, '민주화의 봄'과 맞물려 조계종단 해묵은 갈등을 털어내고 화합종단을 마련하였다. 하지만 그해 10월 '10.27법난'으로 종단은 국가권력에 의한 강제 재편된다. 그 후유증으로 종권을 둘러싸고 심각한 분열을 겪게 된다. 1983년에는 본사 주지 직을 놓고 살인사건까지 일어나는 등 종단 상황이 악화되었다. 젊은 출·재가의 합심으로 비상종단이 들어섰으나 '삼일천하'에 그치고 종권 다툼으로 교세는 약화하였다.

1986년 의현 스님 취임으로 종권의 안정화를 이루지만, 장기집권을 노린 종권 야욕에 이어 국가권력과 야합한 부정부패로 대중의 지지 기반을 상실하였다.

94년 3월, 종단개혁을 위한 사부대중의 노력으로 '개혁종단'이 들어섰다. 이런 일련의 과정에서 총무원장 선출 방식에 약간의 발전이 있었으나, 94년 이후 변화하는 종단 안팎의 상황에 걸맞은 변화 요구를 반영하지 못하였다.

종권의 핵심인 총무원장 선출이 선거인단이라는 간접선거인 현실을

넘어 직접, 보통, 비밀, 평등이라는 민주적 선거 원칙이 보장되는 선거 방안과 아울러 재가자의 선거 참여 보장으로 보다 진일보한 체제가 시급하다.

분석 - 3

○ 현행 조계종 기구표

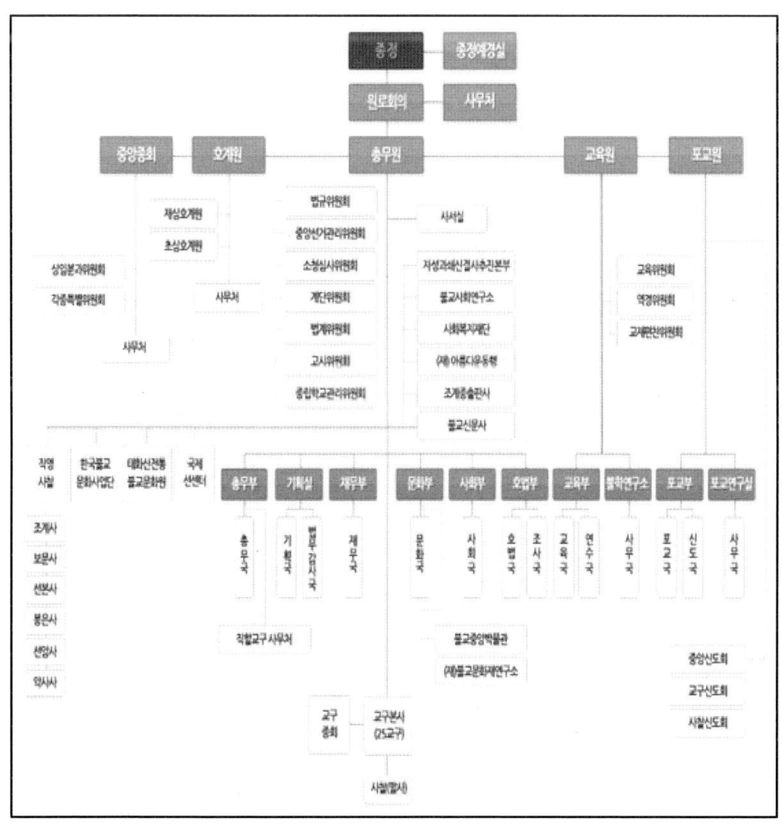

┌───┐
교구종회법

제2조(구성)
①교구종회는 본사 주지, 부주지, 본사 각 국장, 말사 주지와 직선으로 선출된 10인의 의원으로 구성한다.
②직선의원의 선출은 교구종회의원선거법에 의한다.
제14조(총무원장 선거인단선출)
①교구종회는 총무원장 선거일 전 15일부터 5일간 총무원장을 선출할 10인(본사주지포함)의 선거인단을 선출한다.
제15조(총무원장 선거인단의 임기)
총무원장 선거인의 선거권 행사는 당해 총무원장 선거에 한한다.
└───┘

┌───┐
총무원장 선거법

제8조(선거권)
재임 중인 중앙종회의원과 각 교구종회에서 선출하는 10인으로 구성되는 선거인단에서 총무원장을 선출한다.
제9조(피선거권)
① 종단 재적승으로서 승랍 30년 이상, 연령 50세 이상, 법계 2급 이상의 비구는 총무원장의 피선거권이 있다.
제10조(선거장소)
총무원장의 선거는 선거인단이 중앙선거관리위원회에서 지정한 장소에 모여 실시한다.
제22조(재투표와 결선투표)
제27조(당선 무효)
└───┘

분석 -4

1. 현행 제도의 문제점

ㅇ 출가자의 연령이 높아지고 있는 추세 등 시대적 변화에 따른 문제 등이 있지만 무엇보다 사부대중이 아닌 일부 대중이 중심이다.

ㅇ 교구단위 선거인단 선출, 즉 간선제가 갖는 비민주성이 있다.

ㅇ 선거인단 선출과 선거일까지 걸리는 시차, 특정한 투표 장소에 집합 등에 담겨진 부정 가능성이 있다.

2. 개선을 위한 문제 인식

ㅇ 선거가 갖는 세속성과 종교의 존엄성에 대한 상호보완 – 피 선거권자에 대한 엄정한 자격심의로 가능

ㅇ 사회 제도의 진화와 민주주의 장점을 최대한 반영하는 종단 운영이 바람직 - 최근 대학총장 직선제를 둘러싼 교육부의 정책에 따른 교육 민주화의 역행

ㅇ 94년 체제에 대한 대중적 요구를 재확인하고 종책에 반영하려는 결단 필요 - 개혁의 성공은 사부대중의 단결된 참여에 있었다.

ㅇ 현재 재가자의 종단선거 참여가 원천 차단된 제도에 대한 반성과 전향적 자세 절실한 시점 - 승가의 독단적 권위를 넘어 참여보장의 제도 변화가 전체의 의식 변화 제고

제안

※ 94년 체제를 넘어 2013년 체제 이후를 위한 개선 시안

□ 총무원장 선거법

제8조(선거권)

① 사미, 사미니계를 수지한 재적승은 선거권을 갖는다.

② 종단에 등록한 재가신도는 소속 사찰을 통해 선거권을 행사한다.

③ 재가신도의 선거권은 이 법 시행령으로 규정한다.

제9조(피선거권)

① 종단 재적승으로서 승랍 30년 이상, 연령 50세 이상, 법계 2급 이상의 본종 승려는 총무원장의 피선거권이 있다.(현행법 유지)

제10조(선거장소)
총무원장의 선거는 중앙선거관리위원회가 지정한 전국의 투표 장소에서 직접 실시한다.

제22조(재투표와 결선투표)

제27조(당선 무효)

조계종단 선거 제도의 개선 방향

손 혁 재 _ 경기대 정치전문대학원 교수

흔히들 한국 정치의 수준은 한국 국민들의 정치 수준과 같이 가고 있다고 말한다. 종단의 제반 문제들, 신도, 스님을 포함해서 우리들과 딱 맞다고 봐야 하고, 여기 앉아 있는 사람들처럼 이런 문제에 재가자들이 혹은 스님들이 시대정신과 안 맞고 율장을 운용하는 데도 문제의식을 갖고 있는 사람이 한국 불교도 천만 명 중에 몇 명이나 될 것인지 공론화 한다고 해도 임펙트가 없다.

논의하고 끝나는 것이지 여기서 논의했다고 해서 총무원장이 혹은 종회의원들이 '그거 참 전향적이고 좋다'라고 신경 쓸 사람도 없고, 재가자들도 우리가 스님들의 3사 순례로 이 절, 저 절 같이 다녀보는 게 좋다, 라고 했을 때 그거 우스운 소리라고 팽개칠 수 있는 신도가 몇이나 되겠는가?

원칙적으로 조계종도다 하고 스님들끼리 법의 문제나 종단의 운영 문제 율장에 맞는 운영 문제로 논쟁이 벌어졌을 때는 '세속 법을 따르면 안 된다. 왜냐하면 종법이나 율장이 세속 법보다는 한결 더 고차원의 도덕성을 요구하는 것이다.

지금 우리가 세속 법으로 간다는 것은 종교의 성직자의 길을 버리고 최소한의 사회적 규범을 가지고 종단을 운영하겠다는 것이다. 그러니까 그걸 딱 까놓고 얘기를 하고 스님들도 율장에서 승가에게 주어져 있는 그것을 어느 부분까지 포기할 것인지 논의해야 한다. 왜냐하면 계율 자체도 바라이 이하까지는 어떻게 취급할 것인가 치열하게 논쟁해야 한다. 율을 놓고 다 지키는 체하면서 거기에서 오는 프로스테이지를 다 가지려고 하면 언젠가는 파탄이 나 유지가 안 된다고 생각한다. 그래서 철저할수록 좋다는 것은 재가자들도 단체를 운영하는 수준을 철저히 세속적인 단체를 운영하는 쪽으로 바꾸고, 스님들도 어디까지 어느 문제까지는 포기할 것인가 생각해야 한다.

위상 재정립을 다른 데서 이것도 안 지키고 저것도 안 지키니까 이런 소리를 들을 시기까지 기다릴 것이냐 아니면 우리가 이 수준에서 이것까지는 정비를 하자고 내부적인 논의라도 해 봐야 하는 것이다.

어느 쪽에서도 안 되기 때문에 어떤 것은 율장으로 갔다가 어떤 것은 세속 법으로 갔다가 나한테 유리한 대로 하기 때문에 질서가 없어지고 뒤죽박죽 꼬이는 것이다.

좀 늦고 아득한 애기 같지만, 근본 문제들에 대한 성찰들이 조금씩 있고 그런 관점에서 본다면, 선거법도 최소한 방향과 원칙은 공유를 하고 전술적인 수단의 선택은 그 논의 구조 속에서 실질적으로 이루어 낼 수 있는 사람들끼리의 논의 구조에다가 전향적인 방향으로 가게끔, 현실에 안주하거나 퇴보하지 않고 가게끔 여론과 주위의 공유된 방향으로 압력을 행사하는 방안을 여기저기서 사용해 봐야 하겠다. 그렇다고 종단을 혁명하자 할 수는 없는 것이다.

조계종단 선거 제도 개선 방안

_ 2012.09.18 대화마당

■**동출 스님** : 저는 생각이 전혀 다르다. 현실 가능한 것들부터 하지 않고 이상을 좇으면 현실은 아무것도 안 된다. 예를 들어 총무원장 선거부터 하나씩 짚어보면, 총무원장 선거에서 간선제에서는 표의 등가성은 이런 것이 있다.

관음사의 선거인단을 보면, 재적승이 40명이다. 그 중에서 열 명을 뽑는다. 그리고 직할에는 1,000명에서 열 명을 뽑는다. 그래서 표의 등가성도 없다.

두 번째는 사실은 본사 주지가 임명을 한다. 실제 상황은. 그러니까 선출이 사실은 명목상 선출이다. 그리고 비구니 스님도 인심이 후한 데는 두 명 정도 넣어 준다. 그것도 서비스 차원으로.

이렇게 봐서 총무원장 선거는 청정승가를 위한 대중결사에서는 창립부터 어떻게 직선제를 확보할 것인가? 그것을 지금 사미 이야기를 하는데, 현재 비구계 받은 3,000명을 한다든가, 그것을 외연을 확대해 비구계 10년, 비구니계 20년을 한다든가 현실 가능한 성차별 논란이 있겠지만, 오히려 구족계를 받은 비구승에 한한다든지, 아니면 더 확대해서 비구 비구니 구족계를 받은 지 10년이나 20년, 30년이나 해서 직선제를 확보하는 것이 첫째 당면 과제이다.

그러면서 그 외연을 어떻게 확보하는가 하는 것은 두 번째 과제이다. 두 번째는 현재 종회의원도 똑같다. 아까 말씀 드린 것처럼 관음사에서는 40명인데 2명을 뽑고 직할에서는 1,000명인데 4명을 뽑고, 해인사는 500명인데 3명을 뽑고, 통도사는 400명인데 2명을 뽑는다. 신흥사는 80명인데 2명을 뽑는다. 그래서 표의 등가성 자체가 성립이 안 되고, 두 번째는 비구니 종회의원이 81명 중에 10명이니까 8대 1이다.

이것을 현실적으로는 1대 1로 하는 것은 불가능하다면 지금 직능직이 첫 회를 제외하고는 총무원장이 다 나눠 주는 구조다. 관계되는 고위급이라고 하는 카르텔이 형성돼서 20명을 나눠 먹기를 하고 있다. 직능제를 10명으로 축소하고, 현재 비구니 스님이 10명인데 15명으로 늘리고 단계적으로 해야 한다고 생각한다.

5명은 숫자가 많은데 통도사나 해인사, 법주사, 범어사 같은 경우는 종회의원 수를 한 명만 더 늘려 주면 사실은 본사 안에서 조정이 가능하다. 선거도 안 하고. 종회의원은 이런 문제점이 많아 교구라는 게 아까 동대문을 예로 들었는데, 동대문과 영등포구의 예와 달리 열 배 가까이 차이가 난다. 비구 기준으로만 보더라도 그렇다.

그리고 본사 주지는 여기서 간과하는 측면이 있는데, 종단의 본사에서나 원로 스님이나 산중의 어른 스님들의 권위를 설사 문제가 있더라도 우리가 추대하고 모시지 않으면, 예를 들어 본사 주지가 선거를 하려고 작년에 비구계를 받은 사람에게 가서 절을 하고 사정하고 표를 많이 주는 사람한테는 말사를 주겠다고 약속을 해야 하는 그 현실을 간과하는 측면이 너무 많다.

본사 선거를 많이 보면서 가장 치열했던 지금, 돈 선거가 거론됐던 법주사만 보더라도 선거란 것이 가지고 있는 폐해라는 것이 사형사제도 돈을 주지 않으면 찍어 주지 않는다는 것이 불문율이다. 그 사람이 평상시에 얼마나 잘 살았는가가 기준이 아니다. 그것이 현실이다. 돈 선거를 막을 수 있는 방법이 세속에서처럼 감시를 하고, 예를 들어 100

만 원 받은 것을 신고하면 3,000만 원을 주는 제도를 만들거나 이렇게 감시감독을 하지 않는 이상은 사실은 여러 가지 얘기들이 요원한다.

저는 본사 승려로서는 본사 주지 선거를 해서 본사 승려들 간의 불신과 원망과 원수를 보면서 선거가 가지고 있는 이상과 예를 통해 김대중을 찍든지 노태우를 찍든지 다음날 만나면 아무 상관이 없는데 스님들은 30년 도반이 원수가 돼 버린다. 이런 점을 고려하면 선거가 만능이 아닌데, 재가불자들이 오해하고 있다.

현실적으로 현재 선거인단 제도를 넓힌 만큼 그 제도를 조금 더 승화시켜 직접 선거를 어떻게 갈 것인가 고민해야 한다. 지금 가장 큰 고민을 한 가지만 이야기하면, 최소한 총무원장 선거 94년부터 그 액수는 적었을지 몰라도 돈 선거였다. 94년 선거에서 월주 스님이나 월탄 스님이나 다 어른 스님이었다. 속옷 바람에 맥주 마시며 고스톱치고 있는 곳에 가서 유권자에게 삼배를 해야 하는 슬픈 현실이었다.

재가불자들이 생각하는 스님들의 세상은 상상 이상이다. 그렇기 때문에 특히 총무원장 선거는 직선제만이 돈 선거를 막을 수 있는 유일한 선거 제도다.

두 번째는 본사 주지 선거는 우리가 볼 때 원로 스님들이 조금 부족하더라도 원로 스님들을 우리가 모시고 그 분들의 말씀을 따라서 본사 주지를 추대하지 않으면, 법주사 같은 경우 돈 선거로 고발당하지 않았느냐? 왜 고발당했겠느냐? 돈 선거할 때 약속한 것이 있을 것이다. 약속을 안 지키니까 가장 가까운 사람들끼리 펑크를 내는 것이다. 그런 일들이 앞으로 계속 일어난다. 선거가 꼭 만능이 아니다. 현재 승납을 어떻게 조정하던 간에 총무원장 선거는 직선제를 쟁취하여야 한다. 두 번째 본사 주지 선거는 산중원로회의를 만들던 어떻게든 해서 이번에 입법한 대로 그것이 20년 가까이의 상처를 딛고 고육지책으로 만든 안이다.

세 번째는 종회의원 선거는 지금 직능이 가장 왜곡되고 있는데, 왜곡되는 부분을 깨트려서 비구니 스님이 종회의원의 4분의 1만 되어 그 분들이 캐스팅보드가 될 수 있다.

현실적으로 비구니 스님들에게 1대 1로 하자 그러면 좋지만, 현 종단은 현실이 그렇지 않기 때문에 비구니 스님들이 의석 수를 지금의 8대 1에서 4대 1이나 3대 1로 줄이는 목표를 가지고 가고, 직능의 왜곡을 없애 버리는 두 가지의 목표로 가져가지 않으면 안 된다고 생각한다.

■이남재 : 현재 선거 제도는 94년 종단개혁 때 기본 선거 제도의 골격과 틀이 마련되었다. 그 속에서 교구종회, 중앙종회, 본사 주지, 총무원장 선거를 하고 있다.

종단 내부의 문중주의라든지 온정주의라는 것이 깔려 있고, 거기에 더하여 파벌 집단적 승려 신분의 물적 토대를 공고히 하려고 하는 욕망도 내재되어 있다. 그러다 보니까 상대의 존재를 인정치 않는다. 예를 들어 교구본사 선거에서 그 편을 들었다가 그 편이 패배를 하게 되면, 말살주의로 모든 것을 잃어버리게 된다. 전부 아니면 전무식이다 보니, 금품선거가 될 수밖에 없었던 구조적 요인으로 작용하였다. 종회의원, 본사 주지, 총무원장 선거에서 금품 살포를 당연하게 여기는 구조적 요인들이 있었던 것 같다.

근본적으로는 내부 조직의 가치 지향과 가치 보전의 측면에서도 지계와 유의에서 산중공의제도라고 하는 것으로 정착되든지, 최소한 민주적 선거 제도의 4대 원칙이라도 되어야 하는데 그렇지 못하다. 중요한 것은 전 종도의 참정권이 보장되지 못하고 있고, 이런 4대 기본 원칙들이 배치되고 있다고 하는 발제와 토론이 있었다.

다만 세 분은 다 그런 원칙인데, 동출 스님께서는 아직까지도 재가자의 참정권에 대해서는 유보적인 것 같다. 한계가 있다고 판단된다. 이런 부분과 관련해 발제자들에게 이견이나 미진한 부분에 대해서 말씀해 주시기 바란다.

■**재가불자** : 조계종의 선거가 간접선거라고 하지 않았나? 대통령
도 직접선거를 통해 뽑는데 총무원장은 왜 직접선거가 안 되는지? 직
접선거를 해야 하지 않나?

■**동출 스님** : 총무원장 선거만 간접선거이다. 종회의원도 직능은
직능 선출에서 뽑는다. 94년도에 개혁할 때는 종회의원이 총무원장 선
거 하는 것을 한 발짝 외연을 넓혔다. 40명이던 것을 300명으로 늘렸
으니까 명목상으로는 아홉 배를 늘린 것이다. 실제로 윤 교수님이 말
씀하신 것처럼 등가성이나 세속적인 가치에 정확하게 대입해 자격은
올리든 내리든 간에 직접 선거를 했어야 하는데 못했다.

94년 이후에도 종회의원이라든지 기득권을 가진 사람들은 법을 바
꾸면 자기들 위상이 떨어지기 때문에 자기 표도 한 표이고 일반 비구
비구니계를 받은 사람도 똑같이 한 표이기 때문에 가치가 100의 가치
가 있었다라고 한다면 저 사람도 100이고 나도 100이면 동등한 가치가
되니까 법을 그 사람들은 안 바꾸려고 한다. 사부대중의 힘으로 그 법
을 어떻게든 직접선거로 바꾸는 것이 당면 과제일 것이다. 그 분들은
절대로 안 바꾼다. 등이 따뜻한데 왜 바꾸겠나?

■**재가불자** : 스님께서는 재가불자가 참여하는 것을 아직 부정적으
로 생각하시는 것 같은데, 재가불자들이 참여하는 것이 어떤 면에서
시기상조라고 생각하는지 듣고 싶다.

■**동출 스님** : 조계종에 재가불자라는 개념이 명확하지 않다. 재가
불자라는 것이 예를 들어 원찰이 있고 교육을 받아 법계를 받는 것이
아니라 신도증이라는 것도 주지 스님이 만원 내고 신도증 받으시오 하

면 그만이다. 신도 관리를 여러 가지 목적으로 했는데, 신도 등록한 것이 10만 명 정도라고 한다. 그리고 재 등록률이 낮다고 한다. 신도라고하면, 예를 들어 달마사를 다니면서 자기 수입에서 일정 정도 삼보수호비도 내고, 정기 법회도 다니고 최선을 다해 5계도 지키고 서로 소통이 되는 분을 우리 불자라고 하는 것이 지금 재가불자의 막연한 개념이다.

가톨릭은 신도라고 하면 불광동에서 송파로 이사 가면 잠실성당으로 원적이 올라가 정확하지만, 우리 불자는 조계종에도 가고 천태종에도 가고 이 절도 가고 저 절도 가기 때문에 신도라는 개념이 사실상 막연하다. 대부분의 신도들은 여러 개의 원찰을 갖고 있다.

■재가불자 : 그건 문제점이 있는데 그러면 재가불자도 정비 방안이 필요할 텐데, 어떠한 교육을 받았다든가 자격을 추진해 제도를 보완해 나갈 필요가 있는 것이지 재가불자라고 해 참여하는 것 자체를 부정하는 것은 맞지 않지 않나?

■ 동출 스님 : 율장을 보면 재가불자들은 스님들의 논의에 참여할수 없다. 가톨릭은 신도평의회가 있어 종단에서 제한을 하고 반영해달라 해서 관철시키면 된다.

사견인데 신도회도 그런 조직을 만들어 이러이러한 것을 재가불자가 요구한다 또는 종단에 요청한다 수락해주십시오 해서 그것이 안 될때는 우리가 종도로서 거부할 수 있다. 그런데 내가 아는 범위 내에서는 지금은 그런 것이 없다.

■윤세원 : 저는 찬성을 한다. 스님이 지금 이 자리에 나와 재가자들에게 하기 어려운 말씀을 솔직히 해주셔서 감사하면서도, 개인적으로 그 말씀을 들으면서 '아, 큰일났구나' 하는 생각을 했다. 법정 스님

께서 열반하시고 이후에 봉은사 소임자들이 막말을 해서 세상을 시끄럽게 한 적이 있는데, 마침 <금강신문>에서 원고 청탁이 들어와 '난 이런 승가에 귀의하고 싶다'는 글을 쓴 적이 있다.

사실 율장에 의하면 스님들과 겸상도 안 된다. 수행자들끼리 의논하는 데는 갈 수가 없다. 지금도 남방불교를 가면 단이 다르다. 빨간 카펫 위에는 재가자들이 절대로 올라갈 수 없다. 그런 것이 왜 유지되느냐 하면 그건 지계의 힘이다. 모두가 그것에 대해 옳다, 당신은 그렇게 하니까 그 정도의 권위를 가져야 되고, 내가 당신한테 이만큼 해야 한다는 의무가 있다. 문제는 우리는 그런 존경도와 지계의 힘이 없고, 율장은 스님들의 권위를 보장해 주는 그 방법대로 하려고 하니까 충돌이 생긴다.

그러면 세속적으로 가야 하는데, 현실적으로 생각해 보자. 지금 우리가 가지고 있는 제도들이 역사성에 기인하는 것이지 갑자기 부상한 것이 아니다. 그런데 지금 비구 내에서도 제한 선거가 되고 차등 선거가 되고 차별이 있는데, 그것도 고려하지 않고 재가자들까지 같이 다 하자 그러면 고칠 사람들이 고쳐 주질 않는다. 대강 이런 말씀을 하시는 것 같다.

원칙의 문제보다도 실천해 나가고 참종권을 확대해 나가는 과정에서 전술상의 문제가 될 것 같다. 전술상의 문제로 목표가 그거라면 단계를 정해 보는 것도 방법이 될 것이다. 그게 안 되면 원 스텝도 앞으로 나가기 힘들 것이라는 스님의 말씀인 것 같다.

■**서동석** : 이를테면 시기상조다 하면 그럴 수 있겠다. 94년 개혁선거를 하면서 종회가 형식만 있었지 사실 종회 구실을 못 했었다. 94년 체제에 몇 가지 획기적인 것은, 총무원장의 안정화나 위상을 높인 것도 있지만 교구 본사의 영향력이 높아졌다. 그런 의미에서 94년 체제가 가진 종헌·종법 개정하면서 상당히 성과가 있었다.

지금도 더 보완해야 할 사항은 비구니 스님의 참여 문제를 확대하는 것, 지금 현재는 비구니 스님 참여도 보장이 안 되는데 재가자 참여까지 하면 너무 무리하는 것 아니냐. 그러니까 오히려 직선제를 하면서 이 시기에 전술적으로 직선제 쟁취를 확실히 하고, 비구니 스님의 참여 폭을 넓히는 것까지 하고, 그런 선에서 조금 더 발전돼 나가면 재가자의 참여 문제도 해보자.

그 시기상조라고 하는 것의 시기를 결정하는 것은 생각이 다를 수도 있겠다. 오히려 여지를 열어나가는 것이 시기를 우리가 조정할 수 있는 것이지, 어느 시기엔 이거, 이렇게 하는 것은 문제가 있다고 본다.

재가자 규정 문제도 달마사도 몇 명이 신도 등록을 했는지 잘 모른다. 매달 공문도 오고 하지만 신경을 안 쓴다. 그것이 제도로 보장이 되면 더 신경을 쓸 것이다. 개인의 의지의 문제가 아니라 제도를 바꾸면 개인의 사고도 바뀌는 것이다.

개인의 의지가 바뀌고 사고가 바뀌어 제도를 보완해 나가는 것이 아니라 제도를 열어 주면서 나갈 수 있다면 재가자 참여 문제가 제도화 되면 재가자를 어떻게 규정할 것인가 하는 문제도 덩달아 될 것이다.

이번 총무원장 당해 연도에 선거할 때는 적어도 4년 이상은 한다든가 그건 기술적으로 된다고 본다. 시기적으로 우리가 조정해 나간다면 그런 여지는 열어 나가는 것이 바람직하겠고, 그런 제도정비를 하면서 재가자의 규정도 되고, 그래서 확실하게 조계종에 등록된 신도만 100만 명이라고 하면 조계종이 할 수 있는 일이 무궁무진하지 않겠는가. 이를 테면 천주교의 평신도회의 같은 것도 바람직하면 들여올 수 있을 것이다. 적어도 소속 절, 원찰은 이사 가면 그 자치구에 정해질 수 있도록 하는 좋은 제도를 받아들여 우리 제도로 만들어 갈 수 있겠고, 다만 율장 가지고 얘기하면 할 말 없다.

■동출 스님 : 그게 아니고 일이라는 게 개념 정립이 중요하다. 어

떤 논의 구조에 예를 들어 지도위원 구조가 있을 수 있고, 논의 구조나 틀 구조는 고려해 볼 문제이다.

옛날에 신도들이 종회에 들어오는 부분을 계속 거론했는데, 제 개인적인 견해지만 신도회 같은 경우도 평의회나 하원 형태로 구성해서 종단에 기여하고 제안하면서 그 의견이 종단에 반영되는 통로를 어떤 방법으로 만드는가를 종회를 모니터링해 보면 5명에서 7명이 발언을 할 것이다. 심지어 4년 동안 종회 회의하는데 "의장, 밥 먹읍시다." 한 마디 한 사람을 포함해도 4년 임기 중에 발언을 한 번도 안 한 사람이 반수 이상을 차지한다. 그런 상황에서 재가불자들이 어떤 형태로든 종단에 기여한 만큼 발언권이나 요청할 수 있는 권한은 보장되어야 하는데, 그 방법은 어떤 방법이 좋을지 고민해 봐야 한다고 생각한다.

산중총회법이 통과되었는데, 특히 비구니 스님의 경우 말사 주지만 산중총회의 구성원이 될 수 있었는데 오늘 통과된 법은 비구나 비구니나 똑같이 10년 연한은 똑같이 통과되었다. 문제는 비구니는 비구의 5분의 1을 넘지 못한다 하고 쿼터를 확실히 정했다. 그런데 일부에서는 '이 법을 받아야 하느냐, 아니다 이렇게 차별적인 법을 받는 것은 굴종이다, 그래서 거부해야 한다'고 논란이 있었지만 어쨌든 받았다. 비구니 스님들도 조금 만족하는 부분도 있었다. 이렇게 비구니 스님들의 5분의 1이 산중총회의 구성원이 되는 데 20년이 걸렸다. 그래서 종단이 참으로 비구 중심의 종단이라는 생각이 가득했다.

교수님께 여쭤보고 싶은 게 있다. 선거 제도를 개선하는 방향에 있어서 세속을 흉내 내려면 철저하게 흉내 내는 게 좋겠다고 말씀하셨는데, 출가자 집단이다 보니까 세속법과 승가의 율법이 마찰을 일으킬 때는 어떤 법을 따라야 하는가 모호한 부분이 있다.

예를 들면 재가자 참종권이나 비구니 참종권 얘기가 나오는데, 종헌종법에 보면 총무원장, 교육원장, 포교원장은 전부 다 비구에 한한다,

이렇게 되어 있다. 이것은 굉장히 성차별적이고, 이것이 만약에 우리나라 법률적으로 해석을 하게 되면 위헌 소지가 있다. 이것을 법정으로 가져갈 것이냐? 그것이 올바른 방법이냐?

종헌에서는 사부대중이 종도주권주의를 주장하는데 비구 중심으로 되어 있다. 재가자가 빠져 있다. 재가자의 권리를 달라고 헌법소원을 할 수 있느냐 하는 이러한 권리의 문제에서 세속법과 종단법이 마찰을 빚고 있는 부분에서 어떻게 현명하게 받아들일 것인가가 앞으로 중요하다고 생각한다.

■재가불자 : 서동석 대표님께서 방금 신도 부분을 말씀하셨는데, 61년도에 신도혁신안이 만들어져 통과되려던 찰나 62년에 박정희 정권에 의해 묵살되고 재가자가 완전히 소외되면서 지금까지 이어지고 있는데, 94년 종단 개혁에서 많은 성과가 있었다고 했다.

일부분 성과는 있었는데 사실 재가자의 관점에서 봤을 때는 굴욕적인 부분이 신도법이다. 신도법이 62년, 83년, 94년을 봤을 때 신도의 권리는 줄어들고 의무만 확대되는 것이다. 이는 신도법 하나의 흐름만 봐도 알 수 있는 것이 83년도를 보면 '재가자가 사찰운영에 참여해야 한다.'는 문구는 있다.

신도법에는 기재되었는데, 94년 개혁종단에서 재가 신도들이 열정적으로 참여했음에도 불구하고 신도법에는 신도들이 일절 종단의 운영에 참여할 수 없도록 되어 있다.

신도 권리가 줄어들고 의무가 삼보를 호지하고 등등 너무나도 막대한 의무만을 지고 있다. 왜 94년도에 재가자들이 같이 싸웠음에도 불구하고 왜 이렇게 퇴보를 했는가 재가불자의 입장에서 봤을 때. 이렇게 퇴보한 원인이 무엇인지 답변 부탁드린다.

■서동석 : 신도법은 잘 모른다. 그렇게까지 퇴보한 것이군요. 5·

16쿠데타 나기 전에 마련한 법이 그 당시로서는 상당히 진보적인 것이었을 거라 생각하는데, 그 이후 83년 비상종단 전후에 만든 신도법에 대해서 제가 잘 모르고 있으니 살펴보겠다. 공부해서 불교포커스에 올리든가 하겠다.

■윤세원 : 종단의 제일 큰 문제가 계율을 제대로 안 지키는 것이다. 아예 계율을 잘 지키는 교단으로 발전을 하든지 아니면 세속법을 통하는 걸 선택하든지 철저하게 한 방향으로 가면 지금과 같은 폐단은 없지 않겠나 하는 말씀을 해주셨다. 그런데 어떻게 보면 그렇게 보이는데 우리가 이런 논의를 하는 것은 망가진 것을 바로 잡자는 것이고, 공산주의도 봤고 자본주의도 많이 느꼈지만 이른바 기신론에서 말하는 생물법에 의해 이루어지는 모든 것은 방법이 없다.

부처님의 가르침을 통해 해답을 주려면 선택이 아니고 한 길밖에 없다. 어떻게 하든지 간에 발제한 분들이나 참여자나 계율을 지키려고 노력하지 않으면 도저히 불가능하다고 생각한다. 그나마 힘들지만 가능한 것은 율장을 제대로 공부하고 제대로 지키는 승단으로 가지 않고는 의미가 없기 때문에 초점을 한쪽으로 몰아가는 것이 오늘 여러분들의 노력에 대한 좋은 결과를 유출해낼 수 있는 좋은 방법이 아닌가 생각한다.

■이남재 : 이 시기에 약간의 편차는 존재하지만 근본적인 것은 지계가 청정한 종단의 위상은 바로 세워야겠다는 부분이다. 세속적 가치보다도 훨씬 도덕적으로나 윤리적으로나 정신적인 측면에서 우위에 있는 종교집단으로 가야 한다는 것이 근본인 것 같다.

그러함에도 불구하고 그러하지 못한 범계 행위들이 있었기 때문에 최소한의 민주적인 기본 원리 질서 측면에서라도 순응하고 따라야 한다고 생각한다. 그렇지만 우리들이 요구하는 기본 질서에 맞는 선거 제도가 전 종도들의 참정권 보장이라든지 4대 선거의 원칙이 이루어지지 못하고 있다. 이런 것들이 전면적으로 가느냐, 부분적 개혁으로 가야 하느냐 하는 부분이 현재 논쟁이 되고 있다.

이런 것들이 물론 신도법에는 후퇴되어 나타났지만, 우리 종도들 사이에서 좀더 심화되고 발전이 돼 사찰운영위원회법을 통해서는 사찰에 재가신자들이 참여할 수 있는 운영의 제도적 장치는 마련되어 있다.

다만 종단 운영에서는 기본적으로 참여할 수 있는 제도적 장치는 없다. 그래서 어떤 형태로든 의무만 있고 권리는 행사하지 못하는 현실 속에서 어떻게 하면 종단 운영에 참여할 수 있을까 하는 부분이 가장 큰 과제이다.

그런 측면에서 제기된 하원 형태로라도 가야 된다거나 평신도회의를 준용해 신도들도 동등하게 참여할 수 있는 장치를 마련해야 하는 것이고, 이런 부분에 대한 논의를 계속해서 바람직한 실천의 형태로 가져가야 한다고 생각한다.

대화마당 4
불자의 정치 참여 방안

사회
이도흠(사부대중연대회의 기획위원장)

네번째 대화마당
청정성회복과 정법구현을 위한 사부대중연대회의
불자의 정치참여 방안
2012.10.16(화)오후 7시 ㅣ장충동 만해NGO교육센터

불교인의 정치 참여 방안
─ '탐진치 체제'를 벗어나는 길

손 석 춘 _ 건국대 교수

1. 문제 제기 : 부처님 오신 뜻

"오늘은 석가모니 부처님께서 이 세상에 오신 참으로 환희로운 날입니다. 부처님 오심은 온 우주의 생명에게 자유와 평등, 그리고 행복이라는 희망을 열어 주기 위함이요, 일체 생명들이 참나를 찾아 더불어 즐겁게 사는 아름다운 세상을 만들기 위함입니다. 오늘날 우리 사회에서 일어나고 있는 모든 불화와 갈등은 탐진치(貪嗔癡)가 그 원인입니다."

조계종 종정 진제 스님이 '부처님 오신 날'을 맞아 2012년 5월 18일에 낸 봉축법어의 핵심이다. 종정의 법어는 불교인에게 정치란 무엇인가를 모두 설명해주고 있다.

종정이 간명하게 지적했듯이 "부처님 오심은 온 우주의 생명에게 자유와 평등, 그리고 행복이라는 희망을 열어주기 위함"이다.

문제는 바로 여기서 시작한다. 부처님 오신 이유가 그렇다면, 부처님의 뜻을 따르는 불교인들이 할 일은 무엇인가? 명쾌하다. 온 우주의 생명은 아니더라도 적어도 우리와 더불어 이 땅에서 살고 있는 사람들에게 자유와 평등, 그리고 행복이라는 희망을 열어주는 데 있다. 일체 생명은 아니더라도, 적어도 우리와 더불어 이 땅에서 살고 있는 사람들이 참나를 찾아 더불어 즐겁게 사는 아름다운 세상을 만드는 데 있다.

바로 이 지점에서 우리는 정직하게 물어야 한다. 과연 조계종은 실제로 이 땅의 자유와 평등, 행복을 열어왔는가? 불교인들은 더불어 즐겁게 사는 아름다운 세상을 얼마나 만들어 왔는가? 발제자는 그 질문이 불교인의 정치 참여 방안과 이어져 있다고 판단한다.

2. 있는 그대로 보기 : 한국 사회의 병

불교는 있는 그대로 현실을 보라고 가르친다. 문제는 있는 그대로 보기의 어려움이다. 비단 해탈의 차원만이 아니다. 우리가 살고 있는 세상을 바라보는데 우리 대다수는 미디어에 의존한다. 하지만 미디어는 세상을 있는 그대로 보여주지 않는다. 세상을 있는 그대로 보려면 '수행'이 필요한 이유가 여기 있다.

불교인의 정치 참여 방안 문제도 현실을 있는 그대로 보는 데서 출발해야 한다. 왜 정치참여를 해야 하는가라는 근본적인 회의가 얼마든지 나올 수 있기 때문이다. 정치 이야기라면 귀를 씻는 불교인들도 적지 않기에 더 그렇다.

세상을 있는 그대로 보면, 한국 사회는 크게 병들어 있다. 적잖은 사람들이 그 말을 '은유'로 생각한다. 하지만 전혀 아니다. 한국 사회가 크게 병들어 있다는 진단은 은유가 아니라 엄연한 사실이다.

184

한국의 보수를 자처하는 사람들이 언제나 신뢰하는 나라, 또는 기댈 언덕으로 생각하는 나라가 있다. 미국이다. 미국을 대표하는 신문 <뉴욕타임스>는 결코 진보적 신문이 아니다. 그런데 바로 그 신문이 2011년 7월에 한국인 대다수가 정신병에 걸리기 직전이라고 보도했다.

<뉴욕타임스>는 그 이유를 명토 박아 밝히고 있다. 다음은 기사에 나오는 문장들이다.

"직장에서의 혹사, 상시적 불안, 과도한 스트레스가 일반적인 한국에서 학생들은 어느 때보다 학업 압박이 높아지고 직장인들은 퇴근 후 필름이 끊길 때까지 술을 마셔야 한다."

"한국을 보면 전 국민이 신경쇠약에 걸리기 직전의 상태인 것 같다… 한국의 자살률과 이혼율이 높아지고 있다."

"한국 사회가 물질주의로 향할수록 소속 구성원들은 자신과 타인을 비교하게 된다. … 자원이 적고 인구밀도가 높은 국가라서 고도성장을 한 한국에선 온갖 종류의 경쟁에 어렸을 때부터 노출되게 된다."

"한국의 젊은이들은 특히 만성적 우울 위험에 놓여 있는 것 같다. … 한국 학생들은 초기부터 맹렬한 학업 압박에 놓이기 때문이다."

어떤가. <뉴욕타임스>의 보도가 사실이 아니라고 주장할 사람 있는가? 이 신문의 보도는 있는 그대로의 한국 사회 풍경화다. 흔히 옆에서 보면 더 잘 보인다고 한다. 미국 신문기자가 본 대한민국은 한마디로 줄이면 '정신병동'이다.

객관적 통계는 미국 언론 보도의 타당성을 입증해 주고 있다. 대한민국의 자살률은 30여 개 경제협력개발기구(OECD) 가운데 가장 높다. 출산율은 198개국 가운데 꼴찌다.

이 간명한 객관적 사실은 무엇을 의미하는가? 대한민국은 새로운 생명을 불러오길 가장 꺼려하고 스스로 목숨을 끊고 싶어 하는 사람들이 가장 많은 나라임을 뜻한다.

그 삶과 죽음의 끔찍한 통계 사이에 우리가 짚어야 할 객관적 수치는 더 있다. 한국인의 평균 노동시간이다. 한국인들이 평균적으로 일하는 시간은 연 2,100시간이 넘는다. 2012년 현재 보수정당이 집권하고 있는 독일과 견주면 연 600시간의 차이가 난다. 세계에서 가장 긴 노동 시간을 기록하고 있다.

청소년은 긴 시간 입시 경쟁에 허덕이고, 20대와 30대 사이에는 삼포세대(연애, 결혼, 출산 포기)라는 말이 나돌며, 이혼율이 가파르게 치솟고, 술 소비량과 비정규직의 비율이 가장 높은 나라, 대한민국이다.

문제는 우리에겐 이 사실들이 다가오지 않는 데 있다. 신문과 방송을 보면 전혀 다른 게 나타나기 때문이다. 한국 텔레비전 드라마에 나오는 등장인물들은 부유층의 자제이거나 신데렐라 콤플렉스를 자극하고 있다.

있는 그대로의 현실에서 우리는 다시 조계종 종정의 말을 짚을 필요가 있다. 온 우주의 생명에게 자유와 평등, 그리고 행복이라는 희망을 열어 주기 위함이라는 말은 현실에서 어떻게 다가올까?

자유와 평등, 행복이라는 말이 혹시라도 공허하게 들릴 수 있다면, 그 이유는 무엇일까? 오늘의 불교인들이 반드시 짚어야 할 문제다. 더구나 종정은 법어에서 "일체 생명들이 참나를 찾아 더불어 즐겁게 사는 아름다운 세상을 만들기 위함"이라고 부처님 오신 의미를 강조했다.

참 탁월한 설명이다. 일체 생명들이 참나를 찾아 더불어 즐겁게 사는 아름다운 세상을 만들기 위해 부처님이 오셨다면, 거듭 강조하거니와 불교인들이 할 일은 분명하다. 마땅히 그 길을 따라가는 데 있다.

하지만 지금 우리는 일체 생명은 차치하고라도 일체 국민이 참나를 찾을 수 있는가? 우리와 함께 살고 있는 세상에서 벌어지고 있는 일, 하지만 신문시장을 독과점하고 있는 조선일보, 동아일보, 중앙일보와 방송 3사 뉴스에선 보도되지 않거나 축소된 사건을 톺아보고 그 의미를 짚어 보자.

<사건 1>

경기도 부평의 한 서민 연립주택 단지에서 착하기로 소문나 별명이 '천사표'였던 서른네 살 주부의 이야기다. 초등학교 같은 반 친구였던 남편과 딸·아들을 낳고 행복했던 그녀의 생활에 국제통화기금(IMF) 이후 한국 사회에 뿌리내린 신자유주의 체제의 어두운 그림자가 엄습해 왔다.

남편이 일하던 가구회사가 부도가 났다. 밀린 월급도 받지 못했다. 남편이 실직할 때 막내가 태어났다. 남편은 딱히 다른 직업을 가질 수 없었다. 건설 현장에서 일용직 노동자로 일했다. 하지만 비정규 일용직이라서 일감이 없는 날이 더 많았다.

그래서다. 남편과 결혼 뒤 줄곧 주부로 살아왔지만, 그녀는 틈날 때마다 식당에 나가 허드렛일을 했다. 하지만 셋째 아기를 낳은 뒤에는 그 일마저 할 형편이 아니었다. 어린 자녀를 두고 부부가 문을 잠그고 나갔다가 불이 나 아이들이 모두 숨졌던 사건을 텔레비전으로 보았던 게 악몽처럼 떠올랐다.

결국 입에 풀칠이라도 하기 위해 은행에서 1,000만 원을 빌렸다 남편 이름의 카드로 1,000만 원 대출도 했다. 은행 신용카드 3개로 빚을 돌려 막았다. 남편과 자신, 모두 신용불량자로 분류됐다. 빚 독촉에 시달렸다. 카드빚 갚으라는 독촉 전화가 시도 때도 없이 걸려 왔다. 아기가 피부병으로 괴로워 보채도 병원에 갈 치료비가 없었다.

그녀는 남에게 아쉬운 소리를 해야 하는 신세를 비관했다. 아이들의 장래를 생각하면 잠을 이룰 수 없었다. 며칠 전에도 아기가 열이 심해 병원에 가야 하는데 돈이 없었다. 더구나 큰 딸이 학교에서 수영장으로 현장 학습을 가는 날이었는데, 참가비 3,800원을 줄 수 없었다. 수영장에 가지 못한 딸에게 더없이 미안했다. 그녀는 그날 찾아왔던 친구에게 물었다.

"살기 힘들어, 내가 자살하면 저 아이들은 어떻게 될까."

친구가 돌아간 뒤 그날 오후 늦게 그녀는 막내를 등에 업고 어린 남매의 손을 두 손에 꼭 잡은 채 16평짜리 서민아파트를 나섰다. 1,700만 원짜리 전세였다. 자신과 아이들이 한 번도 살아보지 못한 고층아파트 단지를 찾았다.

승강기를 탈 때만 해도 아이들은 신기해했다. 15층 꼭대기에서 내렸다. 반 층을 내려가 창문을 활짝 열고 밖을 보았다. 저녁 6시. 창 밖에는 이슬비가 내리고 있었다.

다섯 살 아들을 가슴에 꼭 안고 창밖을 보던 여성은 돌연 아이를 떠밀어 15층에서 떨어뜨렸다. 초등학교 1학년이던 큰 딸은 곧장 자신에게 다가온 엄마에게 뒷걸음치며 외쳤다. "엄마! 살고 싶어요." 엄마는 손사래 치는 딸을 기어이 두 팔로 안았다. 딸은 부르댔다. "엄마, 살려주세요."

하지만 엄마의 힘을 당할 수 없었다. 기어이 창밖으로 밀려났다. 무서움에 비명도 지르지 못하고 꽃잎처럼 허공에서 차디찬 아스팔트로 떨어졌다. 마지막으로 등에 업었던 아기를 가슴에 품은 채 자신도 몸을 던졌다. 네 사람의 선혈로 아스팔트는 붉게 물들었다. 비극으로 삶을 마친 30대 여성이 바지 주머니에 남긴 유서는 간단했다.

"아이들에게 미안하다. 살기 싫다."

유서 아래는 고향의 친정집 전화번호가 적혀 있었다. 대한민국 수도권에서 일어난 참극이다.

참사가 일어나자 대다수 언론은 '비정의 모정'이니 '모진 모정'이라고 몰아세웠다. 하지만 이웃 사람들의 증언은 전혀 달랐다.

"천사표였어요. 부부 금슬도 좋았고요. 아이 엄마가 참 아이들을 끔찍이 사랑했어요. 너무 사랑한 나머지...."

사고 당일에도 아이들 옷을 정성껏 빨래했다. 사건을 담당한 부평 경찰서에 따르면, 생활고를 비관한 자살 사건이 부평 지역에서만 일주일에 한두 건은 접수된다. 병사는 더 많다. 오랜 시간 알코올에 찌들어

폐와 간이 망가져 피를 토하고 죽은 변사체로 발견된다.

〈사건 2〉

참극은 곰비임비 이어진다. 역시 수도권인 경기도 고양에서 마흔여덟 살의'붕어빵 노점상'이 스스로 목을 맸다. 동갑내기 아내와 더불어 10년 넘게 지하철 역 주변에서 먹거리 노점을 했다.

몸에 문신이 가득한 폭력배가 날뛰며 노점상을 단속하던 바로 다음 날, 조용히 목숨을 끊었다. 자신은 물론, 함께 노점을 하던 아내가 단속반에게 구타당하는 꼴을 하릴없이 보아야 했다.

머리칼이 하얗게 변해 가는 아내에게 밤새 미안하다는 말만 되풀이할 수밖에 없던 마흔여덟 살 남편의 심경은 어땠을까. 노점을 못해 아침 일찍 일자리를 구하러 노동시장에 나갔지만 일용직 일자리도 구하지 못해 결국 공원 나무에 목을 맬 때의 피멍 든 가슴을 상상해 보라.

〈사건 3〉

비단 자살만이 아니다. 두 자살 사건이 일어난 사이에 우리가 잊기 어려운 삶과 죽음이 있었다. 예순아홉 살에 이르도록 평생 남의 땅에서 농사를 지어 살던 농부의 삶을 돌아보자.

농부는 초등학교 '기본권'조차 누리지 못했다. 소년 시절부터 소작을 해야 풀칠을 할 수 있었다. 일흔을 앞둔 어느 날, 늙은 농부는 아스팔트 위에 섰다.

"농민도 사람답게 살고 싶다"며 농민대회에 참석했다. 이 땅에 뿌리 내리던 신자유주의 체제와 농업 개방 물결에 항의하는 집회였다. 서울 여의도 국회의사당 앞이었다. 신고 된 집회 장소 안에서 조용히 지켜보고 있던 늙은 농부에게도 경찰의 진압봉과 방패는 살천스레 찍혔다. 머리, 입, 코에서 피를 흘리며 쓰러졌다. 고통 속에 병원으로 실려 갔다. 하지만 등뼈와 목뼈가 손상되었다. 뇌와 몸을 이어주는 척수가 다

처 사지가 마비됐다. 10시간이 넘는 수술을 받았으나 끝내 숨졌다. 그
렇다. 조금도 보탬 없이 쓴다. '공권력'은 늙은 농부를 대낮에 때려 죽
었다.

〈사건 4〉

늙은 농부가 참혹하게 숨진 뒤 열 달도 지나지 않아서다. 대한민국
에 한 노동자가 살고 있었다. 마흔다섯 살 이르도록 건설 현장에서 일
했다. 화장실도, 구내식당도 없는 일터에서 비바람 맞으며 비정규직 일
용노동자로 애면글면 살아갔다. 대한민국 대표기업인 포스코 앞에서
부당노동행위에 항의하는 집회에 참석했다. 그곳이 삶의 마지막이었다.
공권력에 에워싸여 온 몸에 피멍 들도록 발길질 당했다. 방패에 찍혔
다. 갈비뼈와 두개골이 골절되었다. 그렇다. 한 점 과장 없이 쓴다. 중
년의 노동자를, 공권력은 때려죽였다.

〈사건 5〉

다시 열 달이 채 지나지 않아서다. 대한민국에 50대 택시 노동자가
살고 있었다. 그 사람을 잘 아는 사람은 다음과 같이 말했다.

"민중처럼 생긴 민중, 농민처럼 생긴 노동자, 말수 없는 실천가, 어
디서나 똑똑한 척 하지 않고 소처럼 빙긋이 웃는 그 모습, 마음 깊은
곳에 심장에 남는 미소, 무공해 중에서도 가장 무공해 민중."

누구든 그와 마주친 사람은 공감할 터다. 평범한 농부의 아홉 남매
가운데 다섯째로 태어났다. 중학교를 중퇴하고 서울로 올라왔다. 중국
집 배달을 비롯해 생활전선에 내몰렸다. 쉰네 살까지 홀로 살았다. 달
동네 지하 단칸방에 살면서도 월급 120만 원을 쪼갰다. 진보정당은 물
론, 여러 시민단체에 회원으로 꼬박꼬박 회비를 냈다. 사납금에 쫓기면
서도 틈나는 대로 책을 읽었다.

경기도 철원군 농민들이 경찰에 연행 당했을 때다. 주름이 깊은 택

시노동자는 경찰서 앞에서 새벽까지 농민들을 기다렸다. 대중교통이 끊어진 시각이기에 기다렸다가 철원군까지 태워 줬다. 물론, 무료였다. 결코 녹록치 않은 생업으로 언제나 피곤했지만 집회와 시위 현장에 꼬박꼬박 참여했다. 한·미 자유무역협정(FTA)을 저지하기 위해 마지막 순간까지 싸우던 그는 협정 타결이 임박하자 기어이 자신의 몸을 살랐다. 불덩이가 되어서도, 구급차에 실리면서도, 마지막까지 외쳤다.

"한미 FTA 중단하라."

더러는 지금이 분신자살 할 때냐고 사뭇 눈을 흘긴다. 하지만 그분의 유서는 윤똑똑이들을 날카롭게 고발한다.

"토론을 강조하면서도 실제로 평택기지 이전, 한미FTA에 대해 토론한 적 없다. 숭고한 민중을 우롱하지 마라. 언론을 오도하고 국민을 우롱하지 마라."

택시노동자가 몸을 불사르며 호소했지만, 바로 다음날에 정부는 미국과 협정 타결을 발표하며 의기양양했다. 대다수 신문과 방송은 찬가를 합창했다. 마치 곧 선진국이라도 될 듯이 곰비임비 나팔을 불었다.

<사건 1>에서 <사건 5>까지 참극을 바탕으로 진지하게 묻는다. 대체 누가 사람을 죽이고 있는가. 누가 살인을 하는가. 시야를 조금만 넓혀도 사람이 사람을 죽이는, 살인의 문제가 우리가 생각하는 것보다 훨씬 더 뿌리가 깊다는 사실을 쉽게 간파할 수 있다. 두루 알다시피 불교는 살생을 금한다.

그래서다. 우리는 종정의 다음과 같은 법어에 불교인으로서 공감할 수 있다.

"오늘날 우리 사회에서 일어나고 있는 모든 불화와 갈등은 탐진치가 그 원인입니다. 탐욕으로 인하여 갈등이 일어나고, 성냄으로 인하여 투쟁이 일어나고, 어리석음으로 인하여 사리를 올바르게 판단하지 못하니, 이로 인해 괴로운 과보는 반복되며 세상은 고해를 벗어나지 못하고 있습니다. 계층·지역·빈부·이념·종교 등의 모든 갈등은 시비와 투쟁으로 표출되며, 정치·경제·사회·문화·교육 등 모든 면에 충돌을 일으켜 행복해야 할 인류가 불안과 공포의 고통에 시달리고 있습니다. 우리 모두의 마음에 도사리고 있는 이 같은 탐욕과 성냄과 어리석음을 떨쳐 버리고, 내 마음에 본래 갖추어져 있는 반야의 밝은 지혜를 회복하기 위해서는 인인개개(人人個個)가 참나를 찾아야 합니다.”

종정의 법어를 바탕으로 다시 있는 그대로의 세상을 짚어 보자. 먼저 탐욕이다. 탐욕을 벗어나야 한다는 불교의 가르침은 그 어느 때보다 우리에게 다가올 수 있다. 부익부빈익빈이 커져 가고 있기 때문에 더욱 그렇다.

다만 조금 더 나아갈 필요가 있다. 과연 누가 지금 탐욕에 가득 차 있는가? 아파트 고층에서 세 아이와 함께 떨어진 젊은 엄마에게 탐욕을 자제하라고 권할 수 있는가? 노점상 아내의 폭행에 결국 목을 맨 지아비에게 탐욕을 찾을 수 있는가? 그렇지는 않다. 우리가 탐욕을 벗어나라고 할 때, 불교인들은 그 이야기를 누구에게 해야 옳고 누구에게 해서는 안 될 말인지를 성찰할 때가 되었다.

성냄은 어떤가. 불교인들은 “계층·지역·빈부·이념·종교 등의 모든 갈등은 시비와 투쟁으로 표출되며 정치·경제·사회·문화·교육 등 모든 면에 충돌을 일으켜 행복해야 할 인류가 불안과 공포의 고통에 시달리고 있다”는 법어의 실천적 의미를 새겨볼 필요가 있다.

가령 부익부빈익빈이 커져갈 때 그 안에서 갈등이 일어나는 것은 자연스러운 현상이다. 그런데 그 갈등을 과연 성냄을 넘어서야 한다는 설법으로 풀 수 있을까.

붓다가 살았던 시대와 오늘의 시대는 확연하게 다르다. ‘부처님 오신 뜻’을 오늘의 시점에서 다시 새겨본다면, 불교인들이 할 일은 또렷

하다. 성냄을 일으키는 조건이 무엇인가를 살펴보아야 옳다. 그게 붓다
가 가르친 연기법 아니던가.

어리석음은 탐욕과 성냄의 뿌리다. 그렇다면 어리석음에서 벗어나
기 위해 무엇을 해야 할까. 발제자는 바로 그 지점에 불교인이 정치
참여를 성찰하는 의미가 있다고 판단한다.

3. '탐진치 체제'와 불교의 가르침

국민 대다수가 신경병에 걸리기 직전에 있다면, 경제적 절망과 생
존 위협으로 하루 40명 넘게 스스로 목숨을 끊는 나라에 우리가 살고
있다면, 불교인으로서, 아니 불교인이기 이전에 한 사람의 성숙한 인간
으로서 우리는 그 병과 부조리를 고치는 일에 나서야 한다.

생각해 보라. <뉴욕타임스>가 보도한 직장에서의 혹사, 상시적 불
안, 과도한 스트레스, 학생들의 학업 압박 따위로 불거진 병리적 현상
들이 마음을 바꾼다고 풀 수 있는 문제인가? 아니다.

그렇다면 어떤가. 동네에서 '천사표'로 불리던 34세의 젊은 주부가
세 아이를 고층 아파트에서 떨어뜨리고 자신도 목숨을 끊는 문제를
'마음'으로 해결할 수 있을까? 그 또한 아니다.

왜 그런가. 그 모든 문제들이 정치와 직결되어 있기 때문이다.

정치라면 알레지 반응을 보이는 사람들이 있다. 하지만 우리 모두
는 정치로부터 벗어날 수 없다. 정치에 무관심하거나 외면하는 데에
자부심을 갖는 사람들이 있다. 하지만 그것은 현실을 '있는 그대로 보
기'라는 붓다의 가르침과 어긋나 있다.

여기서 있는 그대로의 한국 현실을 바탕으로 오늘의 정치를, 이명
박 정부를 짚어 보자. 747(7퍼센트 경제성장, 4만 달러 국민소득, 7대
강국)과 '국민 성공시대'를 열겠다는 그의 약속은 사기와 실패로 판명

되었다. '상왕'으로 불린 친형 이상득과 '대통령의 멘토' 최시중만이 아니다. 청와대 최측근들이 줄줄이 감옥으로 갔다. 권력형 부패만도 아니다. 민간인을 불법 사찰하고 언론인들 해직이 이어지는 사태에서 단적으로 나타나듯이 민주주의가 뒷걸음질 쳤다. 국민 성공시대는커녕 부익부빈익빈이 커졌다. 남북관계는 무장 악화되어 북의 포격사태까지 일어났다. 모두 지난 5년의 정치로 빚어진 일이다.

반세기 남짓 참선에 정진해 온 현산 스님을 화엄사로 찾은 게 옹근 5년 전이다. 2007년 당시 이명박 후보는 자신이 집권해야 경제를 살리고 온 국민이 성공시대를 맞을 수 있다고 주장했다. 스님에게 많은 국민이 대기업 CEO 출신인 이명박 후보가 경제를 살리리라 믿고 있어서 그의 당선 가능성이 높다고 말했을 때다.

"이명박 후보가 부자로 성공했으니, 자신들에게도 부자는 아니지만 뭔가를 줄 수 있을 것 같은 막연한 기대가 있을 겁니다. 그러니 이명박 후보의 위장 전입이나 위장 취업 같은 게 터져도 지지율이 높지요. 세상이 힘들수록, 경제가 어려울수록, 경제를 바르게 펼 사람이 필요한데요. 국민들이 그걸 몰라요. 돈으로 모든 게 다 된다는 생각은 참으로 어리석은 짓이지요. 설령 이명박이 당선된다고 하더라도 오히려 문제는 더 커질 수 있어요."

이명박 정권 5년을 지켜본 지금 현산 스님의 법문은 더 빛난다. 당시 스님이 한국 사회가 이명박 같은 사람을 만들었다고 말할 때 표정은 연민으로 가득했다. 스님은 자비(慈悲)에 '슬픈 비'(悲)가 쓰인 까닭은 불쌍하게 여긴다는 뜻이며 "거짓을 말한다고 해서 이명박 씨를 미워해서는 안 된다"고 강조했다. 이명박 씨도 가난하게 컸으니 돈을 많이 벌고 싶고 욕심이 클 수 있다고 덧붙이기도 했다.

결론은 명쾌했다. 현산 스님은 "국민이 정신 차릴 때"라고 강조했다. 그 말을 들었을 때가 2007년 12월이었는데 그렇다면 지금은 어떨까. 우리 국민은 과연 정신 차렸는가? "경제가 어려울수록, 경제를 바르게 펼 사람이 필요하다."는 고승의 5년 전 가르침은 지금도 유효한 게 아닐까?

기실 2007년 대선 시점에 싱크탱크의 책임자로서 나 또한 이명박 후보는 결코 경제를 살릴 수 없다는 글들을 여기저기 기고하며 강연 다니고 있었다. 유권자의 판단에 도움을 주기 위해서였다. 신자유주의 정책은 서민 경제를 옥죌 수밖에 없기 때문이다. 그럼에도 대다수 신문과 방송은 이명박 후보의 '국민 성공시대'가 마치 실현 가능한 것처럼 여론화해 나갔다. 심지어 종단의 몇몇 스님들도 '이명박 대통령 만들기'에 앞장섰다.

그렇게 말한 언론인들과 종교인들은 자신이 무슨 일을 했는지에 대해 지금 성찰하고 있을까? 오늘의 시대를 정견과 연기의 가르침에 따라 꿰뚫어보아야 할 이유가 여기 있다.

우리는 흔히 21세기를 '글로벌 시대'로 규정한다. '지구촌'이란 말조차 어느새 촌스럽게 다가올 만큼 '글로벌 스탠더드'가 시사용어로 확고히 자리 잡았다. 글로벌 시대나 글로벌 스탠더드를 부르대는 사람들이 언제나 강조히는 게 있다. 바로 경쟁이다. 국가 경쟁력, 시장 경쟁력, 지역 경쟁력, 기업 경쟁력으로 이어지는 담론들이 쏟아진다. 마침내 개개인의 경쟁력을 지고지선의 가치로 무람없이 내세운다.

새삼 불교의 가르침을 톺아볼 까닭이 여기 있다. 불교는 언제나 근본적 물음을 던지며 허상을 벗어나 있는 그대로를 파악하는 지혜를 담고 있기 때문이다.

그렇다면 글로벌 시대의 근본적 물음이란 무엇일까? 간명하다. 무엇이 '글로벌 시대'인가라는 물음이 그것이다. 글로벌 시대라는 담론의 고정관념에서 벗어나 그것을 새롭게 파악하는 눈, 바로 불교가 우리에게 건네는 지혜다.

적잖은 한국인들이, 특히 젊은 세대일수록 불교와 '글로벌 시대'는 어울리지 않는다고 예단한다. 유럽과 미국에서 불교에 대한 관심이 높아가는 상황에서, 정작 1600년 넘도록 불교가 삶 깊숙이 깊은 영향을 끼쳐온 사회의 구성원들이 불교의 고갱이를 모르거나 아예 만날 기회도 없다면 얼마나 생게망게한 일인가.

불교가 한국인, 특히 청소년에게 '할머니 또는 아주머니의 종교' 정도로 받아들여지는 현실은 개탄스럽다. 그 이유가 무엇인가를 이제 찬찬히 짚어 볼 필요가 있다.

불교를 낡은 종교쯤으로 여기고 넘어가는 한국의 오늘은 이 땅의 전통문화는 물론, 세계적 흐름에 견주어도 몹시 부끄러운 일이다. 불교의 세계관은 현대 과학이 도달한 우주상과 가장 어금버금하고 포스트모더니즘의 철학은 물론, 해체론의 틀과도 맥락이 같다.

물론, '덕담'에 만족할 수는 없다. 대다수 현대인이 살아가는 구체적 생활의 시대적 과제와 정면으로 마주쳐야 옳다.

먼저 오늘의 시대를 있는 그대로 꿰뚫어보아야 한다. 그 동안 글로벌 시대를 줄곧 주창해 온 사람들은 경쟁을 부르대며 언제나 '신자유주의' 가치를 내세웠다. 모든 걸 시장에 맡기자는 논리 아래 공공부문을 '민영화'하고, 노동시장을 '유연화'하고 실물경제를 '금융화' 했다. 그 결과다. 부익부 빈익빈이 심화되고, 너나 할 것 없이 탐욕으로 물들어가는 비인간적 체제를 낳았다. 신자유주의를 비판할라치면 저들은 언제나 세계가 모두 그렇게 가고 있다고 윽박질렀다. 글로벌 스탠더드에 역행하자는 것이냐고 도끼눈을 떴다.

하지만 실상은 어떤가? 글로벌 스탠더드라고 주장해 온 바로 그 체제, 미국식 모델이 신자유주의의 본산지에서 한계에 부닥쳤다. 미국의 주류 경제학자들 스스로 오늘의 상황을 자신들이 알고 있는 경제이론으로 대응해 나갈 수 없다고 고백하는 상황이다. '글로벌 시대'를 있는 그대로 보아야 할 이유가 바로 여기에 있다.

명토 박아 두거니와 글로벌 스탠더드란 없다. 더없이 견고해 보이던 미국식 모델의 실체가 얼마나 부실한 허상이었는가를 우리는 생생하게 목격하고 있다. 기실 미국식 모델, 곧 신자유주의 경쟁체제가 지난 30여 년 동안 미국은 물론, 유럽 여러 나라의 복지국가 모델을 흔들고 경쟁 체제를 강요하면서 탐욕을 부추기며 인간성을 황폐화해 갔다. 미국과 유럽에서 불교의 가르침에 귀 기울이는 사람들이 늘어나는 까닭이기도 하다.

그렇다. 세계는 지금 정신적이든 경제적이든 두루 전환점을 맞고 있다. 너와 나를 엄격히 구분하고 '나는 생각한다, 고로 나는 존재한다'로 상징되는 서양 문명은 또렷한 한계를 드러냈다. 개개인의 탐욕에 바탕을 둔 신자유주의 경제체제가 지속가능한 체제일 수 없다는 사실도 명확하게 드러났다.

세계사적 전환점에서, 그렇다면 불교는 무엇을 해야 할까? 기복종교나 산중종교로 머물러 과연 그 시대적 과제를 감당할 수 있을까? 새로운 불교운동이 절실한 까닭이다.

새로운 불교는 탐진치로 찌든 경쟁 체제―불교는 그 체제를 '탐진치 체제'로 명명할 수 있다―에서 살아가는 현대인에게 새로운 삶의 길을 제시해야 옳다. 그 길은 신자유주의를 넘어선 새로운 사회를 구현하는 과제와 이어져 있다.

내 안의 부처 못지않게 내 안의 이명박과 마주해야 한다. 권력과 자본을 평생의 사업으로 좇는 사람만 두고 하는 말이 아니다. 권력과 자본을 비판하는 사람들 가운데도 권력과 자본을 추구하는 내면을 앙상하게 드러내는 사람들이 적지 않기 때문이다.

무릇 불교는 개인의 해탈과 동시에 같은 시대를 살아가는 모든 사람의 해탈을 추구한다. 살불살조, 회두토면, 입전수수의 가르침을 21세기 현실에 맞게 창조적으로 구현해 가야 할 이유다.

4. 정치 참여의 세 가지 길

불교는 출발부터 탐·진·치를 넘어서야 한다고 가르쳐왔다. 문제는 우리 정치가 '탐진치 체제'의 핵심인 미국식 신자유주의를 지금도 '유일신'처럼 맹신하고 있다는 점이다. 이명박 정부가 부자 감세와 규제 완화로 치달아 온 것이 그 보기이다. 바로 그렇기에 정치권 앞에 불교가 해야 할 일은 단순히 종교 차별을 해소하라는 요구일 수 없다.

문제는 탐진치 체제, 힘과 돈으로 탐욕을 멈추지 않는 사람들과 그들이 주도하는 정치에 오늘의 불교인들이 어떻게 대응할까에 있다. 불교인들이 탐진치 체제를 넘어서는 데는 다음 세 가지 길이 있다.

첫째, 설법의 길이다. 탐진치로 가득 차 자신의 탐욕만 챙기며 정리해고를 일삼는 정치세력을 불법으로 설복하는 방법이다. 불교인이라면 당연히 해야 할 일이다. 그런데 그런 일을 하는 스님들은 과거에도 많았고 지금도 많다. 하지만 어떤가. 그 설복은 효과가 있었던가? 아니다. 현실의 경험은 우리에게 그 설복에 나섰던 스님들이 오히려 권력과 유착하거나 자본과 유착했던 사실을 입증해 주고 있다. 물론, 그렇다고 해서 권력과 자본에게 불법의 고갱이인 '탐진치 넘어서기'를 가르치는 일에 소홀할 필요는 전혀 없다. 다만, 그런 방법에는 한계가 있다는 사실을 불교인들이 직시할 필요는 있다.

둘째, 보시의 길이다. 정치에 회의적인 불교인들이 선택하는 참여 방안이다. 정치판은 죄다 부패했기 때문에 개개인의 보시를 강조한다. 기실 보시는 훌륭한 선택이다. 불교인들 가운데 가난하고 고통 받는 사람들을 위해 서슴없이 보시하는 사람들이 있다. 본받을 만하다.

하지만 어떤가. 그 개인적 보시에는 한계가 있게 마련이다. 더구나 거액의 보시를 기부하는 대상 단체들을 보면 의아할 때가 적지 않다. 정작 필요한 사람들에게 전달하지 못하는 안타까움도 있다. 보시의 가장 보편적 길은 개개인의 보시를 법제화하는 방안이 아닐까. 사회복지 제도를 입법하고 그것을 현실로 구현하는 방법이 그것이다.

셋째, 입법의 길이다. 보시를 보편화 할 수 있는 정치·경제 체제를 만드는 정치 행위에 적극 참여하는 방안이다. 사회복지 제도를 제도화하기 위해서는 입법이 필요하다. 가난하고 고통 받는 사람들도 불법을 배우고 해탈을 추구하는 삶을 살 수 있도록 제도를 바꾸는 일 - 바로 그것이 정치다 - 에 적극 나서는 일이다.

설법과 보시, 입법의 길은 서로 배치되는 게 아니다. 나는 설법과 보시, 입법 모두 불교인들이 꾸준히 해나가야 한다고 판단한다. 다만 지금까지 설법과 보시만 강조된 게 아니었을까, 입법의 효용성과 당위성은 외면 받아 오지 않았는지 성찰이 필요하다. 더구나 설법과 보시의 길을 걸으며 정작 사회복지를 외면하거나 오히려 억압하는 정치 세력을 편들어 온 어리석음을 범해 온 것은 아닌지 냉철하게 불교가 걸어온 길을 톺아보아야 한다.

설법과 보시, 입법을 모두 추진할 때, 세 가지 길은 서로에게 도움을 줄 수 있고 '시너지 효과'를 낼 수 있다. 제대로 된 설법, 제대로 된 보시, 제대로 된 입법으로 한 단계 한 단계 더 나아갈 수 있다.

그런 선순환이 이뤄질 때 불교는 21세기에 새로운 중흥을 이룰 수 있다. 그러려면 사부대중 모두 일상생활에서 자신부터 변화하겠다는 결기가 필요하다.

지금 여기서 살아가는 중생의 고통을 덜어 주는 일에 불교가 벅벅이 나서야 한다는 인식에서 출발해야 한다. 신자유주의를 넘어서는 새로운 담론을 지며리 구성하고 여론화 해 나가야 옳다. 탐진치 체제인 신자유주의와 다른 경제, 불교적 경제 발전, 그 대안을 만들어가는 일이 한국 불교 앞에 놓인 시대적 과제다.

현재 대한민국 복지는 경제협력개발기구(OECD) 가운데 꼴찌 수준이다. 국내총생산에서 복지 지출 비중은 9퍼센트(%)다(2009년). OECD 평균이 20%인 사실에 비춰 본다면 부끄러운 수치다. 예산 대비 복지지

출 비율 28퍼센트, 또한 OECD 평균인 45퍼센트에 견주면 어림없다. 독일·프랑스·스웨덴은 60퍼센트 선이다.

그럼에도 이명박 정부는 대한민국이 이미 복지국가에 들어서고 있다고 주장했다. 보수, 진보를 넘어 국정 책임자로서 걱정스러운 모습이다. 등록금 문제도 마찬가지다. 세계 1, 2위를 다투는 등록금으로 대학생들은 줄지어 신용불량자로 전락했다. 거기서 그치지 않는다. 등록금으로 자살하는 대학생도 나타나고 있다.

지금 이 순간도 복지를 포퓰리즘으로 비난하는 윤똑똑이들이 있지만, 이명박 정부가 들어선 뒤 부자들에게 주로 혜택이 돌아간 감세정책만 되돌리면 대학 등록금을 당장 절반으로 줄이고도 남는다. 해석의 여지가 필요 없는 객관적 수치다. 그럼에도 그것이 포퓰리즘인가? 전혀 아니다. 조계종도 격동하는 사회 흐름에 대안을 내놓으며 담론 형성에 능동적으로 참여해 가야 한다.

먼저 탐진치를 부추기는 정치·경제 체제의 대안을 사부대중이 더불어 적극 학습하고 소통해 나갈 것을 제안한다. 스님들부터 법회를 통해 탐진치를 벗어나는 길을 적극 공론화 해 가야 옳다. 현대사회의 담론을 무시한 채 전근대 사회에서 통용되던 담론으로 법회를 해 나갈 때 외면 받을 수밖에 없다. 붓다의 가르침을 현대 사회에 맞춰 설명해 나가야 한다. 누구보다 붓다 자신이 상대의 근기에 따라 설법하지 않았던가?

불교인들도 기복 불교를 벗어나 불교의 고갱이를 학습하고, 그것을 현대 사회에서 어떻게 구현해 나가야 옳은지 공부해 나가야 한다. 바로 그렇기에 종단에서 설립한 불교사회연구소가 싱크탱크로서 그 책임을 다해야 마땅하다. 현대 사회의 문제점에 대한 불교적 관점과 대안을 생산하고, 그것을 전국의 모든 사찰에 배포해 불교인들과 소통해 나가는 시스템이 구축돼야 한다. 전국의 모든 절에서는 불교인들이 탐진치라는 붓다의 가르침을 '지금 여기서' 어떻게 구현해 나가야 옳은지 함께 학습하고 토론하며 소통하는 정기모임을 조직할 필요가 있다. 조계종 신도회나 엔지오단체들이 이 일을 앞장서서 추진해 나가는 것도 바람직한 방법이다.

그런 학습과 토론, 소통을 바탕으로 한국 사회의 방향을 결정짓는 투표에 적극 참여해야 옳다. 대선이든 총선이든 어떤 후보, 어떤 정당이 불교적 가치에 가장 적합한지 학습과 토론, 소통을 통해 결정할 필요가 있다. 물론, 그 과정에서 필요한 것은 열린 마음이다. 근거 없이 자신의 정치적 견해를 고집하거나 강요하는 모습을 벗어나는 데 불교의 가르침은 큰 의미가 있다. 고정관념 벗어나기, 바로 그것이 해탈 아니던가.

5. 2012년 대선을 어떻게 볼 것인가

지금까지 살펴본 맥락에서 코앞으로 다가온 2012년 대선을 진지하게 짚을 필요가 있다. 대선은 앞으로 5년, 국민 개개인의 삶에 큰 영향을 끼칠 선거이기 때문이다. 이미 대선의 윤곽도 현재 이명박 정부의 집권당인 새누리당의 후보 박근혜, 민주당 후보 문재인, 무소속의 안철수 3파전으로 나타났다.

바투 다가온 대선을 우리는 어떻게 보고 대처해야 할까. 대선의 의미를 꼼꼼히 파악하는 데서 출발해야 옳다. 정치학 원론으로 말하자면, 대선은 지난 5년의 정치에 대한 심판이다. 물론, 그 실정의 심판은 단순한 과거의 평가가 아니다. 심판의 핵심은 앞으로 청와대에 들어설 새 대통령의 기준과 곧장 이어진다.

첫째, 새 대통령은 무엇보다 경제를 살려야 한다. 여기서 핵심은 누구의 경제인가에 있다. 기실 부익부빈익빈으로 국민 대다수가 고통 받고 있을 때, 수출대기업들은 축배를 들어왔다. 삼성전자와 현대자동차는 지난 15년 동안 몸집을 크게 늘렸다. 문제는 그들의 성장이 국민경제와 선순환구조를 갖지 못하는 데 있다. 따라서 새 대통령은 대기업과 국민경제의 선순환 구조를 이루어 부익부빈익빈을 해소해야 한다. 그 시대적 과제에 가장 적합한 후보는 누구인가. 바로 그것이 새 대통령을 선택하는 판단 기준이어야 한다.

둘째, 새 대통령은 민주주의를 체현하고 있어야 한다. 국정 전반에 걸쳐 뒷걸음질 쳤던 민주주의를 되살려 내야 한다. 민주주의가 정착되는 과정에서 '권력형 부패'는 자연스럽게 해결될 수 있다. 대통령과 그의 가족, 참모들이 민주주의 원칙에 충실하다면, 부패의 길로 들어설 가능성은 원천적으로 차단된다. 한국 대통령의 가족, 친인척들이 아직도 부패의 수렁에서 헤어나지 못하는 현상은 참으로 부끄러운 일이다. 대통령이 가족, 친인척은 물론, 참모들의 비리가 터져 '사과'하는 일이 더는 일어나서는 안 된다. 그 시대적 과제에 가장 적합한 후보는 누구인가, 어떤 후보와 그의 참모들이 깨끗한가, 그것이 판단 기준이다.

셋째, 남북 관계를 새롭게 발전시켜 가야 한다. 이명박 정권 들어 남북 관계는 파탄 났다. 경제 협력도 전혀 이뤄지지 않고 있으며, 대북 압박 정책의 결과는 우리가 생생하게 지켜보고 있듯이 북의 연평도 포격이라는 호전적 대응만 불러왔다. 새 대통령은 남북 대화의 철학이 뚜렷하고 실천 능력을 갖춰야 한다. 그 시대적 과제에 가장 걸맞은 후보는 누구인가. 그 후보를 선택해야 옳다.

지금까지 제시한 세 기준을 누가 충족시키는가는 사람마다 판단이 다를 수 있다. 다만, 분명하게 짚고 가야 할 원칙에는 우리가 합의할 수 있다. 시대적 과제와 그것을 풀어야 할 적합한 후보를 판단기준으로 삼는 게 옳다면, 대통령 선거 앞에서 정파 - 정쟁의 차원이나, 지역 정서 차원은 깔끔하게 벗어나야 한다.

그 기준에 설 때 국민 개개인은 물론, 불교인들이 할 일은 또렷하다. 누가 세 가지 시대적 과제를 풀어가는 데 가장 적실한가에 대한 판단 자료를 적극 소통해야 옳다. 종교와 시민사회 단체들이 처음부터 특정 후보를 내놓고 지지하는 것은 누구를 위해서도 바람직하지 않다. 시대적 과제를 내놓고 그것을 누가 풀 수 있을까, 또 누가 가장 성실하게 그 과제를 풀기 위해 노력할까에 초점을 맞춰야 한다.

결코 막연한 일이 아니다. 종교와 시민사회 단체들이 회원들과 더불어 지역별로 학습하고 토론하는 소모임을 만들어 모든 선입견을 열어놓고 토론에 나서길 권한다. 그 토론을 통한 결론은 단체 내부는 물론 외부에도 알려 소통해야 한다. 그 과정을 통해 우리는 정치가 국민 개개인의 삶을 어떻게 바꿀 수 있는지 학습할 수 있다. 학습하고 토론하고 소통하는 일상의 '생활정치'는, 아니 그 생활정치만이 2012년 대선을 넘어 이 땅에 참된 민주주의와 통일을 벅벅이 일궈 낼 수 있다.

선진국으로 가자는 데 반대할 국민이 있을까? 없다. 문제는 선진화의 내용이다. 남과 북이 통일을 이룬 땅에서 모든 사람이 사람답게 살 수 있도록 사회적 복지를 갖추는 정치의 길, 탐진치 체제를 벗어나는 길은 지혜와 자비라는 불교의 길과 맞닿아 있다.

"일체 중생이 병들었으므로 나도 병들었거니와, 만약 일체 중생이 병이 나으면 나의 병도 나을 것이다."

* 참고 문헌 1. 손석춘(2012). 붓다 일어서다. 서울: 들녘
2. ______(2008). 주권혁명. 서울: 시대의창
3. ______(2010). 민주주의 색깔을 묻는다. 서울: 우리교육
4. ______(2009). 신문 읽기의 혁명2. 서울: 개마고원
5. 이도흠(2012). '한국 불교의 문제점과 개혁 방안'. 사부대중연대회의 공청회/대화마당.

불교인의 정치 참여 방안에 대한 토론문

이 도 흠 _ 한양대 교수, 정의평화불교연대 사무총장,
사부대중연대회의 기획위원장

손석춘 교수의 논지에 전적으로 동의한다. 탐진치라는 세 틀로 한국사회를 분석하고 또 정치적 참여 방안을 모색한 것은 탁월하다. 이에 대한 비판이나 반론보다는 보론의 입장에서 불자의 올바른 정치참여 방안에 대해 몇 가지 보충한다.

1. 화탕지옥과 같은 한국사회

지금 한국 경제는 공황 직전이다. 공공기관과 지방 정부를 합한 국가부채는 938조 원에 이르며, 아파트 전세 시가 총액 908조 원을 포함한 실질적인 가계부채는 2,000조 원에 달하여 국가 디폴트 상태인 그리스와 스페인보다 나쁘다. 빚은 많고 태반이 비정규직이니 소비가 줄고 이는 불황과 부동산가 하락을 부르며, 이로 다시 개인파산

과 빚이 늘어나는 악순환이 계속되고 있다.

국민, 특히 서민들의 삶은, 손석춘 교수가 몇 가지 예로 든 사례에 잘 나타나듯이, 지옥과도 같은 삶이다.

860만 명에 달하는 비정규직 노동자들은 언제든 해고당할 수 있는 불안 속에서 같은 일을 하고도 절반의 임금을 받으며 겨우 삶을 연명하고 있다. 자영업자의 57.6퍼센트(%)가 100만 원도 벌지 못한 채 빚만 키우고 있고, 이도 여의치 않아 다단계판매로 나선 415만 명 가운데 4분의 3이 단 돈 1원도 벌지 못하였다. 정규직 노동자라 할지라도 전 세계 최장의 노동시간을 감당하면서도 치솟는 물가와 교육비에 눌려, 온도 차만 있을 뿐 생존이 버겁기는 마찬가지다.

하우스푸어에서 에듀푸어에 이르기까지 대다수 국민이 생존에 허덕이고 있으며, 그 중 상당수가 절망과 좌절, 분노를 자살이나 타인에 대한 폭력으로 분출하고 있다. 이 결과가 최저의 출생률과 최고의 자살률이란 지표로 나타나는 것이다.

이토록 부조리하고 사악한 정권을 맞아 불교는 침묵하고 있다. 탐욕으로 일관한 정권에 침묵했음은 물론, 목사 앞에 무릎을 꿇은 대통령이 노골적으로 훼불행위를 하여도 별 대응을 하지 못하였다. 한국 불교는 일제 강점기에는 천황을 떠받드는 황도불교(皇道佛敎)를 표방하고, 유신시대엔 '호국승군단'을 창설하였으며, 전두환 정권 때는 산문에까지 군인들이 난입하여 스님들에게 갖은 고문과 폭력을 가하였다.

2. 한국 불교가 정권으로부터 온갖 능멸을 당한 이유 열한 가지

어찌 하여 한국 불교는 정권의 시녀를 자처하면서도 정권으로부터 온갖 능멸을 당하는가. 정권만 탓할 일이 아니다.

이는 첫째, 개인의 깨달음만을 강조하는 쪽으로 불교를 해석해 왔기 때문이다. 둘째, 종단과 불자들이 호국불교 이데올로기를 극복하지 못하였기 때문이다. 셋째, 정권과 유착 관계가 멀리로는 일제 강점기, 가까이로는 군사독재 정권기부터 관례적 문화와 제도로 정착되었기 때문이다. 넷째, '떡고물'을 바라는 일부 권승들의 정권과 유착 카르텔이 공고하기 때문이다. 다섯째, 종단과 불교시민단체의 조직, 연대, 저항이 미약하기 때문이다. 여섯째, 불자들의 싱크탱크가 없고 불자 여론 주도층이 허약하기 때문이다. 일곱째, 종단 및 사찰의 재정이 정부 및 지자체의 지원으로부터 독립적이지 못하기 때문이다. 여덟째, 출가자와 재가자를 막론하고 불자들의 정치 의식이 높지 않고 종교적 순수주의의 이데올로기에서 벗어나지 못하기 때문이다. 아홉째, 불자들의 감시체계와 견제가 미약하기 때문이다. 열째, 사찰 및 첩보 활동을 통해 몇몇 스님들의 범계 행위 정보를 갖고 있는 권력층이 이를 순화의 도구로 적절하게 활용하고 있기 때문이다. 열한째, 현대 국가 구조 속에서 종단이 국가 이데올로기 기구로 기능을 하기 때문이다.

3. 올바른 정치 참여의 길 1
– 개인의 깨달음과 사회적 실천의 종합

대안은 당연히 열한 가지 요인의 원인을 분석하고 대처하는 것이다. 이 가운데서도 불자의 올바른 정치 참여를 위하여 가장 먼저 수행되어야 하는 것은 불교를 개인적 깨달음으로 국한한 것과 호국불교 이데올로기다. 불교는 과연 개인의 깨달음만을 추구하는 종교인가.

"그 중생은 빈궁으로 인해서 절도를 한다. 절도를 하기 때문에 즉 무기가 있고 그 무기가 있기 때문에 살해가 있다. 살해가 있기 때문에 탐취사음이 있고, 탐취사음이 있기 때문에 망어가 있다.”(“그 중생은 빈궁으로 인해서 절도를 한다. 절도를 하기 때문에 즉 무기가 있고 그 무기가 있기 때문에 살해가 있다. 살해가 있기 때문에 탐취사음이 있고, 탐취사음이 있기 때문에 망어가 있다.”(『장아함경』 제6권, ‘전륜성왕수행경’)

가난이란 원인 때문에 절도, 살해, 사음과 망어가 일어난다고 밝히고 있다. 이렇게 부처님은 가난이라는 사회구조적 문제가 개인의 악업을 짓는 원인이 된다는 점을 분명히 명시하였다. 개인의 마음과 사회구조, 개인의 업[별업別業]과 공동의 업[공업共業], 개인 윤리와 공동체 윤리는 서로 깊이 의존한다.

모든 고는 사회적이다. 남에게, 무시당하여, 미움을 받아서, 맞아서, 욕을 먹어서, 비난을 받아서, 빼앗겨서, 사랑받아서 괴롭다. 남을, 무시해서, 미워해서, 때려서, 욕해서, 비난해서, 빼앗아서, 사랑해서 편치 않다. 남이 없다면 이런 고통도 없다. 그 남은 원수나 적만이 아니라 부모와 자식, 부부와 형제처럼 가까운 이이기도 하다. 외려 가까운 사람일수록 나에게 많은 고통을 안긴다. 그리 남과 살아가려니 고통이 따른다.

많은 이들이 늙고, 병이 들고, 죽는 고통은 남과 상관이 없이 개인적이고 존재론적인 고통이라 생각하지만, 이 또한 사회적이다. 남이 없을 때 늙는다는 것은 그저 생명체의 순환 과정으로 고통을 주지 않는다. 남이 있어서 남보다 늙어 보이는 것이 괴롭고, 남과 어울려 놀고 운동을 하다 보니 늙음이 한스럽고, 늙었다고 받는 무시와 경멸이 가슴을 후비고, 남의 눈을 의식하여 젊어 보이려 화장을 하고 좋은 것을 먹고 성형을 하는 것이 고통스럽다.

병도 사회적이다. 병이란 세균이 내 몸에 침투하여 내 몸의 세포를 파괴하는 것이다. 남에게 스트레스를 받지 않는다면 내 몸은 대개의 경우 그 세균을 충분히 물리치지만, 남과 더불어 지내며 생긴 스트레스에 지친 몸은 몇 마리의 세균의 침입에도 견디지 못하고 병이 든다. 세균을 옮기는 것도 남이요, 그 세균을 관리하고 통제하는 사회와 국가의 역량과 조치에 따라 병은 다른 양상을 보인다. 국가의 질병 관리 및 예방 시스템에 따라 병은 창궐하기도 하고 사라지기도 한다. 어느 상품의 광고 문구처럼 피로는 간 때문이 아니다. 우리를 일터로 몰아 놓고 쉼 없이 일하게 하고, 타인과 경쟁하게 하고, 아무런 죄 없이 해고하고, 그에 항의하면 감옥에 가두는 자본주의 체제와 그를 폭력과 이데올로기에 기대어 유지하려는 국가 때문에 피로한 것이고, 피로한 몸은 병균이 싹을 틔우기 좋은 텃밭이다.

죽음도 마찬가지다. 남이 없다면 죽음은 육신의 소멸일 뿐이다. 남이 있어서 남의 죽음이 안타깝고, 남은 이들을 생각하기에 나의 죽음 또한 한스럽다. 또, 내 죽음에 주변의 사람과 사회와 국가가 영향을 미치고 관계한다. 교통사고나 살인, 병은 물론이고, 조용히 내 집 안방에서 맞는 죽음조차 타인이 관계한다.

다른 이에게 맞든, 고문을 당하든, 강간을 당하든, 폭력처럼 고통스러운 일이 없다. 태국의 존경받는 스님이자 환경운동가이자 평화 운동가인 술락 시바락사(Sulak Sivaraksa)는 구조적 폭력이 바로 고(苦)라고 선언하였다. J. Galtung은 직접적이고 물리적인 폭력과 함께 구조적 폭력(structural violence)과 문화적 폭력(cultural violence) 개념을 설정한다.

'구조적 폭력'이란 "(인간이) 지금 처해 있는 상태와 지금과 다른 상태로 될 수 있는 것, 잠재적인 것과 실제적인 것 사이의 차이를 형성하는 요인"이다. 이는 어떻게든 살아남으려 하고(생존욕구), 보다 나은 삶을 살려하고(복지에 대한 욕구), 타인에게 자신의 정체성을 드러내려 하고 (정체성에 대한 욕구), 모든 구속으로부터 자유롭고자 하는 (자유에 대한 욕구) 욕구들에 대해 '피할 수 있는 모독'을 가하는 것이다.

문화적 폭력이란 "종교와 이데올로기, 언어와 예술, 경험과학과 형식과학 등 직접적 폭력이나 구조적 폭력을 정당화 하거나 합법화 하는

데 사용될 수 있는 우리 존재의 상징적 영역이자 문화적 양상"이다. 별, 십자가, 국기와 국가, 사열식, 지도자의 선동적인 연설과 포스터 등이 이에 속한다.

예를 들어, 내가 위암에 걸려 죽었다면 그것은 구조적 폭력이 아니다. 누구를 원망할 일 또한 아니다. 하지만, 수술만 하면 살아날 수 있을 정도로 위암에 걸렸는데 수술비가 없어서 병원에서 치료를 거부하여 죽는다면 그것은 구조적 폭력이다. 무상의료를 실시하거나 의료보장이 잘 되어 있는 나라에서 살았다면, 나는 돈이 없다는 이유로 위암 수술을 거절당하는 모독을 피할 수 있었기 때문이다.

이처럼 자원을 불평등하게 분배하고 착취하는 것, 피지배층의 자율성이나 자치권 확보를 저지하는 것, 피지배계층을 서로 분열시키고 갈등하게 하는 것, 피지배계층을 사회에서 일탈시키고 소외시키는 것, 더 넓게는 강대국이 약소국을 종속의 관계로 놓고 수탈하는 것, 가부장주의로 여성의 사회 진출과 활동을 막고 안방에 가두는 것이 모두 구조적 폭력의 양상들이다.

위암으로 수술비가 없어 죽은 형을 둔 동생이 이를 통해 무엇인가 깨우치고, 무상의료를 주장하는 시민운동을 하는데, 이를 보수언론이 사회주의적 발상이라고 공격하고, 대중들도 그에 대해 "빨갱이" 운운한다면 이는 문화적 폭력이다.

사회에서 대중들이 타인에게 악을 행하지 않는 방법은 무엇인가. 하나는 성찰하여 반성하는 것이고, 다른 하나는 연기를 깨닫는 것이다. 지혜란 우주 삼라만상이 모두 원인과 결과로 맺어지고, 서로 밀접하게 관련되어 있어 아(我)란 없으며 공(空)임을 깨닫는 것이다.

하지만, 양자 모두 미봉책이자 지극히 비사회과학적인 대안이다. 이기적인 욕망을 추구하는 개인이 모여 이기적인 욕망을 더 충족할 수 있다는 보장을 믿고 개인의 욕망을 유보하고 이타적인 연대를 추구하는 것이 사회의 전제 조건이다. 이런 전제 조건에서 파생된 현대식 대안은 악을 행하지 못하고 선을 더 많이 행하도록 사회 체제 자체를 바꾸는 것이다. 이것보다 더 근원적이고 능동적인, 곧 탈현대적인 대안은 불일불이의 패러다임 아래 엔트로피가 제로 상태인 순환 시스템으로 개혁하는 것이다.

여기에 원효의 진속불이론(眞俗不二論)을 응용하면, 더욱 생명의 윤리를 확고하게 정립할 수 있는 길이 열린다. 금덩이를 녹여 금반지로 만들고 금반지를 녹이면 다시 금덩이로 돌아간다. 금반지에도 이미 금의 본성이 담겨 있다.

진제(眞諦)와 속제(俗諦), 부처와 중생도 마찬가지다. 중생의 마음은 본래 하늘처럼 청정하고 도리에 더러움이 없기에 중생은 경계를 지어 세계를 바라보지 않는다. 다만 본래 청정한 하늘에 티끌이 끼어 더러운 것처럼 무명(無明)에 휩싸여 경계를 지어 세계를 바라보니, 이 경계는 허망한 것이다. 이 모두 마음의 변화로 인하여 생긴 것이니 만일 마음에 허망함이 없으면 곧 다른 경계가 없어지고 중생 또한 본래의 청정함으로 돌아간다. 유리창만 닦으면 하늘이 다시 청정함을 드러내듯, 무명만 없애면 본래 청정한 중생 속의 불성이 스스로 드러나 중생이 바로 부처가 된다. 그러니, 깨달음의 눈으로 보면[원성실성圓成實性], 부처와 중생, 깨달은 자와 깨닫지 못한 자가 둘이 아니요 하나요, 중생이 곧 부처다.38)

그리하여 저 아름다운 연꽃이 높은 언덕에 피지 않는 것과 같이 내가 부처가 되었어도 열반의 성에 머무르지 않으며, 진흙 속에서 연꽃이 피는 것과 같이 세간의 중생을 구제한 뒤에 열반을 얻는다.

깨달음이란 어떤 계기를 통하여 세계를 전혀 다른 차원으로 인식하

---

38) 원효(元曉), 앞의 책, 639 - 하(下)~640 - 상(上)을 필자가 재해석함. 이제까지 원효의 재해석은 필자가 『화쟁기호학, 이론과 실제』(서울: 한양대출판부, 1999)에서 행하였던 것을 활용하였다. 이에 원효의 원문은 따로 인용하지 않는다. 이를 참고하기 바란다.

여 온갖 경험과 기억과 의식을 찰나적으로 재배열하는 것이자 '참나[진아眞我]를 찾아 존재를 거듭나게 하는 것이다. 하지만, 이것으로 깨달음이 완성되는 것이 아니다.

나를 둘러싸고 있는 우주 삼라만상의 모든 존재가 나와 깊은 연관을 맺고 있다는 것을 깨닫는 것이 지혜이고, 그를 위하여 그리로 가서 그들과 함께 하며 그들의 고통을 없애 주는 것이 바로 자비행이다. 타자를 구원하거나 계몽하는 것이 아니라 타자 속에 숨어 있는 불성을 드러내며, 그러면서 내 안의 불성도 깨닫는 것이다. 그러기에, 진정한 깨달음은 내가 그리로 가 그를 완성시키고 그를 통해 다시 나를 완성하는 행위다. 타인 안에서 부처를 드러내는 순간 나 또한 부처가 된다.39)

원효는 열반에 머무르지 않는다는 부주열반(不住涅槃)을 추구하였고, 이를 몸소 실천하고자 누더기 옷을 입고 박을 두드리며 중생 속으로 내려갔다.

이처럼, 개인의 깨달음과 사회적 실천은 둘이 아니다. 이제 한국 불교는 개인의 깨달음과 사회적 실천을 종합해야 한다.

4. 올바른 정치 참여의 길 2
- 호국불교 이데올로기의 혁파

앞 장의 대화마당 1, <한국 불교의 문제점과 개혁안>에서 경전을 바탕으로 상세히 논증한 대로, 호국불교는 정권에 아부 내지 충성하여

---

39) E. Levinas도 On Thinking - of - the - other, tr. Michael B. Smith and Barbara Harshay. New York: Columbia University Press, 1998), p.110에서 "In the other, There is a real presence of God" 이라고 말하였는데 이도 통한다.

그 대가로 불교계 내에서 권력을 보장받고 자신의 이해관계를 관철하기 위하여 진실을 은폐하고 자신의 이런 행위를 정당화한 허위의식의 관념 체계이다. 이제 종단 차원에서 호국불교 논리가 권승과 정권이 합작하여 만든 허위의식의 관념체계임을 공식적으로 선포해야 한다.

5. 올바른 정치 참여의 길 3
- 권력과 유착 관계의 청산과 바람직한 정치 참여의 방편들

근대국가가 헌법으로 종교와 정치의 분리를 명시하고 있지만, 이는 불법과도 일치한다. 대화마당 1에서 살펴본 대로, 불교도들은 국왕을 넓은 의미의 고용인으로 생각하고 있었다. 이러한 사고의 원형은 고대 바라문교도에 의해서도 보존되고 있었다.

불교가 정권의 시녀 역할을 한다는 것은 아직 한국 불교가 근대성을 획득하지 못한 대표적 징표이자 초기경전의 가르침과 어긋나는 것이다. 이런 것이 아니더라도, 소임자들은 권력층에 충성할수록 불교와 종단의 권력이 약해지는 역설을 직시하고 일제 강점기와 군사독재정권 때부터 문화로 굳어진 권력과 유착관계를 청산해야 한다. 국가 체제 안에서 권력과 종교가 적당한 거리를 두고 '창조적 긴장관계'를 형성하는 것이 서로의 발전에 도움이 된다.

그렇다고 모두가 탈정치의 전선에 서지는 말자. 다른 스님과 불자들은 충분이 정치적일 필요가 있다. 우리의 일상에는 겹겹이 권력이 스며들어 있고, 모든 정책에는 정치적 이해관계가 내재되어 있다. 이런 현대 사회에서 정치성을 배제하는 그 자체가 외려 정치적이다.

지난 20세기에는 민주화와 통일 등의 담론을 기독교도들이 주도하였다. 21세기는 생명과 평화, 상생과 복지가 시대적 과제로 떠오르고 있으며, 다행히 불교는 이들 과제에 대한 해결책을 많이 내포하고 있다. 이제 불자들이 이들 담론을 선도하고 여러 장에서 보살행을 실천하여, 그 옛날 성덕왕 대처럼 불일(佛日)이 찬란하게 빛나는 대한민국으로 만들자.

정치란 '타협의 예술'이고, 사회란 여러 이해관계와 헤게모니가 충돌하면서 '타협적 평형'을 이루는 장이다. 그런데, 불교는 기독교가 거의 모든 것을 독점하는 것을 용인한 채 일방적으로 끌려 다니고 훼불 행위가 버젓이 행해지는 데도 달리 대응을 하지 못하였다.

이제 그런 것에 종언을 고하자. 호국불교는 파기하자. 기준을 정하여 권승인 것이 드러나면 일정 기간 동안 소임을 맡지 못하게 하고 그에 상응하는 참회를 한다. 내외로 감시하고 견제하여 종정 유착의 문화를 일소하자. 음험한 카르텔이 있다면 팔을 자르듯 쳐내자.

그렇다고 정치와 담을 쌓자는 것이 아니다. 스님들도 때로 사안에 따라 정치인을 만날 수 있다. 하지만, 수행자라면 정치인과 만남은 공개적으로 투명하게 하고, 협의는 사부대중의 공의를 수렴한 후 여법하게 행하는 것을 원칙으로 삼아야 한다.

정부나 지자체의 지원은 개인이나 종교에 대한 것이 아니라 1,700년 불교문화와 유물에 대한 지원임을 명백히 하고 이를 구체적으로 법제화 하고 제도화 한다. 정부나 지자체는 이를 빌미로 권력을 휘두르거나 생색을 낼 수 없도록 하고, 절에서는 이를 유용할 수 없도록 한다. 감시 및 감사 시스템을 정부와 사찰 양쪽에서 작동시킨다.

출·재가자를 막론하고 종교적 순수주의의 이데올로기에서 벗어나 정치에 대한 학습을 한다. 슬기로운 불자들의 싱크탱크를 만들고 의로운 불자들의 시민단체를 활성화 하여, 불자들이 여론 주도층이 되고, 불교적 담론을 사회적 담론으로 만들어내자.

종교적으로 볼 때, 한국의 현대사는 보수와 진보를 망라하여 엘리트 기독교인들이 여론을 주도하고 담론을 독점적으로 생산한 역사였다. 이제 불자들이 그 절반은 담당해야 하지 않겠는가.

　이번 18대 대선도 마찬가지다. 대선은 대통령을 선출하는 것만이 아니라 이를 통하여 다양한 이해관계를 가진 국민의 의사를 수렴하여 사회통합을 이루는 장이다. 당연히 2천만 불자들의 의견을 이번 기회를 통하여 수렴하고 정책이 되도록 운동해야 한다.

　무엇보다도 먼저 부처님의 가르침에 부합하는 정책을 만들어 각 후보가 이를 수용하도록 압박한다. 불교에 대한 지원만이 아니라, 쌍용자동차를 비롯한 해고 노동자와 이주노동자 등 이 땅에서 가장 고통 받는 이들에게 자비행을 행할 수 있는 대책을 세우는 것도 여법한 정책이다.

　몇몇 큰스님이나 주지, 소임자는 정치인에 대해서는 입을 열고 신도에 대해서는 침묵하자. 정치인을 만나서는 부처님의 가르침에 부합하는 정책을 수용하도록 압박하고, 신도들에 대해서는 정치적 중립을 지키라는 말이다. 그런데, 거꾸로 하는 이들이 많다 보니, 정치인에게는 봉이 되고, 부처님의 가르침은 정책에서 늘 소외되고, 신도들은 주관이 없이 부처님의 뜻과 어긋나는 후보에게 표를 던졌다.

　야단법석처럼 사부대중이 각 후보자와 정책에 대한 토론회를 공개적으로 열고 여기서 누가, 어떤 정책이 가장 불법에 합치하는가 공의를 모으자. 그래야 불자들은 정치적 각성을 하고, 권승들을 중심으로 한 카르텔이 무너지며, 정권은 더 이상 야합을 못 하고, 결국 부처님의 뜻에 맞고 불자들의 소망에 부합하는 정책이 현실이 된다.

조계종 선거 제도의 개선 방향

최 연 _ 정의평화불교연대 공동대표

1. 탈세속(脫世俗)의 가치

탈세속의 가치 → 세속(世俗)에 대한 부정(否定)이 아니라 세속주의(世俗主義)의 극복

2. 불교의 정치사상(政治思想)

1) 정법주의(正法主義)

중생(衆生)은 진리(眞理)의 법(法)을 증득(證得)하면 모두가 부처가 될 수 있다.

정법 구현(正法具顯)이 개인의 최고 실천 목표이고, 국가정치의 기본 이념이다.

2) 자비주의(慈悲主義)

(1) 자(慈)

진실한 우정(友情), 순수(純粹)한 친애(親愛)의 념(念) → 대자여일체
중생락(大慈與一切衆生樂)

(2) 비(悲)

애린(愛隣), 동정(同情) → 대자여일체중생락(大慈與一切衆生樂)

3) 평등주의(平等主義)

- 사성계급의 타파, 인간평등(人間平等)

- 직업(職業)이란 인간이 상관관계(相關關係) 속에서 협동사회(協
同社會)의 질서를 유지하려는 것

- 원시경전에 등장하는 석가의 제자 1160인(바라문:219명 왕족계
급:128명 서민계급:155명 노예계급:30명 계급불명자:628명)

- 자기 자신 속에서 상대방을 발견하고 자기와 상대방을 함께 인
정하며 상대방을 위하여 진력하여 자타평등을 이루려는 정신

3. 통치자의 정치적 과업

1) 건립제왕업륜(建立帝王業輪)

군인을 잘 훈련시켜 다른 나라 병사의 항복받아 인민을 편안하게
하는 것

2) 건립전택업륜(建立田宅業輪)

집 짓고, 농사짓는 일을 인민에게 잘 가르쳐 안온(安穩)하게 음식이
충족하게 하는 것

3) 건립재보업륜(建立財寶業輪)

공상잡예(工商雜藝를) 인민에게 잘 가르쳐서 진완자재(珍玩資材)를 마음대로 수용하여 즐거움이 늘어나도록 하는 것

→ 통치자의 정치적 과제는 외적을 방어하여 사회 질서를 유지하는 치안 확보와 산업을 진흥하여 인민의 물질적 생활을 풍부하게 하는 것이다.

4. 불교의 이상적 국가관

1) 이상적 인생관(人生觀), 이상적 국가관(國家觀)의 통일

→ 중생성취설(衆生成就說), 정불국토설(淨佛國土說)의 동시적(同時的) 완성(完成)

2) 보살(菩薩)의 서원(誓願)

→ 독행공덕 불능성고 요수원력(獨行功德 不能成故 要須願力)

→ 보현보살(普賢菩薩) 10대원(大願), 약사여래(藥師如來) 12대원(大願), 문수보살(文殊菩薩) 18원(願), 법장비구(法藏比丘) 48원(願), 석가모니(釋迦牟尼) 500대원(大願)

5. 한국의 정치지형

1) 파당(벌)정치

→ 정책적 대안의 부재(줄서기 문화) → 이념(理念)과 지역(地域)과 세대(世代)의 장벽(障壁)

2) 시민사회 세력의 정치 세력화
→ 정치권에 명분 주고 자리 얻기
3) 지역사회 중심으로
직능 중심인 시민사회를 너머 지역사회 중심으로

4) 지역공동체 대안
지역공동체(풀뿌리/마을 만들기/협동조합/사회적기업)가 앞으로의 대
안

5) 신자유주의의 극복
재벌 규제 → 비정규직/소상공인/청년실업/반값 등록금/복지 확대

불자의 정치 참여 방안

_ 2012.10.16 대화마당

▪동출 스님 : 지난 번 대선 때 스님들 300여 분이 특정 정당의 당선을 위해 애쓰고 감사장까지 받았다는 사실이 공개되었는데, 우리가 해야 될 일 중의 하나는 그 분들을 규탄하는 것도 필요하다. 하지만 TV를 자세히 보면 새누리당을 쫓아다니는 스님이 한 분 있는데, 손혜인 스님이라고 조계종에서 퇴출돼 삼화불교조계종 만들어 김영삼 대통령 시절부터 따라다니는 스님인데 그런 별종 스님은 놔두더라도, 조계종단이 사부대중 이름으로 이번 선거만은 스님들이 특정 정당의 캠프에 가서 활동하는 것은 못 하도록 하는 성명서랄까 이번 기회에 사부대중연대회의에서 꼭 해야 하지 않을까 제안을 드린다.

▪이남재 : 사부대중연대회의 집행위에서 회의를 열어 정치에 대한 중립성을 지키는 측면에서 논의해 보겠다.

▪정윤선 : 재최근 참여불교재가연대는 조직정비를 하면서 사업의 목표 재수립도 진행 중이다. 그 중의 하나가 부처님의 가르침을 기반으로 해서 사회적인 모순점을 어떻게 해결해 나갈 것인가, 하는 여러 가지 방법에 대해서 고민하고 있는데 아직은 불자들의 행동원칙을 세

우는 데 있어 얼마나 한계가 있는가를 알게 됐다.

원래 사부대중연대회의는 조계종단의 문제에 대해서 대응하기 위해 꾸려진 모임인데, 여러 대화마당 주제 중에 오늘의 주제만이 종단의 문제를 넘어 불교와 사회의 관계에 대해 논의하는 불교의 정치참여 방안이다. 대선을 대비해 논의하는 것이기도 하기 때문에, 동출 스님의 제안처럼 그런 행동을 우리도 할 수 있지 않을까 싶기는 하다.

그러나 종단에 대한 요구보다는 차라리 대선 후보에 대한 검증이나 요구서를 제안해 볼 수도 있지 않을까 싶다. 종교정책자유연구원의 운영위원장을 하면서 경험했던 바로는 이러한 행위가 헌법에 명시되어 있는 정교분리 원칙에 절대로 위반되지 않는다. 그러니까 한 번 대선이 한 달여 남아 있는 이 시점에 우리가 무엇을 할 것인가 고민해 본다는 점에 동의한다.

■국민성 : 발제 내용을 들을 때는 불자의 정치참여가 적극적으로 되어야 한다는 쪽으로 해석을 했는데, 스님의 말씀을 들으면 정치참여에 있어서 중립을 지키는 방향으로 성명서를 내야 하지 않느냐는 쪽으로 말씀을 하셔서 제가 경상도 출신이고 경상도에서 살다 보니 반성할 부분이 많다. 저에게 깨달음을 주려고 이 시간이 있지 않았나 하는 생각도 들고, 개인적으로는 불교만이 아니라 종교인들의 문제라고 생각한다.

모든 종교인들이 대다수 보수적인 성향을 띠고 있고, 좋은 게 좋은 거 아니냐는 쉽게 흘러가는 성향을 많은 목회자나 스님의 설법을 들으면서 흘러간다고 생각한다. 불교인들이 불법에서도 영향을 많이 받는다고 생각한다. 저는 힘든 생활 속에서 제 삶을 살아왔는데 그러면서도 불평불만하지 않게 된 계기가 불교를 만나서였다. 그 이유가 내가 이렇게 힘들게 사는 것, 내가 다른 사람보다 노력한 것에 비해서 대가가 돌아오지 않는 것은 내 업보구나, 부처님께서 가르쳐 주신 이 말밖에 정답이 없다. 그런 생각 때문에 지나치게 상대적으로 격한 상황이 나타났을 때도 절제하고 내 자신을 돌이켜보는 습관이 생긴 것 같다. 그러면서 제 자신이 평화로워졌고 그런 것들이 불자들이 정치에 대해서 중립을 지키거나 방관하는 것이 아니라, 좀 더 많이 불법에 접하다 보면 스스로에 대한 반성의 기회가 생기게 되면서 자제하게 되는 것 아닌가 생각한다. 불평등이나 부조리를 많이 겪는 사람일수록 더 많이 그 부분에 대응해야 한다고 생각하는데, 모든 국민이 즐거울 수 있는 나라는 없다고 본다.

지금 말씀하시는 것이 새누리당은 잘못되었고 민주당이나 안철수 씨가 하고 있는 것은 긍정적으로 보는 것이 아닌가 싶은데, 이 자체도 개개인적으로 중립을 지켜야 하지 않는가 생각한다. 개인적으로 기독교인들이 정당을 만들어서 시도를 했을 때 정말 놀라왔다. 어떻게 종교인들이 저런 무지막지한 짓을 했을까 중립을 지켜야 할 종교인들이.

불자들에게도 그런 것을 하라는 것이 과연 좋은 것인지 저는 혼란스럽다. 불자로서 대처하는 것을 말씀하시는 건지 아니면 국민으로서 대처하는 것과는 달라야 하지 않나? 그것이 이 강연을 들으면서 지금까지 생각하고 있던 것들이 모순되고 잘못된 것이 아닌가 하는 생각이 들어서 어떻게 해야 할지 방향을 잡기가 힘들어졌다. 많이 깨달은 부분도 있지만 한편으로는 나에게는 충격적으로 와 닿는 부분도 없지 않다. 이걸 어떻게 해결해야 할지 모르겠다.

■**손석춘** : 발제문 203쪽에도 있는데, '종교와 시민사회단체들이 처음부터 특정 후보를 내놓고 지지하는 것은 누구를 위해서도 바람직하

지 않다'라고 씌어 있다. '시대적 과제를 내놓고 그것을 누가 풀 수 있을까? 또 누가 가장 성실하게 그 과제를 풀기 위해 노력할까에 초점을 맞추자'고 제안을 했는데, 그렇다면 그 시대적 과제는 무엇인지에 대해 오늘 저는 말한 것이다. 탐진치 체제를 벗어나는 길, 그걸 조금 더 구체적으로 얘기한다면 서민경제를 누가 살릴 수 있을 것인지? 권력형 부패문제까지 포함된 민주주의를 누가 극복할 수 있을지? 남북관계를 어떻게 대화 국면으로 바꿔갈 수 있을지? 이 세 가지는 판단해 볼 필요가 있는 것 같다. 여전히 혼란스러운지 여쭙고 싶다.

■ 이도흠 : 우선 개인적인 차원과 사회적인 차원을 구분하고 종합해야 한다. 개인적인 차원에서는 불교를 접하고 나서 마냥 환희심이고 행복할 수 있다. 그러나 사회적 차원으로 가면 마냥 행복할 수 없지 않나? 개인적으로는 마냥 행복한데 왜 사회적으로는 고통스럽냐 그것에 대한 질문에서 출발할 수밖에 없다. 예전에 두산그룹에서 페놀수지를 버려서 난리가 났었는데, 그러면 그 사람이 페놀수지를 버리지 않게 하려면 어떻게 해야 하나?

저는 세 가지 방법이 있다고 생각하는데, 그런 분이 수경 스님의 설법을 듣고 깨달으면 버리지 않을 것이다. 대개 불교는 이 방법만 추구한다. 이 방법도 좋은 방법이지만, 두 번째는 그 페놀수지를 남해바다의 물고기가 먹고 그 오염된 물고기를 내 손자가 먹고 기형아를 낳는다고 생각하면 못 버릴 것이다. 그것이 과학적 인식이고 연기적 인식이다. 그것보다 더 좋은 대안은 시스템의 개혁이다. 그 당시에 수치는 정확하지 않지만 정화시설 설치하는 비용이 30억 정도 되었다면 벌금은 250만원 정도였다. 그러니까 기업은 당연히 버린다. 그런데 독일 같으면 그럴 경우에 망할 정도의 벌금을 받고 시민들도 불매운동을 한다. 우리는 거꾸로 불매운동에 성공한 적도 없지만. 그렇기 때문에 세 번째로 시스템 개혁이 되어야 한다.

222

이 세 가지가 한꺼번에 되어야만 나뿐만 아니라 다른 중생들도 행복한 사회가 된다. 그런 면에서 이 세 가지를 한꺼번에 할 수 있는 그런 후보나 그럴 수 있는 정책을 잘 생각해야 한다.

개인적인 차원에서는 반드시 중립이지만 그런 것을 판단할 수 있는 공의제도, 마당은 활발하게 열려야 한다는 거다. 우리 여태까지 우리 불교계를 보면 주지 스님이 아니면 총무원장이 누구 찍으라고 하니까 그냥 찍었다. 그나마 그 양반이 진정한 정치적 판단에 의해서 누굴 찍으라고 해서 찍었다면 괜찮다. 그런데 그거엔 어떤 카르텔이 있다. 내가 누굴 찍어야 어떤 이익이 있다. 그런 것은 지양해야 한다.

후보에 대한 공개적인 지지에 대해 이번에는 공식적으로 하지 못하게 성명서도 내고 종단차원에서도 그런 말을 하게 되고, 다 입을 닫자는 것이 아니라 공의는 모아야 한다. 열린 공간에서 어느 후보가 부처님의 뜻에 여법한지 토론하는 장은 더 활발하게 열려야 하는데, 그 전에는 거꾸로 그런 장은 봉쇄당하고 주지 스님이 누구라고 하니까 총무원장이 누구라고 하니까 무조건 찍는 식의 태도가 되었다. 이번 선거에서는 그런 것은 지양하자는 것이다.

■**손석춘** : 발제문에서는 절을 중심으로 해서 사부대중이 모여서 학습했으면 좋겠다고 했는데, 조계종단에 2,500개의 절이 있다고 하니까 2,500개 절이 그런 공론장만 만들어도 상당한 의미가 있다고 생각하고, 최연 대표께서 말씀하신 것은 조금 더 구체적인 것 같다. 지역공동체에 각 지역의 사찰이 상당한 역할을 할 수 있을 거라 생각한다.

■**재가불자** : 한때 도법 스님의 다섯 번째 상좌를 했었다. 불자이기도 하지만 사회의 일원으로서 활동하다 보니까 특정정당에 가입되어 있다. 25대 중앙신도회가 출범하던 때부터 종교평화위원회의 위원으로 활동하고 있다. 도법스님 상좌로 있으면서 경외심을 갖고 존경했다. 승

단 내에서의 활동이나 승단 밖에서의 활동이 대사회적인 시각에서 볼 때 종교인의 한계가 있지 않나 생각한다.

불자들의 정치 참여가 중요하다는 것을 강조해 주는 것은 좋은데, 종교가 종교로서의 제 역할을 하는 게 더 중요하다.

인류 역사를 보면 물질적으로 풍요로워지고 있고, 절대적 빈곤은 해결되고 있다. 사람들이 자살률이 높아지고 이혼율이 높아지고 우리나라 경제도 엄청나게 성장했는데, 이런 것들은 정치·경제적인 문제도 있지만 더 근원적인 것은 정신적인 가치의 상실에 있지 않나?

그런 것에 책임이 있다면 불교계도 정신적 지주로서 중심을 못 잡아주고 사회적인 모범을 보이지 못한 것이 가장 큰 책임일 것이다. 왜냐하면 이런 고통들이 경제적인 고통도 있지만 상대적 빈곤이 많다. 가치가 너무 물질적으로 가다 보니까 성자가 불교계에서 나오고 청정 승단이 되고 하면 사회에 귀감이 되지 않을까. 특히 스님들에게 이런 책임이 무거운데, 스님들은 자기 수행과 청정한 모습을 보여주면서 사회의 귀감이 되는 게 중요하다고 생각한다.

그렇다고 해서 정치 참여가 필요하지 않지 않느냐? 저도 물론 정당 활동도 하고 종단에서도 활동하고 있는데, 경전에 보면 가시밭길이 있는데 어떻게 하면 발이 아프지 않게 갈 수 있겠느냐? 좋은 신발을 신어야 하는지, 전 세계에 카펫을 깔아야 하는 질문이 있었는데, 부처님께서 튼튼한 신발을 신으면 전 세계에 카펫을 깔지 않아도 된다, 답하셨던 기억이 난다.

종교의 역할은 신발을 신기는 것이 아닌가? 개개인들이 마음의 수양을 철저히 하면 생로병사의 고뿐만이 아니라 사회적 고통도 성자에게는 문제가 되지 않을 것이다. 생사를 넘어선 사람들에겐. 완벽한 신발을 신는 것은 이렇게 강한 마음을 가지는 것은 보통사람에게는 불가능하리라고 본다.

그래서 대승불교는 마음이 약하고 높은 경지에 들지 못한 보통사람들을 위해서 사회적인 제도를 정비하고 입법을 하고 정책을 입안하는 것들을 통해서 최대한 사회적 고를 해결하려는 노력들, 앞부분이 종교적 영역이라면 뒷부분은 사회과학적 영역이라고 생각하는데, 이런 것들은 병행되어야 한다.

불교계에서 가장 중요한 것은 스님들이라든가 종단이 청정하게 모범을 보이고 설법을 많이 하는 것은 중요하지 않다고 생각한다. 행동으로 보여주고 존재하는 것만으로도 깊은 감화를 줄 것이라 생각한다. 청정성과 침묵으로서 행동으로서 이 사회에 메시지를 주는 것이 한 성자 개인으로서 승단으로서 중요하고, 그런 모습을 보이려면 돈과 정치권력과 유착되는 것은 최대한 안 보이는 것이 좋다.

재가불자들은 좀 더 정치적으로 참여를 할 필요가 있다고 생각하고, 참여 방안 중에서 설법을 하라 어려운 사람에게 돈 나눠 줘라 하는 것들은 직접적인 정치 참여라기보다는 불자들의 재보시, 법보시 차원의 이야기인 것 같고, 입법을 통해 해결하는 것은 좋은 생각인 것 같다.

이도흠 교수님이 말씀하신 것처럼 싱크탱크를 만들어서 하는 것은 좋게 생각하고, 한편으로는 기독교계에서 하는 것처럼 정당을 만들고 하는 것은 바람직하지 않다고 본다. 대신에 불교계에서 스님이라든가 리더에 의해서 어떤 후보를 지지하는 것이 아니라 밑에서부터 올라오게 해서 여러 아이디어가 나와 이러이러한 문제의식을 가지고 있는데 후보자들은 어떻게 생각하는지 공개토론을 할 수 있지 않을까 생각한다.

조계종도 보면 중앙신도회가 있고 각 교구신도회가 있는데, 전체회의를 통해서 사회에 가진 의제들을 모아 후보들에게 던지고 각각 그 문제에 대해 해결한 것을 가지고 와 봐라 해서 공개토론을 하고, 그 대신에 우리가 캐스팅보트를 행사할 필요는 없지 않나? 이렇게 함으로써 불자들 개개인들이 그런 것들을 보고 판단할 수 있게끔 제가 아이디어를 내봤다.

■손석춘 : 워낙 광범위한 부분을 말씀하셔서, 어느 지점을 말씀드려야 할지 잘 모르겠다. 말씀을 들으면서 안타까운 것이 있었다. 스님들이 종교인으로서 잘 해나가는 것이 더 중요하다고 하셨는데, 만약 그렇다면 사실은 그 동안에 조계종단에 책임을 져왔던 권승들에 대해서 누구보다 날카로운 비판을 가져야 하지 않나? 그 분들이 그런 일을 안 하고 오히려 정치로 종단을 오염을 시켰으니까. 사실 그러려면 그런 분들을 비판해야 하지 않나 생각한다.

우리는 오히려 우리가 정치를 얘기하는 것 같은데, 실제로는 정치에 직접적인 신도들과 상의도 없고 자기 혼자 불법과도 관련이 없이 자기의 이익을 위해 스님이 참여해 왔고, 이래 왔던 게 호국불교라는 이데올로기였다. 군부독재에 야합했고 광주학살이 일어났는데 광주에서 기도회가 열렸다.

스님들이 자기 역할을 하면서 감화를 시켜 간다 하면 그 문제부터 정면으로 지적해 가야 한다. 그 문제를 치유하기 위해서도 이런 얘기를 하는 것이다. 함께 논의해서 이 정치 문제에 대해서 풀어나가야 한다. 아까 설법을 강조하고 보시를 얘기하면서도 입법만 한 게 아니라 설법도 제대로 해왔는지 모르겠다, 이런 말을 한 게 그런 것이다.

도법 스님 상좌였다는 것이 부럽기도 한데, 왜 보수정당에 가 계신지? 어떤 이유 때문인지 듣고 싶다. 발제문 속에는 지금 현재 이명박 정부와 그 동안 국회를 지배해 왔던 새누리당에 대해 비판적이다. 저는 <한겨레신문>에 있을 때 노무현·김대중 정부에 대해서도 비판을 했었다. 신자유주의체제 등에 대해서. 하지만 이명박 정부와 새누리당은 더 심하다. 그럼에도 불구하고, 정말 불자로서 불자다운 스님으로서 스님다운 길을 간다면 현재 이런 화탕지옥을 만든 이명박 체제에 대해서 이야기를 해야 한다. 이건 아니라고.

오늘 발제자와 토론자는 이런 논리다. 그런데 질문하신 선생님은 보수정당에서 활동하시고 종단에서 일을 계속해 나가신다면 선생님이야말로 굉장히 정치적인 활동을 하시는 것이라 생각한다.

■ **재가불자** : 종단 차원에서 우리 불자가 볼 때 '이러한 공약을 내달라 그러면 우리 불자는 다 찍어 줄게'라고 요구는 할 수 있다. 예를 들어 등록금 반값이라는 공약을 내달라 했을 때, 그러면 우리가 다 지지하느냐 하는 말이다. 같은 불자라도 등록금 반값을 찬성하는 사람이 있을 거고 왜 대학생만 하느냐? 그럼 대학교 안 가는 사람은? 이러한 정치를 해 달라고 종단에서 주장을 하고 불자의 표를 모아 준다고 얘기를 했다고 했을 때, 불자들이 그런 종단의 모범답안에 다 같이 찬성을 하지는 않는다는 것이다. 그러나 '이러한 정치를 해 주십시오' 하고 모범답안을 내놨을 때 누가 되더라도 향후 그것을 제지할 수 있는 수단은 된다. 예를 들어 이명박 대통령이 한반도 대운하 얘기를 하다가 어느 날 갑자기 4대강으로 나왔다. 4대강이 성공인지 실패인지 아직도 답이 안 나왔지만, 국토를 차근차근히 하나씩 해도 몇십 년 걸렸어야 할 일을 임기 중에 예산도 없이 빚내서 엉터리로 싹 해버렸다. 사전에 우리가 무슨 모범답안을 내놓았더라면 우리 뜻에 안 맞는 후보가 당선되었더라도 우리는 늘 견제를 해갈 수 있는 것이다.

지도자 측에서 교수님들과 종단에서 불자들이 공감할 수 있는 모범답안을 정치권에 요구를 해야 그것이 우리가 참여하는 길이 아닌가? 우리가 어느 정당을 지지한다, 누구를 지지한다 하는 것은 유치한 이야기고, 최종적으로 불자의 입장에서 볼 때 "이런 정치를 해 주십시오. 이런 사람을 우린 지지합니다. 설령 그 사람이 당선되지 않더라도 우리는 늘 이러한 것을 지지합니다." 그렇게 할 때 잡아 끌어야 할 고삐가 하나 있지 않느냐 하고 생각한다.

그리고 이전에 이도흠 교수님이 2개월 전에 청정 종단에 대한 강의를 하셨는데, 그때 청정종단을 위해서 사찰의 스님과 재가 신도들이 반반씩 섞여 사찰운영위원을 만들어야 한다고 하셨는데, 그건 그것대로 야합할 소지가 있다. 기업에서 사외이사를 두는 것처럼, 사찰운영위원회에도 사회운영위원회 즉 NGO에서 파견을 보낸다거나 기독교단체에서 사외운영위원을 추천받는가 하는 식으로 그 사찰 이외의 어떤 사람이 운영위원회에 들어가야 이 절에서 무슨 일이 일어나는가 관리가 되지, 스님과 신도 다섯 명 다섯 명이 손발 맞으면 현재보다 더 나빠질 수도 있다는 것이다. 그때는 이 말씀을 못 드렸는데 오늘 마침 뵙고 말씀 드린다.

■이도흠 교수 : 세 가지가 한꺼번에 되어야 한다. 사찰운영회가 쇄신본부에서 만들어졌고, 종회에서도 통과됐고 원로회에서만 논란 중인데, 그것이 통과된다 하더라도 문제점이 상당히 많다.

첫째는 사찰운영위원회가 지금 상태에서는 권력이 비대칭인 관계이기 때문에, 물론 옛날에 주지가 독단으로 할 때보다는 운영위원회라는 것을 통과해야만 주지가 재정이든 권력이든 마음대로 행사할 수 있다는 것인데, 사찰운영위원회를 만든 가장 큰 목적은 권력과 재정을 분리시키자는 것이다. 지금 상태에서는 권력과 재정이 완전히 분리가 안되고 권력도 비대칭관계이기 때문에 권력을 대칭관계로 만들어야 한다.

대칭관계로 만들려면 첫째로 운영위원을 주지가 임명하는 것이 아니라, 그 절에 소속된 모든 구성원이 민주적인 선거 제도를 통해 운영위원들을 구성해야 하고, 그 운영위원회에서 주지를 임명하든지 주지에 대해서 비투표권을 갖는다든지 그런 권한이 부여되지 않으면 운영위원회는 하나의 형식기구로 전락하고, 그것이 보장된다면 사외운영위원회는 필요가 없다. 그러나 보장이 안 된다면 사외운영위원회도 절의 문화에 따라 다르긴 한데, 절의 문화에 따라서는 어떤 곳에서는 객관적인 감시기구로 있을 필요가 있고, 그것보다는 두 번째는 다양한 견제기구가 있어야 한다. 사회도 결국 우리가 어떤 악을 행하지 않는 것은 불심이 있어서, 법이나 사회집단의 룰에 구속되기 때문이다.

228

　　그렇지만 가장 나쁜 짓을 안 하게 되는 것은 자기가 소속된 구성원들의 감시 시선이다. 그런데 불교에서 타락이 심하게 된 것은 감시 시선이 뒤바뀌었기 때문이다. 예를 들어 선생들도 옛날에는 촌지를 많이 받았었다. 그 상황에서 촌지를 거부했던 제자들이 외려 정신병 가까운 증세를 앓았다고 고백하였다. 촌지 안 받으니까 주위 선생들이 왕따를 시켰기 때문이다. 절도 마찬가지로 오히려 계율을 지키는 사람들이 거꾸로 감시 시선을 받게 되었다. 그건 계율을 어기는 쪽으로 문화가 바뀌었기 때문이다. 도박이 횡행하는 절에서는 도박을 안 하는 스님이 오히려 눈총을 받게 돼 있다.

　　그런 식으로 문화가 근본적으로 바뀌어야 한다. 신도들도 주지가 월권을 한다, 재정을 유용한다 그러면 그 주지도 고발할 수 있고, 거기에 대해서 강력하게 제재를 가할 수 있고, 공양을 안 한다든지 저항 행위도 하고, 이런 식으로 전반적으로 문화가 바뀌면서 내부의 감시 시선도 강화되어야 한다. 그리고 또 하나 사회에서 법을 지키듯이 계율도 따라야 하고 감사원이 있는 것처럼 감시 견제기구가 있어야 하고, 다양한 제도하가 같이 이루어져야 되지 어느 한쪽에서 개혁이 완성될 수는 없다고 본다.

■ **김 완** : 순진한 발상 아닌지? 어린 아이들이 말을 배우면 욕부터 먼저 배운다. 이 말을 적용해서 그런 제도를 선용하면 되는데 이제는 제도를 악용하는 것이다. 어차피 승단에서 스스로 청정하려는 의지가 없

기 때문에 범계를 신자들이 하라고 해서 한 것이 아니라 자기들이 범

계를 하고 청정의 의지가 없기 때문에 이것을 강제하려고 하는 것이다. 강제하려고 하다 보니까 어떤 수단을 만들었더니, 이 수단을 악용해서 이제는 범계 행위가 합법화 되고, 범계가 더 떳떳해진다는 것이다.

전에는 일말의 양심이라도 있어 눈치라도 보고 했지만, 이제는 국회 통과한 거다 하는 식으로. 교수님의 뜻은 충분히 알지만, 이 제도를 예를 들어 봉은사 같은 경우는 신도가 몇 명인지 모른다. 늘 나오는 사람은 매일 붙어서 산다. 그 사람들의 말발이 전부이다. 몇 달에 한번 나오는 사람은 발언할 기회가 없다. 그런 상황 속에서 운영위원이라고 정해 놓은 사람은 어차피 주지가 심어 놓은 사람, 저도 봉은사에서 단위 신도회장도 몇 년 했다. 하지만 많은 보시를 하면서 스님들을 자기 발 아래에 두려는 악질 불자들, '내가 말하면 안되는 게 없다 나는 스님에게 용채를 많이 드리니까' 하는 그런 사람들이 발언 다 하고, 정도를 하는 불자들은 말도 한마디 못하고 쫓겨난다. 여기서 어떻게 그 절 신자들이 운영위원을 뽑느냐 말이다. 이미 청정의 의지가 없는 주지하고 다 짜고 치는 그 사람들이 운영위원이 되는 건데.

그래서 저는 교수님이 너무 순진하게 생각했다고 한 것이고, 그것을 방지하기 위해서 외부에서 파견하는 운영위원을 반드시 두어야 한고 생각한다. 기업에서 사외이사가 있듯이 재가연대나 종자연이나 우리는선우나 그 밖에 수많은 단체에서 강제적으로 운영위원을 파견할 수 있는 그런 규정을 법에 넣어야 한다는 뜻이다.

■이도흠 교수 : 그걸 부정하는 것이 아니라 절마다 문화가 다르기 때문에 그것이 필요한 곳도 있지만 필요하지 않을 수도 있고, 근본적으로 제도개혁과 사람개혁, 문화의 개혁이 이루어져야 개혁이 완성된다고 본다. 어느 하나만 완성되면 이루어지지 않는다. 참고로 스탠리밀그램시험이라는 것이 있다. 한 사람은 선생 역할, 한 사람은 학생 역할을 맡아서 선생 역할을 맡은 사람이 질문을 할 때마다 못 맞추면 15볼

트에서 450볼트까지 전압을 끌어올리는 것이다. 그리고 선생을 맡은 사람은 유리창을 통해서 볼트가 올라갈 때마다 얼마나 고통스러운지 그 모습을 다 본다. 그때 스탠리밀그램은 이 실험을 했을 때, 1퍼센트 이하만 450볼트로 올린다고 생각했는데, 실제로는 60퍼센트 가까이가 450볼트까지 올렸다. 물론 450볼트로 올리면 죽는다는 것을 피실험자도 모두 알고 있었다. 이것을 볼 때 인간이 얼마나 악한가 생각하게 되는데, 두 가지 경우에 이것이 일어나지 않는다. 하나는 자기 말고 저항하는 사람이 있을 경우이고, 다른 하나는 피실험자를 타자로 인식할 경우다. 이 경우 사람들은 450볼트로 올리는 것을 거부하고 90퍼센트가 저항을 한다.

지금의 우리나라 절을 보면 제 생각이 순진하게 들릴 수도 있고, 지금 상황을 보면 가능성이 없는 것처럼 보일 수도 있겠지만, 변화, 예를 들어 그 스님이 월권을 할 때 저항하는 신도들이 나오기 시작하면 금방 뒤바뀐다. 그러니 지금 상황에 좌절하지 말고 하나하나 끝까지 개혁을 실천하자.

제도 개혁만으로 이루어진다고 해도 순진한 것이고, 사람으로만 이루어진다고 하면 사회과학적 인식이 없는 것이고, 사람의 개혁, 제도의 개혁, 문화의 개혁 세 가지를 한꺼번에 희망을 가지고 꾸준히 해 나가야 한국 불교가 바뀌고 우리가 바라는 미래불교는 좀 더 부처님의 여법한 불교로 바뀌리라 본다.

■ 재가불자 : 제가 한 2년 동안 봉은사에서 사무장을 했었다. 이도흠 교수도 말했지만 시건장치가 필요하다. 돈이라는 것은 여러 사람을 거칠수록 명징해진다. 돈과 서류는 결재라인이 많을수록 더욱 더 명징해진다. 그 결재라인에 심도결재를 처음 했는데 달라지는 부분이 있다. 영수증 첨부해서 재정위원회의 도장을 찍는데, 첨부된 영수증이 술집 영수증도 있다. 그런 것이 있으면 바로 소문이 난다. 여러 가지 시건장

치는 필요한데, 그것은 제도적인 것이다.

문제의 본질은 한국에 있는 절들이 너무 부자이다. 이러한 문제를 해결하는 데 있어서는 동출 스님도 찬동 안 할지도 모른다.

첫째는 스님들은 돈으로부터 멀어졌으면 좋겠다. 관리는 재가자 중심으로 하고 중요한 불사만 결정하면 된다. 두 번째는 정액제를 없애야 한다. 등 10만원 5만원 수험기도 10만원 그런 거 없애고, 기도 마음대로 하게 하고 천 원을 내든 만 원을 내든 보시함만 두고 내도록, 상품 사듯이 하는 근본적인 문제를 제거하려는, 그렇게 하면 절이 가난해지겠죠. 가난해도 잘 산다. 지금 있는 돈들이 포교로 그 돈이 다 나가는 게 아니다. 그 주지를 존속시키기 위해서 인사권자에게 바쳐야지 유력한 종회의원에게 바쳐야지 오는 사람들 접대하는데 나간다. 전부 이런 데 나가는 것이다.

그런 점에서 문제가 발생되는 100개 내지 200개 사찰은 정액제를 없애고 기도 마음대로 하고 자기가 알아서 천 원을 내든 100만 원을 내든 이런 방식을 우리가 오히려 주창해야지 근본적으로 해결되지 제도적으로 다섯 명 들어가고 열 명 들어가서는 해결이 안 된다고 생각한다.

대화마당 5
종헌 · 종법 제 · 개정 방안

사회
정윤선(사부대중연대회의 집행위원상)

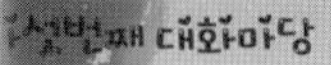

첫번째 대화마당
청정성회복과 정법구현을 위한 사부대중연대회의
종헌 종법 제개정 방안
2012.11.20(화)오후 7시 ㅣ장충동 만해NGO교육센터

종헌·종법 제·개정에 관한 몇 가지 제언

정 윤 선 _ 참여불교재가연대 사무총장, 사부대중연대회의 집행위원장

한국 불교의 대표종단이라고 불리는 조계종단의 혁신에 대해서는 다음과 같은 의견들이 존재하고 있다.

① 조계종의 현 지도부를 바꿔 봐야 결국은 계파, 문중 세력의 교체에 불과하므로 현 지도부를 보전한 채로 점진적인 쇄신을 해 나가야 한다.

② 조계종 권승들의 범계 행위에 대한 진상조사를 철저히 하고 그 원인을 규명하여 책임을 물을 것은 물론, 앞으로 이런 일이 다시 일어나지 않도록 인적·제도적 쇄신을 단행해야 한다.

③ 대한불교 조계종의 문제는 멀리는 고려시대로부터, 근대에는 일제강점기 시대, 비근하게는 현대 조계종단의 성립시기부터 내재해 왔던 문제들의 발현이다. 현 조계종의 쇄신은 불가능하다.

④ 새로운 불교운동이 재가자들의 주도로 전개되어야 한다.

위의 어느 입장에 서서 종단의 개혁을 원하느냐에 따라 방법론도 다양하겠으나, 종헌·종법의 개정을 얘기할 때는 대체로 ①과 ②의 입장을 대변한다고 볼 수 있겠다. 그러나 ③과 ④의 입장에서처럼 조계종에 대한 기대를 접는다고 하더라도 조계종이 현재 처하고 있는 문제점이 무엇인가를 파악할 필요는 있을 것이다.

사부대중연대회의와 참여불교재가연대가 지난 7월부터 공동으로 주최해 온 대화마당/공청회에서는 최근의 도박사태로 인해 다시 불거진 종단 구성원들의 범계 행위의 심각성은 종단 운영의 전반적 위기를 보여주고 있으며, 현대사회에서 요구되는 종교의 사회적 역할에 한국 불교는 전혀 부응하고 있지 못하고 있고 이런 상태로는 불교의 미래는 어둡다는 것이 반복되어 지적되었다. 동시에 지적된 범계의 원인도 다양하지만 그 문제점을 해결하기 위해 제기된 방법 또한 다양하다.

출가 수행자가 계율에 따라 수행과 중생구제에만 전념할 수 있는 환경을 확보하여 범계발생의 원인을 원천적으로 방지하기 위해서 제기된 방안을 몇 가지 정리해 보면

㉮ 소임이나 생계 등의 목적으로 출가하는 '멱조출가'의 방지

㉯ 승려노후복지 방법의 확보와 이의 적극적 실천

㉰ 선거 제도로 인한 범계 원인의 제거

㉱ 재가불자가 전담할 수 있도록 재정운영 제도의 재정비

㉲ 사찰 또는 종단의 재산의 획득과 증식, 재정의 지출은 불교 교리와 계율, 윤리적인 목적에 부합하는 일에 한해서만 허용

㉳ 스스로를 자정할 수 있는 조직과 방법의 구비

㉴ 대참회 법회와 계율정신 회복 운동의 전개

㉵ 율장정신에도 맞고 현실에도 맞는 계율의 정립과 이의 대사회적 선언

범계의 견제를 위해서는 다음의 방법들이 제시되었다.

㉮ 스님들의 사유재산을 공공화. 승려법 제30조 2항에 '사유재산의 종단귀속'이 성문화되어있으나 지켜지지 않고 있음.

㉯ 재정과 회계에서는 전문화와 투명화, 상호견제의 원칙을 적용

㉰ 예산을 집행에 대해 감시 및 감찰기구를 종단에서 사찰에 이르기까지 독립적으로 운영. 회계감사제도의 확립.

㉱ 사찰운영위원회를 출가자와 재가자가 1:1이 되도록 구성

㉲ 일정 직위 이상 스님들의 일정한 범계 행위에 관련하여서 기소를 할 수 있는 합의제 대배심(大陪審)제도의 도입

㉳ 계파정치의 폐단을 막기 위한 특별법 제정

㉴ 문중주의와 연고주의 폐단의 방지

㉵ 입문부터, 수행, 정진에 대한 과정을 엄격히 정함

그러나 이러한 일련의 조치들을 조계종 종단 내에서 관철시키기에는 관습적, 제도적 벽이 너무 높은 것이 현실이기도 하다. 제일 먼저 나타나는 걸림돌은 종헌에서 보여진다.

종헌에 사부대중(비구니, 비구, 우바이, 우바새)의 종단으로 명시되어 있음에도 불구하고 ,

(第3章 宗團) 第 8 條 本宗은 僧侶(比丘·比丘尼)와 信徒(優婆塞·優婆夷)로써 構成한다.

바로 이 종헌에 종단의 주요 직책은 비구만이 맡을 수 있게 정해져 있고 신도들의 권리는 무시된 채 의무만이 정시되어 있는 등, 사부대중 공동체의 정신은 결여되어 있다.

그 외에도 종회의원 불징계권 등은 일반사회의 '국회의원 불체포특권'을 모델로 하여 제정되었겠으나 승려가 범계 행위를 하였다는 것은

승려로서의 존재 자체가 부정되는 근거가 되므로 일반인(국회의원)이 국적을 바꾸었다는 사실과 견줄 수 있어 '불징계권' 자체가 성립될 수 없다는 등의 문제가 제기된다.

무엇보다도 놀라운 것은 종헌에서 보여지는 조계종 종단 근저에 깔려 있는 정신이 승려와 신도의 관계에서, 또한 비구과 비구니의 관계에서 상상을 초월할 정도로 전근대적이며 가부장적이라는 것이다. 이는 또한 종단의 정체성(停滯性)의 원인이 되고 있으며, 이러한 상황에서는 항시 지적되고 있는 선배 스님의 범계 행위 도식이 후배스님들에게 물려지고 있다는 현실을 뒷받침하는 배경이 되기도 한다.

권승이라 불리는 소수의 비구들이 종단을 장악하여 범계의 온상을 만들 수 있는 근거는 현대사회에서 보기 어려운 종헌의 문구들이다. 몇 가지를 예로 지적해 본다 (밑줄 그은 부분).

第4章 儀式과 法會

第20條 宗正은 아래의 資格을 具備하고, 行解가 圓滿한 比丘이어야 한다.

第7章 元老會議

第26條

① 元老會議는 17人 以上 25人 以內의 僧臘 45年, 年齡 70歲, 法階 大宗師級의 元老 比丘로 構成한다. [불기 2552(2008)년 3월 20일 개정]

第8章 中央宗會

第49條

① 中央宗會는 議員의 資格을 審査하여 議員을 懲戒할 수 있다.

② 議員을 除名하려면 中央宗會 在籍議員 3分의 1 以上의 發議

와 3分의 2 以上의 贊成이 있어야 한다.

(※ 국회의원 불체포특권)

③ 第1項의 處分에 對하여는 護戒院이나 法規委員會에 提訴할 수 없다.

第9章 總務院

第1節 總務院長

第53條

① 總務院長의 資格은 僧臘 30年 年齡 50歲 法階 宗師級 以上의 比丘로 한다.

② 總務院長의 任期는 4年으로 하며, 1次에 限하여 重任할 수 있다.

第10章 敎育院

第1節 敎育院長

第59條

① 敎育院長의 資格은 僧臘 30年, 年齡 50歲, 法階 宗師級 以上의 學德을 兼備한 比丘로 한다.

(…)

종헌만이 아니라 제반 종법에 있어서도 전기 대화마당에서 이미 수차례 지적된 바와 같이 문제점이 많다. 오늘 대화마당에서는 스님과 신도의 관계, 젠더문제, 재정 및 회계 상의 문제를 현실적인 차원에서 접근해 보고자 한다.

그에 앞서 본 고에서는 종헌·종법 제·개정의 원칙을 몇 가지 열거하는 것으로 글을 맺고자 한다.

㉠ 간화선에 치중해 있는 전통을 극복하고 대승불교로서의 정신을 살려야 한다.

㉡ 어떠한 혁신에도 성역은 있을 수 없으므로 부처님의 가르침과 율장의 현대적 해석도 가능해야 하며, 이는 부처님의 가르침을 바르게 이어가는 길이기도 하다. 지키기 쉽게 하자는 뜻은 아니며 시대정신을 반영하자는 의미이다.

㉢ '현대판 율장'이라고 불리기도 하는 종헌·종법에 율장정신이 충분히 반영되어야 한다.

㉣ 사부대중(비구니, 비구, 우바이, 우바새)이 공히 민주적으로 운영하는 종단이 되어야 한다.

㉤ 출가독신수행자로서의 승려(비구니, 비구)의 입문부터, 수행, 정진에 대한 과정을 엄격히 정하여 범계의 여지가 없도록 하여 사부대중 공동체의 지도 역할을 담지할 수 있도록 한다.

㉥ 모든 운영은 투명하게 진행되어야 하며, 사회법에 비추어 보아도 아무런 하자가 없어야 한다.

㉦ 종헌·종법은 누구나 읽기 쉽게 한글로 씌어져야 한다.

종헌·종법 개정과 재가여성불자의 참종권

옥 복 연 _ 종교와 젠더연구소 소장

"몸을 받아 태어난 것들에는 각기 구별이 있지만 인간 사이에서는
그 구별이 존재하지 않는다. 인간 사이에서 구별이 나타나는 것은 오
직 그 명칭에 의한 것뿐이다."<숫타니파타>

1. 들어가기

올해는 종단 성립 50주년
을 맞이하는 의미 있는 한 해
이다. 제 33대 총무원장은 한
국 불교 중흥을 위해 종단의
자성과 쇄신 결사를 다짐하였
고, 사부대중과의 소통과 단합
을 강조하였다. 이러한 맥락에
서 2011년에는 종단차원에서 불교 발전을 위한 진단과 처방을 고민하
면서 매월 '한국 불교중흥 대토론회'(이하 '2011년 토론회')를 열었다.
이 토론회의 7월의 주제가 '출가와 재가의 역할'이었기 때문에 종단

운영에 있어 재가자의 참여 문제가 본격적으로 제기되었다. 이는 재가자의 위상을 돌아보는 매우 중요한 기회였다. 이 토론회는 출가자 중심의 종단 운영에 대한 비판과 함께 '비구 승가의 의식 전환 없이는 왜곡된 종단 구조의 변화는 불가능하다'는 결론에 도달했다.

재가여성의 관점에서 이 말을 달리 표현하면, "재가여성의 의식 전환 없이는 왜곡된 종단 구조의 변화는 불가능하다"고 말할 수 있다. 한 해 동안 계속된 토론회의 결론 또한 한국 불교가 중흥하기 위해서는 사부대중이 종단운영에 적극 참여해야 한다는 것이었다.

그렇다면 이 시점에서 재가여성의 입장에서 종단운영에 참여하기 위해서 어떻게 해야 하는가를 고민하지 않을 수가 없다. 종헌(宗憲)은 종단의 이념, 조직, 권한, 운영 등 종단의 형태와 기본적인 가치 질서에 관한 종도의 합의를 정립한 최고의 정치규범으로, 헌법과 유사한 기능을 한다. 즉 종헌이란 "종단의 형태와 기본적인 가치질서에 관한 종도의 합의를 법규범체계로 정립한 것으로, 종단운영에 있어서 절대적인 가치 기준과 판단 근거"이다. 종법(宗法)은 종헌에서 제시한 목적을 실현하기 위해 조직한 기관기구의 운영에 관한 사항이나 종헌에서 유임한 사항 등을 정한 규범이다. 그 아래 세부적인 시행령과 관련된 종령이 있다.

재가여성이 종단 운영에 참여하는 방법을 찾기 위해서는 종헌·종법을 살펴보아야 한다. 하지만 종헌·종법은 매우 방대한 분량이므로, 본 발표자는 종헌·종법에서 재가자와 관련 있는 법안을 중심으로 개괄적으로 살펴보고자 한다. 그리고 재가여성불자의 참종권 요구는 붓다의 평등과 해방 사상에 기반을 두어 젠더 파트너십을 발휘해야 하며, 성차별·신분 차별적인 종법의 개정은 내년으로 다가온 총무원장 선출에서부터 시작하자고 제안한다.

본 발표는 일제 식민지를 거치면서 왜색불교에 저항하고, 정화운동 과정에서 청정 비구승가를 지켜 왔으며, 정권 유착과 종교 차별에 온 몸으로 저항해 온 재가여성불자들의 역할이 재평가되기를 기대하는 목적이 있다. 아울러 종단에 대한 관심과 애정으로 종헌·종법을 살펴보는 이 자리가 재가불자의 종단 운영참여를 구체화할 수 있는 작은 계기가 되기를 바란다.

2. 종헌·종법의 제·개정과 재가여성불자의 배제

1) 왜 '재가 – 여성 – 불자' 인가?

여성주의적 관점에서 '여성'이란 신체적인 조건이나 기능만으로 규정되는 것이 아니다. 남성이 법·제도를 생산하며 여성을 규율하고, 여성은 이에 순종하고 남성에 의존하는 삶을 살아가는 사회, 남녀 성역할을 분리하여 위계를 강요하는 사회를 가부장제사회라고 한다. 가부장제사회에서 여성은 남성에 비해 열등하고 의존적인 존재였다. 하지만 여성은 오랜 세월동안 차별받아온 현실을 인식하고, 이러한 차별을 극복하고 성평등한 사회를 만들고자 노력하는데, 이러한 여성이야말로 진정한 '여성'이라고 할 수 있다.

그렇다면 왜 '재가여성불자'를 '재가불자'로 부르지 않고, 여성/남성으로 분리해서 봐야 할까? 그 이유는 '불자'라는 일반적 범주 속에는 '재가'와 '출가'가 있고, 이 두 집단 간에는 불자라는 동일성이 있으면서 동시에 차이가 존재하기 때문이다. '재가불자' 속에 '재가여성불자'는 '재가남성불자'와 같지만 다른, 재가여성불자만의 집단적, 혹은 사회적 경험을 가진다. 그러므로 재가여성불자의 특수성을 이해해야 한다. 조계종단 내 여성불자가 차지하는 비중이 67.8퍼센트에 달하지만,[40] 고

---

40) 통계청(2005), 종교인구: "청소년 포교대책 없으면 종교인구 1위 곧 빼앗겨",

령화, 감소화, 냉담화현상이 두드러지고 있다. 특히 20~30대, 고학력층, 전문직 여성에게서 사찰 법회나 행사에 참여도가 떨어지는 등 신행의 소극성은 두드러진다. 반면에 종단 여성불자의 신행 패턴도 변화하고 있는데, 조계종 등록 신도 현황에서는 여성불자가 차지하는 비중이 67.8퍼센트이지만, 시민선방의 80.7퍼센트, 불교대학 64.1퍼센트가 여성불자였다. 전국에서 조사가 가능한 30개 불교대학 가운데 동산불교대학과 전북불교대학을 제외하고는 모두 여성불자들이 월등히 많았다.[41] 이러한 실태는 여성불자가 '기복 위주'라는 편견을 불식시킴과 동시에 여성불자의 수행과 교육에 대한 열정을 알 수 있다.

이처럼 재가여성불자가 변화하고 있는데, 종단 내 성차별이 엄연히 존재하고 있다. 즉 대부분의 불교신자들은 불교 교리가 성평등하다고 인식하고 있지만, 여성불자(48.4%)와 남성불자(35.5%)가 다른 종교와 비교해서 불교계가 성차별적이라고 인식하고 있었다.[42]

이러한 현실에서, 2,600여 년 전 평등과 해방 사상을 가리킨 붓다의 뜻을 따라 재가여성불자는 성차별적 종단을 변혁하기 위해 앞장서야 한다.

2) 종헌·종법에서 배제된 재가여성불자

조계종의 역사는 일제 식민지로부터의 왜색불교의 이식, 미군정과 이승만정권의 종교차별, 한국전쟁, 그리고 5·16군사혁명 등 현대사의 굴곡과 함께 하였다. 1962년에 통합종단에 의해 '대한불교조계종'[43]으로 정착되었는데, 이 때 최초의 종헌이 제정된다.[44]

불교신문, 2006.9.20.

41) '여성불자 신행 패턴 현황' 조사 – 분석, 법보신문, 2004.08.10

42) 옥복연(2010), 불교신자의 성평등의식 실태 분석, 한국 불교학 50.

43) 김광식(2006), 한국현대불교사 연구, 불교시대사, p. 176

종헌·종법 등 종단 내 법규범이란 종단에 속한 출가자와 재가자에게 구속력을 가지고 종단의 강제력에 의해서 그 효력이 나타난다. 하지만 현재의 종헌·종법은 출가자, 비구 중심의 종단으로 신분 차별, 성차별적인 조항들은 재가여성불자의 활동에 많은 제약을 안겨 주고 있다.

1962년 종단 성립에 함께 노력했던 재가불자들은 출가자중심 종단이 성립되면서 크게 반발한다. 그리하여 1963년 '조계종 전국신도회(이후 전국신도회)'를 중심으로 '조계종단 혁신재건안'을 종단에 제출하게 된다(조계종중앙종회, 제 1~3대 중앙종회 기록, pp. 214 - 215). 재건안에는 중앙종회 의원수를 기존 50명에서 80명으로 늘리고 증가된 30명을 신도중에서 선출할 것을 주장했다. 출가승 - 영도권과 재가신도 - 운영권으로 이분화 하여 출·재가자가 함께 종단을 운영하는 상하양원제를 도입하기로 타협한다. 그리하여 1963년 '신도단체법이 통과되고 전국신도회가 결성되었지만, 정권과 결탁한 종단 지도부에 의해 신도의 종단운영참여는 실패한다.

1962년 통합종단에 의해 최초의 종헌이 공표된 이후 1994년까지 21차 종헌개정이 이루어졌다. 종헌 개정의 주된 내용은 종정, 중앙종회, 그리고 총무원장의 권한 조정에 관한 것으로, 종단 내부의 정치적 역학관계에 의한 종헌·종법의 제·개정에 재가 신도들의 의사는 반영되지 않았다. 1994년 조계종사상 가장 혁명적인 개혁종단이 등장하여 '제 2의 종헌 제정'이라고 할 정도로 종단의 법과 제도를 개정하게 된다.

개혁종단은 신도법의 개정을 통해 재가불자가 사찰 경영에 적극 참여하도록 했으나, 신도회의 독자적인 조직이 아니라 재적사찰 주지에 의존적이 조직이었다. 그리하여 재가불자는 또 다시 소외되었고, 오늘에 이르렀다. 제 33대 총무원장은 자성과 쇄신을 부르짖으며 불교의

---

44) 대한불교조계종 중앙종회(2000), Ibid, p. 20

사회적 역할을 강조하였다. 하지만 제 33대 총무원의 10대 핵심과제나 15대 주요 과제, 그리고 총무원이 발의한 쇄신 법안 어디에도 여성불자와 관련된 정책은 없다. 재가여성불자가 다수인 종단에서, 재가여성불자는 철저하게 소외, 배제된 것이다.

그러므로 재가여성불자 친화적인 종헌·종법 개정의 원칙은

1) 종도주권주의를 실현하는 도구가 되어야 한다.

2) 재가여성불자는 사부대중의 한 축으로, 모든 사부대중이 존엄성을 평등하게 보장받고 깨달음을 얻을 수 있도록 지원할 수 있어야 한다.

3) 공동체의식을 토대로 한 종헌·종법이 불교뿐만 대사회적 역할을 수행하여, 민주시민으로서의 참여의식이나 정의를 실천하는 가치관으로 승화되어야 한다.

4) 지구화시대, 민족불교뿐만 아니라 세계불교로 확장될 수 있도록 역할을 해야 한다.

특히 재가여성불자의 권리를 인정하는 종법의 실천이야말로 불교가 문화 지체 현상을 극복하고 21세기에 적응하는 바로미터라고 할 수 있다.

3) 재가여성불자 참종권의 의미

'참종권(參宗權)'이란 '종단 운영에 참여할 수 있는 권리'를 말한다. 즉, 총무원을 비롯하여 종단 운영과 관련된 기관에서 사부대중의 교육·포교 그리고 수행 등을 지원하는 정책의 입안·실행, 그리고 평가 등 종단 운영에 참여하는 권리를 말한다. 한국 불교는 봉건적 잔재를 해소하고 현대화를 구축하는 과정에서 '법·제도적 현대화'와 정치권력으로부터의 '자주성 확립', 그리고 '성평등의 확립'이라는 3중의 과제를 안고 있다고 할 수 있다.

　　그런데 종헌의 전문에 종도의 구성원을 “승려(비구·비구니)”45)와 “신도(남성신자, 여성신자)로서 구성한다(제8조)”고 하여, 조계종단은 승려인 비구와 비구니, 신도인 남녀 불자인 사부대중으로 구성되어 있음을 보여준다. 즉 종도들이 종헌 제정의 주체이고, 종권의 정당성이 종도에게 있으며, 전 종도가 정치적 결정에 참여해야 하는 ‘종도 주권주의’를 추구하는 것이다. 종헌에서는 종도주권주의로 제시하고 있지만, 현재 종단 운영은 비구승 중심이며 비구니는 토콘적 지위로 참여하고 있다. 사부대중(비구, 비구니, 남성불자, 여성불자)의 종단이라는 종헌 정신을 반영하지 못하고 있다.

　　이러한 현실에서 재가여성불자의 ‘참종권’은 크게 세 가지 의미를 갖는다. 첫 번째는 붓다가 제시한 성평등의 사상을 구현하는 것으로, 종헌에서 제시한 진정한 사부대중의 평등한 공동체를 실현하는 것이다. 두 번째는 재가여성불자의 능력을 활용하는 것이다.

　　최근 국가가 성 평등을 강조하는 여성정책을 시행하고, 정부 부처에 ‘여성부’를 두어 여성의 특수한 상황, 여성 특유의 문제를 효율적으로 해결하고 여성의 능력 개발에 노력하고 있다. 또한 정부는 여성에 대한 차별을 없애기 위한 법적·정치적 수단으로서 여성 참여의 몫이 일정한 비율에 이를 때까지 여성을 우선적으로 배려하는 적극적 조치인 여성고용할당제까지 도입하고 있는 실정이다. 이처럼 여성 능력의 활용이 국가 발전의 원동력이 되고 있는 시대적 상황에서, 재가여성불자의 역량을 개발해서, 그 능력을 적극적으로 활용해야 한다.

　　재가여성불자의 ‘참종권’은 세 번째, 차세대 불교 포교를 위함이다.

---

45) 조계종단은 ‘승려’의 자격(종헌 9조)으로는 ‘출가 독신자’로 규정한다. 정화운동 과정에서 대처승의 승려 자격 인정 요건으로는 실질적으로 사찰에 독신 상주 할 것, 가족부양의 책임이 없을 것, 범속인과 같은 일상생활을 하지 않는 경우로 제한하였고, 이에 해당되지 않는 경우에는 포교사 및 사찰 관리자 등 사실상 신도로 분류하고 있다.

가족 내에서의 종교 일치율을 알아본 한 연구에서46), 불교는 부친과 모친의 영향을 가장 많이 받고, 특히 모친의 영향력이 가장 큰 것으로 나타났다. 또한 배우자에게 미치는 영향력은 종교 가운데 불교가 가장 높은 것으로 나타나, 여성의 종교가 자녀 및 배우자에게 중요한 영향력이 있음을 보여 주었다.

출가자와 재가자의 실태조사에서도 이와 유사한 결과가 나타났는데, 출가자에 있어서 불교를 선택하는 데 가장 큰 영향을 준 사람으로 비구 스님은 나 스스로> 스님·스승>어머니의 순서였고, 비구니 스님은 나 스스로> 어머니> 스님·스승의 순서였다.

반면 재가자의 응답은 어머니> 나 스스로> 아내> 남편의 순서로 어머니의 영향이 가장 컸다. 즉 출가자나 재가자가 불교를 종교로 선택하는 데 있어 어머니, 아내, 즉 여성의 영향은 매우 큰 것을 알 수 있다.

2010년 한 실태조사에 의하면, 남녀 불교신자들은 조계종 종법의 일부 조항들이 성차별적이라고 인식하고 있다. 중앙종회의원에 비구스님 71명과 비구니 스님 10명이라는 조항은 남 58.1%, 여 63.3%가, 비구니 스님의 총무원장 불가 조항은 남 64.1%, 여 76.3%가, 그리고 비구니 스님의 교구본사 주지 불가는 남 68.2%, 여 78%가 남녀차별이라고 응답하였다. 즉 남녀불교신자 모두가 현재 조계종 종법상의 조항들이 성차별임을 분명하게 인식하였으며, 남성보다는 여성이 성차별이라고 응답한 비율이 모든 항목에서 훨씬 높았다.

현재 비구 중심의 종단운영은 종단 내 출가자와 재가자가 동일한 붓다의 제자이자 수행자라는 평등권을 위배한 신분 차별이며, 가부장제 하 여성-열등하고 의존적인 존재, 남성-합리적이고 주체적 존재라는 젠더 위계에 의한 성차별이다. 그러므로 불교여성(재가여성불자와

---

46) 한국갤럽(2004), 2004 한국인의 종교와 종교의식, 한국갤럽연구소

248

비구니)의 참종권 확대 요구는 종단 내 신분 차별, 성차별을 폐지하고 진정한 성평등, 인간 평등한 종단을 지향하는 상징적 기표이다.

3. 성차별, 신분 차별적인 종헌·종법

대승불교에서 '나'라는 존재는 고정불변의 정해진 실체가 있는 것이 아니라 인식 대상과의 관계 속에서 생성과 소멸을 반복하면서 끊임없이 재구성된다. '나'라는 인식 주체는 오온에 의한 육체적, 정신적 현상의 결합체이며, 그 자체는 독립된 실체성이 없다는 공(空) 사상, 모든 생명은 상호 연결되어 있다는 연기 사상은 온 생명이 평등함을 보여준다. 그리하여 "고귀한 행위만이 있을 뿐 고귀한 인간은 없다."는 붓다의 선언적 가르침은 인간의 고귀함과 저열함의 판단 기준이 성별이나 신분이 아니라 계행의 준수 여부이다. 그리하여 세계 최초의 비구니교단이 성립되어 붓다로부터 깨달음을 인정받은 위대한 비구니와 뛰어난 재가여성불자들도 많이 전해오고 있다.

하지만 종단은 종헌·종법으로 성별·신분별 위계를 만들어 비구니는 물론 재가불자들을 차별하고 있다. 현재 종헌에 의하면 종정, 원로회의, 총무원장, 교육원장, 포교원장, 호계위원, 호계원장, 법계위원, 계사, 본사주지 등은 비구만이 할 수 있다. 2012년 개정된 산중총회법에 의하면 비구니는 비구의 5분의 1만이 산중총회의 구성원이 될 수 있다. 이는 명백한 비구니차별이다. 2010년 불교신자의 성평등 의식 실태조사에 의하면 재가불자들은 비구니 스님도 총무원장이 될 수 있도록 종헌·종법을 개정해야 한다고 인식하고 있었다. 그 이유로는 75.9퍼센트가 '비구/비구니를 떠나서 총무원장은 능력 있는 스님이 하셔야 하기 때문'이라고 응답하였고, 두 번째는 부처님은 남녀차별을 하지 않으셨기 때문'이라는 응답이었다. 즉 대다수의 재가불자들은 비구승만 총무

원장이 될 수 있는 종헌이 성차별이라고 인식하고 있는 것이다.[47]

<표 1> 신도법 제·개정과 신도의 권리 변화

신도법에 의한 신도의 권리		
1984년 3월	**1994년 11월**	**2010년 9월**
1. 종단의 법규에 따른 선거권과 피선거권	1. 종단의 법령에 따라 재적사찰과 종단의 유지 운영에 참여할 권리	1. 신도 교육을 받을 권리
2. 종단의 법규에 따라 재적 사찰과 종단의 유지 운영에의 참여권	2. 종단의 법령이 천명하는 원칙에 반하지 않는 범위 안에서 신행, 사회봉사, 사회 참여, 포교, 교육, 공제 등 각종 목적의 단체를 결성하거나 이에 가입하여 활동할 권리	2. 종단 또는 사찰에서 행하는 법회·행사 등에 참여할 권리
3. 부처님 원력을 실행하기 위한 각종 단체 결성권	3. 관람료 징수 사찰 무료 입장 및 각종 종단 시설을 무료 또는 우선적으로 이용할 권리	3. 신도회 또는 신도단체를 결성하거나 이에 가입하여 활동할 권리
4. 종단 시설 무료 또는 우선 이용권	4. 종단 발전을 위해 각종 제안을 할 수 있는 권리	4. 관람료 징수 사찰 무료입장 및 각종 종단 시설을 무료 또는 우선적으로 이용할 권리
5. 종단 발전을 위한 각종 제안권	5. 법회, 포교, 교육 등에 참여할 권리	5. 종단과 사찰의 유지 및 발전에 동참할 권리
		6. 기타 종법령에서 정하는 권리

종헌·종법은 비구니를 차별함과 동시에 재가불자의 참종권을 제한하고 있다. 종법에 의하면, 재가여성불자가 종단 운영에 참여할 수 있는 방식은 크게 '포교사'와 '전국신도회', '사찰운영위원회법', 그리고 '종무원'으로 볼 수 있다. 본 절에서는 이 법들을 중심으로 재가여성불자의 참종권을 살펴보도록 하겠다.

1) 신도법

신도법은 1984년 제정되어 오늘에 이르기까지 총 5회 개정이 있었

---

47) 옥복연, Ibid, 363 - 395.

다(1994년, 1995년, 1999년, 2008년, 2010년). 아래 표를 보면 1984년, 1994년, 그리고 2010년을 갈수록 신도의 권리는 줄어들고, 의무는 확대되는 것을 알 수 있다.

신도법은 명실상부하게 신도가 주체적으로 종단 운영에 참여할 수 있도록 멤버쉽을 부여해야 한다. 예를 들면 1962년 전국신도회가 제출한 재건 안에는 재가불자가 중앙종회에 참여할 수 있는 방안을 구체적으로 제시하고 있다. 즉 중앙종회 의원수를 기존 50명에서 80명으로 늘리고 증가된 30명을 신도중에서 선출할 것을 주장했다. 또한 출가승 - 영도권과 재가신도 - 운영권으로 이분화 하여 출·재가자가 함께 종단을 운영하는 상하 양원제를 도입할 것을 요구하였다. 그로부터 50년이 지났지만 중앙종회는 비구 71명과 비구니 10명으로 구성되어 있다. 중앙종회란 종단의 입법기관이자 최고 의결기관이므로, 사부대중이 참여할 수 있어야 한다.

또한 재가불자 참종권을 관철하는 과정에서 성주류화정책이 시행되어야 한다. 남녀가 신체적인 차이로 인해 정치·경제·사회·문화적 모든 영역에서 차별받지 않도록 정책적으로 배려하는 성주류화전략(Gender Mainstreaming)을 시행해야 한다.[48] 성별 영향평가와 성인지 예산은 물론, 여성할당제도 도입해서 여성불자의 참여를 촉진할 수 있어야 한다.

---

48) Rees는 평등 정책의 발전 과정을 수선(동등대우), 재단(적극적 조치), 전환(주류화)로 설명하면서, 앞의 두 개혁이 단순히 여성을 기존 조직에 포함시키는 것이라면 주류화는 '성차의 정치학'에 근거하여 조직들의 성격을 변화시키는 것이라고 설명하고 있다.[Rees(2005) pp.555 - 574; Bacchi(2004) pp. 128 - 146]

〈표 2〉 신도법 재·개정과 신도의 의무 변화

신도법에 의한 신도의 의무		
1984년	1994년	2010년
1. 법회 참석 의무: 재적사찰과 종단에서 시행하는 정기, 임시 법회에 집회에 참석하여 신 앙심을 키우는 일	1. 신도 기본교육과 연수교육, 재적사찰의 법회에 참여할 의무	1. 삼보를 호지할 의무
2. 교육의 의무: 신도의 신앙심과 수행 증진을 위하여 재적사찰과 종단에서 실시하는 각종 교육을 받을 의무	2. 교무금을 납부할 의무	2. 보시 및 지계의 의무
3. 포교의무: 최소한 연 3인 이상을 종단에 입교시킬 의무	3. 종단의 법규를 준수할 의무	3. 상구보리 하화중생의 서원을 세우고 수행할 의무
4. 종단 유지 의무: 재적사찰과 종단을 유지 발전시킬 의무	4. 종단의 발전과 불법의 홍포를 위해 포교, 봉사, 구호활동 등에 노력할 의무	4. 종법령에서 정하는 신도교육과 법회에 참여할 의무
5. 봉사의무: 부처님 이름으로 각종 봉사와 자선 구호활동을 할 일	5. 재적사찰의 수호 및 발전을 위해 노력할 의무	5. 교무금을 납부할 의무
6. 교무금 납부의 의무: 종단에서 정한 바 교무금을 납부할 의무		6. 본종의 종법령을 준수할 의무
7. 법규 준수 의무: 종단의 제반 법규를 준수할 의무		7. 본종의 종지에 입각하여 포교할 의무
		8. 종단 및 사찰의 외호와 발전에 기여할 의무
		9. 기타 종법령에서 정하는 의무

2) 사찰운영위원회법

2011년 쇄신 법안 가운데 하나인 '사찰운영위원회법'[49]은 재가불자가 참여하는 사찰운영위원회를 사찰 내 주요 행사나 재정 문제를 심의·의결하는 기관으로 격상시켰다.

사찰운영위원회법은 재가불자가 사찰운영에 직접적으로 개입할 수 있도록 재가불자의 역할을 확대하기 위한 목적을 갖고 있지만, 사찰 주지가 운영위원회 의장을 하고, 운영위원의 임기도 1년으로 제한하였

---

49) 개정 법안에 의하면 각 사찰은 주지 스님을 당연직 의장으로 5인 이상 30인 이내의 사찰운영위원회를 구성해야 하며, 운영위는 예산, 특별불사, 사찰부동산 처분 및 기채 승인신청, 신도의 상벌 등을 심의 의결하는 권한을 갖게 된다. 개정된 '사찰운영위원회법'은 사찰운영위원회가 기존의 협의기관이 아니라 심의, 의결기관으로 격상되었다.

다. 1994년과 비교할 때 오히려 재가불자의 참종권은 후퇴했다고 볼 수 있다.

신자가 사찰의 운영에 주인의식을 가지고 사찰의 주요 행사나 재정 문제를 심의·의결할 수 있는 제도적 장치를 더욱 보완해야 한다. 이 과정에서 재가여성불자가 남성불자와 평등하게 참여할 수 있도록 기회의 평등, 조건의 평등, 그리고 결과의 평등이 전제되어야 한다.

<표 3> 개정된 사찰운영위원회법 상 운영위원회 구성

1994년	2011년
제 3 조 (운영위원회 구성)	**제 2 조 (운영위원회 구성)**
① 각 사찰은 실정에 따라 7인 이상 30인 이내의 위원으로 운영위원회를 구성하여야 한다.	① 각 사찰주지는 실정에 따라 5인 이상 30인 이내의 위원으로 운영위원회를 구성하여야 한다.
② 운영위원회는 소임을 맡은 승려와 신도로 구성한다.	② 운영위원회는 소임을 맡은 승려와 신도로 구성한다.
③ 사찰 신도회의 회장, 부회장은 운영위원이 된다.	③ <u>운영위원회의 의장은 주지로 한다.</u>
④ 주지는 사찰신도로서 신심, 수행, 교양, 학식, 덕망, 사회활동 정도를 보아 남의 모범이 되는 자를 운영위원으로 위촉할 수 있다.	④ 사찰 신도회의 회장, 부회장은 운영위원이 된다.
⑤ 운영위원회 위원은 주지가 위촉하며 그 임기는 2년으로 한다.	⑤ 운영위원회 위원은 주지가 위촉하며 그 임기는 1년<u>으로 하며 연임할 수 있다.</u> 다만 신도 운영위원은 신도회의 추천으로 주지가 위촉한다.
⑥ 주지의 친, 인척은 운영위원으로 위촉할 수 없다.	⑥ 주지 및 <u>신도회 임원의 친,인척은</u> 운영위원으로 위촉할 수 없다.
⑦ 주지는 재직중인 운영위원이 그 임무를 태만하거나 사찰 및 종단에 해로운 행위를 할 때는 해당 운영위원을 해임할 수 있다.	⑦ 주지는 재직중인 운영위원이 그 임무를 태만하거나 사찰 및 종단에 해로운 행위를 할 때는 해당 운영위원을 <u>해촉할 수 있다</u>

3) 포교사법

포교사라 함은 종법에 의하여 자격을 갖추고 포교시설 및 단체에서 직접 포교를 담당하는 재가자를 말한다(포교법 제 30조).

또한 제32조(포교사의 의무)에는 ① 포교사는 종단이 인정하는 포교기관, 시설, 단체 등에서 정기적인 활동을 해야 한다, ② 포교사는 매월 활동 상황을 서면으로 소속 교구본사 포교국 및 포교사단으로 정기적으로 보고해야 한다, ③ 포교사는 포교원에서 실시하는 연수교육을 이수해야 한다, 라고 명시되어 있다. 포교사는 종단이 정한 포교시설 단체에서 정기적인 활동을 해야 한다고 규정하고 있지만, 종단의 포교당이나 시설에서 활동하려 할 때 그 시설의 스님이 허락하지 않으면 할 수 없는 것이다.

그리고 '제34조 (포교사의 지위보장)에는 ① 포교사의 종단적 지위는 우선적으로 우대되어야 하며 그 신분은 보장된다, ② 각 사찰은 유급 포교사 1인 이상을 두어야 하며 적정액의 급여를 지급해야 한다.'라고 명시되어 있다.

종단의 미래를 위해서 아동·청소년은 물론 일반 대중을 위해 포교의 중요성이 더욱 부각되고 있다. 또한 출가자가 줄어들고 있는 현실에서, 실질적으로 출가자의 역할을 담당하고 있는 포교사의 권리를 보장할 수 있어야 한다.

다수의 포교사는 의무만 있고, 그 권리를 인정받지 못하고 있다. 종법으로 포교사의 권리를 보장하여 명실상부하게 역할에 맞는 대우를 해야 한다. 현재 포교사의 성비는 유사할 정도로 여성이 많이 진출해 있다.

포교사는 출가자의 역할을 적극적으로 지원하고 있는데, 이들에 대한 지원으로 포교사들이 자긍심을 가질 수 있어야 한다. 그러기 위해서는 붓다의 법을 전하는 포교사의 위상을 재정립하고, 합당한 대우를 하며, 재가자는 물론 출가자들로부터 존중받을 수 있도록 법적 보완이 필요하다.

4) 종무원법

종무원법 제 1 조 (목적)에 의하면, 이 법은 "각 종무기관의 종무원에게 적용할 근본기준을 확립하여 인사행정의 공정을 기함과 동시에 종무원으로 하여금 종단 전체에 대한 봉사자로서 최대의 능률을 발휘케 함"을 목적으로 한다.

하지만 '제10조 (승진)에 의하면 ① 직급 간 승진임용은 근무성적평정, 경력평가 기타 능력의 실증에 의한다, ② 재가종무원은 부국장까지 승진할 수 있다.'로 나와 있다.

아무리 능력 있고 오래 근무했다고 할지라도 재가종무원은 부국장 이상은 승진할 수 없다면 종무원들은 자신의 일터에서 자부심과 긍지를 가지기 어려울 것이다. 그리고 국장 이상의 지위는 출가자에게만 가능하도록 종법적으로 차별하고 있는데, 이는 능력이 아닌 철저한 신분제라고 할 수 있다.

종무원은 능력에 따라 대우하고, 그 능력을 오랫동안 종단을 위해 활용할 수 있어야 한다. 재가자가 부국장까지 승진할 수 있는 것이 아니라, 능력에 따라 그 지위를 보장해 주어야 한다. 그리고 종단 내 여성 지도자를 양성해야 한다. 2010년 종단 중앙의 종무원 가운데서 팀장 이상 직급에는 남성이 23명, 여성이 3명 있었다.

불교신자 실태조사에 의하면, 여성이 상급자가 되지 못하는 이유로 응답자 가운데 46.0%가'능력을 중시하지 않고 남녀를 차별하기 때문'이라고 하였다. 또한 여성들이 종무소, 신행단체, 봉사단체, 종단 부속기관 등의 여러 조직에서 상급자가 되기 위해 가장 필요한 것으로 '스님이나 남성 신도들이 여성의 능력을 인정하는 것이 필요하다'고 응답하였다. 즉 여성종무원이 차별을 받고 있는 것이 현실이다. 여성신도가 다수인 종단에서, 여성종무원이 재가여성불자를 대표할 수 있는 여성 리더로 성장할 수 있도록 지속적으로 양성하고 지원해야 한다.

4. 결론

붓다 재세 시 사부대중은 철저하게 평등한 관계였고, 심지어는 붓다와 그 제자들조차도 '좋은 벗(善友)'의 관계 속에 수행과 전도의 같은 길을 함께 가면서 서로를 격려한, 우정과 화합의 정신이 충만한 공동체였다. 하지만 1962년 통합종단이 독신 비구 중심으로 성립되었다는 것은 재가자가 배제된, 수행자 중심의 종단 질서를 제도화 했다는 것을 의미한다. 그리하여 재가불자들은 통합종단의 출발부터 비상종단, 개혁종단을 지나 오늘에 이르기까지 재가자 참종권을 주장해 왔다.

재가자의 종단 운영 참여와 사찰 경영에 동참할 수 있도록 종법이 개정되어 왔지만, 종법을 개정하는 것만으로 재가자의 참종권이 보장되는 것이 아니었다. 아무리 좋은 법이 있어도 이를 지킬 의지가 없다면 아무 소용이 없기 때문이다.

앞에서 살펴본 재가자와 관련된 종법들은 재가자의 권리를 보장하기보다 재가자의 권리를 제한하는 장치로 작동하고 있다. 종헌·종법은 사부대중 종도주권주의를 실현하는 도구가 되어야 한다.

재가여성불자는 물론 재가남성불자도 사부대중의 한 축으로, 모든 사부대중이 존엄성을 평등하게 보장받고 성장할 수 있어야 한다. 그리하여 종단이 진정한 사부대중의 공동체가 되어 민주적이고 평등한 가치관이 실현될 수 있어야 한다.

재가여성불자의 참종권을 위해서는 남녀 재가자가 젠더 파트너십을 가져야 한다. 오늘날 사회는 다양화·전문화·지구화가 가속되고 있는데, 한 사람의 리더보다는 구성원과 함께 소통하고 협력하여 이끌어가는 파트너십이 더욱 요구된다.

남녀의 상하 권력 관계, 성 역할 고정관념은 개인적 갈등은 물론 사회적 갈등을 야기하며, 개인이 가진 능력과 잠재력의 개발과 발굴을 가로막는다. 그러므로 재가불자의 참종권을 위해서는 전통적 성역할 고정관념을 타파하고 개인의 성향과 능력을 존중하며 남녀가 동등한 위치에서 적극적인 파트너가 되는 젠더 파트너십을 강화해야 한다.

그렇다면 재가여성불자의 참종권 확보를 위해 무엇을 할 것인가? 내년은 총무원장 선거가 있는 해로, 선거방식에 대해 논의가 이미 진행 중이다. 현재 총무원장의 최고지도자 선출 방식은 현재 교구별 선거인단 10명과 중앙종회의원 81명 등 321명이 선출하는 간접선거제이다. 종단은 1994년에 만들어진 총무원장 선거 제도가 너무 오래되어 시대정신을 제대로 담고 있지 못하기 때문에 이를 개정하고자 공청회를 열어 여론 수렴을 하고 있다.

총무원은 종단이라는 행정조직을 운영하는 기관이며, 총무원장은 종단의 행정수반이라고 할 수 있다. 그러므로 사부대중으로서 재가여성불자는 재가남성불자와 함께 총무원장을 선출하는 데 참여할 수 있어야 한다. 어떻게 참여할 것인지 그 방법론에 대해 함께 대안을 모색하고, 이를 관철시켜 나가야 한다.

조계종 종단의 회계 처리 관련 규정의 문제점과 개선 방안

정 은 용 _ 정은용회계사무소 대표, 참여불교재가연대 감사

차 례

4) 사찰부동산 관리법

5. 종교법인의 회계처리 방법의 문제점과 개선 방안

1) 일반적인 회계처리기준의 제정

2) 종단 내 회계처리지침 제정

3) 복식부기회계제도 도입

4) 감사제도 정비 및 강화

① 사찰 내부감사

② 종단 감사위원회 전문기구로 독립 설치

③ 외부 감사제도 도입

5) 회계공시 강화

6) 세무 협력 의무 및 세무신고 강화

7) (기부금) 영수증의 표준영수증제 도입 및 관리 강화

8) 사찰운영위원회 독립성 제고

9) 예산 · 결산위원회의 신설 혹은 개편 및 전문성 제고

10) 징계 · 처벌규정의 강화와 엄격한 집행

1. 종교법인회계의 특징

종교법인은 신자들의 교화와 포교 및 기타 사회사업 등의 활동을 전개하기 위해 필요한 자원을 일반 신자의 헌금이나 기부금 등을 통해 조달하며, 자원제공자들은 일반적으로 제공한 자원에 대해 경제적 효익을 요구하지 않는다.

그러나 종교법인은 종교 고유의 목적인 영적인 생활과 정신적인 성장을 추구하기 위하여 존재할 뿐만 아니라 사회성과 공공성을 지닌 조직으로서 활동한다. 따라서 **종교법인회계**는 외적으로 공공성과 합리성을 확보하고 내적으로 진실성을 추구하여 사회와 신도들로부터 신뢰를 얻을 수 있도록 체계적인 회계시스템을 통해 결산서를 공정하고 투명하게 작성하여 공표해야 한다.

종교법인회계의 특징을 정리해 보면 다음과 같다.

(1) 종교와 관련된 개인, 법인 또는 단체의 의사결정을 위하여 유용한 정보를 제공하는 회계로서, 종교단체 또는 종교법인의 경영자가 그 자원을 수탁한 개인 또는 단체에 대하여 책임이행의 보고를 해야 하는 특징이 있다.

(2) 종교법인의 자원 조달은 신도들의 헌금, 기부금 등에 의해 이루어지며 자원제공자들은 제공한 자원의 대가로 어떤 경제적 효익을 요구하지 않는다.

(3) 종교법인은 사적 소유에 속하는 개인지분권이 인정되지 않기 때문에 지분의 매매, 교환, 상속, 배당, 잔여재산의 처리 등에 관한 회계가 성립되지 않는다.

(4) 종교법인은 이윤 동기가 없으며, 종교고유의 목적을 달성하기 위해 자원을 일방적으로 소비, 지출한다. 종교회계는 이익 이외의 방법으로 성과를 측정해야 하는 특수회계이다.

즉, 영리기업의 손익계산이 아니라 법회, 포교, 교육, 사회봉사 등 사찰 활동이 부처님의 뜻에 부합하였는가를 지출 측면에서 합리적으로 평가할 수 있도록 하고, 가능하면 제공된 편익을 보충사항인 주석으로 표시하는 것이 바람직하다.

(5) 기업회계는 비용의 귀속사업 연도 구분기준을 발생주의를 원칙으로 채택하고 있으나, 종교회계는 일반적으로 현금주의를 채택하고 있다.

(6) 종교법인회계는 예산에 의한 계획적 활동이다. 법회, 포교, 교육, 봉사 등 모든 활동 방향을 예산에 의해 사전 관리하며 부득이한 경우 추가경정예산을 편성하고 공동의회의 의결을 거쳐 승인을 받아야 한다.

(7) 기업회계에서는 경영활동의 성과인 당기순이익에 대해 법인세가 부과되고 있어서 세무 상의 문제가 중요시되고 있으나, 종교회계에서는 현재까지는 비과세 대상이기 때문에 수익사업을 경영하는 경우 외에는 세무 상의 문제가 중요시되지 않는다.

요컨대 종교회계는 종교단체의 활동을 내·외부의 종교단체 관계자들에게 유용한 정보를 제공하는 회계영역으로 신도들로부터 예산에 근거한 현금과 기부금 등으로 재원을 조달하되 사적 지분의 매매·교환·상속배당 등이 없으며, 종교보편의 진리에 입각하여 당해 종교단체의 신도뿐만 아니라 사회성과 공공성을 제고해야 하는 비영리회계로 투명성이 생명이라 하겠다.

2. 종교법인 관련 회계 규칙

1) 일반적인 회계처리 규정

현재 우리나라의 회계기준에는 종교단체관련 회계가 별도로 규정되어있지 않으므로 종교회계는 일반적으로 인정된 회계 원칙이 정립되어 있지 않은 상태이고, 회계처리는 현금주의와 단식부기에 의한 간단한 기장을 하고 있는 정도이다. 따라서 재무보고는 수지결산서 위주로 이루어지는 경우가 대부분이다.

2) 문화체육관광부소관 비영리법인의 설립 및 감독에 관한 규칙

주무부서인 문화체육관광부는 수지계산서와 재산 목록 중심의 단식부기에 의한 예산회계를 전제로 하여 지도·감독하고 있으며, 회계 처리의 기준도 제시하지 않아 종교회계실무가 자유방임되고 있는 실정이다.

3) 종교단체의 회계 규정

(1) 개신교의 회계제도

가) 기독교 대한성결교회 본부 및 개별 교회

개신교중 기독교대한성결교회 본부의 재무회계규정에 의하면 이 규정은 총회본부의 예산·결산과 회계사무의 근본 기준을 확립하여 재무회계 처리를 능률적으로 운영함을 목적으로 하며, 총회본부 예산은 총회 전에 각부 사업계획 및 예산(안)을 각 국별로 작성하여 경리과에 제출하고, 경리과는 각 국에서 접수한 사업계획 및 예산안을 집계하여

회계에 제출하고 회계는 이를 검토하여 임원회 결의를 거쳐 기획예결
산 위원회에 회부하여 확정한다.

총회에서 사업계획 및 예산서가 결정되었을 때, 경리과는 즉시 각
교회별로 총회비를 할당하여 지(支)교회에 통지해야 한다. 통지를 받은
지(支)교회에서는 총회에서 결의된 총회비를 총회본부 경리과에 납부해
야 한다.

결산 및 감사에 대하여는 경리과는 수입결산서와 지출결산서를 회
계 연도 종료 후 1개월 내에 작성해야 하며, 경리과는 전항의 결산서
에 의거 장부 및 증빙서류를 총회에서 선임된 감사로부터 감사를 받은
후 임원회에 보고하고 기획예·결산위원회에 회부한다.

지출절차에 대하여는 지출원인이 발생하면 주무국에서 지출결의서
를 작성하여 총회장의 결재를 받아야 한다. 경리과에 이관하면 예산과
목 등을 확인하고 총무의 결재를 받아 지출하고, 일계표를 작성하여
수입, 지출결의서 앞면에 첨부한다.

계약 관련 조항을 보면 공사 및 물품 구매 (인쇄)를 할 때에는 계약
서를 체결하되 1건 금액이 1,000만원 이상일 경우 일반 경쟁계약 공고
를 해야 하고, 1건 금액이 500만원 이상 1,000만원 이내로 그간 납품실
적이 우수한 업체일 경우에는 지명경쟁계약으로, 1건 금액 300만원 이
상 500만원 이내로 비교적 단순한 것으로 그간 납품 실적이 우수한 업
체에 대하여 수의계약으로 한다.

계약 이행을 완료한 때에는 검수조서를 작성해야 하며, 이때 전문
적인 지식이나 또는 기술을 필요로 하는 경우에는 전문기관 또는 기술
자에게 위탁하여 검사를 해야 한다고 규정되어 있다.

한편 총회본부 산하의 개별 성결교회에서는 예산안의 경우 각 부서
별로 작성·제출하고 동 예산안 결의는 당회 (담임목사 + 장로∘∘인)의
의결을 거쳐 총회승인(세례교인 2분의 1 참석)을 받아야 하며, 예산집

행의 경우 통상경비는 사무국에서 지출 후 매주별 재무 담당 장로 및 담임목사(사찰의 경우 주지) 결재를 받고, 기타 각 부별 예산 안에 의한 지출은 담당 장로 전결 하에 지급한다. 단 특별한 지출은 사전 결제 후 지출한다.

재무 담당 수석장로는 집행 결과를 2개월마다 직원회의(집사직 이상 신자모임)에 보고해야 하며, 예비비 지출 시는 직원회의시 제안하고 승인받아야 한다. 또한 집행 결과를 2개월마다 감사담당 장로에게 감사를 받아야 하고, 연말결산서는 연 1회 감사를 받아야 한다.

결산은 매 사업연도 마감 후 1개월 이내 다음 서류를 첨부하여 예산 결산총회의 승인을 받아야 한다고 규정되어 있다.

1. 예산대비 수지보고서 작성
2. 대차대조표 및 손익계산서 - 총회 자료로만 제출
3. 재산 목록만 작성(예금 포함)
※ 성직자들도 4대보험은 가입하나 소득세는 신고하지 않는다.

나) 대한예수교 장로회

개신교의 지파 중 대한예수교 장로회는 1987년 9월 교회 사업을 적절히 집행하는데 관련된 예산과 회계 및 계약, 재산관리, 감사를 규정하여 재무관리 체계를 확립하고, 전반적인 재정 운영을 체계화하여 선교, 교육, 봉사를 균형 있게 운영하고, 투명하게 보고하여 회계정보의 유용성을 제고한다는 목적으로 '교회회계기준'을 제정하였으며, 1999년 9월 최종 개정하여 오늘에 이르고 있다.

그 주요 내용은 교회(총회 산하 지교회를 말함)의 회계처리는 정규부기(복식부기)원칙에 의하되 고정자산의 감가상각은 하지 아니하는 수정발생주의를 채택하고 있다.

재무제표는 예산대비 수지결산서, 대차대조표, 잉여금처분계산서,

순자산증감조정계산서, 그리고 동 부속명세서로 열거하면서 재직회로 하여금 매 회계연도마다 이를 작성하여 공동회의에 보고하여 승인을 받도록 하고 있다. 또한 고유목적사업 아닌 수익사업에 대하여는 영리 기업에 적용하는 기업회계기준을 적용하도록 규정하고 있다.

(2) 천주교의 회계 제도

천주교(재단법인 천주교 서울대교구 유지재단)는 천주교회의 유지경 영, 자선사업과 교육 사업을 실시함을 목적으로 하여 재정 관리의 효 율성과 합리성을 모든 공동체에 있어서 가장 긴요한 과제로 파악하고 있다. 교회는 신자들의 공동자산인 교회 재산을 효율적으로 관리할 책 임이 있으며 이를 위하여 재무관리에 관한 각종 규정들이 마련되어 있 다.

그리고 이와 같은 규정들은 재정의 공개를 전제로 작성되어 예산의 편성과 이의 승인은 정해진 절차에 따라 교구본사의 승인을 받아야하 고, 교구본사로부터 정기적으로 회계감사를 받아 예산에 따라 사용했 는지를 검사받고, 수지계산서는 신도들에게 공개된다. 또한 성직자들에 지급되는 월 급여에 대하여도 세무서에 근로소득세를 신고하고 있다;

규정상으로는 복식회계로 매월 결산보고 하도록 되어있으나, 감독 관청에 제출할 목적으로 단식회계에 의한 수지결산서만 작성하고 있어 아직은 미흡한 수준이다.

(3) 불교의 회계 제도

불교단체의 회계는 조계종 예산회계법에 의하면 단식부기에 의하도 록 규정되어 있으며, 일반회계와 특별회계로 구분한다. 특별회계는 특 별한 사업을 운영할 때, 특정자금을 보유하여 운용할 때, 기타 특정한 세출을 충당함으로써 일반회계와 구분하여 처리할 필요가 있을 때 설 치한다. 그나마 사찰별로 예산과 결산을 하여 보고·승인 받도록 하는 근거인 사찰예산회계법이 2012년 7월 10일자로 제정·공포되었으나, 아직 현실은 대부분의 사찰이 단순한 수지결산서 조차도 작성·공개하지 않고 있는 실정이다.

(4) 종합 검토

타 종교를 검토해 보면 개신교중 성결 교회본부는 총회에서 선임된 감사로부터 감사를 받아야하고, 지출원인 행위를 주무국에서 지출결의서를 작성하여 총회장의 결재를 받아 경리과에 이관하며, 계약 및 검수관련조항이 비교적 세부적으로 규정되어 있다.

산하의 개별 성결교회에서는 예산안은 장로 중심의 당회의 의결을 거쳐 총회 승인을 받아야 하고, 담당 장로 책임 하에 집행되며, 집행결과를 2개월마다 감사 담당 장로에게 감사를 받아 직원회의에 보고해야 하며, 결산 시도 감사를 받은 후 결산총회의 승인을 받아야 하는 등 투명성과 공정성이 비교적 잘 확보되어 있다. 그러나 아직 복식부기 체제는 불완전하며 자산·부채를 별도로 표시하고 있다.

대한예수교 장로회의 회계처리는 원칙적으로 복식회계방식에 의하되 고정자산에 대한 감가상각은 하지 아니하는 수정발생주의를 채택하고 있다. 지출 내역에 예배당 확장비와 비품 구입비 등 자산항목이 기재되고, 나아가 결산서에 예비비라는 부적절한 총괄 항목이 나타나 있었다.

천주교는 복식회계를 행하면서도 회계처리는 미비하다. 결산서상 많은 항목의 표시가 불명확하였으며, 기중에 취득분의 자산인식과 부채의 내용이 미흡하게 기재되고 있다. 그러나 천주교에서는 성직자들에 지급되는 월 소득을 세무서에 신고하고 있다.

이와 같이 종교회계는 단식부기로 처리하거나 복식부기라도 불완전하게 처리될 뿐 아니라 더구나 종교라고 하는 특수한 속성으로 인하여 조직의 재정을 조직 외부에 공개하지 않고 있다.

3. 세법상의 보고 의무

1) 수익사업에 대한 법인세 신고의무

수익사업이 있는 종교법인은 수익사업과 비수익사업을 구분 경리하여 수익사업 소득에 대하여 사업연도 종료 후 3개월 이내에 세무서장에게 법인세 신고서와 복식부기에 의한 결산서(재정상태표와 손익계산서)를 제출해야 한다.

그러나 수익사업의 경우에도 고유목적사업 준비금을 설정하여 고유목적사업에 사용하는 경우에는 법인세는 납부하지 않게 된다.

2) 부가가치세법상 협력의무

주무관청의 인허가나 등록된 종교·자선·구호 등을 목적으로 하는 비영리법인은 부가가치세 과표와 세액이 신고대상이 아니라 하더라도 교부받은 매입세금계산서 합계표와 계산서 합계표를 작성하여 세무서장에게 제출해야 한다. 단, 미제출시 가산세는 해당되지 않는다.

3) 세무 확인과 공시

다음과 같이 일정 규모 이상의 공익법인 등은 회계감사 및 세무확인을 받아야 한다. 단, 종교법인은 제외된다.
- 재무상태표상 총 자산가액이 100억 이상인 비영리법인 : 회계감사 필요

- 재무상태표상 총 자산가액이 10억 이상인 비영리법인 : 세무 확인 필요
- 수입 금액이나 출연재산 가액이 5억 이상인 경우 : 세무 확인 필요
- 총 자산가액이 10억 이상이거나 수입금액 또는 출연재산 가액이 5억 이상인 비영리법인은 국세청 홈페이지에 복식부기에 의한 결산서(재정상태표와 손익계산서)를 공시해야 한다.

4) 기부금영수증 발급 및 보고의무

기부금영수증을 발급하는 자는 기부법인 및 개인별로 기부내역을 작성하여 5년 동안 보관하고 기부금영수증 발급명세서를 사업연도 종료 후 6개월 내에 세무서에 제출해야 한다.

만일 기부금영수증을 사실과 다르게 발급하는 경우에는 다른 발급액의 2퍼센트, 작성·보관하지 아니한 경우에는 0.2퍼센트의 가산세를 부과하며, 불실한 단체에 대하여는 그 명단과 인적사항을 공개할 수 있다.

4. 불교계(조계종단)의 회계 처리 규정

1) 예산회계법

가) 회계의 목적 등

2012년 7월 10일자로 개정된 대한불교 조계종의 예산회계법 제1조~4조에 의하면 이 법은 종단의 예산과 회계 및 이에 관련되는 기본적인 사항을 정함을 목적으로 한다.

종단의 회계연도는 매년 1월 1일에 시작하여 12월 31일에 종료한다.

각 회계연도의 경비는 당해 연도의 세입으로써 충당해야 하며, 한 회계연도에 속하는 세입·세출의 출납에 관한 사무는 다음 연도 1월 20일까지 완결해야 한다.

나) 회계의 일반원칙

제5조와 제6조에서는 중앙종무기관의 회계를 일반회계와 특별회계로 구분한다. 특별회계는 특별한 사업을 운영할 때, 특정한 자금을 보유하여 운용할 때, 기타 특정한 세입으로 특정한 세출에 충당함으로써 일반회계와 구분하여 처리할 필요가 있을 때 설치하며, 중앙종무기관 산하기관의 예산과 회계에 관한 사항을 따로 종법으로 정할 수 있다.

제7조와 8조에는 종단이나 사찰재산은 총무원장의 승인을 받지 아니하고는 매각·기부·담보제공·대여·인락, 기타 처분을 할 수 없고 또한 당해 연도 예산의 범위 내에서 변제할 수 없는 장기 채무는 총무원장의 기채승인을 받아야 하며, 승인을 얻지 아니하고 행위를 한 때는 이는 무효가 되며, 행위자를 징계에 회부한다.

제12조, 제19조 및 20조에는 중앙종무기관의 예산에 관한 사무는 총무원 기획실에서 관장하고 회계에 관한 사무는 재무부에서 관장한다.

총무원 기획실장은 예산안 편성지침을 종무회의 의결을 거쳐 각 종무기관장에게 제출하고 각 종무기관장은 다음 연도 예산요구서를 9월 20일까지 총무원 기획실에 제출한다.

총무원 기획실장은 종합예산안을 편성하여 종무회의 의결을 거친 후 정기중앙종회에 다음회계년도 개시 60일전까지 제출한다.

제25조, 26조 및 34조등에는 예산의 사용필요시 각 부서장은 지출원인 행위서류를 첨부하여 총무원 재무부장에게 제출하고 재무부장은 지출결의서를 작성하여 총무원장의 결제(단 교육원, 포교원은 제외)를 받으며, 예산은 관항목간에는 전용할 수 없고 관내의 항목 간에는 종무회의결의로 전용할 수 있다.

제29조와 31조에서는 중앙종무기관의 장은 매 회계연도마다 그 소관에 속하는 세입·세출 결산 보고서를 작성하여 다음 연도 2월 말일까지 총무원 재무부장에게 제출하고, 재무부장은 다음 사항을 포함한 중앙종무기관의 세입·세출 결산서를 총합하여 종무회의의 의결을 거쳐야 한다.

다음 (세입·세출결산서 포함 내역)

ㄱ. 세입 - 세입예산액, 수입액, 전년도 이월액, 미징수액

ㄴ. 세출 - 세출예산액, 예비비사용액, 지출액, 전용 등 증감액, 다음 연도 이월액

2) 사찰예산회계법

한편 2012년 7월 10일자에 처음 제정·공포된 대한불교 조계종의 사찰예산회계법에 의하면 "이 법은 본종 산하 사찰의 예산편성, 집행과 결산 및 이에 따른 회계처리 사항을 정하여 효율적이고 투명한 재정운용 실현을 목적으로 한다"라고 되어 있다.

예산회계법과 다른 조항을 보면

제10조 3항에 특별회계에서 다른 특별회계 혹은 일반회계로는 전출할 수 없다.

제13조와 제15조에는 총무원은 예산지침서를 10월 15일까지 교구본사를 거쳐 말사에 통보하고 말사는 예산안을 사찰운영위원회의 의결을 거쳐 11월 말까지 교구본사에 제출하고 교구본사는 12월말까지 교구본사와 소속사찰의 세입·세출 예산서를 총무원에 제출한다. 직영 및 특별분담사찰은 12월말까지 세입·세출 예산서를 총무원에 제출한다.

제16조에는 회계담당 종무원은 필요시 지출결의서를 작성하여 각 국장 소임자와 주지의 결재를 받아 지출한다.

제19조 내지 제20조에는 총무원은 결산지침서를 10월 15일까지 교

구본사를 거쳐 말사에 통보하고 말사는 세입·세출결산서를 사찰운영
위원회의 의결을 거쳐 1월 말까지 교구본사에 제출하고 교구본사는 2
월 말까지 교구본사와 소속사찰의 세입·세출 결산서를 총무원에 제출
한다. 직영 및 특별분담 사찰은 2월 말까지 세입·세출 결산서를 총무
원에 제출한다.

제22조 및 23조는 경리·회계의 관리책임자는 사찰 주지로 하며,
주지는 회계담당 종무원을 둘 수 있고, 종무원은 재무국장, 주지의 결
제를 받아 금전 입·출금을 일일 처리하여 일별시재를 주지에게 보고
한다.

제26조 회계서류에는 세입, 세출 예산서 및 결산서, 수입·지출 결
의서, 현금출납장, 총계정원장 등이며, 보조서류로는 매월 현계표, 일일
시재보고서, 각종 접수대장, 각종 명세서(차입금, 대여금, 적립금, 미수
금 등), 각종 대장(급여, 비품, 임대료 징수대장) 부동산 수익금 통장
및 사용내역서, 문화재 구역 입장료 일계·월계 및 연 정산서 등과 토
지·건물 임대보증금 통장 및 명세서, 영수증 사본 등으로 규정되어
있다.

제28조는 임대보증금은 특별회계로 구분하며 교구 본사와 공동 예
치한다. 동 보증금은 임대계약해지 환급금 외 다른 용도로 사용할 수
없다.

제29조에는 문화재 구역 입장료는 해당수입의 70%는 일반회계,
30%는 특별회계로 구분·처리한다.

제30조는 국고보조금을 받았을 경우, 총무원에 보고하고 해당회계
의 수입으로 처리한다고 규정되어 있다.

3) 종헌, 중앙종회법 등의 감사기준

종헌 제119조에 의하면, 사찰 및 종단기관에 속한 재산은 삼보, 호

지, 기타 종헌에 명시된 목적 이외의 용도로 사용하지 못한다. 총무원의 수입은 일반 및 특별분담금, 교무금, 사업수익, 기타수입에 의한다. 모든 사찰, 승려 및 신도는 종헌·종법이 정하는 바에 따라 종비를 납부할 의무를 지며 분담금과 교무금의 종류와 책정기준, 기타 재정에 관한 사항은 종법으로 정한다.

제122조에는 총무원, 교육원, 포교원은 세입·세출에 관하여 중앙종회의 결산검사를 받아야 하며. 재정은 공개를 원칙으로 하되 그 시행에 관한 사항은 종법으로 정한다고 규정되어 있으며,

중앙종회법 제86조~88조에 의하면 상임분과 위원회와 특별위원회로 하여금 종단 및 종무기관에 대하여 감사를 실시하게 할 수 있다. 의장은 감사 결과와 그 처리결과를 본회의에 보고한다, 라고 되어있고,

총무원법 제14조에는 기획실에 법무감사국을 두어 중앙종무기관과 산하단체 및 교구본사 등 주요 사찰에 대하여 감사를 실시하도록 규정되어 있으며, 사찰예산회계법 12조에는 사찰법에 따른 모든 사찰은 정기적으로 회계감사를 받아야 하고 재정사고 및 재산관련 소송이 제기된 사찰은 회계사를 통한 회계감사를 받아야 한다, 라고 감사근거를 두고 있다.

4) 사찰부동산 관리법

제1조~ 2조 : 이 법은 종헌에 따라 종단 사찰소유 부동산과 종단, 소속사찰 또는 승려가 사찰재산을 출연하여 설립한 법인 등이 소유한 부동산의 효율적 이용 및 관리에 관한 사항과 망실, 유휴재산의 효율적 이용 및 관리에 관한 사항과 합리적 운용을 목적을 한다.

제6조~7조 : 모든 부동산은 사찰명의로 등기하고 다음 서류를 작성·비치한 후 총무원 재무부와 교구 본사에 제출해야 하고, 변동 사항이 있을 경우에는 3개월 이내에, 신임주지는 6개월 이내에 현황을 교

272

구본사를 경유하여 총무원 재무부에 보고해야 한다.

부동산목록: 지적공부, 등기부등본, 건축물관리 대장 , 토지이용계획확인원 첨부, 종단승인서, 임대목록과 계약서

제9조~15조 : 사찰 주지는 부동산에 대하여 처분, 신축 등 소유권 변동과 담보제공 등 권리설정 및 수익목적 이용 시 등의 경우에는 교구본사의 심의를 거쳐 총무원장의 승인을 받아야 한다. 총무원 재무부장은 승인신청서를 접수하면 타당성조사를 거쳐 종무회의 심의·통과 후 승인서를 30일 이내에 통보하며, 해당주지는 6개월 이내에 총무원에 결과를 보고해야 한다.

제9조~15조 : 부동산 양도에서 발생한 수익금 중 종단 목적사업기금은 총무원에 납부하고 잔여액은 교구본사(사암은 해당사찰)에 예치하고 교구본사 및 총무원과 공동 관리한다.

종단 목적사업기금 납부율 :

부동산 처분 : 처분액의 20퍼센트(단 사설사암 10퍼센트)

임대 : 단일 건으로 임대수익이 1억 원 이상 시 10퍼센트

종단 목적사업기금 사용처 : 신도시 종교용지 매입, 전법회관 건립, 포교소 건

제22조 : 본법 위반 시 견책부터 공권정지 1년 이하 부터 5년 이상 또는 제적 등에 처한다고 처벌조항을 두고 있으며, 부칙에는 기존 사찰에 적립된 토지처분대금은 모두 교구본사에 납부한다고 규정되어 있다.

4. 불교계(조계종단)의 회계처리 방법의 문제점과 개선 방안

최근 들어 한국 불교는 조직 내의 분규와 갈등 및 스님들의 범계 행위로 인하여 큰 위협에 직면하고 있다. 자본주의를 기본으로 하는

우리 사회는 물질중심주의와 소외계층에 의한 갈등, 그리고 화폐증식의 욕망에 휩싸이고 있다. 이에 절집도 예외 없이 자본주의적 가치와 화폐증식의 욕망에 휩싸여 무소유의 청정한 삶과 정신 수행을 해야 할 스님들이 삼보재정을 낭비하거나 사취하는 행위부터 불사를 통해 개인 재산을 증식하는 등 범계 행위로 한국 불교를 큰 위협에 빠트리고 있다. 이로 인해 한국 불교는 개혁의 필요성에 직면해 있으나, 스님들의 자발적 쇄신을 위한 행동이나 참여가 미미한 상황에서 종단 및 사찰재정의 투명성과 공익성 확보를 위한 방안을 모색해 보고자 한다.

1) 일반적인 회계처리기준의 제정

정부의 주무부처 차원에서 종교단체의 공익성을 감안한 회계감독 관련규정은 불충분하다. 문화체육관광부는 문화체육관광부령으로 공표된 "종교법인의 설립 및 감독 사무를 규정"하면서 회계에 대하여는 방임하고 있는 상태이고, 종교단체에 대한 "일반적인 회계처리기준"도 제정되어 있지 않은 상황이다. 따라서 각 종교법인의 특성을 고려하여 이들에게 공통적으로 적용할 수 있는 "종교법인의 회계기준"을 제정하여 도입, 시행함이 시급하다고 본다.

2) 종단 내 회계처리지침 제정

조계종단은 2012년 7월 사찰예산회계법을 제정문화체육관광부 제정·공표하는 등 진전을 보이고 있으나 세부적인 처리지침은 부족한 실정이다.

예를 들어 지출 및 수입 시 원인행위 부서의 품의절차, 보관 서류와 통보 서류, 수입·지출 현금 담당자와 기록 담당자의 구분과 내부 견제, 규모별 공사계약이나 물품구매 시 입찰, 계약 및 검수 관련 조항,

불전함 개봉 절차, 영수증 관리 및 단계별 내부 감사 절차 등 세부적인 처리지침을 마련하여 회계처리의 통일성과 투명성을 확보하도록 해야 한다.

3) 복식부기 회계처리 제도 도입

불교단체의 회계는 단식회계 수준에 머무르고 있다. 단식부기는 현금주의에 의해 모든 거래를 현금의 수입과 지출로만 기록하고 있다. 이러한 단식부기는 실무상 간단하여 회계처리가 쉽다는 이유로 선호되어 왔으나 법인의 재정규모가 커짐에 따라 단식부기에 의한 회계처리를 실시할 경우 많은 문제점이 발생하게 된다.

예컨대 현금지출에 의하여 고정자산을 취득했을 경우 이를 지출로 처리하기 때문에 취득한 고정자산의 현황과 증감사항이 표시되지 않아 고정자산에 대한 실태파악과 적정한 관리 및 감가상각 회계를 적용하기 어렵다.

뿐만 아니라 현금주의는 현금의 수지에만 머물러 발생주의에 이한 기간계산이 어렵기 때문에 미수, 미지급 등의 채권. 채무 파악이 불가능하게 되어 결산일 현재 회계주체의 실질적인 재무상태 즉 채권, 채무 등 자산과 부채의 현황과 증감사항을 파악할 수 없다.

복식부기에 의한 회계처리방법은 거래의 이중성에 의한 대차평균의 원리에 기초한 자동검증 기능으로, 자산·부채의 현황과 증감 사항을 파악하고 기간의 성과를 정확하게 측정 할 수 있어 회계주체의 자산보호와 당해 목적사업의 효과적인 달성을 촉진하고 회계정보의 유용성을 제고하기에 효율적인 방법이므로 복식부기 체제의 도입과 적용의 필요성이 절실하게 요구된다.

복식부기에 의한 회계처리 방법도입이 어렵다고는 하나 지방자치단체와 국가기관도 모두 복식부기에 의한 회계처리 방법으로 전환된 이

때, 종단에서도 진지하게 검토해야 할 것이다.

4) 감사제도의 정비 및 강화

재정 관련 범계 행위를 예방하고 회계의 부정, 오류 등을 방지하여 재정 투명성과 사회적 신뢰성을 높이기 위해서는 엄격하고 전문적인 감사 제도를 도입하여 시행하는 것이 바람직하다고 본다.

중앙종회법과 총무원법, 사찰예산 회계법등에는 감사에 대하여 통상적 언급만 되어있을 뿐 구체적 규정이 없다. 이를 구분하여 검토하여 보자.

① 사찰 내부감사의 선출 및 감사 방법

개신교 중 성결교회는 "지출담당 장로는 집행 결과를 2개월마다 감사담당 장로에게 감사를 받아 직원회의에 보고해야 하며, 결산시도 감사를 받은 후 결산총회의 승인을 받아야 한다", "감사는 총회에서 선출한다"라고 감사의 선출과 시행방법 및 보고기준을 명확하게 규정하고 있는 바, 사찰들도 내부감사에 관한 선출과 시행규정을 명확히 하고, 교구본사에서는 자체감사와 관할사찰에 대한 감사를 실시할 수 있도록 규정을 개정하여 시행해야 한다.

② 종단 감사위원회를 전문·독립기구로 설치

조계종단, 직영사찰, 특별분담금사찰 및 교구본사와 기타 필요사찰에 대한 감사의 실효성을 높이기 위하여서는 총회에서 감사를 선임하고 그 산하에 종단의 감사를 담당할 전문위원회를 설치하며, 전문위원회에는 재가불교단체, 재가불자 중 공인회계사 등 회계전문가를 책임자로 배치하도록 해야 한다. 중앙종회법에는 감사위원회가 별도로 설치되어 상시 감사체제를 유지하지 않고 필요시에 다른 위원회로 할 수

276

있도록 되어 있으며 전문위원도 필요시에 자문만 받을 수 있는 정도로 상시 감사에 참여할 수 있는 제도가 아니다. 이와 같이 감사제도가 소홀히 취급되고 있는 바, 평상시에는 외부감사보다는 내부감사의 엄격한 시행이 보다 효율적이므로 상설 감사위원회의 신설과 회계전문위원이 참여하는 제도의 도입은 재정범계의 원인제거와 회계투명성과 신뢰성 확보를 위하여 반드시 필요한 제도라 보여진다.

③ 외부감사제도 도입

일정규모 이상의 기금을 관리하는 법인, 종단이나 사찰 내에 분규가 있거나 주지 등의 재정 범계 행위 발생 시 등 문제가 있는 사찰의 경우에는 공인회계사 등의 외부기관의 감사를 받도록 하는 제도를 도입하여 내부적으로는 경각심을 일깨우고 외부적으로는 신뢰성을 높이도록 해야 한다.

5) 회계공시 강화

종교단체의 재무제표는 자원 제공자와 기타 이용자가 그 사업체의 자원배분에 대해 합리적인 의사결정을 할 수 있도록 유용한 정보를 제공해서 그들이 원하는 정보를 얻을 수 있도록 해야 하는데, 현행 법규에서는 종교법인의 재무제표에 대한 공시를 의무화하고 있지 않고 불교 내부적으로도 공개가 제대로 되지 않고 있는 실정이다. 지난 조계종단 192회 종책 질의에 의하면 교구 본·말사를 포함한 전체 등록 사찰 가운데 2011년 결산서는 38%, 2012년 예산서는 41%만이 제출되어, 그 제출률이 현저히 낮은 것을 알 수 있다

따라서 사찰들은 회계정보를 입수하려는 이해관계자들에게 많은 어려움을 주고 있고 사찰재정의 투명성과 공정성에 대하여 신도들로부터 신뢰를 받지 못하고 있다.

따라서 관계 법규를 개정하여 재무제표의 공시를 의무화함으로써 다수의 이해관계자들이 효율적이고 합리적인 의사결정을 할 수 있도록 해야 할 것이다.

6) 세무 협력 의무 및 세무신고 강화

법인세법에서는 종교법인은 수익사업이 있는 경우에 한해 구분경리를 하여 법인세 신고의무가 있으며, 이 때 법인세신고서와 복식부기에 의한 재정상태표 및 손익계산서를 제출하도록 되어 있으나 비영리수익이라도 법인세 신고를 하도록 하면 저절로 복식부기에 의한 결산서가 작성되어야 하므로 비영리사업만 있는 경우에도 결산서를 신고하도록 할 필요가 있으며,

부가가치세법 상에는 교부받은 매입세금계산서 합계표나 면세자용 계산서 합계표를 세무서에 제출하지 않더라도 종교법인등에게는 가산세를 부과하지 않고 있으나 종교 법인에게도 공평과세 실현과 국가의 과세자료 확보를 한다는 차원에서 예외를 없애도록 할 필요가 있고,

세무상 공익법인 등의 세무확인과 회계감사 및 공시의무를 종교법인등에게는 면제하여 주고 있으나 종교 법인에게도 사회정의와 공공성 확립 취지에서 공시와 확인·감사 등은 필요하다 하겠다.

또한 소득세법상 성직자 및 종무원들의 소득에 대한 소득세도 원천징수하여 세무서에 신고하는 것이 필요하다고 본다. 천주교에서는 이미 실시하고 있고 불교계에서도 스님들의 4대보험 가입을 추진하고 있어 사전에 원천징수 보고부터 해야 할 것으로 본다.

7) (기부금) 영수증의 표준영수증제 도입 및 관리 강화

세무상 "기부금영수증 발급 및 보고" 규정에서 보는 바와 같이 기

부금영수증을 발급하는 자는 명세서를 보관하고 세무서에 제출해야 하며, 미발행등 위반 시에는 가산세를 내야하고, 불실한 단체에 대하여는 그 명단과 인적사항을 공개할 수 있다, 라고 되어있어 일부 사찰의 영수증 불실관리로 인하여 전 불교가 불실단체라는 오명을 뒤집어쓰고 불자와 사회로부터 비난을 받는 경우도 발생할 수 있다.

현재 대부분의 사찰에서 기부금에 대한 회계 및 영수증 관리가 제대로 되지 않고 있으며, 더욱이 신도들이 스님들에게 직접 드리는 시주 돈에 대하여는 아무도 알지 못 하는 실정이다.

이는 스님들이 화폐에 애착을 갖게 하고 비행·범계를 저지르게 하고 사찰재정 불신의 원인을 제공하므로 영수증의 발행·발급 관리를 철저히 해야 한다.

예를 들어 표준 영수증제를 도입하여 조계종단에서 일괄적으로 인쇄하여 공급 사용하도록 하고 전 사찰과 신도, 언론 및 세무당국에 발표하여 조계종단의 기부금영수증으로 다른 영수증은 사용할 수 없도록 해야 한다.

종단에서는 (기부금)영수증을 권별로 사전번호를 부여히여 몇 부를 인쇄하였으며, 어느 사찰에 몇 권, 몇 번을 교부하였는지 수불관리 대장을 비치하고 수령한 사찰에서는 발행 시 발행대장에 번호별로 내역을 기록하고 부본을 비치(폐기·서손 분은 그대로 비치)하게 하는 등 그 관리를 철저히 하도록 한다.

8) 사찰운영위원회 독립성 제고

1994년 개혁종단은 신도법의 개정을 통해 재가불자가 사찰 경영에 적극 참여하도록 했으나, 신도회는 독자적인 조직이 아니라 재적사찰 주지에 의존적인 조직으로 유명무실화 되었고,

2012년 7월에 제정된 사찰예산 회계법에서 사찰운영위원회는 예·

결산을 심의하도록 되어 있으나 사찰운영위원회의 구성 및 운영에 대하여 주지스님으로부터 독립성에 대한 규정이 없고, 회의도 분기에 한 번씩 개최되며 지출에 대한 결제 권한도 주지스님에게 있는 등 유명무실한 기구로 전락할 우려가 있다.

따라서 개신교 성결교회의 당회(담임목사 1인과 장로 16 협의체)와 같이 신도(신도중 단체장, 포교사, 법사 및 선출직) 중심으로 구성하고 회의도 매월 혹은 격월로 개최하며, 사찰운영위원회 신도중 재정담당 책임자를 선정하여 통상적인 입출사항은 재정책임자가 사전결제하고 중요·특이한 입출사항에 대해서만 주지스님에게 결제 받도록 하며, 매월 집행 결과를 사찰운영위원회 보고하는 방법으로 개선하여 스님들이 정말 수행에만 전념할 수 있도록 사찰운영위원회의 독립성을 보장하는 방향으로의 제도 개선이 필수적으로 여겨진다.

9) 예산·결산위원회의 신설 혹은 개편 및 전문성 제고

예산 회계법과 중앙종회법에 의하면 예산은 기획실장이 편성하고, 결산은 재무부장이 결산(물론 각 종무기관장들로부터 제출받음)하여 종무회의 의결을 거쳐 중앙종회재무분과 위원회의 심의를 거쳐 중앙종회 총회에서 승인을 받아 완결되나,

2013년도 예산서를 보면 수입항목의 전기이월금의 전년도 예산 및 결산상 금액과 서로 다르며, 특별회계에서는 이월 누적액이 결산서 및 예금통장 잔액과도 일치되어야 하는데 전혀 통제가 이루어지지 않고 있으며, 더욱이 종회모니터링을 통해 지적하였으나 일치시켜야 하는지조차 모르고 있는 등 예·결산이 참으로 심각한 상황에 직면해 있는 것으로 보인다.

따라서 예·결산이 적절히 심의되고 토론될 수 있도록 제도적 개선이 필수적으로 요망되는 바, 총무원의 부장·국장을 출가자들로만 구

성할 것이 아니라 회계 전문지식을 갖춘, 능력 있는 재가불자가 참여
할 수 있도록 하는 제도적 개선이 요망된다.

이를 위해서는 기획부장, 재무부장을 포함하여 재가불자단체 대표,
신도단체대표와 신도중 회계지식이 있는 사람을 합류시킬 수 있는 예
산·결산위원회를 신설하거나 혹은 기존의 재무분과위원회 제도를 개
편하여 전문위원이 참여하여 이를 심의 결정하도록 해야 한다.

※ 별첨 : 2013년도 조계종단 예산서 검토 결과

10) 징계 처벌규 정의 강화와 엄격한 집행

수행을 통해 영원이 자유로운 해탈의 경지에 이르지 못하거나 계율
을 지키는 것이 부자유스러운 승가의 수행자들은 감시의 시선과 처벌
이 두려워 계율을 지키게 된다. 그러므로 대다수 수행자들이 계율을
지키고 범계 행위를 저지르지 않도록 처벌 규칙을 엄격히 제정하고 위
반 시에는 그 벌이 공정하고 엄정하게 집행되도록 감시되어야 한다.

앞에서도 언급하였듯이 전국 시찰들의 예·결산 제출 비율이 40퍼
센트 내외로 저조한 바, 이를 개선하기 위하여서는 호법부뿐만이 아니
라 경리회계와 관련해서도 관련처리 세칙과 벌칙을 명확히 하고, 재정
관련 범계와 회계 관련 세칙 및 처리규정 위반 시에도 엄정히 집행되
도록 해야 할 것이며 이를 위하여 재가불자들이 감시의 끈을 놓지 말
아야 한다.

■ 별첨 _2013년도 조계종 세입·세출 예산안 검토

1. 일반회계 세입·세출 예산안 총괄표(단위 : 백만 원)

연도	전기이월	세입	세출	이월잔액
2012년	1,754	20,402	22,156	0
2013년	1,300	21,444	22,744	0

1) 2013년도 예산 안에 전기이월이 1,300백만 원으로 되어 있으나 2012년도 예산안에 의하면 이월잔액은 '0'으로 되어 있다.

→ 전기이월 1,300백만 원의 계산 근거는?

2) 예산이월시 실제 결산잔액에 의한 이월잔액을 반영·조정해야 한다.

→ 2012년도 전기이월도 2011년도 결산서와 연결이 안 됨.

※ 참고 : 2011년도 결산서 (단위 : 백만 원)

항 목	예 산	집행
전기이월	1,995	1,843
세 입	19,845	20,830
세 출	21,840	20,690
이월잔액	0	1,983

2. 특별회계 세입·세출 총괄표상 문제점(총괄표 별첨)

1) 전기이월금액이 전년도의 이월금액과 일치되어야 함

→ 표에서 보는 바와 같이 모든 항목의 2013년도 전기이월액이 2012년도 이월액과 불일치하고 있다.

2) 각 특별회계별 이월잔액은 은행잔액과 일치되어야 함

→ 각 이월잔액이 정확하게 계산·표시되지 않았으므로 전체를 추적하여 은행잔액과 일치여부를 확인해야 한다.

3) 각 회계별 이월금 표시법도 일치되지 않고 있음

→ 승려복지와 본·지점 특별회계는 이월금을 총괄표상 구분하지 않고 세입·세출에 포함하여 표시함.

4) 예산상 전기 이월액은 실제 집행 잔액과 연결 조정되어야 함.

→ 2011년도 집행 잔액은 2012년도 예산서와 전혀 연결·조정되지 않고 있음.

→ 이는 2013년도도 유사할 것으로 추정됨.

5) 따라서 각 특별회계별 예산안 총액은 믿을 수 없는 금액임

3. 일반회계 세입지부

1) 세입 안에 대하여는 세부 산출명세가 첨부되어야 함

→ 예를 들면 중앙·특별·직영 분담금에 대하여는 사찰별 분담금액 및 그 산출근거

→ 문화재 관람분담금은 사찰별 전년도수입금액 및 당년도 예상액과 분담액

→ 미수분담금에 대하여는 분담금부과액과 징수액 및 미수액 명세서 등

4. 일반회계 세출지부

1) 비용 항목별 (성질별) 집계표가 필요함

예를 들면 총 예산안 중 인건비가 얼마이고 몇%나 되는지? 판공비는 얼마나 되는지 등, 항목별 집계표가 필수 사항이다.

2) 총무부

ㄱ. 총무행정- 조직관리-총무원장 이·취임식 2회 1억 4,000만 원

→ 이·취임식을 한 번에 같이 하면 시간·노력·비용 면에서 절약할 수 있으므로 한 번에 동시에 할 필요가 있다.

ㄴ. 인사행정

① 인사행정 - 급여관리

- 비 정규직종무원 급여 279백만 원 신설?

→ 총 예산 중 인건비 비중과다 약 77퍼센트(5,078백만 원/6,557백만 원)

→ 추가 종무원 담당업무 파악? 및 기존 인원으로 부족 여부 분석 요망?

- 퇴직급여충당금

ⓐ 당기전입액 313백만 원?

→ 당기에 특별충당금으로 적립한 금액과 일치되지 않는 사유?

ⓑ 퇴직충당금은 누적적으로 관리되어야 한다.

→ 현재까지 누적잔액이 얼마인가?

→ 충당금특별회계 중 퇴직충당금 누계 잔액에는 전혀 알 수 없는 금액 표시?

ⓒ 퇴직충당금적립금은 은행 잔액과도 일치되어야 한다.

→ 2012년도 말 잔액 은행 잔액과 일치 여부 확인 요망?

※ 참고 : 충당금특별회계 중 퇴직충당금 증감 명세 (단위 : 백만 원)

연도	전기이월	세입	세출	이월잔액
2012년	876	328	205	999
2013년	0	268	0	268

① 전년도 이월잔액이 특별회계 총괄표와 일치되지 않고 2013년도에는 전기이월자체가 이월되지 않고 있음.

② 세입액도 일반 회계 세입액과 일치되지 않고 있음.

3) 기획부

ㄱ. 전산정보 - 조계종 통합전산망 구축 - 연구개발비 - 25백만 원

→ 50개 사찰 홈페이지 개발용임.

→ 사찰예산회계법 제정에 따라 사찰회계의 투명성 확보를 위한 전산회계프로그램 개발을 위한 비용 예산 반영 필요?

ㄴ. 전산정보 - 법무감사 - 사찰재무감사 : - 16백만 원

　　　　　　　　　　　　 - 중앙종무기관 감사 : - 5백만 원

→ 내부 직원에 의한 형식적인 감사 비용임.

→ 공인회계사 등 외부 전문가를 전문위원으로 위촉하여 감사를 실시하여 회계투명성을 높일 수 있도록 예산에 반영 요망.

4) 재무부

ㄱ. 재무행정 - 회계관리 - 회계관리 : - 65백만 원

→ 이자소득세 원천징수액 50백만 원의 성격은?

ⓐ 은행예금 이자수입 원천징수당한 금액일 경우 → 수입이자 예산 반영되었는가? 세무 신고 후 환급신청 여부 확인 요?

ⓑ 대여금에 대한 원천징수할 이자일 경우 → 상대방으로부터 징수하여 세무서 납부해야 할 금액으로 조계종 부담이 아님. 따라서 비용으로 계상된 사유와 성격이 확인되어야 함.

5) 포교원, 교육원

ㄱ. 직원 급여에 대한 4대보험료 미계상 여부? - 해당 예상액 125 백만 원

ㄴ. 직원 급여에 대한 퇴직충당금 미설정 여부? - 해당 예상액 96 백만 원

※ 해당 예상액 산출표 (단위 : 백만 원)

구 분	총인건비	4대보험료		퇴직급여충당금	
		비율 *	예상액	비율 *	예상액
포교원	685	0.95	65	0.73	50
교육원	636	0.95	60	0.73	46
계	685	0.95	65	0.73	50

※ 총무부 설정 비율 (단위 : 백만 원)

연도	인건비	계상액	설정비율
4대보험료	4,551	433	0.95
퇴직급여충당금	4,551 - 313	313	0.73

5. 신도교무금 특별회계

1) 세입 : 약 5억 원으로 전년도 예산보다 25% 감소?

→ 전국적으로 신도가 5,000명으로 감소 여부와 그 근거?(2011년도 결산액 약 4억 8,000명 해당)

2) 세출 : 일반회계전출금 4억 ?

→ 사찰예산회계법 제10조 3항에 의하면 "특별회계에서는 일반회계로 전출할 수 없다"고 한 규정 위반 여부 ?

6. 시설특별회계

1) 세입 ; 사찰토지처분대금 예상액 10억

→ 2012년도 예산 10억 , 2011년도 집행액 17억

→ 매년 사찰토지가 처분되어야 하는 사유?

2) 세출 ; 0

→ 사찰 문화재 재건 등 안 하는가 ?

7. 승려복지 특별회계

승려복지예산은 2012년도 대비 세입은 3,400백만 원에서 960백만 원으로 세출은 2,336백만 원에서 246백만 원으로 각각 감소함.

→ 2011년 4월에 통과된 승려복지법에 의하여 4대보험 가입이 의무화되고 이에 따른 세무서에 소득세신고 등 추가 부담과 노후복지시설 건립 등 필요예산이 많을 것으로 예상되는데 동 세입·세출의 감소 사유 ?

8. 충담금 특별회계

일반회계 총무부 퇴직급여 충담금 참조

■ 별 첨

특별회계 세입·세출안 총괄표(단위 : 백만 원)

구 분	시설특별회계		교육불사 특별회계		신도교부금 특별회계	
	예산	집행	예산	집행	예산	집행
2011 전기이월	199	897	100	1,199	570	617
세 입	801	1,797	1,568	1,951	1,270	531
계	199	897	1,668	1,199	570	617
세 출	1,000	850	1,668	1,100	1,840	598
차기이월	0	897?	0	2,050	0	550
2012 전기이월	1,740?		1,850?		570	
세 입	1,010		1,602		1,260	
계	2,750		3,452		570	
세 출	1,000		1,890		1,072	
차기이월	1,750		1,562		758	
2013 전기이월	4,000?		2,000?		200 ?	
세 입	1,060		1,960		710	
계	5,060		3,960		910	
세 출	–		2,152		704	
차기이월	5,060		1,807		206	

구 분	승려복지 특별회계		충당금적립 특별회계		본지점 특별회계	
	예산	집행	예산	집행	예산	집행
2011 전기이월	500	366	697	701	0	0
세입	506	447	258	270	4,071	4,550
계	1,006	813	955	971	4,071	4,550
세출	1,006	487	955	400	4,071	4,029
차기이월	0	326	0	571	0	521
2012 전기이월	599 ?		295 ?		0/ 370	
세입	3,401		1,212		5,775 (−370)	
계	4,000		1,507			
세 출	4,000 /1664		−		5,775 /812	
차기이월	0 /(1664)		1,507		0/(812)	
2013 전기이월	1,400?		223?		0/ 465	
세입	960		271		7,012 (−465)	
계	2,360		494			
세출	2,360 /2114		0		7,012 /1190	
차기이월	0 /(2114)		494?		0 /(1190)	

※ 표상 / 아래 숫자는 구분 표시 되지 않고 세출 란에 합산 표시된 금액임

종헌·종법 제·개정 방안

_ 2012.11.20 대화마당

■**김 완** : 종교인도 당연히 세금을 내야 한다고 생각한다. 왜냐하면 목사든 스님이든 본인들의 이익을 위해서라도 보험이나 보상을 위해서라도 세금을 냈을 때 권익이 보호되지 교통사고를 당해도 어디에서 보상받을 것인가? 그런 측면에서 세금을 내는 것이 당연하다.

회계 규정이 이렇게 엉터리인지 몰랐다. 아직까지도 단식회계를 한다. 이건 정말 웃긴 일이다. 회계 규정만 똑바로 세워도 청정 승단이 되리라 생각한다. 종법·종헌을 개정하지 못하더라도 회계규정만 똑바로 만들어도 청정승단이 될 수 있을 것이라 생각한다.

감사기구는 상설 감사원이 만들어져서 유급직원을 둬서 전국 사찰을 업무에 시달릴 정도로 일일이 회계감사를 해야 한다고 생각하고, 범계 행위에 대해서 철저히 조사하고 그 원인을 규명하자 이렇게 되어 있는데, 범계 행위 조사는 철저하게 승단에서 하면 안 된다. 재가자가 하든지 다른 종교에 맡겨야 한다.

이번에 검찰과 경찰이 싸워서 결국 검찰이 가져가지 않았나? 어느 국민이 그걸 찬성하나? 자기신체를 스스로 절단하는 아픔을 겪어야만 새로이 태어나는데, 범계 행위에 대해서는 기독교단체에 범계 행위조사위원회를 맡기면 철저하게 할 것이라 생각한다.

종법도 이렇게 엉터리인 줄 몰랐다. 옥 소장님의 말씀이 상당히 감명 깊었지만, 여러 군데서 비구승으로 한다, 비구니승으로 한다는 이런 법은 고쳐져야 하고, 어차피 사부대중이 종단을 이끌어가야 한다면 모든 부분에 대한 출가 승단과 재가단체가 각각 50퍼센트를 가져야 한다.

재가단체가 50퍼센트를 가져야지 여성불자가 몇 퍼센트니까 여성불자가 몇 퍼센트를 가져야 한다, 그런 논리가 나오기 때문에 재가단체가 퍼센트를 가져야 한다.

퍼센트는 양보해도 좋지만 최소한 그렇게 해야 되고, 재가자라고 못을 박으면 재가자가 누가 어떻게 선출할 것인가? 누가 누군지 어떻게 아는가? 결국 종단에 보시 많이 하고 학벌과 경력 가지고 이름 있는 사람이 될 수밖에 없다. 재가자보다 일정 역할을 해 온 재가단체의 장 혹은 재가단체가 파견하는 자가 50퍼센트, 승단에서 50퍼센트로 해야 비구니 비구승이니 남자불자니 여자불자니 하는 말이 없어지지 않을까 생각한다.

사찰운영위원회도 재적사찰의 스님이 50퍼센트, 재적사찰의 신도가 퍼센트, 그 신도는 누가 뽑느냐? 예를 들어 봉은사 같은 경우는 신도가 몇 명인지 파악도 안 된다. 1년에 한번 오는 신도도 있고 매일 오는 신도도 있는데 어느 신도가 사찰운영위원이 되는가? 이건 말이 안 된다. 결국 스님하고 친하게 지내는 사람이 운영위원이 되기 때문에 합법적으로 탈법 행위를 하도록 만들어진다. 반드시 재가단체에서 파견하는 운영위원회를 두어야만 짜고 치는 것을 못하지 않지 않나.

이러한 것이 종단에서 안 받아들여질 때는 어떻게 할 것인가? 모범답안이 나왔는데 모범답안을 종단에서 안 받아줄 때는 어떻게 할 것인가? 이번에는 재가자에 의한 산문 폐쇄가 이루어져야 한다. 옛날에 종단에서 산문 폐쇄를 한다고 했는데, 이번에는 재가자가 도심 사찰뿐만 아니라, 산사에도 출입금지를 하고 종단의 항복을 받아내야 한다. 그렇지 않고 계속 말만 하면 뭘 어떻게 한다는 말인가?

■**서동석** : 한 달쯤 전에 종계종단 선거법 개정을 위해서 공청회가 열렸는데, 그 중에 세 가지 안 중에 하나가 20퍼센트 정도 선거에 재가자들을 참여시키는데, 교구 본사의 신도회의 회장, 부회장을 선거에 참여시키자는 얘기가 나왔다고 하는데 옥 소장님이 그것에 대해서 말씀을 해 달라.

■**옥복연** : 지난 10월에 총무원장 선거를 위한 공청회가 있었는데 거기서 나온 세 가지 안이 있었다.

첫 번째는 비구 비구니가 참가하는 것, 출가자 모두가 동참해야 한다. 둘째는 기존의 선거인단에서 확대하는데 확대할 때 재가자를 참여시켜야 한다. 이제는 재가자가 종단 운영에 참여해야 한다. 현재 전국 신도회가 종헌에 규정되어 있는 조직이기 때문에 전국 신도회를 대표성으로 인정하고 전국 신도회장 한 사람, 각 24개 교구본사 신도회장 한 사람씩 해서 25명을 재가자 선거인단으로 할 수 있다고 예시를 한 적이 있다.

지금도 종단의 쇄신위원회나 내부에서 총무원장 선거법에 대해서 논의가 있는 것 같은데, 내년 3월 종회에 총무원장 선거법 안에 대해서 개정해서 올릴 건데 그 전에 두 번 정도 공청회를 더 할 것이다. 그때 적어도 내년 3월에 종회에서 논의가 되기 전까지 재가자가 어떤 안을 만들어 그것이 관철될 수 있도록 어떤 형식으로든 참정권 운동이 진행되어야 하지 않나 생각한다. 일부 양심 있는 출가자는 이미 재가자가 참여를 해야 한다고 인식을 하고 있는데 ,여기에 대해서 재가자의 대답이 없다.

■**하진기** : 이 예산 안에 대해서 검토를 해 보지 않았나? 그러면 사회법으로 보더라도 이것은 분명하게 허위이다. 과연 모니터하는 분들이 이렇게 자질이 없을 수 있나? 그런데 이걸 보고 확연하게 느꼈다.

이렇게 거짓을 얘기하는 것을 더구나 공적기관인 종회에서 버젓이 통과를 시키고 하는 부분에 대해서 사부대중연대회의 차원에서 이 부분을 다시 한 번 문제제기를 하고 재정리를 해 적반하장 식으로 감추려 드느냐 하고 전문가의 견지에서 문제제기를 해야 한다고 생각한다.

전문가의 입장에서 우리가 종헌·종법에 보면 우리가 들어갈 수 있는 여지가 적다. 그럼에도 불구하고 이렇게 놔 두면 안 된다. 사회법에서처럼 고발을 해서 이런 부분은 지적하고 제재를 할 필요가 있겠다. 끝으로 예산안 검토에 있어서 35페이지에 특별회계 부분을 다시 한 번만 설명을 해주기 바란다.

■ **정은용** : 2011년도 보면 예산 안에 차기이월이 0으로 되어 있는데, 2012년 정기이월에 17억 4,000만 원이 된다. 전년도와 전혀 연결이 안 되는 상태이다. 2013년도도 2012년도의 차기월이 1,750만원인데 2013년 정기월이 4,000만 원으로 되어 있고, 이것이 특별회계 같은 것은 누적적으로 차기월 잔액이 50억 6,000만 원 정도 남았으면 통장 잔액하고 맞아야 한다. 정기월이 맞지 않는데 어떻게 차기월이 맞겠는가?

어떤 숫자가 맞는지는 저도 이것만 봐서 모르겠지만, 이건 예산이니까 그렇지만 실제로 2011년도 집행을 보면 2011년에 897억인데 이건 어떻게 연결될 거냐. 예산만 보면 이것도 전혀 언급이 안 될 것이다. 좀 더 확실한 것이 뒷장에 보면 퇴직금 특별회계라는 게 있는데, 충당금 특별회계가 33페이지를 보면, 특별회계는 특히 통장잔액하고 일치해야 한다. 32페이지를 보면 퇴직금 충당금이 있다. 2012년도를 보면 정기이월에서 8억 7,600만 원, 세입이 3억 2,800, 세출이 2억 500, 이월 잔액이 9억 9,900백 이렇게 되어 있는데, 2003년도는 이월잔액이 0이다. 9억 9,900이 남았으면 다음 연도로 넘어가야 한다. 통장에는 맞는데 결산서가 맞지 않는 것인지 감사를 해야 알 수 있지 확인이 안 되는 상황이고, 당기적립액이 2014년도에 3억 1,3300만원을 적립시키겠다는 말인데 세입에는 2억 6,800만원만 잡고 일반회계에서는 3억 1,300만 원만을 적립시키겠다고 하고, 특별회계에서는 2억 6,800만원만 잡으면 나머지는 어떻게 할 거냐. 말이 안 맞는, 앞뒤가 안 맞는 예산서가 시행되고 있다. 어디선가 나서서 따져 봐야 할 것 같다.

실천할 수 있는 부분에서 간단히 느낀 것을 말하면, 95년도에 카드 쓰기를 해서 영세업자도 소득을 드러내자는 움직임이 있었다. 급속도로 카드를 계속 쓰게 하고 영수증 받게 해서 세원이 많이 노출이 되었다. 실제로 자영업자들의 소득을 노출시키는 데는 상당히 기여를 했다.

봉은사에 가 보면 책방이 있는데 카드는 받지도 않고, 너무 사회적으로 뒤떨어져 있다는 것이다. 뭔가 숨기려고 하는 것이 아닌가, 그런 부분에서 자기 절부터 작은 돈이든 큰돈이든 영수증받기 운동을 해야 하는 것 아닌가? 그래야 사찰의 수입이 투명해지고 예산이 짜여지는 것이다.

불전함은 다 비자금이다. 기업으로 보면 100프로 다 비자금이다. 이런 것에 대해서 우리 불자들이 느끼는 것과 일반인들이 느끼는 것이 있을 텐데 그런 것을 모아서 돈을 넣으면 영수증이 나오게 한다든지, 이런 걸 연구해서 돈은 무기명으로 들어가면 나쁘게 하는 쪽으로 많이 되니까 절에도 불전함부터 영수증을 받을 수 있도록 해 보면 좋겠다.

■박광서 : 아는 사람 중에 사찰의 사무총장으로 일하는 사람이 그만두고 싶어 하는데, 왜 그런가 봤더니 부정비리가 나타나는데 그에 대응해서 할 수 있는 것도 없고 참을 수

도 없는 것이다.

나중에 말씀하신 카드도 좋은데 사찰에서 카드 받는 것도 운동으로 전개할 수는 있겠지만 쉽지는 않은 일이다.

불전함도 세칙을 정해서 운동을 해야 한다. 주지 스님이 개봉을 하거나 담당자가 있어 개봉을 해서는 비리가 생기기 마련이다. 개봉을 할 때도 몇 사람 이상이 참여해야만 개봉을 할 수 있다는 규칙을 만들어 공표를 하고 전개 운동을 해서 그렇게 하지 않으면 스님이 부끄럽게 만들어야 하는데, 운동 차원에서라도 시행을 해야 한다고 생각한다.

가령 학교는 학교법인이 있고 병원은 의료법인이 있는데 여기서는 종교법인이라고 했지만 엄밀히 말하면 종교법인이 없지 않나? 여기서 비교한 것으로 천주교도 종교법인이 아니라 재단법인이 재산관리를 하고 있다. 조계종 유지재단에서 재산관리는 제대로 하고 있다.

문제는 개별사찰에서 총무원 단위에서 법인이 아니라 법인격으로 대우를 받고 있는 조직에서의 문제이다. 재산관리는 조계종 유지재단에서 하고 다른 종단은 재산관리를 위해서 재단법인을 따로 두고 있다. 문제는 종교 활동을 하고 있는 법인격으로 대우를 받고 있는 조계종의 문제이다. 특별히 조계종 내 개별 사찰의 문제인데. 그래서 지금 필요한 것은 재산을 아우르고 종교단체가 다 규정을 받을 수 있는 종교법이 필요한 것이 아닌가? 거기서 일반적인 적용할 수 있는 것은 다 적용해 주고 특별히 종교라는 것에 대해 특별한 것을 적용해야 하는 것은 떼어 내야 하겠고, 종단 내의 문제도 외부의 사회적인 법이 마련되어야 종단 내부를 아울러서 불광사나 능인선원은 따로 재단법인을 가지고 하고 있고, 선학원도 마찬가지로 따로 재단법인을 등록해서 재산관리도 회계감사도 다 하고 있다. 그러니까 그런 것을 하려면 사회의 법이 종교계에도 준용할 수 있는 법을 만들어야 하지 않겠는가?

종교법인이란 법을 만드는 것은 국회에서 만들어야 하므로 보통 노력해서 만들기는 어렵겠고, 의료법인 등은 특별법에 의해서 비영리법인으로 보고하게 되어 있다. 다만 종교 관련 단체만 세법에서 여러 가지 특혜를 받고 있고, 종교관련 법을 만들면 좋겠지만, 그것은 국회에서 법제 차원의 문제이기 때문에 난해한 문제가 있으니까 그것보다는 세법 관련 조항을 종교 단체가 예외 받는 것을 예외 받지 않도록 하면 투명성이 훨씬 더 확보될 수 있다.

다른 비영리법인과 똑같이 종교법인도 세무신고 하고 예외를 안 받게만 해도 종교법인의 투명성이 성립될 수 있다. 내부적으로 우리가 바뀌기 어려우니까 세법의 힘을 빌려서라도 그것만 전개해도 훨씬 투명성을 확보할 수 있다.

심신의 건강을 위해서 4대 분야가 있다. 교육, 의료, 사회복지, 국가에서 담당하기 어려운 공공성이 큰 것 그 중에 하나가 종교이다. 네 가지 중에서 종교만 법이 없다. 나머지는 의료법, 사학법, 교육법, 사회복지법 다 있는데, 공공성이 큰 것 네 분야 중에서 종교만 없다. 지금 말한 것처럼 면제 조항이 없다. 성직자는 세금을 안 낸다든지 그런 법이 없는데도 종교가 권력이 돼서 지금은 손을 못 대서 그런 것이다.

세계의 많은 나라들이 종교법인법이 있다. 상당히 상세하게 관리를 하고 있는데 우리나라만 안 되어 있고, 그걸 거부하는 것이 종교계 지도자들이기 때문에, 특히 기독교는 권력화 된 이 시점에 그것이 거추장스럽게 느껴질 것이다. 그러나 얼마 전에 종교인 과세문제를 했을 때 옛날에 기독교는 펄쩍 뛰었었다. 지금은 돈 내겠다는 분위기로 바뀌었다. 그 정도로 바뀌어 가고 있기 때문에 작게는 구체적인 것을 하나씩 해 나가면서 크게는 국회를 포함해서 사회지도자들이나 정치지도자들에게 "종교법인법 만들어라. 우리나라처럼 종교가 세력화되고 대치되어 있는 상황에서는 종교법이 꼭 필요하다."

국민들이 이런 때 얘길 하면 조금 알아듣는데 그 다음은 다 잊어버리기 때문에 환기시킬 필요가 있다. 특히 불교계는 우리 문제도 있기 때문에 당당하게 말할 필요가 있겠다고 생각한다.

종교법인법은 외국엔 거의 만들어져 있다. 일본에도 만들어져 있다. 뉴욕 주의 종교법인법을 보려고 복사를 했었는데, 400쪽 정도 되더라. 설비 운영 회계처리 이런 것들이 세세하게 규정되어 있기 때문에 미국에서는 종교단체를 하려면 법인을 만들어야 하고, 그렇기 때문에 종교단체의 부정이라는 게 있을 수 없는 것 같다. 그 운동을 당장 해도 될 것 같다.

■**재가불자** : 산에 가면 절에 들어가게 되면 입장료를 받는데 카드는 안 되고 현금으로 받는 거 그 입장료에 대한 것과, 템플스테이 지원 예산을 받고 있는데 템플스테이 예산이 아까 그 예산 안에 포함되어 있는지, 국가에서 예산이 지원되고 있는 것인데 국가에서 감사를 하거나 보고를 해야 하는 거 아닌지 궁금하다.

■**정윤선** : 절 입장료는 문화재보호관리법이 따로 있어서 몇 퍼센트는 종단에 얼마 내고 사찰에서 몇 퍼센트 쓰는 것으로 규정이 되어 있다. 입장료 징수는 그 법에 의해 징수하는 것이다. 국고보조금은 예산에 다 포함되어 있다. 국가에서 감사를 해야 하는데, 종교법인 예외처럼 종단에 국가 예산을 지원했다가 감사를 하는 경우는 없었던 것 같다.

이번에 입장료를 지금까지는 현금만 받고 카드만 받아서 문제가 많았는데 카드로도 받을 수 있도록 법이 통과됐다.

대화마당
청정성회복과 정법구현을 위한
종헌 종법 제개정 방안
2012.11.20(화)오후 7시 ㅣ장충동 만해NGO교육센터

청정승가 구현을 위한 청규(淸規) 및
불자 실천 선언

종단미래 희망마당 및 기자회견
2012.10.8(월)오후 2시 | 안국동사거리 북인사마당
사찰재정 토명화!
계파정치 NO!!!

청정승가 구현을 위한 청규(淸規) 및 불자실천 선언의 기본 요건

박 병 기 _ 한국교원대학교 교수

1. 무엇이 위기의 본질인가?

우리 승가공동체는 위기에 직면해 있는가? 이 질문에 대해 긍정하는 답과 부정하거나 회피하는 답이 있을 수 있다. 2012년은 대체로 위기를 인정하는 분위기가 강했지만, 담론상의 위기의식이 고조되었을 뿐 우리 승가공동체가 실제로 위기를 제대로 인지하고 있는지에 대해서는 부정적으로 평가할 수밖에 없는 징후들이 많았다. 어느 누구도 확실한 책임을 지겠다는 사람이 없었고, 그나마 말로 책임을 지겠다는 경우에도 대부분 공염불에 그치고 말았을 뿐이다.

승가공동체를 둘러싸고 있는 사부대중공동체의 경우는 어떠한가? 출가자와 재가자로 구성되는 사부대중공동체는 각각의 주체가 서로 긴밀한 연기적 관계 속에 있음을 전제로 해서만 성립이 가능하지만, 그

관계가 제대로 설정되지 못함으로써 승가공동체에 일방적으로 종속되거나 독립되어 있다고 해도 일방적으로 무시당하는 상황을 면치 못했다. 이런 상황 속에서 '승려 도박사건'이나 '은처승' 같은 심각한 승가의 범계 행위에 대해서 승가와 재가 모두 제대로 대처하지 못하고 우왕좌왕하거나 문제의 본질을 회피하면서 더 많은 질책과 불신을 가져오는 결과를 피하기 어려웠다.

승가는 '자성과 쇄신, 결사'라는 고전적인 대안을 제시했지만 실질적인 개혁이나 지침을 내놓지 못함으로써 더 많은 불신을 불러들였고, 이 문제에 대해 승가를 외호하면서 보다 적극적인 비판과 대안을 제시해야 하는 재가의 경우에도 '사부대중연대' 결성 같은 노력이 없었던 것은 아니지만 내세울 만한 성과는 거두지 못한 채 일정 부분 무력감을 드러내기도 하는 한계에 봉착하기도 했다. 이처럼 승가공동체와 재가공동체 모두 사부대중공동체라는 외연(外延)안에서 자정(自淨)을 이루어낼 수 있는 건강성을 상실하고 외부의 시선이나 기준에 의해 휘둘리는 처지에 놓여있음을 인정하지 않을 수 없게 되었다.

사부대중공동체가 위기를 맞고 있다면 우리는 어떻게 대처해야 하는가? 먼저 위기 상황을 있는 그대로 받아들이고자 하는 노력이 전제되어야 마땅하다. 승가공동체의 위기는 이미 더 이상 지적할 사항이 없을 정도로 심각하다는 사실을 받아들여야 하고, 재가공동체의 경우에도 승가공동체와의 적절한 관계 설정과 비판적 극복에 일정 부분 실패하였음을 인정하고 받아들이는 과정이 전제되어야만 한다. 그런 다음에 그 원인이 무엇인지를 객관적이면서도 진정성 있게 분석해가고자 노력해야 한다.

사부대중공동체가 위기를 맞게 된 원인은 다층적으로 분석될 수 있고 또 그렇게 해야만 한다. 그렇지 않을 경우 부분적인 원인을 확대해석하는 오류에 빠지거나, 일방의 잘못을 찾아내 책임을 미루는 방향으로 전개될 가능성이 높기 때문이다. 먼저 분석되어야 할 위기 원인으로 **한국사회와 불교 또는 불교계의 접점이 제대로 모색되지 못하고 있는 점**을 들 수 있다.

자유민주주의와 자본주의, 분단 등으로 상징되는 21세기 한국의 상황은 주로 서로에 대한 긴장 어린 관계 설정을 전제로 해서 고립되고 이기적인 개인의 이익을 추구하는 불안한 이전투구의 장이 되어 버렸다. 타자와 경쟁하고 배제하면서 자신의 이익만을 추구하는 극단화된 개인주의는 인간의 본성에 대한 왜곡된 정의에 기반하고 있지만, 그것 자체가 민주화와 시민사회 형성 과정에서 자유주의 또는 자유지상주의의 세례를 전제로 해서 정당화를 거친 것으로 받아들여져 왔다.

이러한 한국사회와 불교가 어떤 접점을 찾을 수 있을지에 대한 치열한 논의 없이 우리 불교계는 그 동안 막연한 희망을 제시하는데 그치거나 적극적으로 추종하여 외적인 팽창을 놓고 경쟁하는 모습을 보여주기도 했다. 그 접점의 시작은 당연히 삶의 진정한 의미를 찾아가는 불교적 세계관이어야 한다. 존재하는 것들 사이의 연기적 관계에 대한 명확한 인식을 토대로 삼아 물질 중심의 쾌락주의의 한계를 노정시키면서 바람직한 삶의 방향을 모색하는 불교적 세계관은 고립성과 이기성(利己性)을 근간으로 삼아 물질에 대한 추구를 행복으로 착각하게 만드는 현대사회의 가치관 구조에 대한 치유책이자 대안이다. 이러한 대안은 그 과정에서 경쟁에 지친 현대인들의 마음을 달래주는 치유의 기능을 갖고 있다는 사실이 이미 우리 사회에서도 상당 부분 검증되고 있기도 하다.

두 번째 원인으로 꼽을 수 있는 것은 **한국 불교계의 계율 경시 풍조**이다. 승가공동체의 경우 삼학(三學)의 핵심 기반이자 주축인 계율 준수를 열반에 이르는 수행과정에서 걸림돌이 되거나 그다지 도움이 되지 않는 하찮은 것으로 받아들이는 잘못된 관행을 갖고 있다. 이렇게 된 데는 역사적으로 조선 500년 동안 숭유억불(崇儒抑佛) 정책으로 인해 승가공동체 자체가 제대로 유지되기 어려운 상황도 작용했고, 간화선(看話禪)만을 유일한 수행 방법으로 강변하는 잘못된 선불교 전통이 작용한 면도 있다. 광복 후 자운 등으로 대표되는 율사들의 노력이 없었던 것은 아니지만, 아직까지 한국 불교계의 계율관은 위험한 수준이다. 이러한 계율 경시 풍조가 만성화되면서 도박이나 은처(隱妻), 음주 등에 대해서도 이제 범계했다는 의식조차 제대로 갖지 못하게 되었다.

세 번째 원인으로는 **초기불교와 대승불교의 통합 과정에서 한국 불교가 승가공동체와 재가공동체 사이의 관계 설정에서 혼란을 겪어온 점**을 들 수 있다. 대승불교권에 속하면서도 특히 계율의 측면에서는 <사분율>과 같은 초기불교의 계율을 적극적으로 수용한 한국 불교는 재가자들의 깨침 가능성을 부정하지 않으면서도 승가공동체에 일방적으로 종속되는 관계 설정을 유도하는 방향으로 정착되었다. 그 결과 사부대중공동체는 명목상의 것일 뿐이고, 일종의 선민의식에 기반을 둔 승가공동체의 일방적인 우월적 지위에 근거해서 재가공동체가 편입되는 상황이 지속되고 있다.

물론 승가공동체의 특수성을 인정하는 일은 필요하다. 재가자들에게 요구되지 않는 율(律)을 비구계와 비구니계라는 이름으로 강하게 요구하고 있고, 그들의 깨침이 곧바로 재가공동체의 삶을 이끄는 힘이자 준거가 된다는 점에서 그러하다. 그러나 자본주의적 삶의 과정에서 깨침을 통한 열반에 이르는 길이 승가공동체의 구성원들에게 독점되어 있는 것은 아니고, 그것은 대승불교의 기본정신이기도 하다. 보살(菩薩)이 승가공동체의 구성원들에게 국한되는 것이 아니라는 점은 우리 모두가 잘 알고 있으면서도 동시에 상당 부분 잊고 있는 점이기도 하다.

이러한 세 가지 원인에 더해 <사분율>과 <범망경 보살계>로 상징되는 대승계율을 모두 수지하는 전통을 가진 한국 불교계가 특히 강제와 금지의 도덕으로서의 성격이 강한 율(律)을 경전에 있는 그대로 준수해야 한다는 과장된 부담감을 공유하고 있는 점도 지적할 필요가 있다. 도덕은 그 이행의 강제성 여부에 따라 강제 또는 금지의 도덕과 권유의 도덕으로 나뉜다.

석가모니 생존 시에 인도의 구체적 상황 속에서 형성된 율은 그의 제자들에 의해 부정되기는 했지만, 여전히 소소한 율은 폐기해도 좋다는 석가모니의 가르침에 의해 재검토될 수 있는 여지를 충분히 지니고 있음에도 우리 불교계 안에서 그런 논의는 거의 금기처럼 다루어지고 있다. 이런 금기는 계율을 쉽게 생각하는 측이나 계율을 중시하는 율사들 모두에게 해당된다.

이제 우리는 이러한 원인들을 심도 있게 성찰하면서 사부대중공동체가 맞고 있는 위기를 극복할 수 있는 대안을 적극적으로 모색해야 한다는 절박한 현실 속에 있다. 만약 그렇지 못할 경우, 한국 불교와 한국 불교계는 여러 가능성과 장점을 살리지 못한 채 역사의 수레바퀴 속으로 사라져버릴 가능성이 높다는 진정한 위기의식을 공유해야만 한다. 그렇게 공유한 위기의식을 바탕으로 삼아 근원적이면서도 적극적인 대안을 모색하는 노력을 그 동안 '사부대중연대회의'를 중심으로 힘겹게 전개해왔고, 이제 그 논의의 한 마무리 지점에 두달해 있다.

2. 우리에게 어떤 대안이 있는가?

그렇다면 이제 우리에게 어떤 대안이 남아 있는가? 이 질문에 대한 답을 찾아가는 과정은 당연히 위기 원인의 분석 과정과 긴밀히 연계되어 있어야 한다. 우리가 함께 논의한 세 가지 원인, 즉 자본주의와 분단으로 상징되는 21세기 한국의 상황과 불교 사이의 바람직한 관계 설정 실패와 한국 불교계에 전반적으로 만연되어 있는 계율 경시 풍조, 승가공동체와 재가공동체 사이의 관계 설정의 모호함 등의 원인은 사부대중공동체의 모든 구성원들에게 어떤 위치에서 어떤 일을 할 수 있고 또 궁극적으로 어떻게 살아가야 하는가에 대한 지향점을 찾는데 커다란 장애물로 작동하고 있다. 스님은 스님대로, 재가자들은 재가자들대로 불교가 자신의 삶에서 어떤 의미를 갖고 있고, 그것을 토대로 하는 관계 설정을 어떻게 해가야 하는지에 대한 명확한 답을 갖지 못한 채 왜곡된 삼귀의만 강요하거나 강요당하는 현실로 내몰리고 있다. 이 난관을 극복하기 위해서 우리는 어떤 일을 할 수 있고 또 해야 하는가?

가장 먼저 해야 할 일은 **자신의 삶과 의미 지향에 대한 성찰(省察)**이다. 자신의 삶 속에 우리 공동체의 모든 문제가 들어와 있기 때문에 그렇기도 하고, 동시에 다른 구성원들에게 책임을 떠넘기기 전에 연기성(緣起性) 인식을 바탕으로 타인의 문제가 곧 자신의 문제이기도 함을 받아들여야 한다는 불교적 당위 때문에 그렇기도 하다. 현재 나의 삶은 어떤 의미를 지향하고 있는가? 그 의미 지향 속에서 자유민주주의와 자본주의, 분단으로 상징되는 우리 사회의 다양한 가치 지향들이 어떻게 구체적으로 작동하고 있는가? 이런 물음들을 끊임없이 스스로에게 던지는 성찰의 과정이 모든 문제 해결의 출발점이다. 이 과정이 승가공동체의 구성원과 재가공동체 구성원 모두에게 요구된다는 것은 더 이상 말할 나위가 없다.

두 번째 대안은 **새롭게 정립된 계율을 바탕으로 하는 승가공동체의 재건** 노력이다. 우리 시대와 상황에 맞는 사부대중공동체의 바람직한 모형은 기본적으로는 대승계율의 보살계를 중심으로 공유할 수 있는 최소한의 계율을 다시 설정한 바탕 위에서 승가공동체만의 특수한 상황을 반영하는 율(律)을 역시 시대상황에 맞게 재구성해내고자 하는 노력을 통해서만 구현될 수 있다. 현전승가와 사방승가를 동시에 염두에 두되, 기본적으로는 사방승가 개념에 토대를 두고 어디에 어떻게 있든지 지킬 수 있고 또 지켜야 하는 계율을 청규(淸規)의 형태로 재구성해내는 과정을 거쳐야 한다. 이때의 청규는 열반을 지향하는 수행의 한 과정으로서의 지계(持戒) 정신을 반영하여 외연(外延)이 명료하면서도 그 지향점이 간명하게 드러날 수 있도록 최소화할 필요가 있다.

승가공동체의 재건 과정에서 꼭 염두에 두어야 할 역사적 사실 하나는 광복 후 이른바 대처승단과 비구승단 사이의 '정화(淨化)' 문제이다. 일제 강점기에 불교계의 주도세력으로 부각한 대처승단은 한국 불교 전통에서 어긋난 것임에는 틀림없지만 그 자체로 불교 교리 안에서 성립 불가능한 종단은 아니다. 오히려 그들을 통해서 전통의례나 불교 예술이 전승될 수 있는 계기가 마련되기도 했고, 많은 학승들을 배출하여 불교학 형성의 토대를 이루기도 한 역사적 성과를 단지 대처승이라는 이유로 온전히 부정할 수는 없음에도 정화 과정은 그들을 절에서 몰아내는데 주된 초점이 맞춰진 채 진행되었다. 이제 태고종과 진각종, 원불교 등 대처승단의 존재를 적극적으로 수용하면서 각 종단의 종지에 맞는 율(律)을 적극적으로 재구성해야할 때이고, 조계종의 경우에도 전혀 예외일 수 없다. 현대적 상황을 적극적으로 반영하면서도 비구승단의 기본 특성을 올곧게 지켜나가는데 꼭 필요한 율을 청규의 형태로 재구성하는 노력이 시급하다.

세 번째 대안은 **승가공동체와 공유할 수 있는 최소한의 계율을 전제로 하는 재가공동체의 재건** 노력이다. 사방승가 개념을 기준으로 삼아 재가자들의 경우에도 일상 속에서 지켜야 하는 최소한의 계율을 수계할 수 있어야 하고, 이 계율은 당연히 승가공동체의 구성원들에게도 동시에 적용되는 것이어야 한다. 덧붙여 재가자들에게는 승가공동체와의 관계를 적절하게 유지해갈 수 있는 관계 규범으로 승보(僧寶) 개념이 주어질 수 있지만, 이 경우에도 단순히 수직적인 관계가 아니라 깨침과 열반의 목표를 공유하는 수평성을 포함하는 관계로 설정되어야 한다. 더 나아가 이때의 승(僧)이 개개인의 승려를 배제하지는 않지만 그 승은 승가공동체 자체이자 그 구성원으로서의 자격을 갖추고 있을 때로 제한되어야 한다.

마지막으로 모색되어야 하는 대안은 **사부대중공동체와 일반대중공
동체 사이의 바람직한 관계 설정** 노력이다. 21세기 한국사회는 경제적
풍요와 정신적 빈곤이라는 모순된 현실에 노출되어 있고, 그 안에서
살아가야 하는 우리 한국인들은 삶의 의미 지향을 잃어버린 채방황하
고 있다. 이러한 의미 지향 상실은 곧바로 맹목적인 경쟁 속에서 이혼
율이나 자살률을 세계 최고 수준으로 끌어올리는 요인으로 작동하고
있다. 이런 상황 속에서 불교는 연기적 독존주의(緣起的 獨尊主義)의
이념적 토대 위에서 삶의 의미를 찾아가는 진정한 잘삶(Well - being)의
모형을 제시할 수 있는 가능성을 풍부하게 지니고 있다.

이런 가능성을 구현해내기 위한 전제 조건은 당연히 건강한 사부대
중공동체이지만, 그 건강한 사부대중공동체의 요건 중 하나가 바로 일
반대중들과의 바람직한 관계 설정이다. 굳이 경전의 말씀을 언급하지
않아도 불자의 삶 자체를 통해서 보여주는 붓다의 가르침을 토대로 삼
아 일반대중을 비추는 거울로서의 역할을 다해내는 과정은 곧바로 건
강한 사부대중공동체 형성 과정으로 이어진다. 더 나아가 보다 적극적
으로 자본주의적 일상의 엄혹한 경쟁의 칼날을 어떻게 받아들일 수 있
을지를 부정할 수 없는 연기적 관계의 끈을 바탕으로 삼아 나 자신과
타자의 삶 속에서 보여주고자 하는 노력이 필요하다.

3. 청정승가와 사부대중공동체 구현을 위한 청규(淸規)의 기본 요건들

청정한 승가와 사부대중공동체를 구현하기 위한 청규(淸規)는 위에
서 논의한 네 가지 대안들을 염두에 두면서 간명하면서도 최소화될 필
요가 있다. 그렇지 않을 경우 또 하나의 문서를 만드는 일에 불과한
결과를 낳을 수 있을 뿐만 아니라, 자칫 복잡한 언어의 장난에 휘말려
본래의 뜻을 흐리는 결과를 가져올 수 있기 때문이다.

청규는 다음과 같은 세 가지 기본 요건을 갖추고 있어야 한다.

첫째는 불교윤리의 기본원리이자 인식론적 틀이기도 한 삶의 연기성(緣起性)을 충분히 반영하고 있어야 한다. 모든 존재하는 것들이 서로 연기적 관계 속에 있고, 그 연기성은 바로 그 점에서 삶의 의미와 직결된다는 불교윤리의 기본원리는 동시에 그것을 정확히 인식함으로써 넘어설 수 있는 깨침의 가능성 또한 포함하고 있다. 이런 점을 충분히 고려하면서 구체화된 행동 규범으로서의 청규가 마련되어야 한다.

둘째는 그 연기성의 토대 위에서 설정되는 또 다른 삶의 목표점인 독존성(獨尊性)을 지향하는 청규가 마련되어야 한다. 독존성은 개인주의적 전제의 독존(獨存)과는 차원을 달리하는 불교윤리적 개념이다. 독존(獨尊)은 나 자신의 분리되고 개별화된 존재로서의 독존(獨存)과는 정반대의 의미로 나 자신의 삶이 다른 존재자와의 의존 속에서만 가능할 뿐만 아니라, 나 자신이 타자의 존재 기반이라는 점에서 찾는 존귀함을 의미한다. 다른 말로 하면 나 자신이 타자의 존재에 결정적인 기반을 제공해주고 있기도 하기 때문에 나만의 것이라고 볼 수 없고, 더 나아가 그 자체로 존귀함을 지닌다는 뜻이다. 이런 독존성에 주목한다면 자살은 결코 나의 권리가 아닌 것이 되고, 나의 올바른 삶의 지향은 곧 타자의 삶 자체를 이루는 중심성을 지니게 되기도 한다. 따라서 불자청규는 이러한 독존성을 충분히 구현할 수 있는 실천지침이 되어야 마땅하다.

청정불자를 위한 청규의 **마지막 요건은 자본주의적 일상 속에서 실천이 가능한 것이어야 한다는 실천성(實踐性)의 요건**이다. 우선 그것은 자본주의적 일상의 본질을 성찰할 수 있는 계기를 바로 그 일상 안에서 찾을 수 있는 내용을 포함해야 하고, 상식적인 수준의 노력으로도 달성 가능한 목표치를 포함하고 있어야 한다. 시간과 장소에 구애받지 않고 스스로 마음을 내기만 하면 끄집어내어 지켜갈 수 있는 청규가 되어야만 지속가능한 규범이 될 수 있다. 물론 일 년에 한번 정도 휴

가철 등을 이용하여 집중적인 수행과정을 경험하는 일도 꼭 필요하고, 그 연장선에서 전문적인 명상 기술을 익히는 것과 같은 훈련과정도 포함될 필요는 있지만, 청규 자체는 현실 속에서의 실천가능성을 우선 요건으로 삼아야 한다.

이런 요건들을 갖춘 청규를 마련하고자 사부대중공동체가 마음과 힘을 모아야 할 때이고, 이 청규는 기존의 방대한 율장에서 강조하고 있는 정신을 충분히 반영하면서도 그 방대함에 함몰되지 않아야 한다. **계율은 한편으로는 불교공동체를 유지시키기 위한 외적 규율이지만, 더 근본적으로는 열반에 이르기 위한 수행의 과정 자체로서의 마음의 기준이다.** 나 자신의 마음을 자본주의적 삶의 거대한 파고 속에서 잃지 않고 의미 지향을 지속시키는데 직접적인 도움이 될 수 있는 청규가 속히 마련되어야 한다.

불가능한 꿈을 꾸는 자들의 청규

이 도 흠 _ 한양대 교수, 정의평화불교연대 사무총장,
사부대중연대회의 기획위원장

1. 모든 가난한 이들과 온 생명은 나와 한 몸임을 깨달아 섬기는 삶을 산다.

천지자연은 수많은 생명들로 이루어졌고 우리 인간도 이들과 더불어 자연을 구성하는 하나의 생명체이다. 모든 빈자들과 온생명은 나와 깊은 연관을 맺고 있으며 서로 조건이 되면서 서로를 이루고 만들고 있다. 서로 내뱉은 호흡이 대기의 미생물을 변화시키고 그리 변한 대기가 몸으로 들어가 다른 숨을 내뱉게 하는 데서 보듯, 우리는 찰나의 순간에도 서로가 서로에게 작용하고 생성시키는 상호 생성자(inter -becoming)다. 그러니 모 든 빈자들과 온생명들과 한 몸임을 깨닫고 이들을 나의 부모와 형제처럼 소중히 여기고 겸손히 공경하며 섬긴다.

2. 자연은 미래세대와 뭇생명의 미래를 고려하여 이용한다.

자연은 모든 생명의 거주처이자 모든 생명의 몸이다. 모든 생명은 자연을 닮아 진화하고, 자연은 또 생명에 맞게 변화해 왔다. 자연은 수많은 생명들이 상호작용하고 미래 세대가 또 상호작용할 터전으로 우리는 미래 세대, 미래의 생명들로부터 잠시 빌린 것이다. 따라서 자연

을 이용할 때는 지금 여기에서 모든 생명과 상호작용, 나아가 미래 생명과 세대의 상호작용을 고려하여 그것이 가능한 범위 내에서 이용하도록 해야 한다.

3. 인간과 인간끼리 서로 살리는 평화와 상생의 삶을 산다.

타인과 나는 서로 조건이 되고 상호작용하는 또 다른 나다. 상대방을 똑바로 마주보면 눈동자에 내 모습이 비춘 것을 눈부처라 한다. 눈부처를 보는 순간에 나와 타인의 경계는 무너진다. 내가 미소를 지으면 타인의 근육도 긴장을 풀고 미소를 지으며, 나 또한 그 미소를 보고서 환희심에 젖는다. 내가 선의 씨앗에 물을 주면, 그 또한 그리하게 되며, 결국 우리 모두 선의 꽃밭에서 노닐 수 있다.

4. 소욕지족(   )의 삶을 통해 소박하고 아름다운 삶을 산다.

보다 많이, 보다 크게, 보다 빠르게 하려는 인간의 마음이 경쟁과 전쟁, 폭력과 자원의 낭비를 초래한다. 화려한 의복과 맛있는 음식, 큰 집을 고집하는 것은 악업을 쌓는 행위임을 깨달아 물질적 풍요에 집착하지 않고 작고 소박한 아름다움, 단순하고 멋스러움을 누리는 삶을 살도록 한다. 너와 내가 서로 연기의 관계에 있음을 깨달아 욕망을 자발적으로 절제하는 데서 외려 행복함과 환희심을 느낀다.

5. 항상 자신을 살피며 마음을 닦는 수행의 삶을 산다.

항상 자신을 돌아보고 살피며 욕심에 휩쓸리지 않고 분노에 사로잡히지 않고, 어리석음을 범하지 않도록 언제가 깨어있는 삶을 산다. 항상 명상과 기도, 참선 등의 수행을 통해 자신을 내려놓고 마음의 풍요를 누리며, 이웃과 자연과 일체임을 깨닫는 삶을 산다.

6. 분별하는 삶을 내려놓고 다양성을 풍요로움으로 여기는 삶을 산다.

깨끗함과 더러움, 소중함과 하찮음, 좋음과 싫음은 실제가 그런 것이 아니라 단지 사람의 마음이 일으킨 분별이다. 따라서 선인과 악인, 흑인과 백인, 여성과 남성, 장애인과 비장애인 을 분별하지 않고 차이를 차별로 대하지 않고 다양성을 풍요로움으로 여기는 삶을 산다.

7. 불편함을 즐기며, 느린 삶의 행복과 아름다움을 누린다.

편리함은 기계를 더 사용하고 쓰레기를 더 많이 배출하며 나를 나태하게 하는 삶이다. 빠른 속도로 치닫는 삶은 사색과 성찰을 방해하고 사람과 자연이 아름다움을 느끼지 못하는 삶이다. 불편함은 내 몸이 자연과 하나가 되고 방일에서 벗어나게 하는 것이며, 느린 삶은 나를 항상 거듭나게 하고 주변의 아름다움에 취하여 늘 행복할 수 있는 삶이다.

8. 잘 썩는 삶, 순환적인 삶을 산다.

모든 것은 순환하여 결국 내게 다시 돌아오는 이치를 알아, 자연의 이치와 순리에 맞지 않는 인공적인 물건을 생산하거나 소비하지 않는다. 그리하여 아껴 쓰고, 나눠 쓰고, 바꿔 쓰고, 다시 쓰는 절제의 마음으로 생활한다.

9. 어느 때 어떤 상황에서든 늘 비판적이고 실천적인 주체가 된다.

항상 자신이 발을 디디고 있는 현실을 직시하고 그에 담겨 있는 모순을 분석하고 성찰하며, 언제는 가난하고 힘이 없는 자의 편에 서서 바라보고 생각하며, 의롭지 않은 것은 쳐다보지도 않음은 물론 불의나 이를 자행하는 자에 맞서며 그런 제도와 사회를 개선하는 데 게을리 하지 않는다.

10. 가난하고 소외받고 따돌림을 받는 타인의 고통에 공감하고 정의의 실천을 한다.

우리는 불의가 정의를 이길 때, 자본과 국가와 제국의 착취와 폭력으로 제3세계의 민중이 학살당하고 부당하게 억압당할 때 신은 정녕 없다고 하지만, 부처님이나 신이 계시지 않는 것이 아니라 가난하고 억압받는 이들의 모습으로 내려오셨는데 그를 보지 못하는 것이다. 타인의 고통을 내 고통처럼 아파하고 그를 보듬고 연대하는 그 자리에 부처님은 계신다. 어느 상황에서든 나보다 약한 자들의 고통에 공감하고 그 고통을 덜어내는 정의의 실천을 행한다.

불자 실천 선언
– 새로운 대승불교 운동을 위한 불자들의 실천 지침

이 남 재 _ 사부대중연대회의 대외협력위원장 겸 대변인

- · 비구 종단인 조계종 스님들은 청정한 승가 구현을 위해 스스로 비구선언을 해야 하며, 재가불자들은 거짓 비구선언을 하거나 범계 행위를 자행한 승려들에게는 일체의 공양과 보시를 거부해야 합니다.

 불법에 대처 없다는 종단정화의 근본이념을 계승함은 물론 청정한 승가를 구현하고 명실상부한 비구승 종단임을 대내외적으로 천명하기 위해 조계종 스님들은 스스로 비구선언을 해야 합니다. 은처와 범계 행위를 일삼고 비구선언을 하지 않은 스님들은 스스로 범계 행위를 참회하고 탈종하거나 그렇지 않은 경우 종단 호법부나 출재가가 공동으로 구성하는 범계진상조사위원회의 면밀한 조사를 통해 멸빈시켜야 합니다.

 우리 불자들은 거짓으로 비구선언을 하거나 범계 행위를 은폐하고 묵인하는 각종 행위에 대해서는 정보를 공개하고 시주금과 공양물에 대한 일체의 보시행위를 거부해야 합니다.

- · 우리 불자들은 스님들이 각종 범계 행위를 하지 않도록 철저히 경책하고 범계행위의 원인을 제공하지 않도록 노력하며 일상에서 십

선계(   )를 생활화 해야 합니다.

일부 스님들의 범계 행위 이면에는 재가불자들의 범계 행위 원인 제공의 책임이 있습니다. 범계 행위 근절을 위해서는 승단의 자성과 쇄신노력이 절실하지만 시주금과 공양물을 제공하는 재가불자들의 의식전환의 노력이 시급합니다. 스님답지 못한 행위를 한 승려에게는 철저히 경책을 하고 범계 행위의 원인을 제공하지 말아야 하며, 재가 불자들도 일상에서 십계를 생활화 해야 합니다.

- . 우리 불자들은 사부대중이 평등하게 수행과 교육, 나눔을 수행하는 다르마 공동체인 새로운 신대승불교운동을 주도해야 합니다.

진정한 승가는 진리에 의지하고 평등성에 기초한 수행과 나눔의 공동체입니다. 출가수행자는 계율을 수지하며 수행과 포교에 진력하고, 재가불자는 육바라밀과 십선업을 생활화하는 수행·교육·나눔의 사부대중 다르마 공동체가 우리사회에 구현되도록 진력해야 합니다. 청규의 수지, 수행과 나눔의 일상화, 인사와 재정의 투명성, 공동체운영의 민주성이 보장되는 평등한 사부대중 다르마 공동체를 통해 건설을 통해 신대승불교운동의 주체로서 사회와 역사를 선도해야 합니다.

- . 우리 불자들은 동체대비의 자비행이 진정한 불사(   )이며 불공 (   )임을 자각하여 적극 실천해야 합니다.

끝없는 이윤 추구를 위해 경쟁하고 욕망을 부추기는 자본주의는 물적 가치 구현을 중시합니다. 필연적으로 오는 사회적 양극화와 인간소외는 각종 사회적 병리현상을 낳고 있습니다. 사회적 고를 직시하고 구조적 문제를 진단하여 원인을 제거하는 대사회적 활동과 개개인의 마음 치유(mind - care)를 위한 동체대비의 자비행이 진정한 불사(佛事)이며 불공(佛供)임을 자각하고 실천해야 합니다.

- · 우리 불자들은 나와 이웃, 사회와 자연이 하나임을 알아 소욕지족
  하며 선순환 생태적 삶을 추구하며 살아가야 합니다.

  모든 존재는 상의상관 연기(緣起)하는 존재입니다. 나와 이웃, 사회
와 자연이 서로 공생하며 살아가고 있습니다. 인간 중심의 세계관과
가치를 지양하고 모든 생명을 존중하고 나누며 함께 더불어 살아가는
소욕지족의 선순환 생태적 삶의 방식을 추구하며 살아가야 합니다.

- · 우리 불자들은 참나를 찾는 기도와 염불, 참선을 매일 수행하고,
  생명의 가치가 온전히 구현되는 지구촌을 위해 자원봉사, 재능기부,
  구호활동을 활발히 하는 보살행자가 되어야 합니다.

  우리 불자들은 이기적 기도의 형태인 기복신앙을 극복하고 본래 부
처인 우리 존재의 실상을 여실히 알기 위한 기도와 염불, 참선수행을
매일 수행하며, 생명의 온전한 가치와 일체 존재의 존엄이 구현되는
지구촌을 위해 자원봉사, 재능기부, 구호활동을 활발히 하는 실천적 보
살행자가 되어야 합니다.

2 부

한국 불교 개혁을 위한 사자후

- 사부대중연대회의 활동자료 모음 -

1. 발족식 기자회견 및 성명서 발표 (2012.5.24)

- "청정성 회복과 정법 구현을 위한 사부대중의 결의를 모아 근본적인 혁신을 단행하자

■ 성명서

청정성 회복과 정법 구현을 위한 4부대중의 결의를 모아 근본적인 혁신을 단행하자

이 땅에 불일이 빛난 지 1,700여 년 동안 한국 불교는 한국인의 사상과 문화·문명, 일상생활에 이르기까지 큰 영향을 미쳐 왔다. 교각 스님과 같은 왕족에서 욱면과 같은 노비에 이르기까지 많은 이들이 수행정진을 하여 부처가 되었으며, 승랑, 원효, 의상, 대현, 원측, 의천, 지눌 등 수많은 스님들이 동아시아 사상사에 지울 수 없는 족적을 남겼다.

그러나 21세기 사회에서 한국 불교는 위기를 맞고 있다. 급속도로 변화하는 물질문명 속에서 자기 자신과 진리를 등불로 삼으라는 부처님의 마지막 가르침은 그 어느 때보다 중요하여 현대적 실현이 요구되고 있으나, 종단은 지계의 도를 잃어 그 존립 근거에 대해 사회가 우려하는 지경이며 재가자들은 기복 추구에만 몰두하고 있음으로 인하여 4부대중이 힘을 모아 이루어야 할 진정한 불교공동체의 구현은 요원해지고 있다.

우리는 온 몸을 던져 참회한다. 최근에 벌어지고 있는 스님들의 파계행위와 폭로 공방은 급기야 종단의 문제로 불거지며 언론의 뭇매를 맞고 있고, 대중들은 하루가 다르게 불교에 등을 돌리고 있다. 우리는 4부대중공동체의 일원으로서 우리의 탐욕적이고 권력추구적인 행위로 사회 속에서 들려오는 뭇 요청을 듣지 못했음을 처절하게 참회한다.

 우리는 단호하게 쇄신을 추구한다. 파사(破邪) 없이 현정(顯正)은 없다. 삿된 탐욕을 추구하는 개인의 의식을 개혁함은 물론, 그를 양산하는 구조와 잘못된 제도는 개혁되어야 한다. 온갖 비리에 대한 엄격한 진상 조사와 처벌, 치열한 성찰과 근본적인 혁신 없이는 한국 불교의 미래는 없을 것이다. 이제라도 필사즉생의 절박감으로 대대적인 혁신을 단행해야 한다.

 우리는 종단과 종회의 과감한 혁신을 촉구한다. 자신의 권력과 사유재산, 혹은 계파의 이익을 지키기 위하여 모든 개혁안을 부결시키는 데 앞장을 선 종회 의원들은 권력화, 이익집단화한 계파를 해체해야 하며, 근본적으로 4부대중이 종단운영에 적극 참여할 수 있도록 제도가 개선되어야 한다. 아울러 총무원과 본사 주지, 종단의 소임자, 종회 의원들은 근본적인 개혁안 마련을 위해 앞장서야 한다.

 모든 사찰의 재정을 공개하고 투명하게 운영하는 제도적 장치를 마련해야 하며, 재가자가 재정의 운영과 신행에 충실하고 출가자는 중생구제에 전념하는 체계를 확립하여 4부대중이 함께 운영하는 사찰공동체 방안을 마련해야 한다.

 우리는 지심으로 발원한다. 이번 사건을 계기로 부처님 당시부터 이어져

온 4부대중공동체의 조직운영 원리를 창조적으로 해석하고 실천하여 진정으로 청정한 승단을 세우는 새로운 지평을 열기를 발원한다. 이제 우리 4부대중이 주인이 되어 정법을 구현하고 청정 승가를 회복하기 위한 쇄신 운동에 적극적으로 참여할 것을 대내외에 천명한다.

이제 우리에게 더 이상 남은 시간은 없다. 4부대중이 각고의 성찰을 바탕으로 쇄신을 하고 실천을 하지 않으면, 한국 불교의 미래는 없다. 지금은 번민하기보다 실천할 때이다. 4부대중이 방관하지 말고 함께 동참하기를 간곡히 호소한다.

이제 우리는 실추된 승풍 회복을 바라는 전 종도와 국민들의 요구와 기대를 모아 다음과 같이 결의한다.

- 결 의 사 항 -

1. 우리는 종단 스님들의 범계 행위에 대해 불교공동체의 일원으로 깊이 참회하며 승단의 정정성을 회복하고 정법 구현을 위한 근본적인 혁신을 단행할 것을 종단 집행부에 엄중히 촉구한다.

1. 종단은 범계 행위 근절과 단호한 재발을 막는 쇄신책 마련을 위해 4부대중이 참여하는 진상조사 및 대책위를 구성하라.

1. 종단의 총무원, 본사주지, 종회의원과 주요 사찰 소임자는 무소유정신에 입각하여 기득권을 내려놓고 종단개혁에 앞장서라.

1. 종단의 대의 입법기구인 중앙종회는 권력화, 이익집단화한 계파를 즉각 해체하고 종단개혁에 앞장서라.

1. 종단은 사찰재정의 투명성과 체계적 집행을 위해 사찰운영위원회, 종무회의 활성화 등 제도적 장치를 강화하고, 4부대중이 함께 운영하는 사찰공동체 방안을 마련하라.

1. 종단의 위상을 실추시키고 4부대중공동체를 파괴하는 자들의 비이성적이고 무책임한 폭로와 제소, 비방행위를 즉각 중단할 것을 촉구한다.

1. 언론은 폭로자 위주의 선정적, 과장 확대보도를 지양하고 객관적 사실에 부합하여 공정하게 보도하라.

불기 2556년 5월 24일
청정성 회복과 정법구현을 위한 4부대중 연대회의

상임공동대표　　　만　초(청정승가를 위한 대중결사 의장)
　　　　　　　　　이수덕(참여불교재가연대 상임대표)
　　　　　　　　　성태용(우리는 선우 이사장)
공 동 대 표　　　우희종(정의평화불교연대 공동대표)
　　　　　　　　　서동석(민중불교동지모임 대표)

2. 성명서 발표 (2012.6.5)
 − "대한불교 조계종의 쇄신안에 대한 촉구"

대한불교 조계종의 쇄신안에 대한 촉구

종단에서 쇄신책을 준비하여 곧 발표한다는 반가운 소식이 들린다. 그러나 급한 불은 적당히 끄고 가자는 미봉책에 그치고 말 것이라는 소문 또한 항간에 자자하다.

그런가 하면 최근의 도박 사태를 계기로 물꼬가 트인 언론은 하루가 멀다 하고 종단 내 지도급 스님들의 각종 범계 행위에 대한 보도를 쏟아내고 있어 불교계가 공황 상태에 놓여 있다. 그러나 종단은 전혀 대응을 하지 못하고 있음은 물론, 책임을 지는 사람조차 없어 의혹과 불신을 증폭시키고 있다.

우리는 온갖 의혹에 대한 남김 없는 해명이 없이 발표되는 쇄신안은 사상누각에 불과하며, 겉치레에 불과한 미봉책은 이미 중증상태인 한국 불교를 결국 사망상태에 이르게 할 것임을 천명한다.

이에 우리는 모든 범계 행위를 근절하는 제도적 개혁과 의식개혁을 단행하여 청정불교공동체를 이루어내자는 절박하고도 간절한 원력을 모아 다시 한 번 조계종 종단에 촉구한다.

1. 권력과 재정은 분리되어야 한다.
2. 4부대중의 종단운영 및 종회참여가 제도화되고 활성화되어야 한다.

3. 회계와 출가자의 범계 행위를 감시하는 기구의 독립성이 보장되어야
한다.
4. 4부대중이 참여히는 "청정승가를 위한 범계 행위 진상조사위원회"를
구성하고 모든 진실을 낱낱이 규명하라.

불기 2556년 5월 24일

청정성 회복과 정법 구현을 위한 4부대중 연대회의

상임공동대표　　만　초(청정승가를 위한 대중결사 의장)

　　　　　　　　이수덕(참여불교재가연대 상임대표)

　　　　　　　　성태용(우리는 선우 이사장)

공 동 대 표　　우희종(정의평화불교연대 공동대표)

　　　　　　　　서동석(민중불교동지모임 대표)

3. 성명서 발표 (2012.6.12)

– "종단은 진실규명을 전제로 근본적이고 진정성이 있는
쇄신의지를 보여야 한다"

■ 성명서

종단은 진실 규명을 전제로
근본적이고 진정성이 있는 쇄신의지를 보여야 한다

지난 6월 7일에 대한불교 조계종 총무원장 자승 스님이 1차 쇄신안을 발표하였다. 내용과 방향을 준비함에 있어 여론수렴과 내부 조율에 많은 노력을 기울였음에 경의를 표한다.

그러나 이번 쇄신안이 단지 선언적일 뿐, 그 실천 의지를 찾을 수 없음에 실망감을 감출 수 없을 뿐 아니라 다시 한 번 기만당한다는 의구심을 떨칠 수 없다. 그 이유는 첫째, 쇄신추진에 대한 기한 명시가 되어 있지 않다, 둘째, 쇄신의 주체가 모호하다. 셋째, 종단의 어른스님들의 동참이나 솔선수범의 의지가 없다. 넷째, 이미 제기되었던 문제점에 대한 진실 규명의 의지가 보이지 않는다.

이에 본 '청정성 회복과 정법 구현을 위한 사부대중 연대회의'는 종단에 쇄신안의 실천 방안을 보다 구체적으로 표명하여 진정으로 한국 불교를 거듭나게 할 수 있는 혁신적이면서도 진정성과 구체적 실천력을 담보한 개혁안을 내놓을 것을 강력히 촉구한다.

무엇보다도 파사 없는 현정은 불가능하다. 처절한 자기반성이 없는 쇄신안이란 미봉책이거나 기만에 지나지 않는다. 항간에는 총무원장을 비롯하여 종단 소임자들의 범계 행위에 대한 언론보도와 소문이 끊이지 않는다. 이번에도 적당히 넘어간다면 유사한 행위가 터질 때마다 대중들은 불교에 등을 돌릴 것이고 이해관계가 있는 이들은 이를 근거로 훼불행위를 서슴지 않을

것이다.

신망 받는 사부대중으로 구성된 '**범계진상조사위원회**'를 구성하여 그 동안 제기된 각종 의혹을 철저히 조사하여 공표하고, 그 행위가 다시는 반복되지 않도록 개인의 차원에서는 일벌백계하고 참회하며, 제도적 차원에서는 모든 삿됨을 야기하는 제도와 구조를 근본적으로 개선하고 보완해야 한다.

개혁은 사람이 하는 것이다. 아무리 좋은 개혁안이라 하더라도 이를 추진할 주체가 없고 쇄신 대상이 이를 수용하지 않는다면 이는 공염불에 지나지 않는다. 종단은 쇄신을 추진할 주체를 사부대중을 중심으로 구체적으로 명시해야 한다.

종단은 이번 기회에 올바로 혁신하지 않으면 한국 불교가 몰락한다는 위기의식과 절박감을 가지고 '혁신적으로' 쇄신해야 한다. 사부대중의 공의를 통한 종단과 사찰운영, 산중공의의 복원을 천명한 것은 환영하나, 이것이 굳건하게 뿌리를 내리려면 쇄신은 더욱 개혁적이어야 하며, 지금 우리가 맞고 있는 현실의 맥락을 고려해야 한다.

어른 스님의 권위가 절대적이고 주지에게 권력이 집중된 상황에서 사찰운영위원회는 자칫 어른 스님과 주지의 제안을 추인하는 형식기구로 전락할 가능성이 크다. 뿐만 아니라 지금의 모든 범계 행위와 행정상의 비리들은 종단의 권력이 소수의 비구 중심으로 기득권화 되어 있기 때문에 발생하는 순환적인 모순이다. 이것을 해결하기 위해서는 권력의 분점과 기득권의 해체를 통해서만 가능하다. 그 한 방법이 종회의 재가자 참여이며 이는 반드시 이루어져야만 한다.

근본적으로 문화가 바뀌어야 하지만, 사찰운영위원회의 위상을 '심의기구'에서 '심의 및 의결기구' 로 그 권한이 강화되어야 한다. 4부대중이 종단의 운영만이 아니라 종회와 감시기구에도 참여해야 진정한 권력의 분립과 견제 체계 확립이 가능할 것이다. 종회를 상원·하원으로 이원화하여 재가자도 참여할 수 있는 방안을 제도화하고, 재정과 범계 행위를 상시적으로 감시하는 감찰기구에 사부대중의 참여를 종법으로 명문화해야 한다.

또한, 종단의 수장인 총무원장은 자신의 물적 토대인 연주암을 내놓는

솔선수범을 보여야만 쇄신의 대상들이 이에 저항하지 않고 협조할 것이다. 쇄신안에 대해 구체적 추진 방법을 제시하고 이를 뒷받침할 수 있는 제도 및 규정의 개정을 명시해야 한다. 3개월 이내에 직영 및 특별분담금사찰, 직할사찰의 재정을 공개하며, 앞으로 사찰의 재정공개시 전문회계감사 결과를 토대로 투명하게 공개해야 한다. 또한 모든 쇄신안에 대하여 로드맵을 제시해야 한다.

우리는 이번 도박 사태와 지도급 스님들에 대한 각종 범계의혹 제기가 부처님께서 주신 자성과 쇄신의 소중한 기회로 삼아 모든 이들의 지혜를 모으고 파사현정의 정신으로 범계 행위를 근절하는 제도적 개혁과 의식개혁을 단행하여 사부대중이 다함께 참여하는 청정불교공동체를 이루어나가길 간절히 바란다.

불기 2556년 6월 12일
청정성 회복과 정법 구현을 위한 사부대중연대회의

상임공동대표 만 초(청정승가를 위한 대중결사 의장)
　　　　　　　이수덕(참여불교재가연대 상임대표)
　　　　　　　성태용(우리는 선우 이사장)
공 동 대 표　우희종(정의평화불교연대 공동대표)
　　　　　　　서동석(민중불교동지모임 대표)

4. 성명서 발표 (2012.6.27)
– "조계종 중앙종회의 쇄신입법에 대한 입장"

▌성명서

"조계종 중앙종회의 쇄신입법에 대한 입장"

지난 6월 7일 종단의 쇄신계획 발표 이후 중앙종회는 제190회 임시회를 열어 쇄신계획에 대한 법적 근거 마련과 제도화를 위해 보완이 필요한 종법을 제·개정하였다.

모든 범계 행위를 근절하는 제도적 개혁과 의식 개혁을 위한 단초로서 종도와 국민들의 쇄신입법에 대한 요구와 기대에 부응하여 일정 정도 개혁입법을 마련한 데 대해서는 긍정적으로 평가한다. 다만 종회의원의 특권을 내려놓는 상징적 조항인 종회의원 불징계권 폐지가 무산되고 축소된 것은 개혁의지의 진정성을 의심받을 수 있다는 점에서 아쉬움으로 남는다.

. 본 단체는 종단 쇄신의 중요한 축인 사찰 재정 투명화와 사부대중 공동체 운영을 위해 지금껏 사문화되어 있는 사찰운영위원회가 심의·의결 기능을 갖도록 사찰운영위원회법 개정을 촉구하였다. 이번 임시회에서 사찰운영위원회가 심의·의결기능을 갖는 방향으로 개정되고, 사찰운영에서 전문 인력을 통한 재정운용과 회계관리 시스템을 통해 운영·관리되도록 사찰예산회계법이 제정된 데 대하여 긍정적으로 평가한다.

앞으로 사찰운영위원회가 주지 추천권도 가짐으로써 사찰운영의 실질적 역할을 확대하고 위상을 강화하는 방향으로 개정되길 바란다.

- · 총무원은 이제 사찰운영위원회가 명실상부하게 운영되도록 운영실태를 면밀히 관리·감독하여 주지 인사고과 부여, 투명한 재정 집행에 만전을 기하길 바란다. 특히 사찰운영에서 고질적 병폐로 만연해 있는 이중장부 작성, 보시금의 사적 수수, 일부 수입금의 누락 등을 막고 투명하고 실질적인 회계 시스템 구축, 보시금의 공적 수입 기재 등이 이루어지도록 재정 회계 구조를 혁신하고, 정확한 예·결산 보고, 전문회계사 및 사찰운영위 감사 등 상시적 감시 시스템이 가동되도록 독려해야 한다.

- · 통합선거법 제정을 통해 출마자 자격제한, 엄정한 선거 관리와 진행, 선거법 위반자에 대한 엄중한 법 적용을 통해 공정한 선거관리 장치를 마련했다는 점에서 향후 공명선거 풍토를 위해 다행스럽게 생각한다.

다만 총무원장 출마자격 제한을 특정경력으로만 제한하기보다는 수행경력, 복지포교 활동 경력을 추가하고 각종 범계 행위자에 대한 피선거권 제한 규정을 두는 것이 종도와 국민의 신망을 받는 지도자를 선출할 수 있다는 점에서 보완해야 한다.

- · 쇄신의 중요한 잣대는 인사이다. 공정성과 공평성, 전문성을 반영하는 인사가 제대로 이루어지고 있는가에 대해서는 의문이 든다. 한 예로 지난 3월 30일 189회 임시회에서 결의된 동국대학교를 비롯한 종립학교의 이사를 추천하는 중요한 직책인 종립학교 관리위원에 현 총무원장 상좌인 탄원 스님이 선출되었다. 국제선센터 총무국장으로 재직하면서 공금횡령에 대한 의혹으로 총무원의 집중 감사를 받고 사표를 제출한 탄원 스님을 종립학교 관리위원으로 선출한 것은 명백히 잘못된 인사이다.

- · 총무원은 탄원 스님에 대한 감사결과(법무감사국)를 공개하고 종회는 공금횡령 의혹으로 사표 수리된 문제 야기 당사자를 종립학교 관리위원으로 선출한 것을 즉각 부결하고 재선출해야 한다.

　　재정의 투명성과 인사의 공정성이 결여되면 쇄신의지와 진정성을 의심받을 수밖에 없다. 이러한 모든 것은 개혁 주체들의 범계 행위에 대한 발로참회와 진실성에 기반을 둬야 한다. 이에 우리는 청정승가 구현과 사부대중이 참여하는 불교공동체를 이루어내기 위해 간절한 원력을 모아 지난한 노력을 경주해 나갈 것이다.

불기2556년(2012) 6월 27일
청정성 회복과 정법 구현을 위한 사부대중연대회의

상임공동대표　　　만　초(청정승가를 위한 대중결사 의장)
　　　　　　　　　이수덕(참여불교재가연대 상임대표)
　　　　　　　　　성태용(우리는 선우 이사장)
공 동 대 표　　　우희종(정의평화불교연대 공동대표)
　　　　　　　　　서동석(민중불교동지모임 대표)

5. 공개질의서 (2012.8.29)

- "청정성 회복과 정법 구현을 위한 사부대중 연대회의가 조계
종 총무원에 드리는 공개질의서"

■ 공개 질의서

청정성 회복과 정법 구현을 위한 사부대중 연대회의가
조계종 총무원에 드리는 공개 질의서

- . 본 『청정성 회복과 정법구현을 위한 사부대중 연대회의』는 사회
와 인류를 향도하고 청정불교공동체를 이루어 내기 위해 종단의 근본적인
혁신이 요구되는 사부대중의 절박하고 간절한 원력을 모아 출·재가 사부
대중이 모여 결성한 단체입니다.

종단 내 일부 스님들의 도박 및 범계 행위로 인하여 한국 불교의 정당
성과 권위가 급속히 무너지고 있고, 대중들은 속속 불교에 등을 돌리고 있
고 타 종교인과 정권은 불교를 조롱하고 홀대하고 있습니다. 이번마저 이를
규명하고 의식 및 제도 개혁을 하지 않으면, 한국 불교는 머지않은 시기 안
에 소멸할 지도 모른다는 위기감에 거의 모든 불자들이 공감하고 있습니다.
우리는 이번 위기를 기회의 전기로 전환하여 의식 및 제도 개혁을 이루고
한국 불교가 다시 1,700년의 역사와 전통을 바탕으로 비상하기를 간절하게
발원합니다.

- . 현재 종단이 승가공동체쇄신위원회를 구성하여 자성과 쇄신을 위한
대책을 지속적으로 강구하고 있지만, 종단 내 지도급 스님들의 각종 범계

행위에 대한 의혹들이 지속적으로 제기되고 있습니다.

　종단의 진정한 자성과 쇄신은 반드시 진실의 토대 위에서 이루어져야 합니다. 각종 의혹에 대한 진실규명이 없이 행해지는 자성이란 일종의 쇼나 사기이며, 처절한 자성이 없이는 쇄신도 불가능합니다. 진실을 규명하고 그에 입각하여 참회할 때만이 근본적인 쇄신책이 마련되고, 사부대중 또한 이에 공감하고 참여하기에 그 진정성과 지속성을 담보할 수 있습니다.

　－. 이에 언론에 보도된 고위급 스님들의 행적 의혹관련 기사들에 대해 다음과 같이 총무원장 자승스님과 총무원 호법부에 질의하오니, 부처님 법과 계율, 수행자로서의 도덕성, 인간으로서 지녀야 할 양심에 비추어 진실되게 늦어도 9월 30일까지 답변해주시길 요청 드립니다.

　묵빈대처의 방식은 진실을 은폐하고 의혹을 더욱더 증폭시킬 뿐입니다. 부디 진실하고 성실한 답변을 행하여 시중에 회자되는 의혹들을 일거에 해소하고 더 이상 추측성 보도들이 난무하여 한국 불교의 위상에 흠집을 내고 스님들의 위의를 손상하는 일이 일어나지 않기를, 이를 계기로 묵은 먼지를 털어내고 스님들의 위의가 하늘처럼 높아지고 이 땅에 찬연한 불일이 빛나기를 간절히 바라면서 질의하고자 합니다.

　－. 다음과 같은 질의사항에 대하여 총무원장 스님과 총무원 호법부에서는 늦어도 9월 30일 안에 답변하여 주시길 요청 드립니다.

－ 질 의 사 항 －

－. 불교포커스 2012. 5.22일자 보도(신혁진 기자 webmaster@budgate.net) "부처님 오신 날 지나 핵폭탄 터지나 승단 비행 폭로 어디까지?" 제하의 기사로 '강남의 한 호텔에서 고위급 스님들이 도박판을 벌였다' 는 주장으로 '강남구 삼성동 소재의 O호텔' 이라는 구체적인 장소가 언급되고 있을 뿐만 아니라 당시 도박판에 있었던 스님들의 이름이 거명되었습니다.("모 스님이 해외로 원정도박을 떠나 카지노에서

거액을 날렸다', 교계 안팎에서는 스님들이 출입했다는 유흥업소의 위치와 상호가 공공연하게 거론되고 있다.")

5월 17일 저녁 9시 11분에 봉지욱 기자가 보도한 JTBC의 "해외원정 도박 스님들 있었다 수억원 탕진" 제하의 방송 보도와 관련하여,

모 호텔 도박판과 해외 원정도박을 했던 것이 사실인지 아닌지, 사실이라면 그 스님들의 이름을 공개하길 요청합니다. 아울러 이러한 범계 행위를 율장과 종법에 따라 엄중 처리할 계획이 있는지 질의합니다.

－ . 지금으로부터 12년 전인 2001년 〈불교포커스〉의 전신인 〈불교정보센터〉가 보도하여 세간에 알려진 사건(2001년 2월 현 총무원장인 자승 스님, 명진 스님(전 봉은사 주지), 원혜 스님(마곡사 주지), 지홍 스님(전 낙산사 주지)이 당시 서초구 잠원동 라성모텔 지하에 위치한 '신밧드 룸싸롱' 출입과 관련하여, 前 호법부장 정념 스님이 한 리디오 프로그램에 출연하여 네 분 스님들이 출입한 것을 인정하며 해명했지만 출입자들의 음주와 성 매수 의혹이 성호 스님의 〈종북불교를 고함〉이라는 책 64P~89p '신밧드 룸살롱을 벗긴다'에 너무나도 자세히 언급되어 있고, 불교포커스 8월 16일자 법응 스님이 기고한 "총무원장 스님께 드리는 진언"에도 지속적으로 제기되고 있습니다.

저희들도 이것이 사실이 아닐 것이라 생각합니다마는, 이와 관련하여 당사자인 총무원장 자승 스님께서 이에 대한 사실 여부를 직접 해명하여 주시길 요청 드립니다.

－ . 총무원장 자승스님의 승적원부 내용 중 승적 입적 시기와 은사, 사미계 수계일자가 2회(72년 － > 69년 － >72년)에 걸쳐 전, 후 3년 정도 변경되어 사미계 수지 여부와 74년 범어사 특별계단을 통한 구족계 수지 의혹이 제기되고 있는 바,

승적 정정이 왜 이루어졌는지? 범어사 특별계단이 있었는지? 등 승적 정정 의혹과 관련하여 직접 해명하여 주시길 요청드립니다.

- . 주간한국 2012. 5. 18. 2425호(윤지환 기자 jjh@hk.co.kr) '해외 도박 공금탕진… 美에 처자식까지? 조계종 고위간부 충격적 이중생활 의혹, "수천만원 판돈 나 아는 비밀 초호화 서택 차명으로 소유") 기사에 의하면,

비구종단의 스님으로서는 물론 일반 국민적 정서로도 도저히 용납될 수 없는 범계 행위를 저지르고 버젓이 승려생활을 하고 있습니다. 이와 같은 일이 과연 사실인지 사실이라면 종단 고위급 A스님이 누구인지 명확하게 밝혀주실 것을 요청 드립니다.

- . 시사인 2012. 5. 21(정희상 기자 minju518@sisain.co.kr) "총무원장 쪽 도박·성매수 증거도 나올 것" 기자와 인터뷰한 김영국 씨는 "자승원장과 측근 지도부 스님들이 연루된 강남 오크우드 호텔 도박, 필리핀·마카오 원정 도박, 상습 성매수 문제 등에 관한 구체적인 증인과 증거가 있다"고 하였고, 기자가 자승원장이 성매수나 도박에 연루되었다는 증인과 증거가 있는가 묻자 김영국 씨가 "함께 한 스님들이 증인이다. 자승스님이 과거 도박장과 룸싸롱을 출입할 때 장소 알선과 심부름을 한 해결사의 양심선언 녹취기록이 있다. 자승스님이 주로 출입한 룸살롱 마담이 성매수 사실을 확인해 준 인터뷰 녹취록도 있다. 함께 있었던 스님들의 증언도 있다"고 하였습니다. 김영국 씨는 인터뷰에서 수행자로서는 도저히 할 수 없는 승단의 범계 행위를 그것도 원장스님과 지도부 스님들이 상습적으로 해왔다고 주장하면서 증인과 증거가 있다고 하였습니다.

이처럼 엄청난 사실을 인터뷰한 김영국 씨에게 근거자료를 요구하거나 사실이 아니라면 명예훼손죄로 형사 고발하여 법적 대가를 받게 하도록 해야 합니다. 이 기사가 사실인지, 사실이라면 그런 행위를 한 사람은 누구인지 구체적으로, 명쾌하게 밝혀주시기를 바랍니다.

- . 주간한국 2012. 5. 26. 2426호 (윤지환 기자 jjh@hk.co.kr "불교계 자금 야권 들어갔다") 기사와 관련하여

범계 행위를 저지르고 버젓이 승려생활을 하고 있는 종단 고위급 L스님이 누군지 철저히 조사함은 물론 종단내 또 다른 고위급 스님들의 은처 의혹(주간경향 2012. 5.29. 977호 보도기사)이 광범위하게 제기되고 있습니다. 이러한 은처승들에 대해서도 엄중 조사하고 밝혀내 종헌, 종법에 의거하여 강력히 의법 조치할 수 있는지 답변을 요청드립니다.

－ . JTBC의 2012. 8. 22일 저녁 〈 "법주사 주지 선거 5억 살포" …파장 예상〉이라는 내용의 보도와 불교닷컴 8.23일자 "도박 추문 이어 또 돈선거?…파장 예상"의 보도 기사에 의하면 지난 3월 치러진 법주사 주지 선거에서 주지로 당선된 현조스님이 스님들 170여 명에게 200만 원에서 300만 원씩 5억 원의 돈을 뿌렸다며 당시 선거를 도왔던 스님이 녹취록과 함께 공개했습니다. 이와 관련해

호법부는 세밀하고 엄격히 조사하여 그 결과를 종도 앞에 밝히고, 그 동안 금품살포, 매수 등 의혹이 제기된 각종 선거에 대해서도 엄중 조사하여 강력히 의법조치하길 촉구합니다.

위의 기사에서 보도한 제반 의혹과 관련하여 조계종 총무원 호법부는 어떠한 성역도 없이 부처님의 가르침과 종법, 수행자의 양심에 따라 자승 원상스님은 물론 연루된 측근 지도부 스님늘을 조사하여 송도와 국민 앞에 조사 결과를 내놓길 강력히 촉구합니다.

만약 이러한 의혹이 사실이라면 자승 원장스님을 비롯한 관련된 지도부 스님들은 모든 소임을 내려놓고 종도와 국민들께 진실을 밝히고, 사부대중에게 발로 참회하고 용퇴하여야 합니다.

불기 2556(2012) 8. 28.
청정성 회복과 정법구현을 위한 사부대중 연대회의
공동대표 만초, 성태용, 이수덕, 우희종, 서동석

■ 361쪽 〈별첨 자료 참고〉

6. 성명서 발표 (2012.9.6)
– "조계종의 근본적인 쇄신과 총무원장 스님의 결단을 촉구하며"

▌ 성명서

조계종의 근본적인 쇄신과 총무원장 스님의 결단을 촉구하며

-. 본 청성성 회복과 정법 구현을 위한 4부대중연대회의는 지난 8월 28일 "승단의 범계 행위와 그 근절방안"에 대해서 진지하게 토론하고 종단에 대안를 제시한 바 있다. 아울러 8월 29일에는 각 언론에 보도된 총무원장과 종단 지도부의 범계 행위에 대해 종단의 입장을 묻는 "공개질의서"를 전달하였으나 총무원 호법부는 공개질의서 접수를 거부하였다.

종단 지도부의 범계 행위에 대한 사실여부와 조사의지를 묻는 질의서마저 접수하지 않는 호법부의 태도는 총무원장과 종단 지도부의 범계 행위를 비호하고 은폐하려는 의도로 밖에 보이지 않아 참으로 유감스럽게 생각한다.

-. 9월 1일 전국선원수좌회와 9월 4일 전국승가대학교직자협의회가 지체 없는 개혁과 쇄신을 촉구하고 총무원장의 결단을 촉구하는 성명서를 낸 데 대하여 우리는 이러한 내용을 적극 지지하고 그 뜻에 적극 동참한다.

총무원장스님과 종단쇄신위는 빠른 시일 내에 요구사항을 수용하여 위법망구의 자세로 진정성 있는 조치를 행하길 촉구하며, 향후 전국선원수좌회와 승가대학교직자협의회, 뜻있는 재가단체와 함께 가시적 행동에 같이하고 나설 것임을 천명한다.

-. 통도사 수말사인 표충사 주지가 사찰 부동산을 불법매각하고 이중장부를 작성하여 매각대금과 이중장부의 차액을 가지고 해외로 잠적한 사건과, 법주사 주지선거 금품 살포의혹과 관련하여 총무원은 전 종도와 국민 앞에 진상을 규명하고 진실을 엄정히 밝혀야 한다. 두 번 다시 불법 매매,

임대행위가 재발되지 않도록 관련자들의 징계를 엄중히 하고 손실된 삼보정재를 끝까지 되찾길 촉구한다.

- . 법주사 금품살포 사건을 엄중히 조사하여 이것이 사실일 경우 당선을 무효화해야 한다. 향후 각종 선거에서 금품을 제공하여 당선된 경우에는 이를 무효화하고 피선거권을 영구히 말소하는 근본적인 혁신과 제도적인 장치를 마련하기를 촉구한다.

- . 종도들의 쇄신요구에 밀려 중앙종회 내 계파를 해산했지만 실질적인 계파의 수장들이 직능분야와 관계없이 직능보선을 통해 다시 종회에 복귀하는 것은 계파의 나눠먹기식 구태를 드러낸 반개혁적인 형태이다. 이는 종단지도부가 아직도 종권을 사수하는 데만 관심이 있지 근본적이고 진정성 있는 종단쇄신과 개혁에는 관심이 없다는 반증이므로 즉각 철회되어야 한다.

- . 종단의 진정한 자성과 쇄신은 반드시 진실의 토대위에서 이루어져야 하며 규명된 진실에 입각하여 참회하고 근본적인 쇄신책을 마련할 때만이 전 종도는 쇄신의 진정성과 지속성을 신뢰하여 공감하고 같이 해 나갈 수 있음을 다시 한 번 주지하는 바이다.

불기2556(2012)년 9월 6일
청정성 회복과 정법 구현을 위한 사부대중연대회의

상임공동대표　　만　초(청정승가를 위한 대중결사 의장)

이수덕(참여불교재가연대 상임대표)

성태용(우리는선우 이사장)

공 동 대 표　　우희종(정의평화불교연대 공동대표)

서동석(민중불교동지모임 대표)

7. 종단미래 희망마당 및 성명서 발표 (2012.10.8)
- "조계종의 쇄신을 강력히 촉구한다!"

▌ 취지 및 개요

▲ 취지

- 청정성 회복과 정법 구현을 위한 사부대중연대회의는 지난 8월 28일 "승단의 범계 행위와 그 근절 방안"에 대한 공개질의서를 조계종 총무원에 전달하며 9월 30일까지 답변을 요구한 바 있다. 그러나 아직 대답은 없는 상태이며 종단내의 범계행위에 대한 근절은 더욱 요원해져 가고 있다.

- 이에 본 연대회의는 재가자를 위시한 사부대중의 의지를 모아 종단 쇄신에 대한 확고한 의지를 표현하고자 한다.

▲ 개 요
- 일시 : 2012. 10. 8(월) 오후 2시
- 장소 : 안국동 사거리 북 인사마당(인사동길 입구)
- 주최 : 청정성 회복과 정법 구현을 위한 사부대중연대회의

조계종의 쇄신을 강력히 촉구한다!

지금 스님들의 범계 행위로 한국 불교는 파국의 지경에 이르렀다. 지난 4월 백양사 승려도박 사태가 불거지면서 그 동안 만연했던 조계종 스님들의 범계 행위가 인구에 회자되고 있음에도 불구하고 임기응변식의 미봉책만 "쇄신"의 이름으로 표명될 뿐, 근본적인 쇄신책은 나오지 않고 있다.

'청정성회복과 정법구현을 위한 사부대중연대회의'는 지난 4월 이후 꾸준히 문제제기와 대안을 제시해 왔으며, 8월 28일에는 객관성과 공신력을 갖는 사실을 근거로 "승단의 범계 행위와 그 근절방안"에 대한 공개질의서를 작성하여 조계종 총무원에 전달하면서 9월 30일까지 답변을 요구한 바 있다.

그러나 종단은 "근거 없는 질문"으로 일축하고 답변을 거부했다.

그러는 중에도 표충사, 대흥사, 법주사 등 주요사찰에서 연이어 메가톤급의 비리가 터져 나와 종단과 스님이 대중의 조롱거리로 전락하고, 대중들은 속속 부처님 곁을 떠나고 있다.

이런 중차대한 위기를 맞았음에도 불구하고 종단은 비리를 공정하게 조사하고 쇄신책을 강구하기는커녕, 문제를 덮어버리기에만 급급하다. 종단의 고위층은 사부대중의 요구를 묵살하고 시간끌기만 하고 있으며, 일부 세력은 이들을 비호하여 자익을 챙기면서 절박한 상황을 호도하고 있다.

중앙종회에서 의결되었던 종법 개정안에는 근본적인 쇄신을 위한 진정성이 결여되어 있다. 혁신적으로 내건 사찰운영위원회법과 사찰예산회계법에 관련된 안의 경우 주지를 견제하고 재정과 권력을 완전히 분리하여 재정을 투명하게 운영할 수 있는 구체적인 장치가 마련되지 않아, 사찰운영위원회가 자칫 주지의 요구사항을 추인하는 형식적 기구로 전락할 가능성이 크다. 지금의 안으로는 표충사·대흥사·법주사와 같은 비리를 막을 수 없다. 최근에 멸빈자를 대우하여 종단 최고책임자와 자리를 함께하고, 교구본사 사찰의 공식행사에 인사말을 하게 하였다.

이를 볼 때 현재의 종단 고위층은 쇄신할 의지가 없음은 물론, 지금 엄연히 존재하는 종헌과 종법조차 이해관계에 따라 언제든 무시해도 된다는 생각을 품고 있음을 확인할 수 있다.

지금이라도 종단 차원에서 '범계진상조사위원회'를 조직하여 범계 행위를 철저하고 공정하게 조사하여 일벌백계를 하고, 다시는 범계 행위가 행해지지 않도록 근본적인 쇄신책을 마련하지 않으면, 한국 불교의 미래는 없다. 현 조계종 종단의 책임자들은 사부대중이 갖는 의혹에 대해 남김없이 해명할 수 없으면 모든 소임을 사퇴해야 마땅하다.

이에 '사부대중연대회의'는 한국 불교의 미래에 대해 걱정하고 있는 모든 불자의 의지를 모아 종단쇄신을 위해 다음과 같이 강력히 요구한다.

1. 조계종 총무원과 호법부는 모든 의혹에 대해 한 치의 남김없이 해명하고 도박, 은처, 재정비리 등 범계 행위에 대한 처벌체계는 물론, 청정승가의 구현을 위한 제반 제도를 마련하라. 사부대중이 갖는 의혹에 대해 남김없이 해명할 수 없다면, 총무원장을 비롯하여 모든 소임자는 즉각 사퇴하라.
2. 자성과 쇄신 결사 추진본부는 중앙권력의 비호를 중지하고 청정 승가와 진정한 사부대중 공동체의 실현을 위해 더욱 근본적인 쇄신책을 마련하라. 그것이 여의치 못하면 추진본부를 해체하라.
3. 종단권력의 언저리에서 전전긍긍하며 자익을 챙기려는 일부 재가자들은 사태를 직시하고 근본적이고 진정한 쇄신에 동참하라.
4. 조계종 최고 어른들의 기구인 원로회의는 작금의 상황이 비상사태이며 문제해결을 더 이상 미룰 수 없는 상황임을 직시하고, 공정하고 청정한 분을 의장으로 삼아 사부대중의 요구를 수렴하는 대안책을 마련하라.
우리는 위의 요구가 관철되지 않을 시, 진정한 자성과 쇄신책을 자체적으로 마련할 것을 결의한다. 우리는 종단이 자발적으로 해결할 것을 믿고 미루어왔다. 그러나 더 이상 한국 불교의 위상 전락을 보고만 있을 수 없는 지경에 이르렀기에, 자체적으로 범계진상조사위원회를 구성하여 스님들의 범계 행위에 대해 조사하고 이를 보고서 형식으로 발표하고자 한다.

불기2556(2012)년 10월 8일
청정성 회복과 정법 구현을 위한 사부대중연대회의

상임공동대표　　만　초(청정승가를 위한 대중결사 의장)
　　　　　　　　이수덕(참여불교재가연대 상임대표)
　　　　　　　　성태용(우리는선우 이사장)
공 동 대 표　　우희종(정의평화불교연대 공동대표)
　　　　　　　　서동석(민중불교동지모임 대표)

9. 야단법석 시즌 2, 다섯 번째 이야기 마당 (2012.10.24.)
– "쇄신과 결사에 바란다 : 사부대중연대회의가 질의하고
자성과쇄신결사추진본부 도법스님 답하다."

10월 24일 저녁, 조계사 100주년기념관에서 '쇄신과 결사에 바란다'를 주제로 열린 야단법석은 사부대중연대회의의 이수덕 상임대표(재가연대), 서동석 대표(민중불교동지모임), 정윤선 사무총장(재가연대), 이남재 사무총장(합천평화  의집), 우희종 교수(서울대, 정의평화불교연대 공동대표), 이도흠 교수(한양대, 정의평화불교연대 사무총장) 등 사부대중연대회의 집행부가 '자성과 쇄신 결사추진본부'의 도법 스님에게 종단 현실에 대해 묻고 스님이 답하는 방식으로 진행됐다. 야단법석에는 스님과 재가자 50여 명이 참가했다.

사회를 맡은 불광연구원의 서재영 박사는 "오늘 이 자리는 사부대중연대회의가 지난 8월 종단 문제에 관한 공개질의서를 총무원에 제출하려 했으나 접수조차 되지 않아 결사추진본부 차원에서 나름 입장을 밝히고자 성사된 자리"라는 말로 공개토론회 진행을 시작하였다.

도법스님과의 일문일답에 앞서 사부대중연대회의 상임대표 자격으로 자리를 한 이수덕 참여불교재가연대 상임대표는 사부대중연대회의가 '자성과 쇄신 결사추진본부'의 초대에 응한 이유와 질의의 취지에 대해 간단히 설명했다.

'자성과 쇄신 결사추진본부' 도법 스님과의 일문일답

1. 서동석(민중불교동지모임 대표)

지금 스님들의 범계 행위로 인해 스님들의 위상은 실추되고 한국 불교는 세인들의 입방아에 오르내리는 파국의 지경에 이르렀습니다. 지난 4월 백양사 승려도박 사태가 불거진 후로 총무원장 자승 스님, 명진 스님, 원혜 스님, 지홍 스님의 10여 년 전 룸싸롱 출입 관련 범계 행위, 표충사 부동산 불법매각 및 주지 잠적, 대흥사 공금횡령 사건, 법주사 주지 선거 금품 살포, 총무원장 스님을 비롯한 종단 지도부 스님들에 대한 은처 의혹 등 그동안 만연했던 조계종 스님들의 범계 행위가 언론과 인구에 회자되고 있음에도 불구하고 임기응변식의 미봉책만 '쇄신'의 이름으로 표명될 뿐, 근본적인 쇄신책은 나오지 않고 있습니다.

조계종 총무원과 호법부는 언론에서 보도되고 제기되거나 제소된 종단 지도부 및 거론된 스님들의 도박, 은처, 재정비리, 룸싸롱 출입 등 범계 의혹과 관련하여 조사할 의무가 있습니다. 예를 들면 은해사 돈명 스님의 경우 결혼과 관련한 명백한 혼인증명서가 있음에도 불구하고 조사와 징계를 하지 않고 있습니다. 버젓이 미국에서 혼인한 증명서가 있음에도 불구하고 이를 은폐하고 있는 것은 은처승을 비호할 수밖에 없는 어떤 이유가 분명 있기 때문입니다. 종단 내부의 총체적이고 구조적인 승려로서 왜곡된 모습이 있다고 봅니다. 그런 면에서 지도부스님들에 대한 범계 행위 의혹과 관련하여 조사하여 징계하였다는 소식은 없는 것 같습니다.

이에 대한 해명이 있어야 합니다. 자성과 쇄신 결사추진본부는 총무원장 스님을 비롯한 종단 지도부 스님들의 범계 행위 의혹에 대해 자체적으로 진상을 파악하고 이에 대한 근본적인 대책 마련은 물론, 청정 승가와 진정한 사부대중 공동체의 실현을 위해 더욱 근본적인 쇄신책을 마련해야 하는데 지금까지 무엇을 해왔는가요? 이러한 범계 행위에 대해 문제제기를 한 적이 있나요? 그렇지 않다면 자성과 쇄신의 근거와 기반은 무엇인가요? 앞으로 무엇을 할 수 있을지 회의적입니다. 이 근본적인 문제제기에 대해 자성과 쇄신 결사추진본부를 책임진 스님의 생각을 듣고 싶습니다.

도법 스님

갑갑하다. 독신 수행을 지향하는 조계종에서 독신 수행하는 계율을 어긴 것으로 확인된 사례에 대해 종단이 엄정하게 처리하지 못했다. 당연히 문제 제기와 비판이 있어야 하는데 어름하게 지나갔다. 그러나 다시 이야기 돼서 최근 호법부에서 (조사가) 진행되고 있는 것으로 안다. 결사추진본부는 시간은 걸리고 있어도 재정·선거·승가복지 등 제도적 틀을 만드는 것에 힘쓰고 있다. 만족하지는 못하지만 80퍼센트 정도 괜찮다는 수준으로 만드는 중이다.

돈명 스님 같은 건이 엄정히 다뤄지지 않았기 때문에 다른 (쇄신) 성과들이 모두 묻히고 있다. (범계가) 확인된 것은 당연히 엄정히 정리해 가는 것이 맞고, 그렇지 않다면 엄정한 정리를 요구하는 것이 맞다. 또, 도박 동영상은 사실 확인이 필요하겠지만, 동영상 배포 이전에 이미 징계를 받은 것으로 안다.

2. 이남재(민불동지모임 사무총장)

1)'청정성 회복과 정법구현을 위한 사부대중연대회의'는 지난 4월 도박 사태 이후 성명서 발표 및 토론회, 대화마당 등을 통해 꾸준히 문제 제기와 대안을 제시해 왔으며, 8월 28일에는 언론의 보도된 내용들을 토대로 객관적인 입장에서 '승단의 범계 행위와 그 근절 방안'에 대한 공개질의서를 작성하여 조계종 총무원에 전달하면서 9월 30일까지 답변을 요구한 바 있습니다. 그러나 종단은 접수마저 거부했습니다. 이렇게 있을 수 없는 일이 벌어졌음에도 불구하고 이 상황에 대하여 자성과 쇄신본부는 아무런 의견이나 행동도 없었습니다.

종단의 청정성 회복과 정법 구현을 애타게 바라는 종도들의 진정어린 쇄신 요구와 바람에 대해 자성과 쇄신 결사추진본부는 승·재가가 힘을 같이 모으고, 실천적 행동을 같이 해야 하는데 그렇지 않았습니다.

도대체 자성과 쇄신은 누구를 위하고 무엇을 위해 누가 하는 것일까요? 저희의 지적사항이 잘못되었는지요? 아니면 외부로부터의 문제제기라고 생각해서 승속을 구분해서 외면하셨던 것입니까? 진실 규명을 외면하고 과연 무엇을 할 수 있는지요!! 자성과 쇄신의 의미가 과연 있는 것인지 참으로 안타까울 따름입니다. 이 점에 대해 자성과 쇄신 결사추진본부를 책임진 스님의 생각을 듣고 싶습니다.

2) 지난번 중앙종회에서 의결되었던 종법 개정안에는 사찰운영위원회가 심의 및 의결 기능을 갖도록 개정하고, 전문 인력을 통한 재정운영과 회계관리 시스템을 통해 운영·관리되도록 사찰운영위원회법과 사찰예산회계법을 개정한 것은 다행스러운 일이지만, 재정과 권력을 분리하고 근본적인 쇄신을 위한 진정성이 결여되어 있는 것 같습니다. 혁신적으로 내건 사찰운영위원회법과 사찰예산회계법에 관련된 안의 경우 주지를 견제하고 재정과 권력을 완전히 분리하여 재정을 투명하게 운영할 수 있는 구체적인 장치와 지침이 마련되지 않아, 사찰운영위원회가 자칫 주지의 요구사항을 추인하는 형식적 기구로 전락할 가능성이 크기 때문입니다.

주지에게 운영위원의 위촉과 해촉을 할 권한을 부여하고서 운영위원의 감시와 견제를 바라는 것은 어불성설입니다. 선거를 통하여 운영위원을 선출하되, 이 선거에는 각 사찰의 재적 신도가 모두 참여토록 해야 합니다.

해촉의 권한 또한 운영위원의 합의를 통해서 행해야 합니다. 지금의 안으로는 표충사·대흥사·법주사와 같은 비리를 막을 수 없습니다. 이에 대해 자성과 쇄신 결사추진본부는 사찰운영위가 주지 추천권을 갖는다던지, 외부감사기능 강화 등 내용을 보강하여 종회에 법 개정을 요청한다든지, 집행부에 구체적인 시행 로드맵과 지침, 관리감독의 강화 등을 요구하고 지속적으로 살펴야 한다고 봅니다.

민주성과 지속성, 감시체계의 확립이 수반되어야 사찰운영위원회는 실질적으로 제 기능을 수행할 수 있습니다. 이렇게 형식과 내용 모든 면에서 민주주의의 원칙을 준수하고 사부대중의 공의를 수렴하도록 개정 보완을 요구할 의사는 없는지 자성과 쇄신 결사추진본부를 책임진 스님의 생각을 여쭙고 싶습니다.

도법 스님

사부대중연대회의가 대화마당을 열었나? 그냥 야단법석서 하지. 사부대중연대회의가 대화마당을 여는지 잘 몰랐다. 네 차례나 대화마당을 열었던 주제를 결사추진본부에 줬으면 우리가 진지하게 검토했을 것이다. 왜 거기(사부대중연대회의) 가서 했는지 잘 모르겠다.

사찰운영위원회 관련해 답하겠다. 내 개인 소신대로 할 수 있다면 종단 정치나 행정 재정 등에서 (스님들이) 손 뗐으면 좋겠다. 좋은 안이 있다면 비록 종회에서 기본 법안이 만들어졌다 하더라도 보완할 수 있도록 언제든지 말해 달라.

다만, 이런 점은 함께 생각해야 한다. 사부대중이 참여하는 종단 운영, 투명한 재정 등 불가능하다고 생각했던 것들을 종회에서 통과시켰다. 그러나 종헌 관련된 것은 원로회의가 거부했다. 위로 올라가면 올라갈수록 사부대중이 참여하거나 투명하게 하자는 것에 대해 반대하고 있다. 결사추진본부가 하기 싫어서 하지 않는 것이 아니다. 내가 판단하건대, 현 집행부와 쇄신위원회, 결사추진본부 사이에는 별 이견이 없다. 그러나 종회, 본사주지회의로 가면 어려움이 생기기 시작한다. 현실적 한계가 있다.

3. 우희종(정의평화불교연대 공동대표)

우선 저는 저 자신이 도법 스님과 함께 하는 자성과 쇄신 결사추진본부의 결사위원으로서 질문 드리고자 합니다. 스님과의 인연은 오래되었지만 제가 도법 스님을 생각하면 가장 생생한 것이 일전에 아쇼카선언에 즈음하여 도법 스님께서 종정 스님에게 질문한 모습입니다. 그 내용을 여기서 반복하지는 않겠습니다만, 종단의 구조적 자성과 쇄신을 요구하는 시퍼렇게 날선 추상과 같은 것이었습니다.

저는 어느 종교집단에서나 있을 수 있는 은처나 재산 은닉 등의 문제는 아무리 일반화되었다 해도 개인적 문제로 볼 수 있으나, 그런 문제가 공개적으로 검토되어 바로 잡을 수 없는 종단의 구조와 문화가 있다면 이는 매우 심각한 것이라고 생각합니다. 그런데 요즘 범계와 관련되어 취해지는 결사본부의 모습은 그런 구조적 문제점을 여실히 나타내고 있는 것 같습니다.

심지어 과거 종단 멸빈자가 교구 본사의 주지 스님 취임식이라는 공식 행사에서 축사를 하는 것을 보았을 때 멸빈의 의미를 아는 저로서는 설마 일회성 해프닝이려니 했습니다. 그런데 최근 종단 최고의 정신적 지주이신 종정 스님과 종단책임자인 총무원장 스님이 멸빈자와 함께 대선 후보자와의 자리를 갖는 것을 보면서 이것은 종단 내부의 고질적인 구조적 문제임을 다시 보게 되었습니다. 청정 도량에서 재가자로서도 얼굴을 들 수 없는 낯부끄러운 일이었습니다. 저는 이 상황에 대하여 자성과 쇄신위, 아니 최소한 도법 스님께서 아쇼카선언 때 종정 스님께 드린 것과 같은 시퍼런 의견을 내실 것으로 생각했습니다.

그러나 종단이야 그렇다 치고 마치 남의 일처럼 조용한 자성과 쇄신 결사추진본부를 보면서 당혹감을 느낀 불자는 저만이 아니었을 것입니다. 말 못하는 쇄신본부라면, 아니 쇄신본부조차 그런 상황에 말을 하지 못할 정도의 조계종단이라면 얼마나 구조적으로 썩은 집단인가 하는 것입니다. 종정과 총무원장이라는 권력자들의 행태이기 때문일까요? 자성과 쇄신의 화려한 구호는 사라지고 결사본부장마저 당당히 말하지 못하는 종단 모습이었습니다.

분명한 것은 의도하든 의도하지 않던, 결과적으로 결사본부가 근본적인 종단 내부 문제에는 침묵하고, 언론에 등장하기 좋은 대외적인 허울 좋은 미봉책으로 현 종단 권력을 비호하고 구조적 부패를 유지시키는 데에 기여하는 모습입니다. 부패한 상황에서 침묵은 동참입니다. 현 집행부의 임기도 얼마 남지 않는 지금, 여전히 기다리라고 하실 것인지, 아니면 도법 스님께서 말씀하신 것처럼 내부로부터의 자성과 쇄신을 여전히 도법 스님의 현 위치에서 하실 수 있다고 말씀하실 것인지 묻고 싶습니다.

원장 스님과 함께 여전히 내가 할 수 있다고 말씀하신다면, 그것은 스스로의 생각에 갇혀 있는 오만이라고 말씀 드리고 싶습니다. 이제 종정 스님께 드렸던 질의서가 빛을 잃어 가고 있습니다. 신망 높은 도법 스님께서 다시 그 빛을 살려 낼 수 있게 되기를 기원합니다. 그 추상과 같은 도법을 찾기 위해 저는 이 자리에 왔고, 사부대중의 일원으로서 스님의 앞으로의 의지와 결단, 그리고 행동에 대하여 질문을 드립니다.

도법 스님

화쟁위원회 활동부터 종단 일을 2년 반 동안 하고 있다. 아무도 내가 일한다고 나섰을 때 동의한 사람은 없다. 심지어 노망났다고 까지 말하더라. 그렇지만 나는 일이 되고 안 되고를 떠나서 이것이 불교이고, 이게 바람직하다면 내가 할 수 있는 최선 다한다는 자세로 나섰다. 총무원장스님을 나는 잘 모른다. (화쟁위, 결사추진본부 일을 하기 전까지) 대화도, 일을 같이 해본 적도 없다. (자승 스님은) 정치적으로는 나와는 정반대이다. 내가 (화쟁위원장) 제안을 받아들인 것은 화쟁·결사라는 말 때문이었다. 나는 한국 불교의 미래에 대한 고민에 골몰했다가 25년 전 선우도량 때부터 종단 일에 관심을 가지며 천착해 왔다.

그런데 제도권 행정부 수반(총무원장)이 내가 그려오던 화쟁과 결사를 하겠다고 하니 어찌 외면할 수 있겠나. 이것이 빈말 혹은 정치적 쇼라고 해도 나는 화쟁의 씨앗을 싹 틔우겠다고 생각했기 때문에 아무 조건 없이 좋다고 했던 것이다. 내가 총무원장에게 이용당한다? 이용당할 수 있겠지. 하지만 나는 총무원장을 위해 일하지 않는다. 총무원장이 나를 이용할 필요가 있다면 나도 총무원장을 이용하고 활용해서 화쟁·결사의 싹을 틔우면 된다. 나는 이것이 한국 불교와 조계종을 위해 내가 할 수 있는 일이라 생각한다. 내가 출중하지 못하면 (총무원장에게) 이용당하고 우습게 떠날 수도 있을 것을 잘 알고 있다.

(종교평화선언 무산과 불교 지식인에 대해서) 여러분은 종교평화선언 어떻게 생각하느냐? 해야죠? 그렇죠? 한국 불교가 조계종단의 50년 역사를 놓고 봤을 때, 사회적·국민적 불교가 시대적·사회적 필요성을 의제로 삼아 사회적 공감과 지지를 받은 것이 몇 번이나 있었나? 나는 거의 없었다고 본

다. 지관 스님 때 종교편향 문제로 불교계는 수많은 행사를 했다. 이는 불교 집단의 이기적 관점에서 우리 보호하고 우리 권익을 위해서 한 것이지, 국민의 아픔·시대의 고민을 풀기 위한 것은 아니었다.

그런 점에서 종교평화선언은 한국 불교가 불교다워지는 것이고 우리 사회에서 새로운 흐름 주도해 가는 것이라고 생각한다. 제도적 틀 몇 개 만드는 것보다 종교평화선언 중요하다. 한국 불교 지성들이라면 한국 불교와 사회를 위해 반대를 뚫고 종교평화선언을 이뤄냈어야 했다.

그 때 누가 무엇을 했는가. (무기력하게 방관하던 불교계 인사들을) 보고 나는 많은 것을 접었다. 현실에서 내가 할 수 있는 것은 없겠다 싶어 많은 것을 접었다. 내가 항명, 종정 권위에 도전 등으로 내몰렸을 때 한국 불교의 양심과 지성들은 무엇했는가. 내가 묻고 싶다. 또, 동화사에서 종정 스님과 총무원장, 의현 스님이 자리한 것에 대해서는 총무원장도 대단히 당혹스러워 했다. 그러나 어른을 모시고 있어 말하지 못했던 것이다. 이런 것들은 밖에서 보는 것과 알려진 것이 많이 다르다.

4. 정윤선(참여불교재가연대 사무총장)

1) 저희가 사부대중연대회의를 구성하기 위해 첫 준비모임을 가진 다음 날, 도법 스님께서 제게 전화하셔서 저와 여러 말씀을 나눈 적이 있습니다. 제가 스님의 힘으로 조계종 종단의 진정한 쇄신을 이룰 수 없으면 어떻게 하시겠느냐고 여쭈었고, 스님께서는 그렇다면 나도 사부대중연대회의의 활동에 참여하겠다, 라는 말씀을 하신 것을 저는 기억합니다. 조계종단 내의 여러 문중, 계파 등 이해관계에 얽힌 인맥에 대해서도 제가 여쭌 바 있고, 스님께서는 결사추진본부의 역할이 그래서 중요하다는 말씀을 하신 걸로 기억합니다.

그러나 지금에 와서 스님의 소위 '조용한 쇄신'의 노력의 결실이 무엇인가 회의가 듭니다. 역사를 보면, 성찰 없는 쇄신은 늘 수사적 차원, 혹은 여론을 무마하기 위한 요식행위로 귀결되었습니다. 지금 세간에는 종단에서 소임을 맡고 있는 스님들 가운데 범계 행위를 한 분들이 많은데, 쇄신의 대상이 쇄신을 추구하는 것은 어불성설이라는 말이 돌고 있습니다. 더욱이 계파해체 등 표면적인 노력이 있었다고 하나 조계종단 내의 이해집단은 해체될 기미를 보이고 있지 않습니다.

스님의 노력이 그들의 방패막이 역할로 끝난다면 역사적으로 어떤 평가를 받게 될까 우려됩니다. 스님은 씨를 뿌리고 싹이 트기를 기다린다고 말했습니다. 추진본부 있는 것과 없는 것, 나중에 역사가 어떻게 평가할 것인가 생각해 봅니다. 스님 같은 분이 추상같은 서슬로 밖에서 일하시는 것은 어떨까 생각해 봅니다. 지금처럼 안에 계시면 권승들 비호하는데 그쳤다는 평가를 받을까 안타깝습니다.

2) 조계종이 명실 공히 한국의 불교계를 대표하는 비구·비구니 종단으로 거듭나려면, 스님들이 수행에만 집중할 수 있도록 하기 위해서 범계 행위를 엄격히 다스리는 제도가 마련되어야 한다고 봅니다.

지금 죄를 지어도 벌을 받지 않기에 범계 행위가 횡행하는 것입니다. 어떤 범계 행위를 하여도 권력을 가졌거나 호법부와 통할 수 있는 인맥이 있어서 벌을 받지 않는다면, 법은 없는 것이나 마찬가지입니다. 그러나 손으로 하늘을 가릴 수는 없습니다.

교단자정센터에 여러 제보 들어온다. 작은 말사부터 교구본사까지. 제보자들은 이구동성으로 호법부에 서류를 내도 아무 소용이 없었다고들 합니다. 제도가 없을 수도 잘못됐을 수도 있습니다. 청정승가를 이루려면 범계부터 엄격히 다뤄져야 하므로 범 종단적 차원에서 범계진상조사위원회구성을 제안 드립니다.

이를 개선하려면, 상설 감시체계를 작동시키고 호법부를 독립기관으로 제도화하고 각 범계 행위에 대한 양형제를 실시해야 합니다. 그리고 범계 행위 조사의 구조적 한계를 극복하려면 범 종단 차원의 '범계진상조사위원회' 가 항시적 특별기구로서 마련되어야 한다고 봅니다.

사부대중 앞에 정당한 심판을 받는 것을 두려워하지 않는 지도부의 구성만이 한국 불교의 미래를 책임질 수 있습니다. 이에 대해 자성과 쇄신 결사추진본부를 책임진 스님의 생각은 어떠한지요?

도법 스님

역사가 나를 어떻게 평가하든지 난 관심 없다. 역사가 나를 어떻게, 사람들이 나를 어떻게 평가할까. 내가 하는 일들이 정말 잘 될까 생각했다면 여기 못 와있을 것이다. 나는 나를 어떻게 평가하는지 그런 것에는 관심 없다. 자승 총무원장 앞잡이 노릇하다 끝났다고 할지라도 내 양심에 비춰 봤을 때 종단과 한국 불교 위해 필요하고 좋은 부분이면 최선을 다하겠다는 입장이다.

청정승가를위한대중결사 스님들은 나에게 (집행부를) 나와서 총무원장을 밀어내고 진짜 새롭게 해보자고 말했다. 내가 나와서 종단 미래가 만들어질 수 있다면 못나올 것 없다. 그러나 무슨 대책이 있는가? 내가 나오면 된다는 것을 보여 달라. 총무원장 밀어내던지 끌어내던지 그렇게 해서 될 것 있다면 나를 설득시켜라. 그런데 아무도 못 내냈다. 지금도 마찬가지이다. 수경 스님을 비롯해 수좌회도 똑같다. 그때도 말했다. 정말로 길이 있다면 (집행부를) 나가겠다고 했으나 아무도 그런 제시를 하지 못한다.

봉암사 결사자문회의에서 결정했다. 많은 것들이 미흡하지만 현재는 참회하고, 종헌기구를 안정적으로 유지하면서 현재 상황을 잘 활용해 쇄신하자는 것으로 정리했다. 그것을 쇄신위원회에서 실현하고 있는 중이다. 내가 (집행부를) 나가서 해결된다면 1초도 망설임 없이 나갈 수 있다. 그런 것 없이 원론과 명분만 갖고 말해서는 안 된다. 현실적으로 냉철하게 보고 짚고 넘어가야 한다.

범계진상조사위원회, 범계 처리문제에 대해서는 나도 고민하고 있다. 총무원장 선거 때만 되면, 무슨 일만 있으면 괴문서 돌아다닌다. 이 부분 어떻게 정리해야 할지 길이 보이지 않는다. 하나하나 밝혀서 징계를 할 수 있는 것도 아니고, 묘수가 안 보인다. 물증이 잡힌 것이라면 간단하게 하겠지만 무수한 설들을 어찌하겠는가. 이 부분이야 말로 지혜가 필요하다. 이름이 무엇이 됐든 우리가 무슨 능력으로 그것을 조사하고 밝히겠는가. 그렇게 해서는 해결할 수 없다. 그렇지만 방법이 없다. 장치가 필요하다. 그러나 단순한 장치가 있다고 해서 될까? 그렇지 않다. 아무리 생각해도 교과서적 방식으로 이야기는 될 수 있지만 현실적으로는 해결할 수 없다.

5. 이도흠(정의평화불교연대 사무총장)

1) 감시체제 없이 재정의 투명성을 확보할 수 없습니다. 일정 금액 이상의 예산을 집행하는 사찰의 경우 감시 및 감찰기구를 종단에서 사찰에 이르기까지 독립적으로 운영하고, 절에 소속된 신도는 소속 사찰에 대해, 재정사고 및 관련 소송 당사자는 관련 사찰에 대해 재정 관련 자료를 요구하고 회람할 수 있도록 종법을 개정해야 합니다.

종회에 회계를 공개하는 것을 거부하거나 재정에 관련된 문제가 발생하였을 경우 자동적으로 전문회계사를 통한 감사를 실시하는 것을 종법으로 규정해야 합니다.

이미 2007년 9월에 중앙종회에서 승려법 제30조 2항으로 '사유재산의 종단귀속'을 성문화하여 귀속된 사유재산을 스님들의 노후복지와 교육기금으로 사용하자는 합의를 하였는데, '큰스님'들이 실행에 옮기지 않는 바람에 유명무실한 종법이 되었습니다. 총무원장 스님께서도 연주암을 내놓겠다고 약속하였습니다. 자성과 쇄신 결사추진본부는 재정 감시 체제를 확립함은 물론, 총무원장과 큰스님들의 모든 사유재산을 공개하고 종단에 귀속시킬 의사나 계획이 있는가요?

2) 한마디로 말하여 권승들의 종정 유착으로 인하여 한국 불교는 정권의 시녀를 자처하면서도 정권으로부터 온갖 능멸을 당하였습니다. 이제 호국불교를 공식적으로 파기하고, 권승들을 물러나게 하며, 이번 18대 대선에서 부처님의 가르침에 부합하는 정책을 만들어 각 후보가 이를 수용하도록 압박하고, 큰스님이나 주지, 소임자가 정치적 중립을 지키도록 총무원장 명의의 령을 내리는 등 종단 차원의 대책을 마련할 의사와 계획은 있는가요?

도법 스님

연주암 언제 내놓는다고 명확히 못 박은 적은 없다. 총무원장은 지난 일 겪으며 참회, 안정, 쇄신을 수습 조건으로 삼았다. 기득권 내려놓겠다는 것이 "연임 않겠다", "계파 해체 하겠다", "연주암 내놓겠다" 였다. 연임 않는다 했고, 계파도 해체됐다. 그러나 연주암은 어느 때라고 명확히 못 박지 않았다.

우희종

스님을 원하는 사람들에게 "답을 내놔 봐라"는 스님 말씀, 일견 "나는 이 자리 나가고 싶지 않다"는 말로도 들을 수 있다. 스님도 많은 것을 접은 종단 현황 등에 대해서 스님조차도 정답을 갖고 있지 못하다. 스님은 정답이 없어 나가지 못하고 정답이 없어 안에 계시다는 것이다. 문제의 정답이라는 것은 지금 거론되고 있는 그것을 명확히 드러내야 이제 시작이라 생각한다. 대안도 없이 이 자리에 스님이 계심으로써 명확히 드러내야 할 것이 시작되지 못하는 것에 대해 "정답을 가져와라"하는 것은 아닌 것 같다. 납득하기 어렵다.

도법 스님

이제 대답하는 것 말고 내 이야기를 좀 합시다. 오늘 이 자리가 어떤가? 나는 이 자리를 중요하다 생각한다. 그러나 아무도 이 자리에 주목하지 않는다. 범계? 이런 것들 중요하다. 그러나 이런 문제를 제대로 풀어가려면 대중이 주체가 되어 모든 것이 투명하게 다뤄지는 이런 장들이 중요하다. 곰팡이는 드러내서 햇볕 쬐면 사라진다. 덮어놓으면 절대 사라지지 않는다. 이 자리는 우리 문제, 불교 현실을 드러내 햇볕 쬐고 바람 쐬는 자리이다. (야단법석을 열고, 종단을 쇄신하는데) 원로·중앙종회 등 엄청난 압력 있다.

난 이 자리를 작은 마당이라 생각하지 않는다. 이런 자리를 최대한 활성화시켜서 활발하게 탐구하고 공론화 해야 할 것이다. 사안에 따라서는 원로, 중앙종회 등에 제출할 수 있어야 할 것이다. 불교를 진지하게 고민하는 이들이 매일 같이 100명만 고민하고 문제를 다룬다면 한국 불교를 새롭게 태어나게 할 수 있을 것이다. 엄청난 압력이 있지만 나는 이런 대화마당을 어렵게 유지하고 있다. 쇄신이라는 것은 범계자를 잡아서 하는 것만이 아니다.

그것은 쇄신 가운데 한 가지이다. 이런 건강한 문화를 만드는 것에 대해 왜 중요하게 생각하지 않는가. 난 한국 불교의 빈곤한 안목이 안타깝다.

1988년부터 선우도량, 사부대중공동체 별 짓을 다 해 왔다. 그러나 지금은 허허벌판에 나 혼자 서 있다. 내가 대단히 서글픈 느낌을 갖는 것은 재가자들이 내 행보를 정치적으로 해석하는 것이다. 최근 사부대중연대회의에 불시넷이 참여했으나 도법 스님이 장난쳐서 빼돌렸다는 말을 들었다. 아주 서글펐다. 종단 정치권에 직접 연결되지 않았다고 생각했던 재가자, 불교시민사회 영역에서 이런 일 일어나는 것에 대해 서글펐다. 문화·풍토를 바꿔 내지 않고서는 제도 몇 개 만들어 내봐야 소용없다.

해인사 주지를 살았던 현응 스님이 많은 개혁을 추진했으나 주지 바뀌고 3개월 채 되지 않아 무용지물이 된 것이 그 예이다. 100일 무차대회도 기대가 컸다. 조계사 절 마당이 우리 사회, 민족과 아픔 함께 하고 대안 찾는 조계사가 돼 보자고 해서 시작했다. 그런 모델 됐을 때 전국 도량으로 확대할 수 있을 것이라 생각했다. 그러나 아무도 쳐다보지 않는다. 천일정진 마당 발원문을 봐라. 대승불교 사상 입각해 만들었다. 이 발원문대로 유지·실천하는 사찰·불자가 되자고 했다. 그러나 아무도 쳐다보지 않았다. 진정 변화된 불교 상에 대한 몇 가지, 이것이야말로 진정 쇄신이 해야 할 일이라고 생각한다. 그러나 이런 것들 바라보지 않고, 버려진 쓰레기 추스르는 데만 관심 갖고 있다.

정윤선

도법 스님께 이쪽으로 오시라, 저쪽으로 가시라는 것 아니다. 이 자리가 중요하다며 곰팡이 이야기하셨는데, 도법 스님과 우리 사이에 곰팡이 핀 것 아니다. 우리가 제기한 문제는 조계종단이라는 거대한 곰팡이를 스님께서 덮고 계신 것 아닌지를 물으며, 그것을 열어 제치게 해 달라는 것이다.

그리고 사부대중연대회의는 불시넷을 비판한 적은 있으나, 도법 스님이 불시넷을 조종했다는 말은 한 적이 없다.

백승권

도법 스님에 의해 불시넷이 사부대중연대회에서 탈퇴했다는 것은 사부 대중연대회의에서 분명히 나온 말이다.

정윤선

그런 말은 누가 했는지, 우리는 안 했다. 불시넷은 사부대중연대회의에 참여한 적도 없기 때문에 탈퇴했다는 것도 어불성설이다.

백승권

이 자리는 주관자가 있다. 주관자가 사부대중연대회의를 초청한 것이다. 이런 형식에 대해 주관자와 상의 없이 사부대중연대회의가 서재영 박사에게 통보한 것으로 안다. 이 문제는 내가 이도흠 교수에게 공식적으로 문제제기 했다. 우리가 사부대중연대회의와 공동주관이라고 해도 당연히 물었어야 할 문제이다. 도법 스님에게 양해 구하고 사부대중연대회의가 원하는 형식대로 진행되고 있는 것이다.

정웅기

범계 행위 바로 잡는 것이 불교 바로 세우는 기저가 된다는 데는 이의 가 없다. 종단이 바뀌는데 범계가 시급하다고 볼 수 있는 반면에 그렇게 생 각하지 않는 사람들도 있다. 범계 행위에 대해서 주장으로 될 수 있는 문제 가 있고 종합적 실천이 따라야할 일이 있다. 내가 참여불교재가연대에서 일 할 때 높은 스님의 음주·성희롱 범계 행위가 있었다. 그때 그 스님을 공직 에서 물러나게 했다. 2년이 지나서 그 스님은 복귀를 했다. 그때 피해자였던 종무원들은 그 구조에서 버티지 못하고 사직했다.

범계를 벌해도 피해자들이 입은 후속피해 어떻게 해야 할 문제인가. 구 조와 문화, 풍토의 문제 등에 대한 미비로 그 피해자들이 나갔다고 생각했 다. 교단 쇄신은 잘못된 것 지적했다고만 해서 되는 것이 아니라, 그런 힘 키우고 연대하는 것이 더 필요하다고 생각한다.

원명 스님

예전에는 계단이 없어 스님들이 오늘 수계 받고 속퇴 했다가 다시 들어오기도 했다. 그러나 계단이 세워져 이제야 서서히 (엄하게 수계가) 되고 있다. 그것이 20년 밖에 되지 않는다. 그런 스님들에게 범계를 들이대는 것은 옳지 않다. 다양한 요소들이 불교를 만들어 간다. 나무라기보다는 힘 북돋아 줘야 할 때이다.

서동석

쇄신은 서서히 될 수 있으나 자정은 다르다. 자정은 당장 필요하다. 어떻게 할 수 없다는 것은 무책임하다는 말이다.

어떤 거사

불자들이 스님들에게 너무 많은 보시했기 때문에 스님들이 범계하는 것이다. 제도만 정비하면 되는데 불교 환경이 열악하다는 원명 스님 의견은 동의할 수 없다.

이남재

스님이 자꾸 대안 없다고 하시니 말해 보겠다. 여실지견하라 했다. 있는 그대로 숲과 나무를 같이 보자. 문제에는 원인이 있고, 원인에는 답이 있다. 그 원인을 뚫어서 찾으려 하지 않고 방편만을 쫓는다. 그러면서 소통이 되지 않고 투명하지 못하다고 한다. 한국 불교는 수직적 사고에 갇혀 있다. 부처님 사상은 평등성에 바탕하지만 한국 불교에서 출·재가자는 양반, 상놈의 관계이다.

사람이 아니라 진실(법)에 토대해야 할 것이다. 해인사도 현응 스님이라는 한 사람에 의지했기 때문이다. 원장이 범계 행위 했으면 종법대로 처리해야 하는 것이다. 사람이 잘못됐으면 사람을 바꾸고, 제도가 잘못됐으면 제도를 바꿔야 하는 것이다.

이도흠

이 자리에 모인 대중 모두 쇄신에는 이견이 없다. 쇄신을 하려면, 몇몇 이벤트성 행사나 실천으로는 안 된다. 개인의 깨달음, 시스템 개혁, 문화개혁이 같이 가야한다. 해인사 현응 스님 사례로 개혁 미루는 것이 전도망상이다.

성찰 없는 쇄신은 없다. 지금도 저는 도법 스님이 나오시면 쇄신이 가능할 것이라 생각한다. 다만 지금처럼 도법 스님이 (집행부) 안에 계신다면 범계진상위를 꾸려서 개인이 문제면 참회 하고 소임에서 물러나게 하고, 제도의 문제면 이를 개혁하는 것으로 쇄신을 이룰 수 있을 것이다. 그렇지 않는 쇄신은 미봉책에 그칠 것이다. 또, 화쟁 연구자로서 말씀드리자면 원효의 화쟁은 쟁을 통한 화인데, 도법 스님은 화에만 방점 찍고 있는 것 같다.

도법 스님

어쨌든 오늘 잘 만났고, 잘 이야기했다. 기왕이면 매주하자. 앞으로도 자주 함께 하자.

조계종에 보내는 공개질의서 (2012.8.29.) 관련
종단 지도부 스님 범계 행위 의혹 관련 기사 보도 내용

해외도박 공금 탕진… 美에 처자식까지?
조계종 고위간부 충격적 이중생활 의혹
"수천만 원 판돈 다 아는 비밀 초호화 저택 차명으로 소유"
"현 정부서 진보 성향 견제 정치적 표적 아니냐"

국내 최대 불교종단인 대한불교조계종 승려들의 도박 파문이 확산되고 있는 가운데 불교계 고위 인사와 관련된 의혹들이 잇따라 제기되고 있다. 도박사건을 검찰에 고발한 성호 스님은 검찰 수사에 앞서 기자들에게 조계종 관련 추문 여러 건을 자세히 폭로했다. 사실 여부는 차치하고서라도 출가한 불제자의 입에서 그

지난 15일 서울 종로구 조계사에서 승려들이 도박 사건과 관련해 국민과 불자들에게 참회하는 108배 참회정진을 시작하고 있다. 연합뉴스

런 추문 폭로가 나왔다는 사실만으로도 충격적이다.

<주간한국>도 최근 믿을 만한 소식통을 통해 불교계 고위인사의 충격적인 이중생활에 대한 첩보를 입수했다. 이 인사는 고위급 A스님으로 알려졌다. 이 스님은 해외 도박으로 공금 수천만 원을 탕진하는가 하면, 여자문제로 여러 번 구설수에 오른 것으로 파악되고 있다.

부처님을 외면한 승려들

조계종 고위 인사들의 도박 파문이 불거지자, 불교계 일부에서는 이번 기회에 A스님의 '부적절한 행적'도 규명해야 한다는 목소리가 커지고 있다. 일각에서는 "A스님이 불교계 대표적 타락상"이라는 말까지 나오고 있다.

익명을 요구한 한 소식통은 A스님의 은밀한 이중생활에 대해 자세히 전했다. 불교계에 깊이 몸담고 있는 이 소식통에 따르면 사정기관에서도 이 스

님의 이중생활에 대해 어느 정도 파악하고 있으며 2010년 말쯤에는 청와대에도 A스님의 이중생활에 대한 첩보 보고가 올라갔다고 한다.

이 소식통은 "A스님은 불제자로서 해서는 안 될 일을 많이 저지르고 있다"며 "불교계에선 A스님에 대한 문제가 불거질 경우 불교계가 심각한 타격을 입게 될 것이라는 우려가 적지 않았다"고 말했다. 또한 "이명박 정부가 노골적으로 기독교로 치우쳐 있는 상황이어서 불교계는 A스님의 여러 비리를 감추기 위해 많은 노력을 한 것으로 알고 있다"고 말했다.

이 소식통은 이어 "A스님의 비리를 감추는 데 앞장선 스님들 대부분은 술과 여자를 탐하고 재산을 축적하는 등 타락의 길을 걷고 있다"며 "이들과 A스님은, 말하자면 공생 관계"라고 규정했다.

이 소식통이 전하는 내용은 적나라하다. "A스님은 도박을 즐긴다. 그래서 수시로 도박장을 드나든 것으로 파악되고 있다. 한 번에 수천만 원의 판돈을 걸기도 하는데 이 돈의 출처가 어디인지는 뻔하다"는 것이다.

<주간한국>이 여러 통로를 통해 파악한 바에 따르면 A스님은 필리핀 마카오 등에 수 차례 원정 도박을 한 것으로 알려졌다. 해외 원정 도박에 최측근으로 알려진 D스님, B스님 등도 A스님과 동반했다고 한다. 이 같은 내용은 함께 원정도박을 했던 스님들의 주변인들을 통해 흘러나온 것이다. 믿을 만한 불교계 소식통에 따르면 A스님은 원정도박에서 한 번에 9,000만원을 잃은 적도 있다는 것이다.

A스님이 속한 이 종단의 한 인사도 비슷한 증언을 했다. 이 인사는 "A스님은 여건상 도박을 수시로 할 수는 없다. 하지만 도박을 즐긴다는 것은 종단에서 아는 사람은 다 아는 사실"이라며 "도박 판돈은 상황에 따라 수백만 원에서 수천만 원이다. A스님이 수억 원대의 돈을 도박으로 탕진했다고 말하는 사람도 있지만 그렇게 많은 돈을 탕진할 경우 꼬리가 잡힐 수 있기 때문에 (판돈이) 그 정도는 아닌 것으로 안다"고 말했다.

진보적 성향 불교, 정치적 표적

A스님의 문제는 이뿐 아니다. 종단 일부에서는 "A스님이 미국에 거액을 빼돌려 부정축재를 하고 있다"는 주장도 제기되고 있다. A스님은 종단의 핵

심 직책을 도맡으면서 막대한 부를 축적한 것으로 알려졌다. 이렇게 모은 재산만 수천억 원에 달할 것이라는 게 불교계 관계자들의 주장이다.

불교계의 한 관계자는 "A스님이 미국에 처자식을 두고 있는 것은 현재 종단 내부에서 공공연한 비밀"이라며 "별도로 조사한 바에 따르면 A스님은 미국 모처에 초호화 저택을 차명으로 소유하고 있으며, 현재 이 저택에는 그의 아내와 자녀들이 살고 있는 것으로 파악되고 있다"고 주장했다.

이 관계자는 또 "A스님의 부인은 S씨인 것으로 파악되고 있는데 상당한 미모를 갖췄다. 자녀들은 학비가 상당히 비싼 고급 학교에서 교육받고 있다"며 "여러 가지 사항을 종합해 봤을 때 정기적으로 적지 않은 돈이 미국으로 건너가고 있는 것 같다"고 전했다. 이어 "S씨는 과거 유치원 선생이라고 알고 있다. A스님에게는 다른 여자도 있다. 그 여자는 예전에 불교 관련 기관에서 일했던 박모 씨"라며 "이런 것들은 상당부분 사실이고 조금만 조사해 보면 알 수 있는 일이다. 하지만 종단 내에서는 누구도 이를 본격적으로 조사하는 사람이 없다"고 주장했다.

A스님의 이 같은 행적에 대한 소문이 조금씩 확산되자, 불교계와 정치권 일부에서는 음모론도 제기되고 있다. 현 정권이 불교계 견제 차원에서 꼼수를 부리고 있는 것 아니냐는 것이다.

A스님의 정치적 성향과 그와 관련된 행적을 분석해 보면 보수보다는 진보에 가깝다. 이 때문에 대선을 앞두고 A스님의 조기낙마를 위해 정치권이나 불교계 내부의 보수파가 움직이고 있을 수도 있다는 추측이 나오고 있다. 실제로 A스님의 행보를 살펴보면 진보진영 측과 꾸준히 접촉해 왔으며 진보 성향 활동에 적극적으로 동참한 정황이 보인다.

불교계의 한 유력인사는 전화통화에서 "A스님의 행적에 대해 내부적으로 수군거리는 이들이 많았던 것이 사실"이라며 "그러나 우리가 별도로 파악한 바에 따르면 정보기관과 사정기관에서 수년 전부터 A스님의 행적에 대해 여러 소문을 채집하고 조사를 했다"고 말했다.

A스님이 속한 종단의 한 관계자는 "누가 어디서 이상한 소문들을 흘리고 다니는지 모를 일이지만 종단 내부에 그런 문제를 처리하는 기관이 있고 관련법이 다 마련돼 있다"며 "그런 문제 제기를 안에서는 못하고 밖에서만 하는 이들의 의도가 궁금하다"고 말했다. 이어 "A스님과 관련해 횡령을 했다거

나 여자가 있다거나 하는 소문들이 적지 않은데 이런 부분이 사실이라면 누군가 이를 대해 해당 기관에 고발하면 된다. 그러면 모든 조사과정을 투명하게 볼 수 있다"며 "그런데도 음해 목적으로 바깥에서 이런저런 소문만 퍼뜨리고 있다. 이는 종단이나 개인이나 창피한 일이 아닐 수 없다"고 말했다.

<주간한국>은 문제의 A스님과 여러 차례에 걸쳐 직접 접촉을 시도했으나 계속 부재중이라는 답변만 받았다.

성호 스님 폭로 왜? 조계종과 정치적 갈등… 몰래카메라 의혹도

불교계 일각에서는 성호 스님의 도박사건 폭로 배경을 놓고 여러 뒷말이 나오고 있다. 이번 사건의 본질이 백양사의 주도권을 놓고 갈등을 벌이던 이 사찰 승려들간의 알력 때문이라는 말도 들린다. "누군가 의도적으로 함정을 판 것 아니냐"는 의혹도 제기된다. 동영상을 찍기 위한 사전 준비가 있었다는 이야기다. 불교계 일부에서는 누군가 불순한 목적으로 도박판을 몰래카메라로 촬영하고 이를 의도적으로 외부에 흘린 것으로 보고 있다.

성호 스님의 의도에 대해서도 추측이 분분하다. 조계종 총무원 호법부에 잠시 적을 뒀던 성호 스님은 지난 9일 서울 종로구 조계사 주지 토진 스님과 부주지 의연 스님을 도박 혐의로 서울중앙지검에 고발했다.

성호 스님은 고발장에서 "백양사의 고불총림 방장 49재(4월 24일)를 위해 모인 스님 8명이 4월 23일 밤 백양사 인근 호텔 스위트룸에서 술과 담배를 하며 수억원에 이르는 판돈을 걸고 포커 도박판을 벌였다"고 주장했다. 성호 스님이 검찰에 제출한 USB 안에는 당사자들의 도박 현장 동영상이 담겨 있었다.

문제의 동영상을 보면 반팔 차림의 스님이 호텔방에 둘러앉아 카드 패를 읽으며 술과 담배를 하는 모습이 적나라하게 드러난다.

조계종에 따르면 성호 스님은 2009년 총무원장 선거 때 괴문서를 주도한 혐의로 조사를 받았으며, "내부의 일을 외부에까지 퍼뜨렸다"는 이유로 승적을 박탈당했다. 그러나 그는 선거에 당선됐던 지승 스님의 총무원장 당선 무효 소송을 내는 등 반 총무원장 노선을 견지해왔다.

윤지환 기자 jjh@hk.co.kr

"해외 원정도박 스님들 있었다 … 수억원 탕진"

[앵커] 승려들의 도박 동영상 폭로를 시작으로 비리 의혹이 잇따르면서 불교계가 발칵 뒤집혔죠. 이번엔 승려들이 거액의 해외 원정도박을 했다는 전직 마카오 카지노 관계자의 증언이 나왔습니다. 스님들이 여러 차례 카지노에 드나들면서 수천만 원에서 수억 원을 탕진했다는 겁니다.

봉지욱 기자의 단독 보도입니다.

[기자] 카지노의 천국으로 불리는 마카오. 이곳에서 게임칩을 빌려주는 사채업자, 이른바 '롤링업자'로 오랫동안 일했던 유 모씨. 3년 전 승려들의 원정도박을 여러 차례 알선했다고 말합니다.

[유 모씨/전직 마카오 카지노 관계자 : 3년 전 정도 스님들 오셔서 도박하고, 그 이후로도 몇 차례 오신 스님이 계세요. (한 번 오시면 얼마나 쓰고 가시나요?) 자주 오시는 분은 한 5천만 원 정도 쓰시죠] 하룻밤에 수천만 원을 날린 경우도 목격했습니다.

돈이 많은 이른바 VIP 스님을 따로 관리하며 숙박과 항공권까지 제공했다고 주장했습니다. 도박 빚을 지면 돈을 받으려고 직접 절을 찾아간 적도 있었습니다.

승려들의 룸살롱 출입 의혹을 뒷받침하는 주장도 나왔습니다. 15년 넘게 강남에서 룸살롱을 운영한 김 모씨는 승려들을 큰 손님으로 대접했다고 말합니다.

[김 모씨/강남 룸살롱 업주 : 승려들 술 많이 먹으러 다니는 거 이제 알았어요? 승려가 가장 큰 손님인데. 승려를 많이 아는 웨이터가 가게 옮기면 (승려들이) 거기로 따라가는 거예요.]

비리 의혹과 주장이 잇따르면서 불교계에 자성을 촉구하는 목소리가 더욱 커지고 있습니다.

"부처님 오신 날 지나 핵폭탄 터지나, 승단 비행 폭로 어디까지?"

중앙종회의원을 포함한 조계종 승려 8인의 '백양사 도박사건'의 파장이 잦아들 기미를 보이지 않고 있다. 곳곳에서 '부처님오신날 이후 추가 폭로'를 예고하고 있고 일부 스님들의 과거 행적이 끊임없이 회자되고 있기 때문이다.

가장 주목되는 것은 '강남의 한 호텔에서 고위급 스님들이 도박판을 벌였다'는 주장. '강남구 삼성동 소재의 O호텔'이라는 구체적인 장소가 언급되고 있을 뿐만 아니라 당시 도박판에 있었던 스님들의 이름도 거명되고 있다. 또 "모 스님이 해외로 원정도박을 떠나 카지노에서 거액을 날렸다"는 보도도 이어지고 있다.

일부에서는 '확인되지 않은 추측성 보도가 난무하고 있다'며 언론의 보도 행태를 문제삼고 있지만 날이 갈수록 보도는 구체적이고도 세밀하게 변화하고 있다. 특히 총무원장 특보를 지낸 김영국 씨는 "부처님오신날 이후 일부 고위직 스님들의 상습적인 도박과 잦은 유흥업소 출입을 비롯해 부정하고 잘못된 부분에 대해 밝힐 것"이라고 추가폭로를 예고하고 있다.

이번 사태는 일부 스님들의 도박판이 발단이 됐지만 진폭은 도박판을 넘어 과도한 음주와 오락장, 유흥업소 출입 등으로 확대되고 있다. 주장이 오락가락하는 성호스님의 입을 빌리지 않더라도 교계 안팎에서는 스님들이 출입했다는 유흥업소의 위치와 상호가 공공연하게 거론되고 있다.

특히 전 봉은사 주지 명진 스님과 총무원장 자승스님 등 스님들이 룸싸롱에 간 것은 12년이 지난 지금 다시 거론되고 있다. 이른바 '신밧드 룸싸롱' 사건은 2001년 <불교포커스>의 전신인 <불교정보센터>가 단독 보도한 사건으로 이 광경을 목격한 한 불자의 제보로 세상에 알려진 일이다. 성호스님은 1년 가까이 총무원 앞에서 이 문제를 피켓에 적어 1인 시위를 벌여왔으나 총무원은 적극적으로 대응하지 않았다.

"명진 스님과 자승 스님이 성매수를 했다"는 성호 스님의 주장에 대해 호법부장 서리 정념 스님은 한 라디오 프로그램에 출연해 "명진 스님한테 전화해 사실 확인을 해보니 명진 스님 말씀이 '자승 스님은 당시 다른 곳에 있다가 중요한 얘기를 하자고 그래서 왔다. 올 때 운전했던 스님이 있고 또 장소가 적절치 않아서 오랜 시간 머물지 않고 장소를 나가셨다. 자승 스님은 죄송한 표현이지만 곡차, 술은 입에 대지 못하는 체질이다. 그래서 술은 안 드셨다'고 말했다"성호 스님의 주장이 허위임을 강조했다.

그러나 역으로는 '그날 그 자리'에 명진 스님은 물론 자승 스님도 있었음을 방송을 통해 세간에 확인시켜준 꼴이 됐다. 술을 마셨는지의 여부가 중요한 게 아니라 부적절한 장소에 스님들이 모여 있었다는 것만으로도 불자들은 물론 국민들에게 큰 충격을 준 것이다.

이번 백양사 도박사건이 과거 폭로와 다른 것은 '동영상'이라는 새로운 방식을 취했다는 점이다.

조계종은 종단의 각종 선거를 전후에 이른바 '괴문서'가 끊이지 않았다. 재산 비위, 은처, 막행막식 등 비위를 고발한다며 탄원서 형식의 문서가 지속적으로 생산되어왔다. 이번에 폭로의 전면에 나선 성호스님 역시 33대 총무원장 선거 당시 괴문서를 유포한 혐의로 호법부의 조사를 받는 과정에서 고소고발 등 총무원과의 갈등이 시작됐다. 최근에는 원로의원과 관련된 괴문서 또는 발신인 확인이 불가능한 탄원서도 나돌았다.

교계의 한 인사는 "정치적인 목적으로 또는 금전적 이득을 목적으로 만들어진 괴문서와 동영상은 종교집단에서 반드시 도려내야할 환부"라면서도 "계행만 청정했다면 상처를 입을 일도 없었을 것이며 두려울 것도 없을 것"이라고 말했다.

조계종이 승가공동체쇄신위원회를 구성하고 사태 수습에 나서고 있지만 종적을 감췄던 수경스님을 비롯해 선방 수좌스님들은 총무원장의 퇴진을 촉구 하고 나섰다. 1차 대형 폭발에 이어 연이은 폭탄의 도화선에 불이 붙여진 셈이다. 신혁진 기자 webmaster@budgate.net

"총무원장 쪽 도박·성매수 증거도 나올 것"

보수 언론이 도박 폭로의 배후로 지목한 김영국 거사는 "동영상은 자승 총무원장 세력 내부의 이권 다툼 과정에서 나온 것"이라며 "총무원장은 문제들을 은폐하지 말고 용퇴해야 한다"라고 말했다.

김영국 거사(전 총무원장 종책특보·사진)
ⓒ 시사IN 윤무영

성호 스님의 승려 도박 동영상 폭로로 파문이 인 이후 조계종 총무원 측과 <조선일보> <동아일보> 등 일부 보수 언론은 명진 스님의 측근인 김영국 거사(전 총무원장 종책특보·사진)를 이 사건 배후 기획자로 지목했다. 종권 다툼을 위해 명진 스님 측이 전 과정을 기획한 것 아니냐는 주장이다. 김영국 씨를 만나 이번 사태의 숨은 진상을 들었다.

_본인이 동영상을 성호 스님에게 건넸는가.

전혀 아니다. 몰래 찍은 동영상은 현 총무원장 지지 세력 내부의 권력과 이권 다툼 과정에서 나온 것으로 몰카를 찍은 쪽에서 작심하고 여러 군데 뿌린 것 같다. 나와 불교닷컴, 성호 스님이 처음 동영상을 받은 것으로 확인되는데, 나는 동영상을 입수한 뒤 그냥 넘길 내용이 아니라고 판단해 불교 시민단체와 교계 언론사에 전달했을 뿐이다. 성호 스님은 독자적으로 제보받아 폭로한 것이다.

_총무원과 보수 언론은 명진 스님이 이 사건 배후 기획자라고 의혹의 눈길을 보내고 있다.

도박 사건이 터지자 총무원이 가장 걱정한 것은 자승 총무원장의 과거 도박과 룸살롱 출입 문제로 파문이 확산되는 것이었다. 그래서 처음부터 종권 다툼 세력의 '기획된 몰카'라고 몰아간 것이다. 하지만 명진 스님이나 성호 스님은 무슨 세력이 아니다. 자승 총무원장은 과거 본인의 잘못을 은폐하려는데, 일부 극우 언론은 통합진보당 사태처럼 도박 사건을 좌파 스님의 타락 현상으로 몰아가려는 데서 이해관계가 일치한 것이다.

_승려 도박 문제를 언론에 공개할 때 명진 스님과 상의했나.

총무원 스님들의 도박과 성 매수 문제를 제보 받고 명진 스님께 "스님도 곤란할 수 있는 문제를 제보 받았는데 전부 공개해야겠습니다"라고 말씀드렸다. 명진 스님은 "내가 거론되면 일체의 사회 활동을 접고 수행자로서 참선에 들어가면 된다. 옳은 일이라 생각되면 나를 의식하지 말라"고 하시더라.

_동영상 외에도 새로운 증거가 있는가.

자승 원장과 측근 지도부 스님들이 연루된 강남 오크우드호텔 도박, 필리핀·마카오 원정 도박, 상습 성 매수 문제 등에 관한 구체적인 증인과 증거가 있다. 그 내용을 아는 일부 스님들이 이번 기회에 조계종이 환골탈태해야 한다고 보고 양심선언을 시도했다. 그러자 총무원장 측에서 전 방위로 회유와 협박을 벌였다. 한 스님은 회유를 받아들였고, 한 스님은 거부한 채 양심선언을 하겠다고 한다.

_구체적인 내용이 뭔가.

필리핀과 마카오 원정 도박에 따라갔던 ㅎ스님이 최근 불교 언론에 이 사실을 공개하려 하자 총무원 한 간부 스님이 자승 총무원장 대리인으로 나서 양심선언을 하지 않는 조건으로 오는 10월로 예정된 은해사 주지 교체 시 신임 주지 자리에 ㅎ스님이 추천하는 스님을 밀어주겠다고 제의했다.

_회유를 뿌리친 스님도 있는가.

자승 스님이 총무원장이 되기 직전 봉은사 앞 오크우드호텔에서 중진 스님 6명과 함께 도박을 했다. 현장에 있었던 ㅇ스님이 양심선언하려고 하자 5월14일 총무원의 또 다른 간부 스님이 KTX를 타고 ㅇ스님 계신 곳으로 찾아

갔다고 한다. 만나서는 종회의원 직을 제의하고 후배 스님을 간부로 발탁하겠다는 얘기도 했다고 한다. 그 자리에 다른 스님 세 분도 동석했다. ㅇ스님은 도박승 문제는 자승 원장의 원죄라고 보고 이번 기회에 용퇴하라고 요구하는 편지를 전달한 뒤 회유를 거절했다. 초파일이 지나면 이 문제를 공론화 하겠다고 한다.

_자승 원장이 성매수나 도박에 연루됐다는 증인과 증거가 있는가.

함께한 스님들이 증인이다. 또 자승 스님이 과거 도박장과 룸살롱을 출입할 때 장소 알선과 심부름을 한 '해결사'의 양심선언 녹취 기록이 있다. 자승 스님이 주로 출입한 룸살롱 마담이 성 매수 사실을 확인해준 인터뷰 녹취록도 있다. 함께 있었던 스님들의 증언도 있다. 총무원장은 이를 은폐하려 하지 말고 진실 되게 참회하고 용퇴해야 한다.

정희상 기자 | minju518@sisain.co.kr

▌ 자료 5 : 주간한국 2012. 5. 26. 2426호

"불교계 자금 야권 들어갔다" 첩보

현 정권 기독교 통해 비자금 조성 의혹

사정기관, 대선 앞두고 종교계 '정조준' 하나

진보 성향 고위인사 사생활·재산 조사설 '솔솔'

검찰보단 언론 이용 가능성

수백억 원 횡령 혐의 감경철 회장 곧 소환 방침…

한기총 자금 흐름도 주시

파이시티 사건을 계기로 MB 정부의 불법 대선자금 등 각종 비자금 조성 의혹에 불씨가 댕겨진 가운데 정치권에 종교계 비자금 유입 가능성이 대두되고 있다. 이는 최근 불거지고 있는 종교계의 여러 문제와 맞물린 느낌을 주고 있어서 정치권이 촉각을 곤두세우고 있다.

민주통합당은 MB 정부 비리 조사 특별위원회를 구성해 현정권의 여러 비리의혹들을 추적하고 있다. 정치권에서는 대선 정국 때 조사특위가 불법 대선자금을 비롯해 여러 쟁점들을 꺼낼 것으로 예상하고 있다.

이중 큰 관심을 끄는 것은 "종교계가 이번 대선의 뜨거운 감자가 될 것"이라는 전망이다. 이는 "종교계에서 생산된 비자금이 정치권으로 유입됐을 가능성이 상당하다"는 사정기관과 정보기관의 보고에 근거한 것이다.

사정기관은 수개월 전부터 한국기독교총연합과 대형교회 등 기독교계의 자금흐름을 유심히 살피고 있다. 아울러 현정권 들어 정치적으로 진보성향을 보이고 있는 불교계의 각종 자금도 정보기관의 관찰 대상이다.

얼핏 MB정부의 비자금과 종교계는 연관성이 없어 보인다. 하지만 그 고요한 물속으로 들어가 보면 생각지도 못한 '대어(大漁)'가 있을 수 있다는 말이 정치권과 검찰 주변에 파다하다. 최근에는 불교계에 여러 문제가 불거지면서 이와 관련된 여러 관측과 해석이 나오고 있다.

불교계 문제 급부상 조짐

정치권 일각에서는 최근 불교계에서 발생한 불미스러운 사건들을 두고 "진보성향의 불교계 고위 인사들을 겨냥한 것 아니냐"는 의혹이 제기되고 있다. 더불어 "불교계에서 진보진영으로 정치 자금이 흘러 들어갈 수 있어 이를 차단하려는 의도"라는 해석도 제기된다.

25일 오전 서울 종로구 견지동 조계사에서 조계종 전국 25개 교구본사 주지 스님들이 최근 소속 승려들의 도박파문 사태를 참회하는 의미에서 108참회 정진을 하고 있다. 김주성 기자 poem@hk.co.kr

야권의 한 인사는 "최근 사정기관을 중심으로 불교계에 관한 여러 첩보가 상부로 올라가고 있는 것으로 안다"며 "이 첩보들을 살펴보면 진보성향의 스님들이 주로 언급되고 있다. 이는 누군가 불순한 의도를 가지고 정치적 종교개혁을 시도하려는 것 아닌가 의심되는 일"이라고 주장했다.

그런가 하면 불교계 일부에서는 "첩보 보고 의도는 둘째 치고 만일 보고서 내용대로 불교계의 부패가 심각하다면 이는 바로 잡아야 할 문제"라는 견해도 적지 않다.

<주간한국>은 최근 정보기관과 사정기관 등에 보고된 보고서를 단독으로 입수했다. 이 보고서에 따르면 도박은 오래 전부터 있어온 불교계의 '고질병'인 것으로 보인다.

보고서에는 "조계종의 고위 인사인 L스님이 2009년 총무원장 선거 직전 서울 강남 소재 모 호텔 객실에 장기 투숙하면서 거액의 포커 도박판을 벌였다"는 내용이 담겨 있다.

이 인사는 조계종의 핵심인사들인 A스님과 B스님 등 7, 8명과 함께 억대 도박을 했다고 한다. 또 당시 도박판에 참여했던 M스님이 이 사실을 양심 선언할지 여부를 놓고 최근 고민 중이라는 내용도 담겨 있다.

　M스님은 과거 L스님의 핵심측근으로 그가 고위직에 오를 수 있도록 힘을 보탰던 것으로 알려졌다. 하지만 지금은 서로 뜻이 맞지 않아 관계가 소원한 것으로 파악되고 있다.

　보고서는 이뿐 아니라 M스님이 양심선언을 고민하고 있다는 것을 눈치챈 L스님이 최근 M스님 달래기에 나섰다고 적고 있다. 공교롭게도 최근 L스님은 M스님과 접촉해 조계종의 고위직을 제안한 것으로 알려졌다. 하지만 M스님은 이를 거절한 상태다.

　불교계의 한 인사는 "L스님이 고위직을 제안하며 폭로하지 말아줄 것을 부탁했으나 M스님은 일단 거절한 것으로 안다. 아무래도 양심선언을 할 가능성이 높다"고 귀띔했다.

　또 다른 보고서에는 또 L스님의 복잡한 사생활에 대해서도 소상히 적혀 있다. 정보기관이 첩보를 취합한 이 문건에 따르면 L스님은 현재 부인이 있으며 가족들 명의로 상당한 돈을 빼돌렸다.

　L스님은 서울 모처에 부인 K씨를 두고 있으며 슬하에 딸까지 있다는 것이다. 현재 딸은 미국에 거주하고 있는 것으로 파악되고 있다.

　L스님은 가족들을 만나기 위해 그가 머무는 절에서 운전기사 없이 직접 차를 몰고 나가는 경우가 잦다. 고위직에 오른 뒤에는 부인에게 벤츠500을 선물한 것으로 알려졌다.

　또 진보진영 편에 선 정치적 행보로 논란을 일으켰던 J스님도 부인과 1남 1녀를 두고 있는 것으로 전해진다. L스님과 J스님은 여러 통로를 통해 들어오는 자금이 해마다 수백억 원대에 이르며 개인재산도 상당한 것으로 알려졌다.

　문건에는 이들이 자신들의 재산 일부와 종단 내부 공금 일부를 정치권에 흘린 정황이 있다고 적혀 있다.

　불교계 내부 사정에 밝은 한 소식통은 "여권에서 불교계를 겨냥해 고위인사들의 재산내역을 캐고 있다는 소문이 파다하다"며 "오래 전부터 불교계 고위인사들이 차명을 통해 또는 해외로 돈을 빼돌리고 있다는 말이 있었는데 그 부분을 조사해 드러날 경우 불교계는 크게 흔들릴 것으로 보인다"고 말했다.

　이 소식통은 또 "정권 초·중기에 불교계 자금 중 일부가 야권으로 흘러갔다는 첩보가 있었다"며 "사정기관이 대선을 앞두고 그 동안 진보성향을 보인 불교계 인사들을 본격적으로 조사할 가능성도 있지만 종교문제는 민감하기 때문에 검찰수사보다 언론을 이용한 견제 가능성도 배제할 수 없다"고 덧붙였다.

이와 관련해 최근 불교계 주변에서는 도박파문을 폭로하고 검찰에 고발한 성호스님이 현 불교계의 비리를 고발하는 책을 출간할 계획이라는 소문이 빠르게 확산되고 있다.

불교계 일각에서 "언론플레이를 한다"는 비난이 나오고 있는 상황이어서 소문의 내용이 사실일 가능성에 무게가 실린다. 이에 대해 성호스님은 "아직 출판 계획에 대해 뭐라 할 말이 없다"고만 답했다.

기독교계 수사 급물살?

성호스님의 고발사건을 조사 중인 검찰은 그 동안 미뤄 왔던 기독교계에 대해서도 분격 조사에 착수할 계획인 것으로 알려졌다.

감경철(68) CTS 기독교TV 회장이 기독교계 수사의 시작이 될 조짐이다. 감 회장의 수백억 원대 횡령 의혹을 수사 중인 검찰은 조만간 감 회장을 소환 조사할 방침이다.

서울중앙지검 관계자는 "감 회장에 대한 계좌추적의 분석을 끝냈고, 곧 감 회장에 대한 소환조사를 진행할 것"이라고 지난 22일 밝혔다. 감 회장 측에도 소환조사에 대한 통보가 간 것으로 알려져 이르면 수일 내로 소환조사가 진행될 것으로 보인다.

감 회장 측은 검찰의 조사에도 불구하고 "아무리 털어도 먼지 하나 날 일 없다"고 자신해 왔으나 검찰은 지난해 12월 서울 노량진 CTS 사옥과 회사 관계사, 감 회장 가족 소유의 지방 골프장 2곳 등에 대해 대대적인 압수수색을 벌였다. 검찰은 동시에 감 회장 비리 의혹과 연관 가능성이 있는 통장 1,000개에 대해서도 계좌추적을 해왔다.

검찰에 따르면 감 회장은 사옥 건설 과정에서 원가를 과다 계상하는 방식으로 150억 원대의 회삿돈을 빼돌리는 등 수백억 원에 이르는 횡령을 저지른 혐의를 받고 있다.

현 정권이 기독교계를 통해 정치 비자금을 조성했다는 의혹이 계속 제기되고 있다. 특히 대선자금의 일부가 기독교계 자금이라는 소문도 있다. 주간한국 자료사진

CTS 측의 한 관계자는 "감 회장에 대한 검찰 조사는 CTS 방송국 문제와는 따로 생각돼야 할 부분"이라며 "현재 조사 받고 있는 부분은 감 회장 개인 회사에 관한 것이지 CTS와 직접 연관된 문제가 아니다"라고 선을 그었다.

또 이 관계자는 "지금 검찰에서 조사하고 있는 부분은 이미 오래 전에 검찰과 국세청 등에서 여러 차례 조사했던 내용이고 당시 모두 무혐의로 결론 났던 부분"이라며 "우리는 지금도 감 회장의 모든 혐의가 무혐의라는 점을 100% 확신하고 자신한다"고 주장했다.

이 관계자는 이어 "우리는 신자들로부터 지원금을 받아 운영되는 회사이기 때문에 일절 비리가 있을 수 없다. 그런데 이런 내용들이 잘못 알려지면 신자들이 지원금을 내지 않고 그렇게 되면 방송국 운영에 큰 차질이 생긴다. 감 회장에 대한 검찰 조사를 CTS와 연결시켜서는 안 될 일"이라고 우려를 표했다. 그러나 CTS의 이 같은 입장 표명에도 불구하고 검찰은 감 회장이 빼돌린 것으로 보이는 돈이 CTS를 중심으로 돌고 돌았다고 보고 있다.

검찰의 한 관계자는 "CTS 감 회장의 자금 흐름을 살펴보면 외부에서 파악이 어려울 정도로 매우 복잡하게 분산 관리된 정황이 드러난다"며 "국세청의 회계기록 등으로 살펴본 바에 의하면 감 회장은 CTS 운영자금을 각종 명목으로 자신의 계열사로 빼돌린 것으로 의심된다. 또 이렇게 빼돌린 돈의 일부를 다시 CTS로 유입시켰다가 다른 명목으로 다시 횡령하는 등의 수법으로 돈세탁을 한 것으로 파악된다"고 말했다.

검찰은 CTS 등 감 회장과 관련된 회사를 모조리 압수수색 했지만 6개월이 지나는 동안 감감무소식이었다. 이 때문에 일부에서는 검찰이 감 회장의 혐의를 밝혀내는 데 실패한 것 아니냐는 우려도 나왔다.

그러나 최근 감 회장의 소환조사 계획이 드러나자 기독교계 일각에서는 철저히 조사한 결과물이 어떻게 나올지 주목하고 있다. 실제로 검찰은 1만여 페이지가 넘는 수사보고서를 작성했고 헤아릴 수 없을 정도로 많은 자료를 샅샅이 살핀 것으로 알려졌다. 이 때문에 "이번에는 감 회장이 빠져나가기가 쉽지 않을 것"이라는 말도 나온다.

이와 함께 검찰 주변과 기독교계 일각에서는 감 회장의 자금 중 일부가 정치자금일 가능성이 있다는 의혹이 제기된다. 검찰의 한 소식통은 "감 회장 조사와 관련해 상부의 압력이 있었던 것 같다"며 검찰 내부의 석연치 않은 동향을 전했다.

이 소식통은 "감 회장에 대한 수사는 다른 큰 사건에 밀려 계속 연기됐다. 그리고 매번 수사를 진행하려 할 때마다 수사 관계자들에게 다른 사건에 대한 지시가 내려졌다"며 "이 사건의 담당 검사도 몇 번 교체됐고 담당 수사관도 교체돼 수사에 어려움이 많았던 것으로 안다"고 말했다.

이 관계자는 또 "검찰 내부에서는 감 회장의 배경 때문이 아니라 누군가 감 회장을 비호하기 위해 검찰 수사를 교묘하게 방해하고 있다는 느낌을 갖고 있다"며 "감 회장에 대한 수사 자료를 살펴보면 누가 보더라도 횡령 혐의가 짙다. 이번에 검찰이 그런 감 회장에 대해 어떤 결정을 내릴지 두고 볼 일"이라고 전했다.

기독교계 일부에서는 감 회장에 대한 수사가 거의 마무리되는 시점에서 기독교계에 대한 여러 수사가 병행될 것이라는 소문이 파다하다. 특히 한기총의 자금에 대해 검찰에 들여다보고 있는 것으로 알려졌다.

정치권의 한 관계자는 "민주당의 MB 비리 진상규명 특별위원회에서 이명박 정권의 기독교 자금을 조사 중"이라며 "현 정권이 기독교계를 통해 정치 비자금을 조성했다는 의혹이 계속 제기되고 있다. 특히 대선자금의 일부가 기독교계 자금이라는 소문도 있다. 이 때문에 검찰이 한기총 자금 흐름에 대한 여러 첩보를 수집하고 있는 것으로 안다"고 말했다.

윤지환 기자 jjh@hk.co.kr

[사회] '풍전등화' 조계종 지도부의 선택은
승가의 권위·존엄 무너뜨린 도박 사건 … 종단 사태 수습 주목

조계종 총무원장 자승 스님이 종단 소속 승려들의 도박파문으로 참회정진을 하기로 밝힌 가운데 15일 오전 서울 종로구 조계사에서 108배를 하고 있다. | 김기남 기자

부처님 오신 날을 앞두고 한국 불교가 쑥대밭이 되었다. 대표종단인 조계종 소속 일부 승려들의 도박 장면이 생생하게 찍힌 동영상이 공개되면서 승단 전체가 비난과 조롱의 대상이 되었다. 승려들의 밤샘 도박 사건은 조계종 지도부의 허물로 즉시 이어졌다. 밤샘 도박을 즐긴 승려 가운데 '한국 불교 1번지'임을 자처하는 조계사의 주지와 부주지 등 종단 중앙권력이 포함됐기 때문이다.

이 사건이 '종단 최고지도자가 룸살롱을 출입했고 성 매수까지 했다'는 메가톤급 폭로로 이어지면서 조계종에 닥친 위기는 최악의 상황으로 치닫고 있다. 조계종은 "총무원장의 성매수는 사실이 아니다"라고 해명했지만 룸살롱에 갔던 것이 사실로 드러나 파장은 일파만파로 확대되는 중이다. 게다가 해외 원정도박이나 은처(숨겨둔 아내) 문제까지 거론되면서 승단은 벼랑 끝으로 밀리고 있다. 백척간두진일보와 같은 특단의 대책이 없다면 한국 승단의 위상은 벼랑 아래로 추락할 것이 뻔하다.

도박·골프 즐기는 승려 공공연한 비밀

승가는 삼보(三寶) 중의 하나로, 불자들에게는 귀의의 대상에 해당된다. 그러나 귀의의 대상은 어디까지나 청정승가를 전제로 한 것이다. 이번에 드러난 것처럼 청정하지 않은 승려들은 귀의의 대상일 수 없다는 것이 불자들의 일반적인 생각이다. 이번 사건을 단호하고 말끔하게 수습하지 못할 경우 한국의 승가는 귀의의 대상에서 제외될지도 모른다는 우려는 여기서 비롯된 것이다. 실제로 대학생불교연합회 총동문회 등 일부 재가단체의 성명에서는 '재가의 공양 거부'의 가능성을 열어두고 있기도 하다.

더 큰 문제는 이번과 같은 승풍(僧風) 해이 현상이 단순한 돌출사건이 아니라는 점이다. 불교계에서 도박과 골프, 그것도 해외원정을 하며 즐기는 승려가 있다는 것은 공공연한 비밀에 해당된다. 조계종의 중진승려 가운데 일부가 은처승이라는 이야기가 실제로 떠돌고 있다. 이름만 대면 알 만한 조계종의 한 중진스님은 종단의 지도부를 두고 '은처구락부'라고 지칭했을 정도이다.

"그런데 지금 출가수행자들의 삶은 어떠한가. 적지 않은 스님들의 의식주는 중산층 이상의 수준을 향유한다. 값비싼 음식을 즐기고, 절에서 밥을 먹을 때조차 푸짐하게 차려진 독상에서 먹는다. 수백만 원이 넘는 고급 승복을 입으며, 혼사 사기에는 턱없이 큰 방에서 홀로 잔다. 고급자·외제차를 타고 다니는 스님도 많고, 해외여행에 골프를 즐기는 이도 적지 않다. 수백 수천만 원짜리 보이차를 구하러 중국에 간다는 웃지 못할 이야기도 종종 들린다."

정웅기 불교시민단체네트워크 운영위원장이 최근 불교계 언론에 보낸 기고문의 일부다. 승려 밤샘 도박이 결코 우연하게 일어난 일이 아님을 알려주는 글이다.

현재 한국 불교가 맞고 있는 위기의 흐름은 전에 없는 양상을 띠고 있다. 과거에는 종권(총무원장 자리)을 놓고 서로 다투거나, 종단 민주화라는 명분을 가진 충돌의 모습이었지만, 이번의 경우는 승려의 자질과 자격, 즉 귀의처로서의 권위와 존엄이 풍전등화에 놓였다는 점에서 차이가 있다.

불교계 사정을 잘 모르는 일반 언론에서는 이번 사태를 자승 총무원장 세력과 자승 총무원장 반대세력의 알력으로 보지만, 현재 불교계에는 자승 총무원장 지지 세력은 있을지언정 반대 세력은 사실상 없다고 해야 맞다. 반대세력이라면 자승 총무원장을 공개적으로 비판하고 있는 단지불회의 명진 스님(전 봉은사 주지)을 떠올리게 되지만, 명진 스님은 세력의 크기를 가늠하는 한 기준인 종회의원을 단 한 명도 지지자로 확보하지 못하고 있다.

쇄신안 마련하고 지도부 물러나야

다행인지 불행인지, 룸살롱 성매수 의혹 폭로를 기점으로 승려 비리에 대한 폭로는 소강상태를 유지하고 있다. 뚜렷한 증거가 없는 한 폭로가 이어질 가능성은 없다는 전망도 나온다. 그러나 이런 전망은 불교계 안에서 보는 협소한 시각에 지나지 않는다. 동영상을 불교언론사에 넘겨준 당사자로 입방아에 오른 김영국 씨는 페이스북에 올린 글을 통해 승려의 도박 등과 관련된 일련의 자료를 확보하고 있다며 당사자들(스님들)이 스스로 고백하라고 촉구하고 있다.

공교롭게도 부처님오신날을 며칠 앞두고 일어난 이번 사건은 종단정치와 무관하게 살아가던 대다수 스님들과 사찰에 심대한 타격을 주었다. 각 절마다 연등을 접수하는 신도의 수가 줄어들어 초비상이 걸렸다는 소식이다. 부처님오신날 봉축 연등의 접수가 예년에 비해 20~30% 가량 줄어드는 것으로 나타나자 일선 사찰 스님들은 앞으로 절을 운영할 걱정이 태산이다. 사찰 운영에서 부처님오신날 연등 수입이 차지하는 비중이 절대적인 것을 감안하면, 전국 사찰들이 받는 타격은 짐작 이상일 것이다. 그러나 교계 일각에서는 이번 사건이 역으로 개인적 삶을 살았던 스님들에게 승가공동체의 붕괴가 각각의 개인에게 얼마나 큰 폐해를 가져다줄 수 있는지를 실감하게 하는 기회였다는 분석도 있다.

조계종의 종단 지도부는 요즈음 사태를 수습하기 위해 매우 부산하게 움직이고 있다. 총무원의 부·실장을 경질한 후 새 진용을 짰지만, 여전히 비판에서 벗어나지 못하고 있다.

현재의 조계종에는 이번 사태를 수습하기 위한 세 가지 흐름이 자연스럽게 형성되고 있는 중이다. 첫째 총무원장이 정면돌파를 선택해야 한다는 기류, 둘째 책임을 지고 총무원장이 즉각 사퇴해야 한다는 기류, 셋째 총무원장의 사퇴를 기정사실화하되 현 총무원장이 종단 쇄신안을 마련해놓고 물러나야 한다는 것 등이 그것이다.

그런데 종단 지도부는 이번 사태를 정면돌파하겠다는 입장을 굳힌 것으로 보인다. 안타깝지만 종단 지도부가 선택한 길은 패착이라는 것이 다수 불교전문가들의 전망이다. 설사 사건의 봉합에 성공하더라도 그 효과는 일시적일 수밖에 없다는 것이 그 이유다.

두 번째 기류인 총무원장이 즉각 책임사퇴를 한다는 것은 차기 총무원장 선거 국면으로의 신속한 전환이라는 점에서 종단이 큰 혼란에 빠져들 우려가 많아 채택 가능성은 크지 않을 것으로 보인다.

셋째는 종단 지도부가 죽어서 사는 결단을 내리는 혁명적인 흐름이다. 실제로 교수불자 등 재가의 지식인들과 대불련 총동문회와 같은 단체들은 자승 총무원장을 중심으로 한 종단 지도부가 살아남을 수 있는 길이 있다면 그것은 오직 '죽어서 사는 길'임을 제안하고 있다. 즉 현 총무원장이 마지막으로 공심을 갖고 종단의 쇄신안을 마련한 후 종회를 통과시키고 물러나겠다는 향후 일정을 공표하고 이행하라는 요구다.

자승 총무원장은 종단 지도부가 선택한 정면돌파의 길을 고수할 수 있을까? 아니면 제방의 제안을 받아 종단 쇄신안 마련 후 퇴진이라는 제안을 받아들이게 될까? 자승 조계종 총무원장에게 매우 중요한 선택의 순간이 시시각각 나가오고 있다.

이학종<미디어붓다 대표기자> urubella@naver.com

總務院長스님께 드리는 盡言

불기2556(2012)년 8월 6일

총무원장 스님!
분향 삼배 후 이 글을 씁니다.
더위가 기승을 부립니다. 법체 평안하신지요?

1. 총무원장은 최고의 신심과 원력을 가진 보살로서 조계종 전체를 책임져야 하는 막중한 자리입니다.

1천7백년 한국 불교를 대표하는 조계종은 한국사회에서 늘 주목의 대상이었습니다. 파란의 역사 속에 조계종을 지탱해 온 힘은 무엇이었을까요? 과거의 역사와 현재의 자화상을 돌아보며 오늘날 종단이 추구하는 바와 조계종 승려들의 존재이유를 새삼 묻지 않을 수 없습니다.

조계종을 두고 창창한 생기감도는 뿌리 깊은 나무를 연상하는 사람은 많지 않습니다. 오히려 병들고 부패하여 다 쓰러져 가는 덩치만 큰 잡목을 떠올리기가 십상일 것입니다. 종단의 이러한 형국을 잘 진단하고 처방하여 치유해야 할 책임과 의무가 최고행정수반인 총무원장스님에게 있음은 너무나도 지당합니다.

불기2556년 8월의 조계종을 두고서 세상과 종단이 느끼는 온도차 그리고 나아갈 방향에 대한 격차가 너무나 큽니다. 세상은 종단에 대해 겉으로는 존경을 보내는 듯하나, 실지로는 비아냥거립니다.

종단이 현 상태대로 지속된다면 그 자체가 우리 시대의 불행이 아닌가 합니다. 근원적인 변화가 필요하다는 절박감이 밀려듭니다.

혹자는 조계종이 아무문제 없으며 잘 굴러가고 있으니 걱정할 것이 없다고 합니다. 그러나 이는 현실 인식의 무지에 기인한다고 봅니다. 내부가 곪아서 괴사 직전인데 노출되지 않게 가린다고 치유가 된다고 믿는다면 그처럼 어리석은 일도 없습니다.

솔직히 고장 난 수레와 같은 종단 시스템과 지도층의 인식은 어디부터 손을 대야 무리 없이 살아날까 가늠이 쉽게 되지 않습니다.

총무원장 스님께서 한국 불교와 조계종의 발전을 위해 노심초사하심을 잘 알 고 있습니다. "불교중흥"을 외치신 취임일성도 그렇고, 이후의 '자성과 쇄신' 행보도 그러한 기반 위에 있을 것입니다.

여말선초의 격동기를 지나 조선의 정치적 억불정책, 일제강점기의 왜색불교와 해방 후 노도같이 밀려든 서구문명으로 인해 불교는 제 몸통하나 정비할 경황도 없이 현재에 이르렀기에 일말의 변명의 여지도 있습니다.

그러나 조계종이란 통합종단이 출범한 지 어언 반백년입니다. 오늘날 조계종 의 모든 병폐를 불행한 역사의 허물로 돌려버리는 것은 온당하지도 않거니와 양심이 허락하지도 않습니다.

석가모니부처님의 가르침을 세상 곳곳에 깊게 뿌리내리게 해야 하는 강력한 책임과 의무가 총무원장 스님에게 있습니다. 그러함에도 스님이 취임하신 이후 지난 3년간 우리 종단이 어떠했는지 냉철하게 돌이보실 것을 요청 드리지 않을 수 없습니다.

여쭙습니다! 우리 종도들은 또 앞으로 얼마 동안이나 이 어둠을 견디며 스러져가는 불교, 외면 받는 불교에 아무런 대책도 없이 가슴앓이를 해야 합니까? 일부 승려들에 의해 이상한 방향으로 흘러가는 대표종단 조계종을 말입니다.

2. '한국 불교(조계종)는 죽어가는 집단' 이라며 살릴 방도를 알려주는데 외면합니다.

총무원장 스님!

저는 조직체로서 조계종과 구성원들이 일대 유신을 통해 건강한 집단으로 거듭나 부처님의 가르침을 세상에 잘 펴기를 바랍니다. 누차 주장하는바 조직이 건강해야 저를 비롯한 현재와 미래의 승려가 건강할 수 있습니다.

이를 위해서는 조계종의 최고행정수반인 총무원장스님의 역할이 중요하기에 종단을 쇄신해서 불교중흥을 이룩할 원장의 출현을 기대해 왔으며, 교주와 종헌만 제외하고는 모두 바꿔야 한다고 주장하기도 했습니다.

2007. 11. 1자 통권 578호<신동아> "한국 불교, 살아남으려면 위대한 사판승(事判僧) 찾아라"의 기사는 그야말로 명칼럼입니다. 그 중 마지막 단락인 '위대한 사판승을 위하여'의 몇 대목을 소개합니다.

△ "지방할거주의가 팽배한 조계종을 하나로 묶고 동국대를 안정시켜 명문으로 발전시키려면 위대한 지도력을 가진 스님이 나와야 한다. 이러한 스님은 깨달음 분야에서도 큰 획을 긋는 존경받는 사람이어야 한다. 한마디로 이판승의 능력을 갖춘 위대한 사판승이라야 하는 것이다"

△ "한국 불교계는 스님에게 사찰경영에 대한 강의를 해야 한다. 다음으로 필요한 것이 종단 행정학이다. 총무원에는 사회의 경찰이나 검찰 기능을 하는 호법부가 있지만, 신정아씨 사건을 계기로 종단이 내분을 겪을 때 호법부는 제 기능을 하지 못했다."

△ "조계종은 종헌 외에도 사회의 법률에 해당하는 여러 가지 종법을 갖고 있다. 그러나 종헌과 종법이 사회의 법이나 관습과 충돌할 때 어떻게 한다는 규정이 없다. 이럴 때 유능한 지도자가 있으면 문제를 풀어 나갈 수 있지만 그러한 인물이 없으면 총무원은 전혀 손을 쓰지 못한다."

△ "이제는 사판승의 시대다. 이판사판에 몰린 조계종과 동국대는 발상의 전환을 꾀해 불교사회를 비약적으로 발전시킬 위대한 사판승을 배출할 수는 없을까."

결국 기자의 눈에도 조계종에 필요한 것은 ▲수행과 운영능력 그리고 존경심이 있는 종단 지도자로서의 총무원장 ▲종단 행정체계의 현대화 ▲분석과 판단이 탁월하고 조정능력이 있는 지도자로서 총무원장 ▲조계종을 일류종단으로 발전시킬 능력과 자질을 갖춘 CEO형의 수행력이 출중한 자로서 총무원장이 출현해야 한다는 주문입니다.

한마디로 조계종은 총무원장의 자질과 능력에 따라서 발전과 퇴보를 가름하게 될 것이라는 주장입니다.

조계종의 쇄신은 중앙과 지방세력, 각 이해계층 간 충돌과 이기주의로 그 성공이 요원하다는 <신동아>의 주장은 우리의 현실을 잘 조명하는 기사가 아닐 수 없습니다.

불교중흥과 쇄신을 가로막고 있는 은산철벽을 파벽할 지도자가 과연 없을까요?

원장스님은 연주암을 비롯하여 기득권을 포기하시라는 불교시민사회의 요구를 대수롭지 않게 묵살하고 계십니다.

90% 이상의 지지를 받고 들어섰으면서도 유신의 성공적인 추진은 고사하고 쇄신과는 거리가 먼 행보를 잇달아 보여주고 있는 현 집행부는, 말 그대로 "쇄신"에 목말라하며 간절히 원하는 대다수 불자 종도들의 열망에서 너무나 멀리 있습니다.

저는 지난 시절, 33대 총무원장 선거를 앞두고 혹자는 새 집행부 탄생에 의미를 부여하며 찬탄하기도 하고, 혹자는 침묵으로 방관하며 자리에 연연할 때 오로지 홀로 거침없이 "야합"이라 주장하여 종단의 화합을 해치는 자로 내몰리는 고충을 겪기도 했습니다.

하지만 이후 33대 집행부의 행보를 지켜보며 저의 주장이 빗나가기를 간절히 원했습니다. 오늘날의 종단현실을 바라보며 지난날에 가졌던 불안한 예감이 적중함에 망연자실할 따름입니다.

<신동아>는 기사의 제목을 "한국 불교, 살아남으려면"이라고 달았습니다. 이 말은 현재 한국 불교 즉 조계종이 죽어가고 있음을 의미합니다. 정확한 진단임에 틀림없습니다.

세상은 조계종이 청정하고 건강하며 능력 있는 종교집단으로써 세상의 등불이 되고 목탁이 되어주기를 간절히 바라는데 우리는 지금 세상에 무엇을 던져주고 있습니까!

지난 3년간 한국 불교를 대표하는 조계종이 진정성 있게 자가치료를 했는지, 병세가 골수로 배어 들어감을 방치한 것은 아닌지, 총무원장 스님의 솔직한 의견이 궁금합니다.

총무원장직을 비롯한 종단의 고위직, 본·말사 주지나 종회의원은 오로지 '서원을 완성하기 위한 직분으로서 소임'으로 정착토록 해야 하는 의무가 누구를 막론하고 총무원장이 할 일입니다. 이것이 종단 쇄신의 제1의제입니다.

3. 조계종, 무능하고 향상과 성숙을 외면하는 집단이 됐습니다.

총무원장 스님!

그간 저는 조계종이 타의 추종을 불허하는 명품 종단이 되기를 바라는 마음에서 다수의 정책을 제안하는 등 노력을 해 왔습니다. 이는 스님께서도 잘 아시리라 믿습니다.

이러한 마음의 연장에서 33대 총무원장 선거가 있기 전 당시 모 팀장을 통해 두 장의 의견서(첨부)를 보내드린 적이 있습니다. 첨부 내용을 보시면 아시겠으나 오늘날의 상황을 예견하고 종단의 안정과 발전을 위해서는 원장스님이 길게 보시고 종권에 도전하라는 내용이었습니다.

또 스님께서 총무원장으로 당선된 후에는 이것이 조계종의 운명인가 여기며 종단 발전안과 총무원장스님의 위상강화를 위한 다양한 방안을 제시하였고, 결사추진과 관련해서도 의견을 장문의 문건으로 제안했습니다. 그 동안 원장스님과 종단에 직·간접으로 제시한 것이 결코 적지만은 않습니다.

무엇보다 봉은사를 직영사찰로 지정함에 있어 종단결정에 반발하는 명진 스님에 대해 명진 스님을 지지하는 일각의 비난에도 불구하고 오로지 저 만이 <불교닷컴>을 통해 명진 스님을 공개 비판하기도 했습니다.

지난 5월에 터진 도박사건과 불법촬영 등 여러 문제로 종단이 힘들 당시엔 의기소침하지 말고 이 사태를 계기삼아 "종단혁신"에 박차를 가해야 함을 주장했습니다.

도박 사건이후 대내외적으로 추락한 교단의 위상정립과 순조로운 쇄신을 위해 책자를 제작해서 배포하여, 특히 외부로부터 긍정적인 반응이었습니다.

그런데 시간이 지날수록 종단이 들어난 문제들조차도 제대로 된 처결을 회피하고, 종무행정으로 가능한 쇄신안마저도 아예 거론조차 되지 않고 있습니다.

'잘못과 잘못된 시스템에 대한 참회와 발 빠른 자성과 쇄신은 고사하고 적반하장 격으로 되레 세를 앞세워서 큰소리치는 형국'이니 제33대 집행부에 대해 저를 비롯한 종도들이 회의를 느낄 수밖에 없습니다.

<불교닷컴>을 승려도박 사건을 보도했다는 이유로 온갖 명분을 들이대며 징치하는 등 엉뚱한 보복이 난무합니다. 총무원장 스님을 비롯하여 현 집행부가 진정으로 원하는 게 과연 무엇인지 이해하기 어렵습니다. 언론은 몇 일전 호계원 판결을 "쇄신 포기"라까지 했습니다.

구차한 것들을 열거하는 것은 제33대 집행부만큼은 조계종의 쇄신을 100% 성공시키지 못하더라도 적어도 그 초석은 마련해야 한다는 한 줄기 뜨거운 마음이 있었으나, 근래 들어 어떤 기대의 마음도 접었음을 표명하고자 하는 뜻에서입니다.

조계종은 한국 불교를 대표하는 종단으로써 다종교 현실에서 여러 이웃종교와 경쟁할 수밖에 없고, 상황에 따라 국가(정부)와 시비를 가리기도 해야 하며, 국내외의 학계와는 협력과 경쟁을 거듭하기도 해야 하고 사회의 여러 문제에 참여하며 나침반의 역할을 충실히 해 나가야 하는 사명이 있습니다.

이러한 상황에 치명적 약점이 백일하에 드러나 종교집단으로서의 청정성과 존재이유를 부정당하고 허우적거리기 시작하면 조계종은 물론 한국 불교 전체가 타격을 입습니다. 급기야 승려는 존재가치를 상실하게 됩니다.

일부라 하나 송단을 쥐락펴락하는 승려들의 호화생활과 국내외 도박 등 치부는 공공연한 사실이 된지 오래입니다. 그러나 이 보다 더 무서운 것은 이러한 행태가 당연한 것으로 받아들여지며, 종단이 쇄신으로 나갈 바 방향을 설정치 못하는 풍토입니다. 이 해묵은 업들을 정제할 집행부의 대책이 보이지를 않습니다.

불교중흥이니, 자성과 쇄신이니 하는 것은 잘 차려입은 비단치마 일 뿐, 종단의 발전을 위해 기득권을 내려놓고서 쇄신을 하려는 자세가 없습니다.

얼마 전 저는 원로의원스님들께 보낸 건의문에서 원로스님들부터 주직 직을 내놓음으로서 기득권 포기의 표상이 되어 주시며, 주직 직 자체가 결코 위상과 존엄성의 표상이 아님을 몸소 증명해 주실 것을 요청 했습니다.

진정한 종단발전을 위해서라면 원로스님들도 개선할 것은 개선해야 한다는 신념에서입니다. 이러한 것들이 종단쇄신에 힘이 되기를 기대했던 것입니다.

부처님의 제자로서 서원의 틀을 바로 세우고 승려로서의 정체성과 존재이유에 대해 의심하지 않고 정진할 수 있도록 뒷받침 해줘야 하는 책임이 총무원장 스님에게 있습니다. 세간 사회로부터는 존경 받는 대표적 불교지도자가 되어야 할 의무와 병든 사회를 맑히는 정화제로서의 역할이 원장스님께 주어져 있습니다.

그런데 승려도박 사태라는 그 호된 신고식을 치러내고도 종단 지도부는 쇄신에 역행하는 모습을 보여주고 있고, 승속을 불문하고 원장 스님과 관련한 온갖 소문만이 난무합니다.

이제 자성과 쇄신 결사는 그 의미조차 상실해 가고 있으니 제33대 집행부가 종단의 희망으로써 존재의미가 무엇인지 궁금합니다. 현 종단문제의 모든 책임과 해소할 분은 오로지 총무원장스님이시기에 하는 말입니다.

4. 조계종이 석가모니부처님의 정통 교설을 부정하고 '그들만의 리그'를 위해 존재하는 놀이터가 되었습니다.

총무원장 스님!

지난해 이른바 21세기 아쇼카 선언을 추진한 도법 스님은 총무원장 스님이 지휘 감독하는 기구의 수장입니다. 지난해 이 선언을 위해 초법적 행동으로 종단질서를 위협했음에 벌하지 않은 이유가 무엇인지 묻지 않을 수 없습니다.

종교 간 평화를 위한 노력에 동참하며 선언을 채택하고자 하는 데 이의를 제기할 이는 아무도 없을 것입니다. 만약 이 자체를 문제 삼는 이가 있다면 서구의 관점에서 흔히 말하는 '근본주의자'라는 낙인에서 결코 자유롭지 못할 것입니다. 문제는 그 안에 어떤 내용을 담보하느냐 하는 것입니다.

화합을 위한 화합은 진정한 화합을 저해하는 가장 확실한 방법입니다. 1기 화쟁위원회가 초안한 '종교평화 실현을 위한 불교인 선언(21세기 아쇼카 선언)'은 종단의 정체성을 심각하게 훼손하고, 종도들의 혼란을 부추기며, 종교 간 갈등이 일어나고 있는 실제의 사회현실을 무시한 "화합을 위한 화합"의 한 전형이었을 따름입니다.

화합을 위한 화합의 영웅놀이를 위해 불교를 희생시켰다고 밖에 볼 수 없습니다. 명백하게 말해 이것은 기만이라 해도 무방합니다.

그렇습니다. 진리는 모든 종교에 있습니다. 그러나 이때 말하는 그 "진리"란 각 종교에서 그 종교 나름대로 "진리라고 주장되는" 진리인 것이지, 객관적으로 증명할 수도 없고, - 각 종교마다 딴에는 증명할 수 있다고 주장하겠지만 - 실제 모든 종교계가 다 동의할 수도 없는 추상적이고 관념적인 수사에 지나지 않는 진리일 따름입니다.

특정 종교를 갖고 신앙생활을 하는 이들에게 그 종교의 절대성에 대한 확신은 기본입니다. 신앙인들이 자신의 종교가 우주섭리와 인간세상의 이치를 설명하는 유일무이한 진리가 아니라고 생각한다면 그가 그 종교를 신앙으로 선택한 이유는 무엇이겠습니까?

단지 그 나라에 전통적으로 내려오던 문화의 일부여서? 단지 그 자신의 심리적 적성에 맞는 것 같아서? 신앙이 무슨 커피 종류와 같이 나누어지는 기호식품이라서? 그래서 흥선대원군 박해시절에 천주교인들은 그렇게 많은 피를 흘려 자신들의 종교를 이 땅에 정착시켰습니까?

종교를 신앙으로서가 아니라 취미생활이나 학문적 호기심으로 받아들인 사람에겐 가능한 설명일지 모르나 대부분의 종교인들에겐 결국 자기논리의 모순에 빠지게 만드는 관념어일 따름입니다.

종교가 하나뿐인 사회라면 종교 간 갈등은 일어나지 않을 것입니다. 종교 간 갈등이 파생되는 원인은 한 사회에 다수의 종교가 경쟁하기 때문입니다. 그렇다면 종교 간 평화를 유도하는 선언문도 이 점에 유의하여 작성되어야 마땅할 것입니다.

다시 말해 '종교평화선언'이라고 하는 것은 나의 종교가 귀한 줄 알면 다른 이의 종교도 귀한 줄 알고 그리 대접해야 한다는 상호 호혜의 원칙이 그 중심에 있어야 합니다.

그러나 소위 21세기 아쇼카 선언은 중심주제로 가져가야 할 것을 한낱 악세서리로 만들었고, 오랜 세월을 기독교인들의 전투적·공격적 선교와 무례함으로 피멍이 든 불자들의 가슴에 깊은 상처를 남기는 오류를 범했습니다.

종단 고위급들이 21세기 아쇼카 선언의 증명을 거부하신 전임 조정예하께 불경하는 등 내분 양상으로까지 치달았습니다. 사실상 '해종행위'였습니다. 상황이 이 정도라면 화쟁위는 물론이고 현 집행부는 영웅놀이를 그치고 무엇이 문제인지 진지하게 점검하고 참회하는 자세를 보였어야 합니다.

만약 선언문이 정녕 부처님법에 부합하는 내용이라면, 종립대학의 내 노라 하는 불교학자들을 총동원해서라도 문제가 되는 어떤 구절이 어떤 가르침에 근거하여 어떻게 현대적으로 해석되어 부합된다고 적극적으로 설명하고 동의를 구했어야 합니다.

그러함에도 상처 받은 불자대중은 아랑곳없이 화쟁위와 집행부가 양해를 구한 몇 몇 대중공사는 요식절차에 지나지 않았고, 무엇에 쫓기듯 원로회의를 비롯한 상위 지도부로부터 오로지 빨리 추인받기 위해 얕은 수로 일관함으로써 스스로 그 신뢰를 저버렸습니다.

자신들이 이끄는 종단의 구성원들에 대해 최소한의 애정도, 연민도 지니지 않은 사람들이 사회를 향해 "구세대비!"를 외친다면, 대중은 결국 그 위선적 외침과 행보의 저의에 대해 궁금해 할 것입니다.

문제는 총무원장스님께서도 석가모니부처님의 정통 교설을 부정하고 기독교 신학적 관점의 종교다원주의를 그대로 답습한 이 문제 많은 '종교평화 실현을 위한 불교인 선언(21세기 아쇼카 선언)'을 추진하셨다는 점입니다.

근자 제2기 화쟁위원으로 위촉 된 모 인사가 언론을 통해 재추진을 주장하니 참담하기 그지없으며, 총무원장스님에게 저의 결단과 그 결단을 피력하는 이 편지를 작성하게 된 중요한 이유 중의 하나임을 말씀드립니다.

불교의 근본 교설을 부정하고, 조계종의 종헌종지를 파괴하는 '종교평화 실현을 위한 불교인 선언(21세기 아쇼카 선언)'에 대해 총무원장 스님이 명쾌한 입장을 밝히지 않는 것은 결국 이 선언을 내용적으로 찬동하신 다는 것으로 이해할 수밖에 없습니다.

5. 성호 스님 문제와 관련한 일련의 사태, 종단을 시궁창으로 처넣었습니다.

총무원장 스님!
종단이 내부에서부터 스스로 청정해지면 음해 등 불온문건은 스스로 자취를 감추게 됩니다.
성호 스님 문제를 처리하는 집행부의 방식은 문제를 풀어가기 위한 조처가 아니라 문제를 악화시키는 감정적 대응이었습니다. 집행부에서는 원장 스님께서 취임 초기부터 주장하신 '음해 등 불온문건의 발본색원' 차원에서 취한 강력한 조처라고 주장하고 있지만, 결국 종단 운영철학의 부재에서 기인한 착오가 원인입니다.

성호 스님의 『종북 불교를 고함』 - "룸살롱간 총무원장…부처가 통곡한다"를 읽어 보셨는지요?

이 책 67페이지와 88페이지를 반드시 읽어 보시기 바랍니다. 웬만한 것은 이해하는 저도 놀랬는바, 반드시 읽어보시기 바랍니다.

그 내용이 허위사실이라면 성호 스님은 이미 구속 이상의 조치가 취해졌어야 하며, 사실이라면 총무원장스님은 총무원장직을 사직하셔야 합니다.

67페이지와 88페이지 내용들로 인해 조계종이 시궁창에 쳐 박혔는데 종단은 강력한 형사고발 조치는 물론 일언반구의 해명조차도 없으니 상식적으로 이해할 수가 없습니다.

사실여부를 떠나서 그러한 내용 자체가 출판물에 의해 세상에 회자됨은 조계종을 넘어 한국 불교가 막장이라는 일대 사건입니다. 이 책 내용이 사람들의 입에서 입으로 옮겨 조계종의 위상은 추락에 추락만을 거듭합니다.

총무원이 회피할 일이 아니라 대중 앞에서 직접, 적극적인 해명으로 추락한 종단과 승가의 위상을 살려야합니다.

또한 <시사인> 245호(5월 28일자)는 "총무원장 쪽 도박·성매수 증거도 나올 것"이라는 제하의 기사의 기자와 대담자의 문답을 일부 소개 합니다.

기자 : 동영상 외에도 새로운 증거가 있는가.

김영국 : 자승 원장과 측근 지도부 스님들이 연루된 강남 오크우드호텔 도박, 필리핀·마카오 원정 도박, 상습 성매수 문제 등에 관한 구체적인 증인과 증거가 있다. 그 내용을 아는 일부 스님들이 이번 기회에 조계종이 환골탈태해야 한다고 보고 양심선언을 시도했다. 그러자 총무원장 측에서 전방위로 회유와 협박을 벌였다. 한 스님은 회유를 받아들였고, 한 스님은 거부한 채

양심선언을 하겠다고 한다.

　기자 : 구체적인 내용이 뭔가.

　김영국 : 필리핀과 마카오 원정 도박에 따라갔던 ㅎ스님이 최근 불교 언론에 이 사실을 공개하려 하자 총무원 한 간부 스님이 자승 총무원장 대리인으로 나서 양심선언을 하지 않는 조건으로 오는 10월로 예정된 은해사 주지 교체 시 신임 주지 자리에 ㅎ스님이 추천하는 스님을 밀어주겠다고 제의했다.

　기자 : 자승 원장이 성매수나 도박에 연루됐다는 증인과 증거가 있는가.

　김영국 : 함께한 스님들이 증인이다. 또 자승 스님이 과거 도박장과 룸살롱을 출입할 때 장소 알선과 심부름을 한 '해결사'의 양심선언 녹취 기록이 있다. 자승 스님이 주로 출입한 룸살롱 마담이 성매수 사실을 확인해준 인터뷰 녹취록도 있다. 함께 있었던 스님들의 증언도 있다. 총무원장은 이를 은폐하려 하지 말고 진실 되게 참회하고 용퇴해야 한다"라고 한 바,

　이 기사에 대해서는 왜 조치를 취하지 않는지 의문입니다.

　일반적인 상식의 입장에서는 김영국 대담자가 강도 높은 사법처리를 받아야 하고 종단은 공개 적으로 거짓이나 음해라 천명해야 합니다. 사실이라면 총무원장스님을 지지한 모든 승려는 물론 종도들이 평생 죄인으로 참회해야 합니다.

　주간지에 이러한 추문의 기사가 등재돼도 납득할 만한 조치가 부재한 이유를 알 수 없습니다. 솔직히 이로 인해 조계종의 승려전체가 매장되는 현실임을 총무원장스님만 모르신다는 것입니까?

　일부의 일탈이라고 주장되고는 있지만, 고위직 승려라는 명예를 더럽히는 정재의 사유화와 거액의 도박을 과연 '한 순간 취미'였으니 이해하고 넘어가 달라고 할 수 있는 것인지요? 세간에서도 그러지 못합니다. 하물며 최고의 청정성을 갖추어야 할 종단 지도급이 말입니다.

　일시, 장소, 법명이 공식 거론되는 도박 등 만연된 사행문화에 대해 사회에서는 조계종을 막가파집단으로 보는 기가 막힌 현실입니다.

6. 조계종이 도법 스님의 검증되지 않은 꿈을 실험하는 곳으로 되어 버렸습니다.

총무원장 스님!

원장 스님이 야심차게 추진하신 '자성과 쇄신 결사'는 종단 차원에서 기필코 추진해야 하는 일대 혁신과제이어야 함에도 오늘날 그것은 도법 스님의 개인적 이상을 구현하는 마당으로 왜곡·변형되어버렸습니다.

총무원장스님이 종단 수장으로써 재임 중 종단성과물을 창조하고자 한 '자성과 쇄신 결사'가 방향을 잃고 특정인들의 장식물로 전락했다 해도 과언이 아닙니다. 결과적으로 종단과 총무원장스님에게도 득이 안 되는 일입니다.

저 역시 '자성과 쇄신 결사'에 너무나도 큰 희망을 갖고서 2011년 2월 7일 "한국 불교중흥, 종단의 자성과 쇄신 5대 결사에 제안"이라는 A3지 16장 분량의 계획서를 작성해서 총무원장 스님 등 3원장과 도법 스님 그리고 각부 실장에 제안했습니다.

'자성과 쇄신 결사추진본부(본부장 도법 스님)'가 제 역할을 했다면 제대로 된 쇄신법안이 제정되고 종단 내외에서 적극적인 호응과 더불어 원로회의의 인준을 받아냈을 것입니다.

현재 도법 스님이 본부장인 '자성과 쇄신 결사추진본부'의 주목적은 종단과 출가대중의 자성도 아니고 쇄신도 아닙니다. 결사추진본부의 그 동안의 행보와 현재의 모습으로 보건데, 도법 스님이 늘 주장한 이른바 "생명평화" 운동을 주목적으로 합니다.

자성도 없고 쇄신도 없는, 자성과 쇄신의 거죽만 쓴 희귀한(?) 결사가 종단의 공식기구가 되어 집행부와 원장스님의 전폭적인 지지와 지원 아래 삼보정재를 사용하며 활동하고 있습니다.

지난해 문제가 된 '종교평화 실현을 위한 불교인 선언(아쇼카 선언)'과 같이 이 조직의 "종교평화위원화" 역시, 민주주의와 상식에 입각한 실질적인 종교 간 갈등해소와 종교윤리의 현실적 공감대 확산보다는 도법 스님 개인과 주변 지지자들의 다분히 추상적이고 이상주의적 관념을 실현하기 위한 일에 천착해 있다고 보아야 합니다.

도법 스님의 "생명평화" 운동에 대해 뭐라고 하는 것이 아닙니다. 도법 스님 나름대로 개인의 철학에 의해 자신의 수행관 인생관을 실현해 가고자 하는 것은 누구도 뭐라고 할 사안이 아닙니다. 스님의 말과 활동에 존경심을 표하는 사람들 또한 충분히 존중받아야 합니다. 거듭 말씀드리거니와 소납이 지적하는 것은 다른 데 있습니다.

도법 스님은 종단의 공식기구를 통해 삼보정재와 인력을 지원 받으며 당신의 개인적 관념과 이상을 실현하고 있다는 것입니다. 그것도 '자성과 쇄신 결사추진본부'를 자성도 하지 않고 쇄신도 하지 않는 이상한 기구로 만들면서 말입니다.

생명평화 운동? 물론 필요합니다. 아니, 마땅히 해야 합니다. 통일운동? 역시 해야 합니다. 종교계에서 적극적으로 나서면 괄목할만한 성과가 있을 것입니다.

그러나 자성과 쇄신이 의미하는 바가 명확하고, 그것이 지향하는 바가 분명할진데, 그 이름을 내건 결사추진본부가 해야 할 일 또한 명확하지 않겠습니까?

작금의 형국은 복막염이 심화되어 패혈증 위기에 있는 환자를 수술대 위에 올려놓고 성형외과의가 양악수술을 하고 있는 격입니다. 이러니 종단의 정체성이 흔들리고 그 추구하는 바가 혼란스럽습니다.

종단은 통찰력과 불교철학에 기초하고 신뢰를 바탕으로 해서 국민 불자를 끌고 갈 리더십을 필요로 합니다.

조계종이 바뀌려면 오랜 시간이 걸릴 것입니다. 그러나 그 혁신의 시작은 제대로 된 인사들로 구성해서 인적·물적 토대가 탄탄해야 하는데 33대 집행부는 감히 진언하건데, 인적·물적 기초에서에서부터 그러하지 못했으며, 앞으로도 변화할 기미조차 보이지 않으니 너무나도 안타깝습니다.

7. 조계종 중흥과 쇄신의지의 상실, 존재 이유를 스스로 저버리고 있습니다.

총무원장 스님!

불교는 사회의 정신적 리더로서는 물론 사회 각 지도층, 교육기관, 의료시설, 복지시설 등에서 타 종교와의 경쟁력을 상실한지 이미 오래입니다. 불교는 변방의 제3종교와 다름없이 되어가고 있습니다.

정체를 알 수 없는 군소종단의 난립은 결국 사이비 불교가 판친다는 증거며, 이는 조계종에 전적인 책임이 있음을 부정치 못합니다.

큰 사찰의 수입은 주지 개인의 금고와 다름없기에 종단이 지난번 쇄신 입법에서도 다루었습니다. 총무원장 스님의 한마디, 큰 사찰의 재정을 "100% 투명화 하라!"고 하면 될 일입니다. 쇄신이나 새로운 법을 제정하지 않아도 기존의 법과 의지만으로도 충분합니다.

결국 의지가 문제입니다. 불교중흥과 쇄신을 위한 원칙 운영과 인사의 공정성을 천명하면 될 일입니다.

그 동안 개인치부로 누수 된 정재를 모았다면 종립대학과 연구소, 병원, 복지시설을 수십 개 건립하고도 남음이 있습니다. 앞으로도 새어나갈 정재를 막지 못한다면 불교는 일부 승려들만의 황금어장에 불과합니다.

혹자는 그래보아야 그 액수가 얼마 안 된다고 하지만, 조계종의 신뢰도가 향상되어서 세상으로 부터 인정받을 시 그 부가가치는 무궁무진합니다. 종교는 청정과 투명성이 경쟁력임을 정치승려들만이 외면하고 있습니다.

대 정부 대 사회 관계에서도 종단은 비굴합니다. 단순한 예로 도로명 주소 사례, 사랑의 교회 공공도로 점용 사례 등은 이 땅에서 불교는 물론 여타 종교들의 존립을 인정하지 않겠다는 선언이나 다를 바 없는 중대 사건인데도 종단은 제대로 된 대응을 못히고 있습니다.

총무원장스님 취임 초 중국대표단의 무례에 종단은 조치를 취하는 듯 했으나 결국 미적거렸습니다. 국제적으로 망신을 당하고 모욕을 당한 사건임에도 감각이 마비되거나 사고가 정지된 사람들처럼 적극적이지 않았습니다.

불교 본연의 가르침은 멀어지고 기복신앙이 득세하고 있습니다. 창조주를 긍정하고 유일신 종교의 행태를 모방하는 언설과 의식이 현대화 세계화라는 미명 하에 묵인되고 있습니다. 모두 정법을 소멸시키는 행위입니다.

지난 3년여 동안 조계종이 외친 "쇄신", "화합", "소통"은 말 그대로 구호에 불과했다는 지적이 지배적입니다. 사회 곳곳에서 조계종을 비판합니다. 종교집단으로서의 진정성을 어디에서 찾아야 하는지 모르겠습니다. 내용적으로의 유신은 없었다 해야 옳습니다.

몇몇 대중적 인기를 누리는 스님들이 있고 그 스님들이 쓴 책이 잘 팔리고 있다고 합니다. 시민들이 불교계 인사들이 저술한 책을 찾고 소셜네트워크에 몰려드는 것은 우리 종단이 잘 해서가 아닙니다.

시대적 사회적 반생명성과 경쟁에 지친 사람들이 욕구를 해소할 피난처를 스스로 찾기 때문입니다. 결코 불교 그 자체나 종단을 긍정해서가 아닙니다. 그러한 그들 가운데 과연 몇 사람이나 참으로 불교에 귀의한 자가 될 것인지 의문입니다.

또 그렇다 하더라도 어느 순간 종단의 현실에 눈을 뜨고 진저리를 치게 될 때, 어렵게 인연을 맺었던 이들까지도 종국엔 도리질을 치게 될 것임은 미루어 쉽게 짐작할 수 있는 일이 아닌지요? 대체할 피난처는 한국 불교의 몇몇 매력적인 승려가 아니래도 얼마든지 찾을 수 있습니다.

조계종은 몇 명의 유명 승려가 아닌 "조계종 자체의 위신력"이 필요한데 과연 우리는 그러한 노력을 하는지요?

8. 한국 불교와 종단을 위해 "용퇴" 라는 큰 용단을 내려 주십시오!

감히 원장 스님께 말씀드립니다.

오늘날 승가는 "무기력, 무소신, 무질서" 화 해 있습니다. "최소한의 정도와 바른 소리"마저도 외면하고 눈치 보기에 급급합니다. 바른 소리하는 자를 겁박하는 지경입니다.

교단에 대한 애정, 신심과 정의감이 소멸되지 않고서는 이렇게까지 되지 않았을 것입니다. 불행한 일입니다.

한국 불교의 위기라 할 수 있는 이러한 종단적 병폐를 자승 총무원장스님은 누구보다도 잘 알아서, 설사 원장스님에게 불리하고 불이익한 일이라 해도 과감히 개선하고 치유하셨어야 합니다.

총무원장스님 스스로 지난 재임기간을 상기해 보시기바랍니다. 종단의 쇄신보다는 오로지 내분, 갈등, 온갖 추문으로 점철된 시간이었습니다. 과연 남은 기간은 어떠할까요?

제 말이 심한 듯하나, 한국 불교는 아니 조계종은 살활을 걸고 세상과 타종교와 경쟁해야하는 현실을 인식한다면 이해가 될 것입니다.

한국 불교가 자승 총무원장스님의 주도하에 정녕 일어설 수 있겠습니까?

조계종은 실험대상도, 개인이나 몇몇 사람의 것도, 적당히 넘어가면 되는 집단도 아닙니다.

송구한 말씀이지만, 한국 불교를 살리고 종단을 쇄신할 방도가 현 집행부 체제로서는 보이지를 않습니다. 오히려 어떤 파란이 또 어떤 방식으로 몰아칠지 장담할 수 없는 지경입니다.

총무원장 스님, 더 늦기 전에 종단의 평안과 건강성을 담보할 지도자의 출현을 위해 큰 용단을 내려주시기를 바랍니다. 설사 지금보다도 더 못한다 해도 종단은 무엇인가 큰 변화가 필요하다고 이구동성입니다.

무례한 진언임을 부정하지 않습니다.

그러나 가는 곳마다, 산산이 흩어지고 상처받은 불심을 자승 총무원장스님 체제 하에서는 치유할 수도, 희망을 가질 수도 없다는 하소연을 저 또한 더는 외면하지 못하겠습니다.

실낱같은 희망이라도 보인다면, 자성과 쇄신의 진정성을 믿어 의심치 않을 가슴 울리는 특단의 조치가 취해진다면 쓰디쓴 세월 인내하지 못할 이유가 없을 것입니다.

그러나 지금 원장스님 체제 하의 집행부에서 그러한 희망이라곤 그림자도 찾을 수 없습니다. 가슴이 먹먹하도록 공감이 느껴지는 진정성이란 하릴없는 몽상가의 꿈에 지나지 않았음을 거듭 확인할 뿐입니다.

지난 3년간 너무나도 많은 허물이 쌓였습니다. 소멸은커녕 앞으로도 더욱더 많은 허물이 쌓일 것은 자명합니다.

총무원장 스님! 조계종을 어찌하실 것입니까?

자승 스님! 총무원장이라는 그 자리를 미련 없이 던져버림으로써 종단과 스님 스스로를 훌훌 자유롭게 하십시오.

그 동안의 허물을 상쇄하고도 남을 용기 있는 선택으로 큰 공덕의 주인공이 되시기를 앙망할 따름입니다.

"자승 스님, 이제 그만 '용퇴'라는 큰 용단을 내려 주십시오."라 말하는 저 또한 엄청난 괴로움 속에 있습니다.

부디 큰 용단으로 한국 불교 중흥의 진정한 계기와 거름이 되어 주십시오!

나무, 불. 법. 승

스님 어찌 그곳에 계십니까?

어찌 이런 일이...

지난 2월 평소에 접대할 일이 있으면 가끔 이용하던 신사동 모 비지니스 클럽에서 보지 않았어야 할 장면을 목격했다. 이름만 대면 다 아는 모 스님과 세 분의 스님이 아마도 1차는 이미 하신 듯, 그곳에 계시는 것이었다. 어찌나 충격적이었는지 버젓이 승복을 입고는 세속의 그 곳에 오시다니...

네 분의 스님은 네 명의 아가씨와 우리도 접대하면서 먹지 못하는 발렌타인 17년산을 그것도 3병씩을 보기좋게 해치우시고는 아가씨들과 살냄새를 맡으러 가시는 것이다.

우리들 근로자들도 너무 비싸 먹지 못하는 발렌타인을 버젓이 드시는 스님들은 무슨 돈으로 그렇게 쓰시는지... 신도들이 그 술 드시고, 여인의 육체를 탐하라 드리진 않았을 텐데...

감히 그곳에 계셨던 스님들께 한 가지 제안을 드립니다...

너무나 중대한 사안이라 실명은 게재하지 않습니다. 그러나 너무도 확실하게 스님을 기억(소속, 직책)하고 있사오니 미련을 접으시고 모든 소임을 놓으소서...

그래야 저도 다음에 스님을 뵈올 게 아니겠습니까? 지금도 그곳에 가면 (지난 일요일에도 갔지만) 스님이 계실 텐데.. 제가 어찌 똑바로 뵈올 수 있습니까?

스님 다른 세분의 스님께도 연락하시어 자중 부탁드립니다...

부끄러움을 무릅쓰고, 삼보를 비방한 저도 참회하옵니다.... 옴 살바못자모지 사다야 사바하

호법부, 신밧드 관련글 삭제 요청
호법부장 명의 공문 보내와

5일 오후 5시 20분 경 조계종 호법부 직원(재가종무원) 2명이 불교정보센터를 찾아왔다. 호법부장 명의의 공문(대불총호제2001 - 164호)을 접수키 위해서였다. 총 16매의 공문을 펼쳐보는 순간 불교정보센터 운영진은 당혹스러움을 감출 수 없었다.

'게시판에 게재된 글 등 삭제 요청의 건'이라는 제목으로 작성된 호법부장 명의의 공문은 '특정 기사와 게시판에 대한 삭제 요청'이었다.

호법부장, "신밧드사건 확인되지 않았다"(5일자 공문)
총무원장, "신밧드사건 사실이다"(6월 4일 재가연대 면담)

호법부장 종지 스님은 이 날 공문을 통해 "호법부는 (불교 관련 인터넷 사이트에서)확인되지 않은 사실을 유포함으로써 승가의 위의가 훼손되거나 승려 개인의 명예가 실추되는 사례가 발생하지 않도록 노력하고 있다"며 "이에 귀 센터의 자유게시판과 기사 중 신밧드룸싸롱 관련 글 등 익명으로 확인되지 않은 사실을 유포함으로써 승가의 위의를 훼손하거나 승가에 대한 불신을 조장하고 있는 글에 대한 삭제를 요청"한다고 했다.

이 같은 공문 내용을 볼 때 호법부는 신밧드사건에 대해 사실 확인이 안되었을 뿐더러 '익명의 제보' 수준에 불과하다고 인식하고 있는 것으로 6월 4일 재가연대 대표단과의 면담자리에서 총무원장 정대 스님이 한 발언과는 상반되는 것이다.

총무원장 스님은 6월 4일 공식면담 자리에서 재가연대 대표단에게 "신밧드 사건은 사실이며, 분명하게 대응할 것"이라고 말했고, 이는 '익명성의 논란'에 종지부를 찍은 것이었다. 이때의 분위기로는 당연히 호법부의 철저한 진상조사가 뒤따를 것으로 보였다.

호법부 조사는 하고 있나?
호법부장 재가연대 대표자 면담 요청까지 거절

그러나 그로부터 한 달이 지났지만 호법부가 정식 조사를 하고 있는지는 확인되지 않고 있다. 총무원장 스님의 발언 이후 교계언론과 시사저널 등 일반 언론에 비중 있게 보도가 되었음에도 호법부는 아직까지 아무런 반응이 없다. 룸싸롱 출입으로 거명된 4명의 관련자도 조사를 받지 않은 것으로 알려지고 있다.

한편 재가연대는 6월 4일 총무원장 스님과의 면담 이후 호법부장 명담신청을 했으나 거절당한 것으로 알려졌다.

재가연대 교단자정센터 관계자는 "종단의 수장인 총무원장 스님의 발언으로 익명성의 논란이 끝났기 때문에 가능한 확대되지 않는 선에서 문제를 풀기 위해 호법부장 면담 요청을 했었다"면서 "그러나 호법부장으로부터 '내부 논의 결과 적절치 않다'는 답변을 받았을 뿐""이라고 말했다.

호법부 어떤 글 삭제 요청했나?
기사까지 삭제 요청

호법부가 삭제를 요청한 글은 게시판 7건, 기사 3건이다. 이 중 기사는 불교정보센터 자체 기사 1건과 시사저널과 일요신문 기사 각 1건씩이다.

익명의 게시판에 대한 삭제 요청은 종교단체라는 특성상 충분히 논쟁이 가능할 수 있다. 그러나 기사에 대해서까지 삭제를 요청한 것은 온라인 언론 매체에 대한 편견과 무지가 아니면 설명하기 힘들다. 특히 불교정보센터 자체 기사의 경우 총무원장 스님과 재가연대 대표자들 간의 대화록을 풀어쓴 것에 불과하다. 종단과 재가를 대표하는 분들이 주요 현안에 대해 공식적으로 논의한 내용을 정리한 것이다.

또한 불교정보센터는 기사를 작성하면서 재가연대 대표자뿐 아니라 그 자리에 참석했던 기자들로부터도 확인 과정을 거쳤다. 실제 있었던 사실(fact)을 쓴 기사에 대해서도 삭제를 요청한 것은 도저히 납득할 수 없는 행동이다.

또 한 가지 납득하기 어려운 사실은 호법부가 룸싸롱 사건을 기사화한 현대불교와 시사저널, 일요신문 등 다른 언론사에는 아무런 요청을 하지 않았다는 것이다.

불교정보센터에 올라와 있는 시사저널과 일요신문의 기사는 호법부에서 삭제하라 마라 할 성질이 아니다. 그 기사는 불교정보센터와 저작권을 가진 해당 기자들과의 문제이기 때문이다. 따라서 호법부는 그 기사들이 문제가 있나고 판난되면 해당 언론사와 기자들에게 먼서 항의를 했어야 했다.

〈호법부 삭제 요청 기사 및 게시판 의견 목록〉
삭제 요청 기사
기사 1. "신밧드 룸싸롱 사건 분명하게 대응할 것"
기사 2. 조계종 중진 스님들 룸살롱 술파티 파문〈출처: 일요신문〉
기사 3. 조계종 중진 스님 4명 '룸살롱 아수라'〈출처: 시사저널〉
삭제 요청 게시판 의견1, 2, 3, 4, 5, 6, 7

조계종 홈페이지 게시판은 괜찮고, 불교정보센터 게시판 글은 안 되고... 게시판의 글 삭제 요청도 전혀 납득할 수 없다. 물론 종교단체 사이트로서 자유게시판 운영 전반에 대한 논의라면 충분히 검토할 가치가 있다.

그러나 이번 호법부의 요청은 특정 내용에 대한 삭제 요청인데, 한 가지 재미있는 사실은 조계종 홈페이지 자유게시판에 신밧드 관련 글들이 살아있다는 것이다. 조계종 홈페이지에 있으면 괜찮고, 불교정보센터는 안 된다는 논리다.

불교정보센터, 운영진회의 통해 공식 대응키로…
최종 판단은 1,763명 일반회원과 453명 기자회원들 및 네티즌들의 판단에 맡기기로

불교정보센터는 5일 긴급 운영진회의를 열고 호법부의 공문에 대해 공식적이고 공개적으로 대응키로 방침을 정했다.

6일 중으로 호법부에 답변 공문을 보낼 예정이다.

그리고 1763명의 일반회원과 453명의 기자회원에게 긴급 메일을 보내 의견을 모으고, 네티즌들을 대상으로 설문조사를 실시키로 했다.

〈호법부 공문 전문〉

대한불교조계종문서번호: 대불총호 제2001 - 164호
시행일자: 불기2545(2001). 7. 5
수 신: 불교정보센터
참 조: 게시판 운영자
제 목: 게시판에 게재된 글 등 삭제 요청의 건

1. 불교정보화와 온라인상 건강한 토론문화의 정착을 위해 애쓰시는 귀 센터의 노고에 감사드립니다.

2. 최근 불교 관련 인터넷 사이트에 자신의 주장을 게재하면서 부적절한 용어를 사용하거나 확인되지 않은 사실을 불특정 다수에게 유포함으로써 종단의 화합을 저해하고 타인의 명예를 훼손하는 사례가 발생하고 있어 당 호법부에서는 확인되지 않은 사실의 유포 등으로 인하여 승가의 위의가 훼손되거나 승려 개인의 명예가 실추되는 사례가 발생하지 않도록 노력하고 있습니다.

3. 이에 귀 센터의 자유게시판과 기사 중 신밧드룸싸롱 관련 글 등 익명으로 확인되지 않은 사실을 유포함으로써 승가의 위의를 훼손하거나 승가에 대한 불신을 조장하고 있는 글에 대한 삭제를 요청하오니 적극 협조하여 주시기 바랍니다.

별첨: 게시판에 게재된 글 불교정보센터 기사. 끝.
대한불교조계종 호법부장 종 지

〈불교정보센터 답신 전문〉

문서번호 : 정보센터 제2001 - 01호

시행일자 : 2001년 7월 6일

수 신: 대한불교조계종 총무원 호법부장

참 조: 담당자

제 목: 본 불교정보센터 '게시판에 게재된 글 등 삭제요청의 건'에 대한 답변

귀의삼보하옵고,7월 5일자 귀 부서의 '게시판에 게재된 글 등 삭제요청의 건' 공문에 대한 불교정보센터의 답변입니다.

1. 귀 부서의 공문 내용을 면밀히 검토한 결과 귀 부서의 요청은 종교단체 홈페이지의 일반적인 게시판 운영에 대한 문제제기가 아니라, 특정 사건의 기사와 게시물에 대한 것으로 받아들일 수 없음을 알려드립니다.

2. 특히, 기사의 경우 6월 4일 총무원장 스님의 공식적인 발언을 기사화한 것으로 정확한 사실에 입각하여 작성하였음을 알려드립니다.

'익명의 제보'에 의한 기사가 아니라 종단의 수장인 총무원장 스님의 발언을 기사화 한 것이오니 이 점 참조하시기 바랍니다.

3. 시사저널과 일요신문 기사의 경우에도 불교정보센터의 운영방침에 의거 기사 클리핑을 한 것으로 만약 기사의 내용에 문제가 있다면 해당 언론사에 문제제기를 하시기 바랍니다.

불교정보센터는 해당 언론사나 기자가 본 불교정보센터에 기사 삭제 요청을 해 올 경우에 한 해 기사 삭제 여부를 검토할 수 있음을 알려드립니다.

4. 끝으로 이번 기회에 교계 온라인 언론 매체와 온라인 상의 여론에 대한 귀 부서의 이해 폭이 넓어지기를 기대합니다.

감사합니다. 끝.

불기 2545(2001)년 7월 6일

"당사자의 참회·자중을 거듭 촉구한다"
재가연대 '신밧드 사건'에 대한 입장 발표

참여불교재가연대 교단자정센터(준)(이하 자정센터)는 29일 보도자료를 통해 일명 '신밧드룸싸롱 사건'에 대한 입장을 발표하고 사건 당사자들의 참회와 자중을 거듭 촉구했다.

자정센터는 발표문에서 "지난 3월 19일 교계 인터넷 사이트에 조계종 고위직 승려 4인이 강남의 고급 룸싸롱에 공개적으로 출입하였다는 사실이 공개된 이후 5개월 동안 신중한 자세로 이 문제를 대응해왔다"고 밝히면서 지난 6월 총무원장 면담 이후 이번 사건이 공론화된 이후 호법부에 사건 해결 촉구, 목격자 면담, 이번 사건 당사자로 지목된 스님들과 교단 중진스님들과의 면담 등 신중한 절차를 거쳐 사건 해결을 위해 노력했다고 밝혔다.

심각한 교단 고위교역자들의 현실인식, 책임 회피하는 총무원

그러나 자정센터는 이번 사건을 바라보는 불자대중의 의식과 교단 고위교역자들의 현실인식 차이가 상당히 있음을 전하면서 대다수의 고위 교역자들은 면담과정에서 "그 문제를 가지고 그 사람들만을 문제 삼을 수 있겠느냐"는 식과 이번 사건의 당사자로 지목된 승려들을 순전히 교단 내에 자리를 둘러싼 계파간의 '정치적 세력다툼의 희생양' 정도로 생각하고 있으며 "그 누구도 교단 내 부적절한 문화풍토를 극복하기 위한 대안을 고민하거나 교단과 승려의 명예와 품위를 추락시키는 결과로 진행되지 않게 하기 위하여 애쓰는 모습을 보이지 않았다"고 강하게 비판했다.

특히 자정센터는 사건 해결에 있어 진실한 노력과 기관의 의무를 다해야 할 조계종 총무원 관계자들이 목격자 연결 운운하는 등 지극히 관료적이고 책임 회피적 태로로 일관하고 있다고 주장했다.

"범종단 차원의 '교역자 윤리위원회' 설치 계기가 되길 바란다"

자정센터는 이번 사건의 해결방법과 관련하여 "이번 사건과 같은 승려의 유흥장 출입 문제 등 도덕적 품위의 문제가 재가불자나 사회여론 등 외부적 압력에 의해 문제제기 되고 다루어지지 않기를 바라며, 이미 불교단체들이 폭력사건 등의 재발방지를 위한 대책으로 제기하고 있는 범종단 차원의 '교역자 윤리위원회'가 상설기구로 설치되어 승려들의 품위와 명예를 유지하고 드높이는 계기로 삼을 것"을 촉구했다.

또한 "총무원 호법부가 이번 사건에 대해 처리할 의지와 능력이 없는 것으로 확인된 만큼 '교역자 윤리위원회'를 설치, 이번 사건을 논의하고 적절하게 처리할 것을 기대한다"고 밝혔다.

"사건 당사자가 8·15평양축전 조계종 대표를 맡은 것은 지혜롭지 못한 처사"

보도자료 형식으로 배포된 자정센터의 입장은 그간의 대응에 비해 상당히 강한 입장을 피력하고 있다.

이처럼 자정센터가 신밧드 사건에 대해 강경한 입장을 공개한 배경은 여러 가지로 추측할 수 있는데, 최근 신밧드 사건의 당사자가 종단을 대표하여 평양축전에 참가한 것이 직접적 계기가 된 것으로 보인다.

이에 대해 자정센터는 "이번 사건에 거론된 승려 중 조계종 최고 대의입법기구인 중앙종회에서 중책을 맡고 있는 인사의 경우 자중은커녕 여전히 시민사회단체 지도자로 활동하고 있으며, 더욱이 조계종 대표로 8·15 평양축전을 참가한 것은 지극히 지혜롭지 못한 처사"라고 지적하고 "이는 사건을 긍정적인 방향으로 처리해 가고자 하는 관계자를 조금도 배려하지 않는 몰염치한 행동"이라고 비판했다.

재가연대가 특히 이 부분에 강한 불쾌감을 표시한 것은 최근에 문제의 스님과 직접 만나 재가연대의 입장을 설명했는데도 평양축전에 참가하는 등 전혀 반성의 기미가 없는 것에 극도의 실망감을 갖게 되었기 때문으로 보인다.

"이번 사건 부적절한 문화풍토 개선을 위한 쓴 약으로 생각해야 할 터"

　마지막으로 자정센터는 "이번 사건을 정치적인 이해득실과 종단이나 사찰의 자리다툼으로 바라봐서는 안 된다"는 입장과 함께 "이번 문제를 승려사회 내부에서 적절한 절차와 방법으로 처리하여 승려의 도덕적 품위와 명예가 보호되고 고위 교역자의 부적절한 문화풍토를 개선시키는데 쓴 약으로 생각하고 문제에 대응할 것"을 촉구했다.

　한편 자정센터는 발표문 서두에서 지난 4월과 5월 네티즌들로부터 "이 문제를 왜 다루지 않는가"라는 문제제기와 더불어 "인터넷에 거론된 승려들과 어떤 관계가 있느냐"는 등 많은 비난을 받은 바 있다고 전하면서 "이는 사안의 민감한 성격과 자정센터 내규의 절차(① 제보자의 실명 및 연락처 확인 ② 6하 원칙에 따른 사실확인 ③ 문서 또는 녹취를 통한 증거 자료 확보 ④ 자정센터 이사회에서의 수리 결정)를 거치면서 어쩔 수 없이 공식적 공개적으로 다룰 수 없었다"고 해명했다.

　또한 내부적으로 상당한 고민과 고충이 있었음을 내비쳤다.

2001년 08월 29일 (수) 21:08:00
불교정보센터 webmaster@budgate.net

조계종 중진스님들 룸살롱 술파티 파문
그들도 우리처럼 마시고 논다?

요즘 불교계에 '술내음'이 진동하고 있다. 중진급 승려 4명이 지난 2월 강남 A룸살롱에서 '거하게' 술을 마셨다는 파문이 확산되면서 종단 전체가 '룸살롱 사건'을 두고 논란에 휩싸이고 있다. 그 동안 지지부진하던 불교계 사정기관인 호법부의 조사가 최근 조계종 총무원장의 '힘 있는 발언'으로 인해 힘을 얻게 된 것 역시 주목할 만한 사실이다.

물론 '룸사롱 술파티' 당사자로 거론되고 있는 승려들은 사건 자체에 대해 부인하는 입장을 보이고 있다. '익명성을 담보로 한 음해성 공격'이라며 자신들에게 던져진 의혹의 시선들을 떨쳐버리려 하고 있는 상황.

하지만 총무원장이 직접 실체를 인정한 '룸살롱 사건'이 몰고 온 불교계 내의 파장은 좀처럼 수그러들지 않고 있다. 특히 이번 '술파티' 승려들이 유명 사찰의 주지 혹은 조계종 종회 간부 출신이라는 점에서 논란의 불씨는 꺼지기는커녕 더 크게 타오르고 있는 실정이다.

지난 4일 조계종 총무원장 정대 스님은 불교계의 시민단체격인 재가연대 대표단과의 면담자리에서 "A룸살롱 사건은 사실"이라면서 "분명한 대응을 할 것"이라 밝힌 것으로 알려졌다. 정대스님은 "호법부 차원에서 일정하게 조사가 이루어진 것으로 알고 있는데 더욱 적극적인 조사가 필요하다"며 "이번 룸살롱 사건에 대해서 불자들이 용납하지 않는 시대가 됐다"고 밝혔다고 한다.

정대스님은 재가연대와의 면담자리에서 "룸살롱에 출입한 스님들이 호법부장을 쥐락펴락하는 사람들"이라 밝혀 '룸살롱 4인방'이 종단의 중진급 승려들임을 시사했다. 종단 내 사정기관인 호법부의 위상을 앞지를 정도의 격을 갖춘 승려들이라는 것이다.

실제로 A룸살롱에서 양주를 마셨던 승려 4명은 모두 종단 내에서 명망 있는 인사들로 통하는 중진급의 스님들인 것으로 알려졌다. 서울의 유명사찰 주지 C 스님을 비롯해 얼마 전까지 조계종 종회 고위간부를 지낸 D스님, 강원도 유명사찰의 주지 E스님 그리고 서울 근교 유명 암자의 F스님이 바로 그 주인공들. 이중 D스님은 지난 3월 '룸살롱 출입'사건이 사람들 입에 오르내리던 때에 종회 간부직을 사퇴한 것으로 밝혀졌다.

"2월 일을 왜 이제야"

정대 스님은 재가연대와의 면담자리에서 C스님을 가리키며 "그가 책임져야 한다"는 발언을 하면서 "더 이상 참으면 종단이 우스워진다"고 밝혔다고 한다. 정대 스님은 "인터넷을 통해 네티즌들의 반응을 잘 알고 있다"며 "호법부 차원에서 좀 더 분명하게 대응할 계획"이라 밝혔다.

이에 대해 C스님 측은 수긍할 수 없다는 반응을 보이고 있다. C스님이 주지로 있는 사찰의 한 승려는 "종단 내부에서 일어나는 일이니 만큼 언론이 개입할 문제가 아니다"라며 "한쪽을 음해하려는 다른 세력의 불순한 의도가 섞인 글에 매도될 필요가 없다"며 음해설을 제기했다. 익명성을 담보로 한 인터넷상의 고발성 글이 객관성을 지니기 힘들다는 주장이다.

이 사찰의 또 다른 관계자는 "주지 스님이 가끔 행사가 있을 때마다 맥주 한잔 정도는 드시지만 술을 조금만 입에 대도 얼굴이 금세 빨개지시는 분"이

410

라며 "주지스님께선 분명히 내게 그런 일(룸사롱 사건) 없다고 말씀하셨다"고 밝혔다.

이 관계자는 "최근 들어 스님들이 관련된 곡차(술)사건이나 다른 구설수도 많은데 왜 하필이면 지난 2월에 일어난 사건을 들먹이는지 모르겠다"라며 "국고보조금을 횡령한 범어사 사건은 지금 묻히고 있지 않느냐'라고 반문했다.

이에 대해 재가연대 상임대표 박광서 교수(서강대 믈리학과)는 "지금 이 사안이 누구는 벌 주고 누구는 안 주냐는 식으로 치부해선 안 될 사안"이라 밝혔다. 박 교수는 "이번 룸사롱 사건이 입에 오르내리면서 D스님이 종회 간부직에서 물러난 것이나 정대 스님의 발언을 볼 때 이 사건에 대한 사실논란이 더 이상 의미가 있겠느냐'고 밝혔다. 박 교수는 종회 고위직에서 물러난 D스님의 경우와 마찬가지로 "C스님 역시 주지직에서 물러나는 게 당연한 수순'이라 주장하고 있다.

"자성의 기회로 삼아야"

하지만 이 사건을 조사 중인 호법부의 입장이 그리 편하지만은 않은 것으로 알려지고 있다. 박 교수는 "우리가 호법부에 면담을 신청하고 있지만, 번번이 거절당하고 있다"며 "종단 내 여러 계파 간 이해관계라든가 조사를 받는 스님들과의 관계를 고려하면 호법부의 처신이 썩 자유롭지 못할 것"이라 밝혔다. 이 같은 말은 정대 스님이 룸살롱에 출입했던 승려들에 대해 "호법부를 쥐락펴락하는 사람들"이라 표현한 것과 맥락을 같이 한다.

정대 스님의 발언만을 놓고 보면 인터넷에 올려진 '2차를 갔는지'에 대한 여부는 확실치 않지만 C스님을 비롯한 4명의 승려들이 룸살롱에서 술을 마신 건 분명하다는 게 대체적인 불가의 시각이다. 실제로 C스님이 주지로 있는 사찰의 관계자도 "그런 일이 실제로 있었던 것으로 안다"고 할 정도다. 이 사찰의 한신도도 "총무원장인 정대 스님이 인정할 정도면 사실 아니겠느냐'고 밝힌 바 있다. 그러나 이 신도는 이 같은 내용이 사건발생 몇 달 뒤 종단 밖으로 확대되는 배경 역시 순수하지 못하다고 지적했다.

하지만 재가연대의 박 교수는 "이번 사건을 종단 차원에서 '자성의 기회'로 삼아야 한다"고 밝히고 있다. "그 분들이 윤리적인 잘못을 저질렀든 그것을 인정하든 안 하든 어쨌거나 도덕적으로 불미스러운 일로인해 구설수에 올랐다는 것만으로도 책임을 져야 한다"고 밝혔다. 박 교수는 "이번 사건으로 인해 입은 도덕적 상처가 아물기는 쉽지 않겠지만 당사자들이 지금 앉아있는 직책에서 물러나는 모습 정도만 보여도 종단이 스스로 반성한다는 모습을 보이는 좋은 계기가 될 것"이라 밝혔다.

천우진 기자 wjchum@ilyo.co.kr

어떻게 알려졌나 이번에도 네티즌 파워

이번 룸살롱 사건은 지난 4월 불교정보센터(www.budgate.net)인터넷 게시판에 '승려들의 룸살롱에서의 행태를 직접 봤다'는 글이 올라오면서 불거지기 시작했다. 지난 4월에 게시된 이 글은 '지난 2월의 어느 날 서초구 잠원동 A룸살롱에서 4명의 중진급 조계종 승려가 양주파티를 벌였다'는 내용으로 시작해 '(스님들이)아가씨를 끼고 양주병을 비워대며 놀았으며 A룸살롱 옆에 붙은 B여관에 가서 2차까지 즐겼다'고 덧붙여져 있다.

승려들이 술을 마신 것으로 알려진 A룸살롱은 잠원동 일대에서 실내규모나 아가씨들 수준 등에서 '물 좋은' 곳으로 알려져 있으며 룸살롱 안에서 엘리베이터를 타면 곧장 B여관으로 올라 갈 수 있는 구조로 이루어져 있다. 마치 상황을 직접 본 것처럼 묘사하고 있는 불교정보센터 게시판의 고발성 글의 내용은 이미 지난 3월께부터 공공연히 불가에 소문으로 떠돌고 있었다. 그리고 사건의 주인공으로 일컬어지던 D스님이 조계종 종회간부직을 사퇴하면서 소위 룸살롱사건에 대한 내용은 일파만파 불가에 널리 퍼져나가게 됐고 이 무렵 호법부의 진상조사가 시작된 것으로 알려졌다.

인터넷게시판에 신분이 확실치 않은 제보자가 '마치 현장에 있었던' 사람인 것처럼 묘사한 '고발성' 글로 인해 재가연대를 비롯해 조계종 종단 각계에서 이 사건에 대한 진상규명을 총무원에 요구하기에 이르렀다. 결국 몇 달에 걸쳐 떠돈 여러 입소문보다 인터넷에 올려진 글 하나가 훨씬 더 큰 위력을 떨친 셈 [천]

조계종 중진 스님 4명 '룸살롱 아수라'
'최고급 술 파티' 파문 확산 … 총무원장

"사실입니다" 조계종 정대 총무원장은 재가연대
대표단과의 면담에서 '룸살롱 사건'을 비판했다

조계종 중진 스님들이 룸살롱을 출입한 것으로 밝혀져 충격을 주고 있다. 게다가 이들은 본사 주지이거나 사회로 치면 국회의원인 종회의원인 것으로 알려져 파문이 확산되고 있다.

정대 조계종 총무원장은 불교계 시민단체인 참여불교재가연대(재가연대·상임대표 박광서)대표단과 가진 면담에서 이 같은 사실을 인정하고 합당한 조처를 취하겠다고 시사했다. 이에 따라 올 초부터 불붙기 시작한 불교계의 내부 개혁운동은 더욱 힘을 받을 것으로 보인다.

지난 6월 5일 오전, 서울 종로7 건지동에 있는 조계종 총무원 4층 총무원장 집무실. 박광서 교수, 김성규 변호사 등 재가연대 대표단 4명이 정대 스님과 마주 앉았다. 대화가 한창 무르익을 무렵 박 교수가 '쓴 소리'를 던졌다. "중진 스님 4명이 룸살롱에 출입하고 여자들과 문제가 있었다는 것을 많은 불자가 알고 있다. 종단 차원의 대응이 필요하다. 그래야 종단의 건강성을 확인할 수 있지 안 그러면 종단과 원장이 어려워진다."

그러자 정대 스님은 충격적인 답변을 쏟아냈다. "룸살롱 사건 같은 것을 불자들이 용납하지 않는 시대가 됐다. 은폐할 생각은 없다. 사실이다. 거기 핵심이 호법부장을 쥐락펴락하는 사람들이다. 그러니 못 건드린다."

'호법부장을 쥐락펴락한다'는 정대스님의 발언은 룸살롱에 출입한 스님들이 종단에서 상당한 힘을 가진 사람들임을 암시하고 있다. 조계종 총무원 호법부장은 사회로 치면 검찰총장에 해당하기 때문이다. 조계종 내에서는 '룸살롱 4인방이 강남 유명 사찰주지 ㅇ스님과 종회의원인 ㅁ·ㅈ 스님, 본사 주지를 역임한 ㅈ스님인 것으로 알려지고 있다. 정대스님은 사건의 정확한 경위와 관련자의 실명 등은 공개하지 않았다.

"발레타인 17년 산 여러 병 비웠다"

불교계에서 룸살롱 사건이 소문으로 떠돌기 시작한 것은 지난 3월 초 부터다. 불교계 인터넷 언론인 불교정보센터(www.budgate.net)에 '스님 어찌 그곳에 계십니까?'라는 글이 오른 것이 파문의 시작이었다.

일파만파. '룸살롱 사건'을 보도한 불교정보센터

글의 대략적인 내용은 이러했다. "지난 2월, 강남의 한 룸살롱에 갔다가 보지 않았어야 할 장면을 목격했다. 어찌나 충격적이었는지, 버젓이 승복을 입고는 세속인 그곳에 오시다니…. 네 분의 스님은 네 명의 아가씨와 우리도 접대하면서 먹지 못하는 발레타인 17년산을 그것도 3병씩 보기 좋게 해치우시고는…(중략)"

현장을 목격한 한 불교 신자가 올린 것으로 알려진 이 글은 불교계 내부에 큰 파장을 일으키며 급속도로 퍼져갔다. 시간이 지나면서 당사자 중 한 스님이 주변 사람에게 룸살롱에 가게 된 배경을 해명하는 과정에서 동행했던 다른 스님들의 이름도 나돌기 시작했다. 이처럼 '확인되지 않은 사실'이었던 룸살롱 사건은 정대 스님의 말 한마디로 질적으로 다른 국면으로 전환된 것이다.

재가연대의 한 관계자는 "총무원장이 인정했으므로 사실 관계에 대한 논란은 끝났다. 우선 호법부의 조사 결과를 지켜본 뒤 대응해 나갈 계획이다"라고 밝혔다. 한 불교계 관계자는 원장 스님이 사실을 인정한 이상 호법부가 어떤 식이든 일정한 결과를 내놓을 수밖에 없을 것이라고 전망했다.

뜻있는 불교계 인사들은 '룸살롱사건'이 불교계의 그릇된 관행을 바꾸고 청정한 수행 기풍을 확립하는 획기적인 전환점이 되기를 기대하고 있다.

[소종섭 기자 kumkang@e - sisa.co.kr]

▌엮은이 : 사부대중연대회의

 - 참여단체
   청정승가를 위한 대중결사 의장(상임대표 만초)
   참여불교재가연대(상임대표 이수덕)
   민중불교동지모임(의장 서동석)
   정의평화불교연대(공동대표 이은봉, 최연)

 - 상임대표 : 만초 스님 · 이수덕
 - 공동대표 : 서동석 · 최연
 - 집행위원
   동출 스님(청정승가를 위한 대중결사 집행위원)
   이남재(민중불교동지모임 사무총장, 대외협력위원장 겸 대변인)
   이도흠(정의평화불교연대 사무총장, 기획위원장)
   정윤선(참여불교재가연대 사무총장, 집행위원장)

"네 바퀴로 굴러가는 불교의 미래"

초판 찍은 날 : 2013년 5월 6일
초판 펴낸 날 : 2013년 5월 9일

‖ 엮은이 : 사부대중연대회의
‖ 기획편집위원 : 동출 스님 · 이남재 · 이도흠 · 정윤선

‖ 펴낸곳 : 도서출판 초록마을
‖ 펴낸이 : 이수덕
‖ 출판등록 : 2001년 5월 23일(제 301 - 2004 - 199호/1 - 2866호)
‖ 주소 : 100 - 855 서울시 중구 동호로24길 27 - 17 우리함께빌딩 3층
‖ 전화 : 02 - 2278 - 3418 팩스 02 - 2278 - 3532

‖ 편집 · 표지디자인 : 윤혜상 · DGM

© 사부대중연대회의, 2013
ISBN 978 - 89 - 954330 - 2 - 7 03220